GHOST·EMPIRE

幽靈帝國

拜占庭

從羅馬到伊斯坦堡，一窺文明的衝擊、帝國的陷落、
基督教的興起、詭譎的權勢之爭……

Richard Fidler 理查・費德勒——著　陳錦慧——譯

導讀

古今交雜，主題嚴肅卻又輕鬆，輕盈但有分量

——國立成功大學歷史學系教授　翁嘉聲

西洋上古史可說是雅典、羅馬及君士坦丁堡三座城市的故事。雅典曾擊敗波斯帝國，稱雄希臘世界，並以她早熟、無與倫比的文化成就影響後世。羅馬建立有史以來唯一環繞地中海的大帝國，樹立帝國治理典範。以君士坦丁堡為首都的拜占庭帝國（或當時人自認的「羅馬帝國」）除了繼承希臘古典文化及羅馬帝國典範，還接受影響至今的普世基督教信仰，集三者大成於一身。

拜占庭帝國因為地緣之故，在歷史上扮演著其他不同宗教及文化傳統的匯聚之處；居於兩海、兩陸之間的君士坦丁堡更是如此。拜占庭帝國超過千年的歷史，在很大程度上是「眾城之后」的歷史，且越晚期越是如此。有人說在帝國黃昏時，拜占庭皇帝無異於君士坦丁堡市長！《幽靈帝國拜占庭》（*Ghost Empire*）因此以君士坦丁堡的故事來代替拜占庭帝國的故事。一四五三年後，奧圖曼帝國繼續「眾城之后」的光輝，成為伊斯坦堡，因為這消逝城市代表著經典文化、政治典範及宗教意識形態的魅力結合，因此即使肉體消失，但魂魄不散，繼續轉世化身，發光發亮。相形之下，羅馬和雅典早已褪盡光華，在中古成為廢墟；前者千年後在文藝復興重拾生機，後者更需等到二十世紀下半才能復原。

君士坦丁堡歷史既然是拜占庭帝國的歷史，那費德勒與兒子喬的伊斯坦

堡之旅便成為他們神遊拜占庭帝國歷史之旅。這城市是小宇宙，也是個大弔詭。皇帝君士坦丁希望建立一座全新基督教城市，但市區布滿他四處搜刮的異教藝術作品；基督教帝國獎勵異教學術，提供講座。拜占庭沒有任何教會淵源，皇帝必須四處蒐羅基督教聖物來支撐首都的屬靈地位，但後來窘迫的皇帝被迫在西方兜售救急，甚至劫掠一空。君士坦丁堡主教獲得皇帝支持，卻因此成為其他牧首攻擊箭靶；他可以是皇帝政治左右手，甚至代理人，卻也常制肘皇帝。拜占庭帝國初期尚稱雄偉，仍可視地中海為「我們的海」（*mare nostrum*），但從七世紀起成為以巴爾幹半島及小亞細亞為根據地的中型帝國，開始扮演基督教世界的守門員，抵擋伊斯蘭狂潮；在一二〇四年後，帝國只剩省的規模，最後甚至是個城市，但皇帝始終堅持超強帝國的自尊及自負，卻也強烈意識到時不我予。她金碧輝煌的藝術可以用聖索菲亞教堂精緻閃爍的鑲嵌畫代表，或令人聯想到藝術家克林特（Gustav Klimt）的作品，但了解拜占庭後半部歷史的人都知道這只是金玉其外，包括皇冠珠寶是用玻璃代替。

費德勒在接受訪問時說他的《幽靈帝國拜占庭》是三分之二歷史，三分之一旅行日誌，但其實這更結合親子關係探索，自己移居澳大利亞之愛爾蘭族裔家族史、甚至個人沉思，這些都以清楚文字及簡明段落，來敘述拜占庭的複雜故事，時而夾雜輕鬆插曲，例如瘋狂計程車司機或迷人傳統點心店不敵連鎖速食店，或是個人沉思，例如這次伊斯坦堡之旅的過渡禮（*rite de passage*）意義，是他自己或喬的成長？這是相當奇特組合的文類，卻值得肯定：現代與過去時空穿越交雜，主題嚴肅卻又輕鬆，輕盈但有分量。以前類似作品可能在歷史知識都過於輕薄短小，但《幽靈帝國拜占庭》絕不如此。

我最推薦這本書之處是費德勒身為廣播人那成功的溝通技巧，讓歷史知識容易吸收、更為普及。史學家的任務不僅是知識成果，更是種「知識溝通」。歷史知識在台灣時常在升等用、但在圖書館積灰塵的專業論文，以及不斷回收使用的俗化錯誤知識兩者之中無間輪迴。費德勒嘗試在中間找到位置。我個人比較好奇的是費德勒父子好像沒有去拜訪博物館，或探索因為伊斯坦堡地鐵工程而出現的眾多考古場址及文件。一位在地人曾說：沒有一個地方可以像土耳其一樣，讓您踩在羅馬時代哥林斯式柱頂上照相。土耳其不斷出土的豐富文物令人既尷尬又忙碌。

拜占庭歷史的確可以說許多好故事。費德勒列出了十一個主題，依編年順序排列下來，以他們父子在羅馬目睹君士坦丁巨型殘像開始，討論拜占庭如何變成君士坦丁堡，最後到這「眾城之后」的淪陷，以及在奧圖曼帝國下再現光華。他對狄奧多西城牆及一四五三年帝國終曲，似乎著墨最深，也談到劫後餘生、避難義大利的拜占庭學者如何保存及散播希臘經典。這文化主題在威爾斯（Collin Wells）的《航離拜占庭：一個失去的帝國如何塑造世界》（*Sailing from Byzantium: How a Lost Empire Shaped the World*）有清楚介紹。要再加上更多故事當然不難，如波塞流斯（Michael Psellus）的《編年》（*Chronographia*）可以讓人了解到Byzantine這個字是如何具有那些詭譎多詐的負面意涵，尤其是「保加爾人屠夫」巴西爾二世沒用的弟弟君士坦丁八世女兒柔伊從四十七歲初婚，一直和不同皇帝結婚，賦予歷任統治者合法性的宮闈荒唐故事，無論偷情、吃小鮮肉、情殺及濫殺等不一而足。這些荒唐事最後帶來一〇七一年曼齊克特戰役大敗，以及一〇九五年阿列克修斯一世求助教宗皇烏爾班二世，導致十字軍運動，終至萬劫不復。但費德勒這十一個故事確實是拜占庭歷史的重點，也詳細旁及包括穆斯林或維京人的歷史。費德勒對這些主題基本上都以同情立場及沉穩口吻來說故事，不太容易看到歷史學家時常會做出的嚴厲論斷，因為拜占庭史確實有時候會讓人發脾氣或長嘆息。

學者可能會覺得《幽靈帝國拜占庭》的一些歷史見解有時候可能不是最準確的，例如年表七十三年內容有點令人困惑，反而忽略一九三年拜占庭是羅馬當時內戰的主要戰場。另外，費德勒要「用五段文字寫完羅馬史」，當然是不可能的事，但我們可以說得更好嗎？一些如尼西亞信經或一性論的神學爭議本來就麻煩，無法深究，但還是要避免說出亞流斯不信三位一體這樣的話。持平而言，費德勒對這些抽象的爭議交代得算是清楚。另外，他也可能對澳大利亞學者在拜占庭研究的貢獻過度謙虛，因為澳大拉西亞拜占庭研究協會（Australasian Association for Byzantine Studies）多年來一直出版原典翻譯及研究，頗有成就。總體而言，無論從原文或是流暢用功的中譯，讀者應可感受簡明流暢的行文底下是有許多功夫。正如他受訪時說除了工作外，便是閱讀。

拜占庭歷史不是台灣歷史教學常見的科目，即使在歐美也有些邊緣。這當然仍反映出歐美國家啟蒙時代的偏見，認為宗教是迷信、墮落，而失敗的基督教帝國不配「羅馬」的名稱，因此語帶輕蔑地叫他們是「拜占庭」。這樣的觀點或許映照到台灣。但這現在已經逐漸改變，相關作品不斷推陳出新，啟蒙理性不再是所有觀點。我們光光只要想到拜占庭帝國可以綿延千年以上，而且君士坦丁堡最後一天是以大爆炸結束，而非哀鳴嗚咽而終，那更要三思，除了理性外，還有其他更大的力量在這宇宙之中。蘇聯解體及東歐解放，釋放出更多資料及學者；資料數位化及網路便利讓理解拜占庭變得容易許多；標準教科書，如*Blackwell History of the Ancient World*也包括T. E. Gregory的拜占庭歷史。但拜占庭歷史仍然不是主流，且預設對希臘羅馬文明的基本知識，相對於其他主題，門檻稍高一些些。費德勒的《幽靈帝國拜占庭》因此對一般讀者以及想初步接觸這文明的學生，是十分理想的入門，值得推薦。

推薦專文

尋找遙遠的幽靈國度——東羅馬帝國

——「即食歷史」臉書部落客　seayu

當我收到這本書的推薦序邀請時，覺得十分興奮。在漫長的歐洲歷史裡，東羅馬帝國的歷史和文化一直是其中我最感興趣的部分，因為它是個很神祕的國度，而且歷史和文化底蘊深厚。我曾向身邊很多朋友表示，如果你喜歡歷史和文化，那麼世上有三個城市是不能錯過，伊斯坦堡是其中一個（另外兩個是羅馬和巴格達），因為它是昔日東羅馬帝國的首都君士坦丁堡。

不過，我不太喜歡它另一個更普遍的名字：拜占庭帝國。這個帝國的人民，從來都不稱自己的國家是拜占庭帝國，或叫自己為拜占庭人，他們一千多年來只自稱羅馬人。「拜占庭帝國」只是舊時學者矮化這個帝國時的蔑稱。因為他們認為，「拜占庭帝國」徒具虛名，並非那個使歐洲人自豪的羅馬帝國。

有人說，這個帝國並沒有古羅馬帝國的特質。它只是名義上繼承了羅馬帝國的名字，骨子裡卻是完全不同的東西。古羅馬帝國有美侖美奐的雕像藝術，有嚴謹的法律體制，有廣大的宗教寬容（只要不反對帝國統治），寫著拉丁文說著拉丁語。東羅馬帝國卻完全失去了這些元素，變成只信仰單一基督教、曾出現無數為權力而腐朽的統治者、只寫希臘文說希臘語，一點拉丁味都沒有的帝國。而且在整個帝國歷史裡，宮廷始終瀰漫著腥風血雨的政治鬥爭。

然而，我卻認為這是羅馬帝國必要的改變。由西元三三〇年起，羅馬帝國皇帝君士坦丁一世把帝國首都遷至君士坦丁堡後，新生的羅馬帝國就此建立。當這個新生的羅馬帝國東西分裂後，西羅馬帝國不久便抵不住時代洪流而湮沒於歷史中，東羅馬帝國卻是浴火重生的鳳凰，抵過了中世紀初期民族大遷徙的衝擊。它丟棄過時的羅馬傳統，適應新時代變遷，蛻變成全新的國度，然後又再屹立了另一個一千年。

事實上，東羅馬帝國在中世紀的歷史裡，卻有著非常重要、無可替代的地位。在它一千年的國祚中，憑著首都君士坦丁堡堅固的狄奧多西城牆、神祕卻所向披靡的武器希臘火和無數甘願為帝國犧牲的勇士，羅馬人擊退了東方強大的穆斯林入侵者，成為了歐洲脆弱的基督教世界的堡壘，穆斯林無法突破東羅馬帝國而向歐洲挺進，歐洲的基督教文明才得以存續。只是，東羅馬帝國滅亡的喪鐘，卻很諷刺地是同樣信仰上帝和基督的歐洲人所敲響。而歷史也證明，失去東羅馬帝國這座堡壘的西方諸基督教國家，面對著後來東方穆斯林的巨大威脅下，付出了沉重的代價。

東羅馬帝國繼承了古羅馬帝國的文化遺產，那些曾經的希臘－羅馬文明的藝術和知識成就，都在首都君士坦丁堡得以好好保存。這些文化遺產在東羅馬帝國滅亡後流入歐洲，促進了歐洲文藝復興，為歐洲在往後的五百年逐漸成為世界霸主奠定基礎。

帝國首都君士坦丁堡曾經是世界第一的基督教大城，城內人口是歐洲其他城市的數十倍，是先進文明的代表。它曾在十三世紀後數度被外敵蹂躪，變得暗淡無光，在西元一四五三年陷落於土耳其人手中後，它變成伊斯蘭教的中心，往後雖然曾在土耳其人的手中復興，如今卻變成現代土耳其一座普通的城市伊斯坦堡，重要性也不再。君士坦丁堡隨著東羅馬帝國令人悲傷的衰落與滅亡而黯然失色。過去代表東羅馬帝國輝煌成就的各種歷史遺跡，如今大部分卻埋沒在土耳其伊斯坦堡的街角裡，變成頹垣敗瓦。這也是為什麼作者稱東羅馬帝國為「幽靈帝國」，因為彷彿帝國昔日的靈魂，變成埋藏於伊斯坦堡陰暗處的幽靈。

作者理查對東羅馬帝國歷史也有特別的情懷。他帶著同樣熱愛歷史的兒子喬來了一趟從羅馬到伊斯坦堡的歷史之旅，尋找潛藏於伊斯坦堡深處的東羅馬帝國遺跡，以及體驗仍存在於伊斯坦堡那僅餘的東羅馬帝國風俗和文化，最後寫成這本書。理查以爸爸的身分，講述他與兒子在遊玩時遇到的事情和看到的歷史痕跡，以穿越時空的形式把東羅馬帝國和君士坦丁堡昔日的種種悲壯歷史、故事和傳說娓娓道來，其中包括它的興起、衰落、復興、沒落與滅亡。這是一本故事書，也是一本歷史遊記，同時也是一本慈父給予兒子的人生紀錄。看著看著，我漸覺親自置身於伊斯坦堡裡，與他們一起尋找帝國的幽靈。

如今東羅馬帝國已不復存在，它的餘輝也漸漸消失於現在，然而理查告訴我們它的幽靈仍存在於今日的伊斯坦堡裡。你準備好跟理查和他的兒子，一同走進這個幽靈帝國了嗎？

推薦專文

有滋有味的歷史故事與旅行書寫

——土女時代｜華人全方位土耳其網站執行長　魏宗琳／Zeren

歷史書籍時常讓我卻步，但因為工作領域的關係，土耳其歷史是永遠必須面對的課題，甚至還需要擔任推廣者分享。土耳其歷史撇開小亞細亞的古文明，光是伊斯坦堡便讓人頭痛萬分。尤其是非常繁瑣複雜的君士坦丁堡歷史，即便讀了多回，仍有些環節搞不太清楚、不是很確定，纏繞著多元宗教、複雜愛情、神權皇權的事，倘若不是歷史狂熱分子，光用硬板板的編年直述法來吸收，老實說，真難消化！《幽靈帝國拜占庭》帶給我完全不同的閱讀體驗，我可以很坦蕩地說，在寫這篇文章之前，我僅利用幾個下班後的晚上便看完了！作者理查在陳述歷史時，拋棄了傳統的編年架構，透過事件的串連刻畫幾位統治者，就像是兒時母親準備的床邊錄音帶，只不過主角從孫悟空變成了查士丁尼與狄奧多拉、好幾個君士坦丁或是以實瑪利，這讓呆板的史料成為一捲捲讓你迫不及待轉B面再聽下去的故事。

理查的說書方式不只是圍繞在充滿距離的統治者演進史，此書不怕離題的還分出了不少篇章，解釋宗教脈絡、土耳其社會事件、民生用品的傳播等等，意想不到的小彩蛋是額外收穫，這些知識或許稱不上扭轉歷史的關鍵，但卻是歷史巨輪轉動時，帶動起的幾個小齒輪，轉過千年成為你我身邊的事物。

這趟伊斯坦堡之旅是作者理查獨自帶著長子喬一道前往，他們住在君士坦丁堡的核心，也就是現今人們稱呼的伊斯坦堡「舊城區」，父子倆去了塞滿觀光客的幾個景點，包含三不五時出現在書裡的聖索菲亞大教堂、地下水宮殿，也走了已被冷落的耶迪庫勒堡壘，路過會不小心錯過的君士坦丁紀念柱，他們似乎比土耳其人更加珍視這些過往的痕跡。土耳其人常常開玩笑說，這裡隨便挖都是古蹟，所以他們很平常心。伊斯坦堡的現代模樣大概是全書裡我最熟悉的地方，當理查描述旅途中所發生的事情時，翻找我的回憶，似乎也會對到一個類似的場景，親切也非常真實。因為這樣的段落，我相信理查會以同樣的方式講述千年前的史實，沒有刻意美化或是醜化，不會站在某個立場，歷史是不會改變了，但充滿人性的才是真實的。

如同書籍介紹所說，此書中最特別的就是穿插旅行時親子的對話，理查與青少年喬的相處時光，讓你在接收大量知識後找到喘息的片刻，在快被周公抓走的時候，回復意識。這些對話也讓閱讀者產生一種錯覺，彷彿你是理查及喬的旅伴，領頭的理查如師如父隨行做歷史導覽，喬這個小弟代表提問，在中間的你一面學習，也一面聽著人父理查丟出的育兒感觸，真正的旅伴不也是如此嗎？我們談論著眼前景色，也交流人生中的點滴想法，旅途中最珍貴的莫過於此。

我總停不下來一心多用，在這樣資訊爆炸的時代我們都習慣了一舉數得，而從閱讀這個高投入的活動裡，當然期待更多、更豐富的反饋。這本書恰好滿足了這一現代文明病，閱讀《幽靈帝國拜占庭》除了不會看見鬼故事外，可增長歷史知識，也像看了短篇遊記，甚至找到了某些古老傳說的真相，我終於也弄懂了聖索菲亞大教堂是怎麼因為羅馬人的不合在東正教與天主教之間轉換。

討論伊斯坦堡從來都不只是突厥人的歷史，在土耳其之前，用更長更廣的方式認識他，才能體會這股錯綜複雜的城市魅力！

獻給金和艾瑪

我相信造就今日你我的，

是前人在日常生活中的不經意教導。

我們的智慧都是點滴累積而來。

——安伯托·艾可（Umberto Eco），《傅科擺》（*Foucault's Pendulum*）

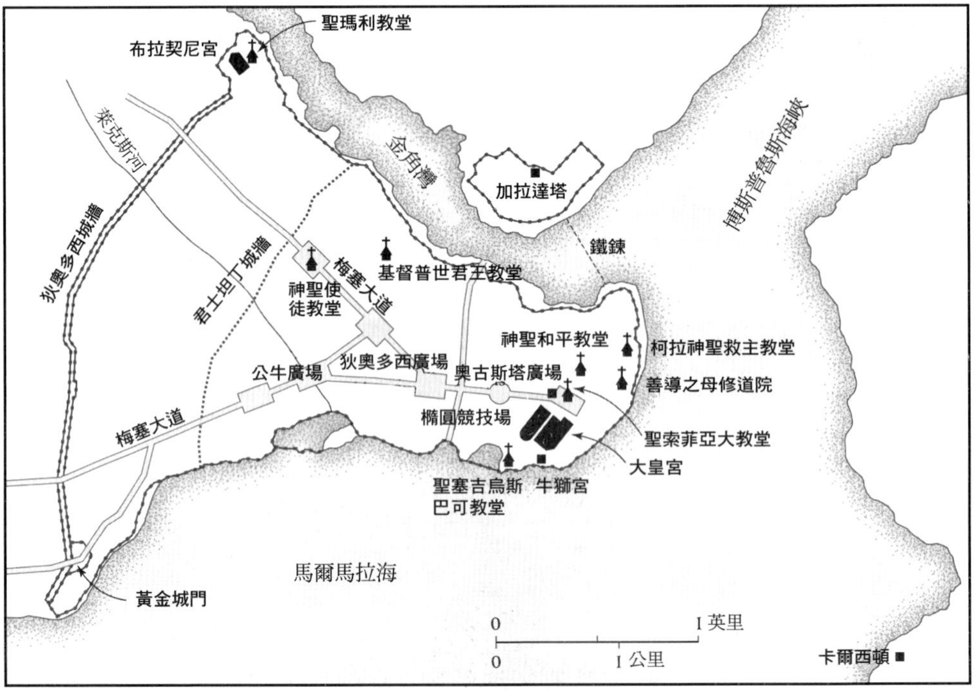
聖瑪利教堂
布拉契尼宮
萊克斯河
金角灣
加拉達塔
博斯普魯斯海峽
狄奧多西城牆
君士坦丁城牆
鐵鍊
基督普世君王教堂
神聖使
徒教堂
梅塞大道
神聖和平教堂
柯拉神聖救主教堂
狄奧多西廣場
公牛廣場
奧古斯塔廣場
善導之母修道院
梅塞大道
橢圓競技場
聖索菲亞大教堂
大皇宮
聖塞吉烏斯
巴可教堂
牛獅宮
馬爾馬拉海
黃金城門
0
I 英里
0
I 公里
卡爾西頓

君士坦丁堡

Contents

作者的話

歷史課本沒教過我拜占庭的事。很長一段時間裡，我腦海只有一些印象：青金石的光彩、燦爛的鑲嵌瓷磚、陰沉的圖像。拜占庭像是一片無人知曉的處女地，總有一天我要去一探究竟。我大約二十五六歲時第一次接觸到君士坦丁堡的羅馬人，那時我買了約翰·諾維奇（John Julius Norwich）[1]拜占庭歷史三部曲的第一冊。我還記得當時一頭栽進那繽紛炫目的千年流光，心想：「我以前怎麼沒聽說過這些？為什麼知道這段歷史的人那麼少？」我向朋友轉述收錄在這本書裡的故事後，他們通常也有相同困惑。

循著拜占庭的歷史脈絡，我讀到了第四次十字軍東征的史實，看到一二〇四年君士坦丁堡橫遭十字軍洗劫。這件事無疑是世界史上數一數二的災難，是拙劣的策略、狡詐的奸計和偽裝成高尚節操的貪婪造就的完美風暴。這段歷史是如此濃烈馥郁，我幾乎有點懷疑它的真實性。幸好我們多的是第一手資料。其中有些出自十字軍騎士手筆，帶點不經意的黑色幽默。他們掠奪他人財物，又褻瀆了最美麗的城市，內疚之餘，往往用一些扭曲的道德觀來為自己開脫。

1　一九二九年生，英國歷史學家。此處指的拜占庭歷史三部曲是《拜占庭：帝國的崛起》（*Byzantium : The Early Centuries*）、《拜占庭：帝國的巔峰》（*Byzantium: The Apogee*）與《拜占庭：帝國的殞落》（*Byzantium: The Decline and Fall*）。

其中有個名叫維爾阿杜安（Geoffrey de Villehardouin）的法國騎士，栩栩如生地描述了自己參與這場荒唐東征來到君士坦丁堡的經歷，那是他一生中最壯闊的歷險。文章最後他提到，經過整整三天洗劫，十字軍協議把在城裡搜刮的財物集中起來，就地分贓。我讀到這裡，不免想像那些法國和威尼斯士兵來來回回，把一車車、一袋袋的金銀財寶堆成一座座光彩奪目的小山，數量之龐大，足以塞滿三座教堂。維爾阿杜安用以下文字描寫自己的驚嘆，你幾乎感覺得到他手中的筆在顫抖：

> 我們搜羅來的戰利品多不勝數，沒有人能說得出到底有多少：黃金白銀、器皿寶石、錦緞羅裳、絲綢布匹、各色長袍和毛皮、所有世間罕見的極品……開天闢地以來，從來沒有哪座城市可以搜刮出這麼多令人目不暇給的寶物。

每當我讀著君士坦丁堡這個消失的世界，就覺得自己像個十字軍士兵，目瞪口呆地盯著那浩如煙海的珍貴故事。歷史學家會審慎面對這類敘述，他們知道其中必定夾雜著不值一哂的故事。其中某些會是子虛烏有，基於撰述者的偏見與當時的政治氛圍，這些故事不可能會是忠實的原貌。各家描述要拿來相互印證，再參照史料和考古證據。有時流傳下來的史料數量稀少，內容含糊。

歷史學家還得排除對自然現象的超自然解釋，這在處理這段歷史時特別困難，因為君士坦丁堡的百姓可以從生活中的大小事找出上帝、天使或魔鬼操控的痕跡。西元七一八年，君士坦丁堡成功擊退來犯的阿拉伯人，現代讀者會認為致勝因素在於精巧的羅馬科技、希臘火（Greek Fire）[2]的巧妙部署，以及善用繁複的城牆。不過，根據羅馬人自己的記載，君士坦丁堡之所以能擊退撒拉森人（Saracen）[3]，要歸功於聖母瑪利亞的協助，因為當時有人目睹祂盤旋在城牆上方。

荷蘭歷史學家胡伊青加（Johan Huizinga）也認為，中世紀人們極端「易感」。在君士坦丁堡，天使與魔鬼闖入人們日常生活的傳說俯拾皆是。真實與靈異之間就算有條界線，恐怕也是隱約模糊。惡魔、妖精和女巫就跟隔壁那棟屋子一樣真實。天上的雲朵可以告訴你上帝的旨意；掠過街頭的暗影、狂犬的咽喉和瘋子的胡言亂語都可以嗅出魔鬼的蹤跡。

我只是個熱愛歷史的人，算不上歷史學家。對於其中某些傳說，我抱著姑且聽之的心態，讓自己身歷其境地走進中世紀人們凡事天人感應的思想世界。他們的神話與幻想或多或少體現了他們的執著、焦慮與不為人知的渴盼。

虛構的神話故事通常跟具體的真相緊密交織，有時是附加在真實人物身上的離奇傳說，比如貞潔無比的飄浮修女聖伊琳妮（St Irene）。還有養熊人之女狄奧多拉（Theodora）的故事：她既是妓女，也是喜劇演員，最後變成大權在握的皇后。我們對她的認識來自查士丁尼（Justinian）大帝的史學家普洛柯皮烏斯（Procopius）撰寫的《祕史》（*Anecdota*），難免有所偏差。貧嘴的普洛柯皮烏斯鉅細靡遺地敘述狄奧多拉尺度大膽、令人臉紅心跳的色情演出。羅馬史書往往將才華洋溢、魄力十足的女性描寫為天性淫蕩或生性歹毒。狄奧多拉的故事究竟只是誇大其辭，或根本是惡意中傷的謊言？那些事會是真的嗎？我們無從得知。

君士坦丁大帝這類改變世界的人物同樣流傳著許多軼聞。據說他之所以變成基督教徒，是因為某次戰爭前夕見到了震懾心靈的影像。那究竟是一場夢、或操心過度，或精神失常？或者只是別有用心的藉口？那麼我們又該如何看待那些有著古怪綽號的皇帝？比如慘遭軍刀削鼻破相的「劓鼻帝查士丁尼」；還有君士坦丁五世，歷史上稱他為「糞名君士坦丁」，因為據說他受洗時拉屎玷污了洗禮盆。

某些最不可能、最難以置信的傳說卻似乎具體可信，融入君士坦丁堡的結構裡，人人都能看見。比如世界最美麗的教堂聖索菲亞大教堂（Hagia

2 一種可在水上燃燒的液態燃燒劑，主要用於海戰，據說由希臘人發明。

3 阿拉伯人的古稱，亦指十字軍時代的穆斯林。

Sophia）；氣勢雄偉的狄奧多西城牆（Theodosian Walls），以及鞏固這座城千年之久的龐大防禦工事，我們都還能看得見摸得著。如果我們如今只能看到聖索菲亞大教堂的精準書面描述，一定會認為那充其量只是基督教的宣傳，甚至只是神話，就像巴別塔（Tower of Babel）[4]一樣。但是它就在那裡，蹲踞在伊斯坦堡古老的心臟地帶，就像埃及金字塔或雪梨歌劇院一樣真實。

如果某個故事聽起來太美好，不像真的，那麼我們可以合理推斷它可能是虛構的。某些事件儘管說者言之鑿鑿，但持續進行的歷史研究有時讓我們不得不相信那些事根本不可能發生，或者根本就是騙子捏造的。有時我還是選擇收錄那些故事，只是明白指出它的無稽。話說回來，調查研究也可能為看似荒唐的故事增添真實感：一四五三年，君士坦丁堡淪陷前一週，人們看見天空出現異象。一九九三年，美國太空總署（NASA）有個科學家以全新研究結果提出了令人信服的解釋。

西元第七世紀，君士坦丁堡幾乎全面採用希臘文，拉丁文黯然退場。但我寫到人名時，還是偏好拉丁拼法，比如說，我寫到阿列克修斯·康南努斯時，採用的是Alexius Comnenus，而非Alexios Komnenos。我這麼做主要是為了強調這個世界的「羅馬屬性」，雖說這些羅馬人終究會慢慢遠離他們在台伯河上的先祖。定居東方的羅馬人經過漫長歲月的演化，讓我們想起提修斯之船（Ship of Theseus）的悖論：如果船上的木頭損壞就換新，到最後船上已經沒有任何原來的木頭，這艘船還是原來的船嗎？如果是，我們還能稱它為提修斯之船嗎？中世紀羅馬帝國給了我們類似難題：如果羅馬人沒有神廟、沒有拉丁文、沒有羅馬寬袍，也不住在羅馬，我們還能稱呼他們羅馬人嗎？我稱他們羅馬人，因為他們就是如此自稱，也因為這個稱號突顯出他們引以為榮的古老淵源。再怎麼說，提修斯很肯定那條船千真萬確是他的。

但願拜占庭的人名能夠更單純易懂些，比如君士坦丁·摩諾馬克斯（Constantine Monomachus，君士坦丁九世）、君士坦丁·波菲洛吉尼都斯（Constantine Porphyrogenitus，君士坦丁七世）和君士坦丁·帕拉羅古斯（Constantine Palaeologus，君士坦丁十一世）。但願那些皇帝的名字更活靈活現些，像是十一世紀丹麥國王「八字鬍斯溫」（Sven Forkbeard），或十一世紀英格蘭王「慢半拍埃塞雷德」（Ethelred the Unready），可惜不是。我已經盡量簡化或縮短。

我不懂拉丁文、希臘文或阿拉伯文，因此只能讀原始史料的譯本。我兒子一度誤以為我能說流利的土耳其語，讓我享受了片刻風光。可是親愛的讀者，我也沒學過土耳其語，在此只能為您獻上這句從廉價旅遊手冊學來、用途廣泛的親切話語：「Güle güle kullanın.」它的字面意思是：「祝您笑著享用。」

---

4 傳說諾亞的子孫散居各地，其中一部分建造了繁華的巴比倫城後心生傲慢，決心造一座高可通天的塔，亦即巴別塔。上帝為制止人類的狂妄行為，將原本統一的語言打亂，人們語言不通相互猜忌，巴別塔的工程因而中斷。

大事紀

西元前六五七年	希臘拓荒者建立拜占庭城
西元前二七年	奧古斯都成為羅馬帝國第一個皇帝
西元七三年	拜占庭併入維斯巴先（Vespasian）治下的羅馬帝國[1]
西元二〇三年	羅馬皇帝塞提米烏斯·塞維魯（Septimius Severus）下令在拜占庭建造橢圓競技場（Hippodrome）
西元三一二年	米爾維安大橋（Milvian Bridge）之役。君士坦丁接納基督教
西元三二四年	君士坦丁統一羅馬帝國
西元三三〇年	君士坦丁選定拜占庭為羅馬帝國新首都，更名為君士坦丁堡
西元三八〇年	狄奧多西一世（Theodosius I）頒布敕令，宣布基督教為羅馬國教
西元三九五年	羅馬帝國分裂為二，西羅馬統治中心在義大利拉芬納（Ravenna）；東羅馬則在君士坦丁堡
西元四一〇年	西哥德人（Visigoths）洗劫羅馬，八百年來羅馬首度被敵軍攻陷
西元四一三年	狄奧多西二世（Theodosius II）城牆峻工
西元四四七年	狄奧多西城牆在地震中部分倒塌，所幸及時修復強化，抵擋匈人（Hun）[2]首領阿提拉（Attila）的侵擾
西元四五〇年	奧諾莉亞公主（Honoria）派人送訂婚戒給阿提拉，阿提拉藉此進攻西羅馬帝國
西元四七六年	西羅馬帝國最後一位皇帝羅慕路斯·奧古斯都拉斯（Romulus Augustulus）在拉芬納退位

1 由於尼祿（Nero）偏愛希臘人，所以生前宣布希臘人自由。但維斯巴先上位後，在從巴勒斯坦巡迴到羅馬途中宣布取消希臘人自由，重新將希臘行省列為帝國領土，當中包括拜占庭及羅得島（Rhodes）。而在西元一九三年，拜占庭因捲入敘利亞的爭位者奈哲爾（Pescennius Niger）與塞維魯之間的內戰，但選錯邊，戰敗後遭到塞維魯嚴厲懲罰。

2 古代生活在歐亞大陸的游牧民族，某些史學家認為他們就是西遷的北匈奴，卻也有學者提出反對見解。

西元五二七年	查士丁尼與狄奧多拉共治開始。查士丁尼的將領收復陷落的西羅馬部分領土，包括北非、義大利與小部分西班牙
西元五三二年	君士坦丁堡爆發「尼卡叛變」（Nika Riots），全城半毀，數萬名百姓喪生
西元五三二至五三七年	興建聖索菲亞大教堂
西元五四一至五四二年	感染腺鼠疫的老鼠經由希臘船隻來到君士坦丁堡，奪走四成居民性命
西元五七〇年	穆罕默德在麥加出生
西元六一〇年	希拉克略（Heraclius）登基。希臘語成為羅馬帝國官方語言
西元六二八年	希拉克略收復失土，重建帝國版圖，凱旋返回君士坦丁堡
西元六三六年	雅穆克之役（Battle of Yarmouk）。阿拉伯人占領敘利亞，羅馬勢力被逐出埃及與巴勒斯坦
西元六七八年	阿拉伯人首度圍攻君士坦丁堡未果
西元六九〇年	穆斯林占領羅馬所屬非洲省分
西元七一一年	劓鼻帝查士丁尼二世遭斬首
西元七一七至七一八年	阿拉伯人二度圍攻君士坦丁堡，由海陸雙面進擊
西元七二一年	收復小亞細亞
西元七二六年	伊蘇里亞的利奧（Leo the Isaurian）禁止膜拜聖像，大舉摧毀宗教圖像
西元八〇〇年	查理曼（Charlemagne）在羅馬受封為神聖羅馬皇帝
西元八四三年	聖像解禁；帝國收復部分失土，重拾國威
西元九七六年	「保加爾人屠夫」（Bulgar Slayer）巴西爾二世（Basil II）登基。帝國重新掌控敘利亞與希臘
西元一〇五四年	羅馬天主教跟東正教互相將對方逐出教會，東西教會自此大分裂
西元一〇七一年	曼齊克特戰役（Battle of Manzikert）：帝國步入最後一段漫長衰退期
西元一〇九五年	塞爾柱突厥人（Seljuk Turk）進犯，阿列克修斯・康南努斯向教宗烏爾班二世（Urban II）求助。克萊芒會議（Council of Clermont）宣布第一次十字軍東征
西元一〇九六年	第一批十字軍抵達，取道君士坦丁堡
西元一一四八年	安娜・康妮娜（Anna Comnena）撰寫《阿列克修斯傳》（*Alexiad*）
西元一一九八年	教宗英諾森三世（Innocent III）號召新一波十字軍收復聖城

西元一二〇四年	君士坦丁堡遭第四次十字軍洗劫。拉丁帝國在君士坦丁堡宣布建國
西元一二六一年	米海爾八世（Michael VIII Palaeologus）重建拜占庭帝國
西元一三四七年	黑死病再次侵襲君士坦丁堡，這次瘟疫帶走歐洲半數人口
西元一四五一年	奧圖曼帝國蘇丹穆拉德二世（Murad II）駕崩，其子穆罕默德二世（Mehmed II）繼位
西元一四五二年	穆罕默德二世下令在博斯普魯斯海峽（Bosphorus）興建「割喉堡」（Throat Cutter）防禦工事
西元一四五三年	奧圖曼突厥人攻占君士坦丁堡，改名伊斯坦堡（Istanbul），羅馬帝國走入歷史

引言

如果整個地球隸屬單一國家，君士坦丁堡會是首都。

——拿破崙

伊斯坦堡法提赫區（Fatih）外圍有一座人行地下道，鑽過市區主要交通動脈。我兒子喬和我走下通往地下道的階梯，看見瓷磚牆壁上有一幅鮮豔的大型彩色壁畫。前景有個戴頭巾的人物騎在白馬上，背後是舉著大旗往前推進的軍隊，畫面正中央有許多牛隻拉著巨無霸青銅大砲。

我走上前細看壁畫，喬卻是往後退綜觀全景。喬當時十四歲，體格精瘦，有一頭跟我一樣的波浪捲髮，可惜他喜歡直髮。他對歷史興趣濃厚，是個愛發問的好奇寶寶。

「那麼，」他問，「那個戴頭巾的傢伙就是征服者穆罕默德？」

「是他沒錯。」

我查看了地圖，又環顧四周。

「可真巧，這幅畫的位置差不多就是一四五三年羅馬帝國滅亡的地點，大約就在我們頭頂上。」

「喔，說來聽聽。」他說。

於是，我告訴他。

*

一四五三年四月六日，奧圖曼年輕的蘇丹王來到城牆下。這座城當時名為君士坦丁堡。蘇丹王是穆罕默德二世，率領二十萬大軍，也帶來世界最大的青銅大砲。他從小就渴望擁有這座都城，只要攻下她，他的帝國版圖就完整了，他也順理成章地統治羅馬帝國。

穆罕默德的軍隊從他們的歐洲首都埃第尼（Edirne）出發，沿著舊羅馬大道前進，已經走了很多天。大軍來到距離君士坦丁堡高聳城牆四百公尺處停住，搭起幾千頂帳篷，部署大砲。一群工人修築了一道柵欄圍籬。有個奧圖曼人形容龐大的軍隊像「鋼鐵河」般奔流，像「繁星般難以計數」。穆罕默德那頂鮮紅金黃相間的豪華大帳安置在部隊前排中央，方便他觀賞那座一路從埃第尼拉來的大砲發射時的威猛氣勢。

當晚突厥人生起數百堆篝火，城牆高處的羅馬士兵驚奇又惶恐地眺望那一長排帳篷，順著全長五公里的城牆往前延伸，直到視線盡處。

君士坦丁堡是一座老態龍鍾的城市，一千一百年來，她一直是東羅馬帝國的首都。然而，到了一四五三年，這個帝國已徒具虛名。君士坦丁堡的羅馬人就像衣衫襤褸的貴族，依賴所剩無幾的資產苟延殘喘，周遭土地都已經落入他人手中。這座十一個世紀前由君士坦丁大帝親手創建的城市，如今儘管已慘淡衰頹，卻依然保有些許昔日榮光。她仍舊是世界的權力中心，是第二座羅馬城。城外的伊斯蘭戰士受到先知穆罕默德的預言激勵：*當然，君士坦丁堡勢必臣服，征服她的統帥將受到莫大祝福，他麾下的軍士也會受到莫大祝福。*

*

君士坦丁堡是如今歷史學家所稱「拜占庭帝國」的首都，不過，「拜占庭帝國」這個稱號是在帝國殞落後才造出的新詞，只是圖個方便。那些「拜占庭人」自己倒是沒使用過這樣的稱呼，他們自稱羅馬人，繼承了人類史上無可匹敵的偉大文明，版圖涵蓋北英格蘭到敘利亞沙漠，從海克力斯之柱（Pillars of Hercules）[1] 到多瑙河。君士坦丁堡的帝王往往引以為傲地回溯他們的歷代祖先，直到羅馬帝國的開國君主奧古斯都（Augustus）。

在奧古斯都時代，羅馬城無疑是帝國的核心。然而，經過數百年時光，永恆之城羅馬似乎越來越遙不可及，跟現實生活沒有切身關係。於是，到西元三三〇年，君士坦丁大帝重振帝國聲威，決定將首都遷移到東方。他四處物色理想地點，最終相中位居歐亞大陸交會點的希臘小城拜占庭。這座城市三面環海，景色優美，易守難攻。君士坦丁將在這裡重建帝國，改信基督教，與羅馬的傳統派漸行漸遠。這座城最初簡單命名為「新羅馬」，不久後就採用創建者的名字，變成君士坦丁堡。隨著時間慢慢過去，這座城變得如此龐大，如此強盛又華麗，全世界的人都說她是天堂的鏡子。

某種角度來說，埋沒在歷史煙塵中的東羅馬已經被西方世界遺忘。學校歷史課本告訴我，西元四七六年小皇帝羅慕路斯・奧古斯都拉斯被日耳曼族某個首領趕下帝位、早早退位之後，羅馬帝國就四分五裂了。不過，當西羅馬帝國慢慢退出世界舞台，以君士坦丁堡為據點的東羅馬帝國卻繼續屹立**一千年**。她的生命期本身就不同凡響，一端觸及古老年代，另一端接軌地理大發現時期。當西歐陷入黑暗時代的愁雲慘霧，君士坦丁堡卻是熠熠生輝，成為羅馬法規、希臘文化與基督教神學的堡壘。

君士坦丁堡防禦工事的繁複程度世界一流。這座城市像一根粗短拇指，伸入馬爾馬拉海（Sea of Marmara）與博斯普魯斯海峽，有三分之二的土地被大海包圍。意圖不軌的敵人可以從一個方向進攻，而且是唯一的方向：城市西端的陸地。不過，聞名天下的狄奧多西城牆在此恭候，把侵略者擋在城

1　海克力斯是希臘神話中的半人半神大力士，天神宙斯之子。相傳直布羅陀海峽最狹窄處兩側各有一根海克力斯之柱，也引申為地中海入口。

外。城牆由巨石和磚塊搭建，前後三層，附有城樓，是中世紀時代的世界奇景。

君士坦丁堡的羅馬人生活在堅不可摧的城牆裡，幾乎全然蛻變，不復舊觀，就像海中生物經過演化，走上陸地。到了一四五三年，他們跟古羅馬人之間幾乎找不到共同點，不再通行拉丁文，取而代之的是地中海東岸更為廣泛使用的希臘方言。對天神朱比特（Jupiter）、月亮女神黛安娜（Diana）與農神薩圖恩（Saturn）等異教神祇的信仰，老早被連根拔除、消滅殆盡。羅馬人變成虔誠的基督教徒，能夠針對最深奧的神學觀點展開冗長乏味的辯論。然而，君士坦丁堡的羅馬人無意與輝煌的祖先分道揚鑣，他們只是再創生機。在他們看來，跟光榮先祖之間的密切關聯，遠比彼此的差異更具意義。他們自稱「羅馬人」，而他們的領土則是「羅馬尼亞」（Romania）[2]。在他們心目中，「羅馬特質」是共通的觀念與傳統，與地理位置無關。就像現代澳洲人儘管住在東亞南端，卻自認是西方人。

到了十五世紀，君士坦丁堡已經存在太久、經歷太多，也做過太多事。她的繁榮與偉大已經耗盡，珍貴寶物陸續易主，流落到西歐各地。羅馬帝國的首都頂多只是一座殘破的基督教城邦：人口銳減；大片大片的住宅區橫遭破壞，人去樓空，最後變成農田與果園。

等到一四五三年穆罕默德二世大軍壓境時，奧圖曼帝國已經占領君士坦丁堡外圍所有土地，君士坦丁堡變成伊斯蘭世界裡突兀的基督教地域。不過，即使領土大幅縮減，君士坦丁堡依然頂著羅馬帝國的赫赫威名，散發微弱光彩。「統治羅馬帝國，就等於統治了全世界。」這句話在基督教與伊斯蘭世界普遍流傳，穆罕默德二世決心要成為世界霸主。

君士坦丁堡孤立無援，城裡只有六千名壯丁，連婦女、幼童、修女、傳教士和老人都在城牆下支援。

*

布拉契尼宮（Palace of Blachernae）高高聳立在城牆西北端。一四五三年春天那個特別的日子裡，當時的羅馬皇帝從某個塔樓窗子遠眺，看著奧圖曼軍隊沿著城牆扇形展開，圍得密不透風。而後他率領朝中大臣在城牆防守最弱的聖羅曼努斯門（St Romanus Gate）附近設立前哨指揮站。他是君士坦丁十一世，時年四十八歲，注定成為羅馬帝國最後一任君主。

君士坦丁十一世和他的朝廷依循著另一套預言，其中最負盛名的據說出自聖默多狄（Methodius）[3]。聖默多狄預見，君士坦丁堡一旦陷落，便是世界末日。在這場末日災難中，羅馬皇帝扮演關鍵角色。他說，當末日腳步接近，數千年來始終被鐵門擋在世界邊緣的歌革與瑪各（Gog and Magog）巨人族軍隊將會掙脫束縛。那些污穢部族湧向君士坦丁堡，但最後一任皇帝堅守陣地，與他們展開殊死戰，最後取得勝利。成功退敵的皇帝前往耶路撒冷，登上各各他山（Golgotha）[4]，將他的冠冕放在聖十字上，倒地而亡，冠冕與十字架被收回天國。

君士坦丁堡的百姓多半聽說過、也相信這則預言。當奧圖曼突厥人的威脅籠罩全城，修士與神職人員聚集在街頭巷尾，殷切提醒人們末日已近。帝國陷落前幾星期，歌革與瑪各顯然已經來到城外，君士坦丁堡百姓深信他們在這場戲碼中扮演要角，而他們的命運攸關宇宙存亡。

雖然攻守雙方兵力懸殊，君士坦丁十一世並沒有因為災難性預言而喪氣，他枕戈待旦，決定跟敵人決一死戰。他有理由懷抱希望，畢竟他的祖先已經多次以寡敵眾擊退敵人，關鍵就在能否守住狄奧多西城牆。

在狄奧多西城牆的守護下，君士坦丁堡可說是對伊斯蘭王權的公然冒犯，是「卡在阿拉喉間的骨頭」。城牆以三道平行防線阻撓進犯者：一條築

---

2 原注：並非現代東歐國家羅馬尼亞。如今的羅馬尼亞在當時是羅馬帝國麻煩多多的省分達契亞（Dacia）。

3 西元九世紀東羅馬帝國修士，奉派到摩拉維亞公國（Moravia，相當於今日捷克、奧地利一帶）傳教，與其兄長聖西里爾（Cyril）共同研發格拉哥里字母（Glagolitic alphabet），記錄當時沒有文字的斯拉夫語。羅馬天主教廷與東正教均將他們封為聖人。

4 天主教典籍譯為「加爾瓦略山」（Calvary），意思是「髑髏地」，位於耶路撒冷近郊，耶穌就是在此受刑。

有圍牆的護城河，接著是高聳的外城牆，然後是雄偉的內城牆。每一層都配有平台、城垛與塔樓等防守網絡。只要在城牆上安置充足兵力，就能以一擋十。可惜帝國軍力稀薄，而穆罕默德二世帶來了新一代戰爭武器：需要五十頭牛與兩百名人力才能拉動的青銅大砲。那是當時世界最大的大砲，威力足以在狄奧多西城牆上砸出大洞。

到了一四五三年，君士坦丁堡的覆滅似乎既不可能，卻又不可避免。

✳

西羅馬帝國在恥辱中終結，一千年後東方羅馬文明的滅亡卻是壯闊的悲劇，至少西方人這麼認為。在突厥人眼中，征服君士坦丁堡是勝利與復興的時刻，讓一座腐朽衰老的城市接受全新信仰的洗禮，納入全新帝國的版圖。

我和喬在那條骯髒地下道偶然發現的穆罕默德二世壁畫是土耳其的自我宣傳，紀念一四五三年他們的祖先終於攻破那堵城牆、占據世界首都的那個光榮日子，紀念上帝承認伊斯蘭民族略勝一籌的那一刻。創作者選擇使用詭異色調正是恰到好處，因為君士坦丁堡最後那段日子發生了許多不可思議的事，如果不是因為歷史學家、傳教士與一名目睹這段悲壯歷程的船醫分別留下紀錄，那些故事實在很難以置信。

但壁畫只提供一半訊息，看不到守城的一方。君士坦丁十一世跟羅慕路斯．奧古斯都拉斯不同，他沒有退位，相反地，他激發出自己與臣民的全部勇氣、彈性與睿智，與命運對抗了整整七星期。

可惜一切都是徒勞。穆罕默德二世的軍隊終究突破防線，君士坦丁堡重建為伊斯坦堡，變成伊斯蘭全新權力中心。奧圖曼帝國將會根據羅馬的輝煌先例與伊斯蘭先知創造的信仰，在這裡開創自己的獨特文明。如今的伊斯坦堡是個新興都市，也是歐洲最大城，但君士坦丁堡的有形無形遺跡依然存在。當地人已經習慣家裡住著拜占庭幽靈，甚至可以漠視它。

一旦了解這個失落帝國的舊事，當你來到崩塌的城牆，就會感受到拜占庭的幽靈從兩旁向你靠攏。你站在聖索菲亞大教堂金色拱門下時，會覺得那些幽靈與你合而為一；你還會在查士丁尼的地下貯水槽陰暗處瞥見它們。君士坦丁堡步向繁榮昌盛，又在驚悚戰火中滅亡，是我所聽過最詭譎也最動人的故事，我想跟我兒子分享這段故事。

第 1 章

璀璨之都

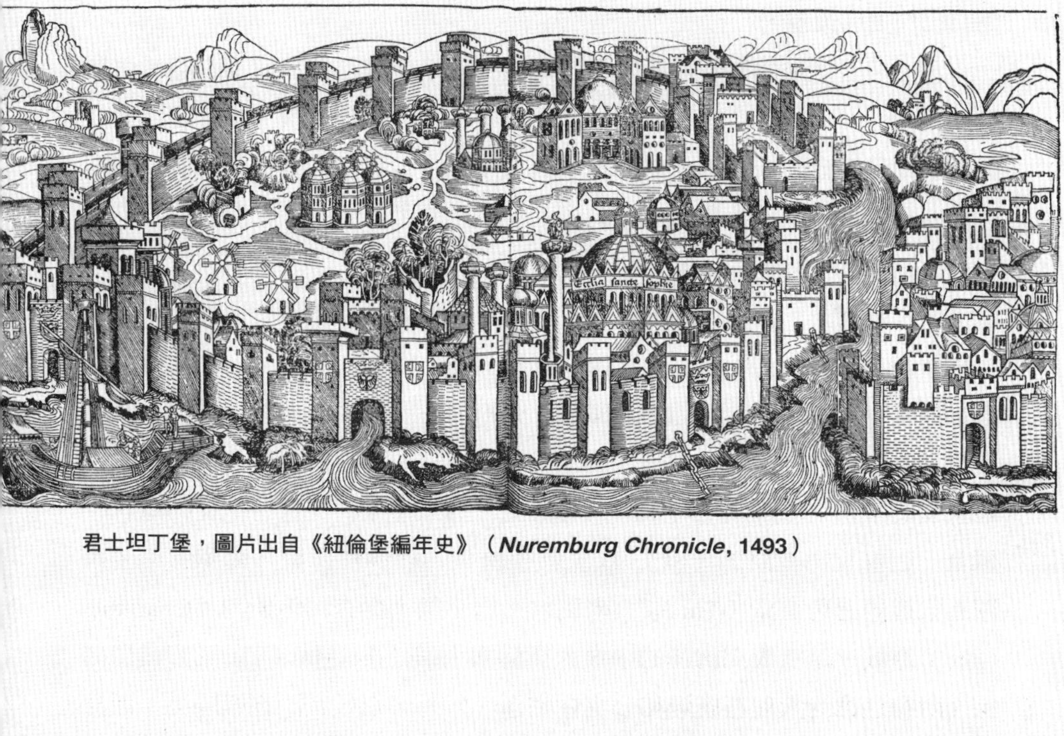

君士坦丁堡，圖片出自《紐倫堡編年史》（*Nuremburg Chronicle*, 1493）

第二穹蒼

一千年前，君士坦丁堡是歐洲規模最大、最富裕的城市。她廣闊的面積、雄偉的市容與進步的文明，都遙遙領先其他城市：全城人口約在五十萬之譜，是倫敦與巴黎的十倍以上。當時的西歐深陷貧窮與無知的黑暗時代，君士坦丁堡百姓卻享受著大都會的繁華生活：在城裡各處寬敞大理石廣場上的市集採買異國商品；在世界最大的橢圓競技場為自己的隊伍加油；有大學與法學院供學生就讀；女性可以入學受教育，醫院裡也有女醫師。城裡的圖書館典藏希臘與拉丁作家的珍貴手稿，這些古代哲學、數學或文學作品在別處都已佚失或毀損。

君士坦丁堡是那個時代最偉大的奇蹟，既是帝國都城與商業中心，也是聖地與堡壘。威尼斯商人經歷漫長海上航程來到博斯普魯斯海峽，看見金黃與紅銅圓頂組成的天際線躍然顯現在海上霧氣中，宛如一幕幻影。初來乍到的訪客目瞪口呆地望著這座城市的宏大規模與絕世美景，像歐洲村夫乘船來到曼哈頓，不敢相信隱約矗立眼前的大城確實存在。

商人從歐洲、亞洲與非洲各地趕來：俄國槳帆船滿載漁獲、蜂蜜、蜂蠟和魚子醬，橫渡黑海而來；來自波羅的海沿岸的琥珀在這裡換成黃金或絲綢；中國與印度的香料從陸路送進城裡，輾轉銷售到西歐。

君士坦丁堡是座神聖城市，這裡莊嚴的教堂與修道院保存了基督教世界最重要的聖物：耶穌受刑時戴的荊棘冠冕、真十字架的碎片、聖徒的遺骨，以及一幅據說由聖路加（St Luke）親手繪製的耶穌肖像畫。朝聖者沿著舊羅馬大道經過色雷斯（Thrace）來到君士坦丁堡，從查瑞休斯門（Charisian Gate）進城，踏上人潮洶湧的中央大街梅塞大道（the Mese），兩旁盡是商家、附有柱廊的大理石廣場和公寓住宅區。乞丐與娼妓在門廊裡閒晃；渾身髒污的顛僧向嬉鬧的孩童展示苦行疤痕。偶爾梅塞大道上的人潮會退向兩旁，讓路給唱著聖詩、扛著木製聖像遊行的傳教士。遊行隊伍後方往往跟著一長串痴迷信徒，渴望目睹聖像流下奇蹟般的淚水或淌出鮮血。

皇帝出巡通常會造成交通阻塞。扛著龍旗的傳令官率先登場，沿途拋撒鮮花；緊接著是宮廷衛隊、神職人員與大臣。此時聖樂團歌聲響起：「仰望那晨星！祂的眼映射太陽的光！」最後皇帝出現，身披緋紅金黃絲綢，腳上穿著帝王專屬的紫色高統靴。

君士坦丁堡的石柱

✳

君士坦丁堡美得超凡脫俗。來自西歐的旅客覺得，世上再也找不到足堪與這座城市比擬的地方，於是在給親友的信中稱呼這裡是「黃金城市」或「第二穹蒼」。

君士坦丁堡就是打造來觸發類似比擬。這裡的皇帝、主教和建築師確實有意建造天國的鏡子，希望達到某種與神合一的「神化」（theosis）[1] 境界，亦即與聖靈合為一體的欣喜狀態。如此一來，他們等於藉由城市的雄偉壯觀來闡述自身的美德。

1　東正教的神學觀念，意味著人藉由神的力量變化與再造。

聖索菲亞大教堂將這種對「神化」的渴望體現得淋漓盡致。這座教堂又稱「聖智教堂」（Church of Holy Wisdom），工程歷時不到六年，速度之快令人嘆為觀止，是拜占庭智慧的極致展現，完美融合藝術與科技，帶給觀者無限的驚奇與愉悅。

君士坦丁堡的宮廷與教堂儀式異乎尋常地繁複精確。有個俄國朝聖者目睹皇室加冕典禮，描述即將上任的皇帝如何踩著緩慢至極的步伐邁向王座：

> 這時領唱人吟詠出最動聽、最美妙的深奧韻文。皇帝的隊伍行進如此緩慢，花了整整三小時才從宏偉大門走到王座所在的平台……皇帝登上平台，披戴代表王權的紫衣、冠冕與鋸齒狀王冠……有誰能忠實表達這一幕的美？

米利安碑（Milion）豎立在聖索菲亞大教堂外一處拱頂下，這座金色里程碑是計算從君士坦丁堡到帝國轄下其他遙遠城市距離的起點。似乎所有道路都通向這座新羅馬，通到這個獨特地點，這個上帝的人間國度的核心。

君士坦丁堡光彩奪目的美譽向四面八方傳播出去，人的一生能走多遠，它就傳多遠。塞爾維亞人、保加利亞人和俄國人稱呼這座城為Tsarigrad，意為「羅馬君主之城」。中世紀的中國稱這裡為「拂菻」，一座有著珍禽異獸與巨大花崗岩城牆的城市。曾經在皇帝的瓦蘭金衛隊（Varangian Guard）擔任傭兵的維京武士稱這座城為Miklagard，即「大城市」，他們帶著這座遙遠金色大城的迷人傳說回到冰島或挪威的小村莊。他們傳誦的君士坦丁堡奇聞異事成為北歐神話裡的夢幻仙宮，是眾神之王奧丁（Ordin）居住的仙城（Asgard）。一生無緣親見這座大城的人，做夢都會夢見她。城裡的神聖儀典與建築是如此純淨超然，舉國百姓無不心悅誠服。

「我們忘不了那種美」

弗拉迪米爾王子（Vladimir）是基輔羅斯公國（Kievan Rus'）的統治者，

他所屬的斯拉夫族信仰多神。西元九八七年某一天，他對朝臣說，他和百姓都不該繼續信仰異教，只是，他不知道該選擇猶太教、基督教或伊斯蘭教，於是派遣最得力的屬下遠赴異國，尋找上帝的真正宗教。

> 使節奉派前往伊斯蘭國家，他們返國後對弗拉迪米爾說，那些人的生活枯燥乏味。
>
> 「那個宗教禁止飲酒。」使節們說，「我國百姓可能會覺得很困擾。」
>
> 弗拉迪米爾做出決定：「俄國人都愛喝酒，少了喝酒的樂趣，要我們怎麼活下去。」
>
> 接著弗拉迪米爾找來了猶太人，打聽他們的國家在什麼地方。
>
> 「耶路撒冷。」猶太人答。
>
> 「如果猶太人真是上帝的子民，」弗拉迪米爾說，「上帝就不會讓他們離鄉背井、流離失所。你們希望我們也遭遇那樣的命運嗎？」他問，然後揮揮手讓他們退下。
>
> 之後弗拉迪米爾收到前往君士坦丁堡考察基督教的使者來信，他們在信裡幾乎無法形容聖索菲亞大教堂帶給他們多少感動：
>
> > 「我們不知道自己究竟是在天堂或人間。因為人間不可能有這種壯觀、這種美。我們找不到適當詞語來描繪，只知道上帝與這裡的人們同在。這裡的禮拜儀式超越任何地方，我們忘不了那種美。」
>
> 弗拉迪米爾受洗成為基督徒，羅馬皇帝因此將自己的妹妹下嫁給他，俄國東正教信仰就是這樣開始的。

故事的另一個版本說，是巴西爾二世主動跟弗拉迪米爾接觸，請求基輔派兵協助他打敗競爭對手登上王位。弗拉迪米爾同意，條件是巴西爾二世的妹妹安娜必須嫁給他。這麼一來，弗拉迪米爾必須皈依東正教，才能迎娶安娜。在第一個故事裡，俄國人是受到東正教令人驚豔的美麗儀典感召，才改信基督教；而在另一個版本裡，信教只是政治上的便宜行事。然而，在君士坦丁堡，心靈、美學與政治往往密不可分，這座城市展現東正教與羅馬的勢力，既要堅定百姓的信仰，也要鞏固他們對帝國的擁戴。

這座都城裡住著一位最神祕的人物，那就是掌握政教大權的皇帝本人。在君士坦丁堡，皇帝自詡為Totius Orbis Imperator，亦即「世界霸主」。古羅馬時代的皇帝自認是世界所有帝王中的佼佼者，經過數百年後，他們開始披上神祕外衣，藉此鞏固政權。宮廷禮儀變得更為拘謹繁複，皇帝在臉上畫妝，穿上綴有珍貴寶石的長袍，覲見者必須匍匐在他腳下。

外國使節與會唱歌的樹

西元九四九年，一艘威尼斯槳帆船駛進金角灣（Golden Horn），船上是義大利使節克雷摩那的里歐普蘭德（Liutprand of Cremona），代表義大利的貝倫加爾王（King Berengar）出使東羅馬。里歐普蘭德上岸後遞交國書，要求謁見皇帝。

里歐普蘭德獲准從橢圓競技場附近的查爾克門（Chalke Gate）進宮，穿越大理石門廳來到「金色大廳」（Chrysotriklinos），兩名太監將他扛在肩膀上，送進金鑾殿。

里歐普蘭德來到金碧輝煌的八角金鑾殿，看見一棵青銅色的樹，枝椏上棲滿啁啾鳴囀的機械鳥，每隻鳥都依照各自的品種發出不同叫聲。里歐普蘭德更靠近王座時，又看見另一項奇觀：王座前地板上站著兩隻鍍金獅子，尾巴會拍打地板，嘴巴張開時會發出吼叫聲。他抬頭一看，皇帝君士坦丁七世就坐在御座上，穿著織錦紫袍，全身珠光寶氣。里歐普蘭德依照雙方議定的規矩，撲倒在地向皇帝三拜。

等他拜完抬頭一看，君士坦丁七世的寶座不知為何已升到離地九公尺的高空，幾乎跟天花板等高。此外，皇帝不知怎的也換了袍子。

像這樣隔空談話未免彆扭，不一會兒就有個朝臣示意朝覲結束，里歐普蘭德恭敬地退下。他就住在皇宮裡，行李已經有人從船上送來。他覺得有點尷尬，因為貝倫加爾王並沒有準備致贈皇帝的禮物，只交給他一封他深知「謊話連篇」的信函。因此，他認為最好把自己私人帶來的禮物以國王名義呈送出去。他的禮物包括九片護胸甲、七片鍍金浮雕盾牌、幾只珍貴杯子和四名小太監。

皇帝對這些禮物很是滿意，邀請里歐普蘭德到緊鄰橢圓競技場的十九躺椅宮（Palace of the Nineteen Couches）參加一場盛宴。在十九躺椅宮裡，皇室成員和賓客可以依古羅馬風俗，斜躺在長椅上大快朵頤。里歐普蘭德在餐宴上見到更多神奇的自動裝置，比如盛裝食物與美酒的托盤自動從天花板降到餐桌上。

以君士坦丁七世肖像鑄造的錢幣

君士坦丁堡從西元三三〇年肇建，到一四五三年最後圍城，前後總共歷經九十九位皇帝。另有幾名皇后跟丈夫共治，或代理未成年的兒子主政，也有極少數女皇帝單獨執政。這些女性原本該安分地待在後宮或修道院，卻勇敢挑戰男權社會根深柢固的傳統。在這許多統治者身上，我們觀察到人類掌握大權時會展現出的所有類型性格特質。

皇帝既是政治上的統治者，也是精神領袖，是上帝在人間的攝政王。皇子們成長過程中都會學到，耶穌在第一位皇帝奧古斯都的時代來到人間，此事絕非偶然。很顯然，從耶穌受刑到基督再臨這段空窗期裡，上帝屬意由羅馬皇帝擔任基督在人間的代表。

儘管如此，君士坦丁堡依然保存些許古羅馬共和精神。如同古代，皇帝必須謹記他們是代表元老院與人民治理國家，萬一嚴重背離民意，下場可能會是在橢圓競技場慘遭五馬分屍。

搖曳的燈火

天國般的城市、氣數已盡的皇帝、機械樹、十字軍、聖人、飄浮修女和揮之不去的末日預言，正是這些精彩絕倫的故事吸引我帶著喬來到伊斯坦堡。我們父子都喜歡歷史，這點帶給我莫大欣慰。喬很容易受到歷史故事吸引，他從小就喜歡探索自己和眾多事件與人物之間的時空關係，總想知道自己出生前地球上發生過些什麼事。對於古代羅馬人鋪寫的漫長史頁，他跟我一樣興趣濃厚。

基於某種原因，男人和男孩肩並肩時要比面對面時更能開懷暢談，因此，喬年紀還小的時候，我經常帶他出去散步。我們走在路上時，他會提出許多有關納粹和工業革命的問題。到他十二歲時，我們的話題轉到日俄戰爭和古巴飛彈危機。

對這些事件的初淺了解，帶給他在學校裡找不到的自信。喬明顯天資聰穎，剛入學那幾年卻適應得相當辛苦。他不知為何不太願意學寫字，如果課堂上不得不寫，他總是由右至左寫出歪歪扭扭的鏡像字。他會在紙上翻轉字母、單字和片語，慢慢就跟不上同學。醫生診斷出他有輕微閱讀障礙，也教他如何克服。

喬不擅長書面文字，卻跟大多數有閱讀障礙的成人或小孩一樣，發展出代償性的提問技巧：他把我從書本上讀來的一切都畫下來。相較於自然科學，我對歷史更有把握，但我嚴肅看待他提出的任何問題。我這種做法等於延續我父親的教養方式，小時候他總是耐心聆聽我的各式問題，盡心盡力提供解答。

對歷史的喜愛偶爾會讓人忽略此時此地更緊迫的事務。然而，如果我們不明白自己如何通過連串事件走到今日，就可能漫無目標地飄蕩在時空中，只剩下永無止境的現在。小孩子對歷史的喜愛特別令人動容，因為它來自某些關於生命最神祕難解的哲學議題：我們如何演變成如今的樣貌？歷史也給我們力量抵抗懷舊的病態誘惑，讓我們知道過去的事未必比較簡單，過去的人未必更高尚，過去的孩子也沒有更乖巧。

《羅馬帝國衰亡史》（*History of the Decline and Fall of the Roman Empire*）作者愛德華・吉朋（Edward Gibbon）[2] 曾經打趣說，歷史這個學科「充其量就是人類犯罪、愚行和噩運的紀錄」。對我而言，歷史似乎是豐富的寶藏，是一座不朽寶庫，裡面有取之不盡、用之不竭的故事。這個想法讓我在徜徉歷史世界時，永遠不會感到乏味或鬱悶。

邱吉爾（Winston Churchill）[3] 靠品讀或撰寫歷史，熬過那些讓他欲振乏力、了無生趣的憂鬱時刻。他很清楚找到自己在歷史事件中的定位有多麼重要，他說「你回頭看得越久，就能往前看得越遠。」即使歷史不能提供他精妙洞見，仍然為他躁動不安的靈魂帶來安定力量。他在下議院致詞追悼前首相張伯倫（Neville Chamberlain）[4] 時，將歷史比喻為提燈：「歷史以它閃爍不定的燈火，跌跌撞撞走在來時路上，設法重建過去的場景，喚起舊時的回響，以幽暗微光重燃昔日激情。」

對於有意追尋羅馬人足跡的人，那盞搖曳燈火勢必得穿越時空的長廊。當我們尾隨他們走過幾個世紀，他們早已經數度蛻變，改頭換面。

2　一七三七～一七九四，英國歷史學家，撰寫六卷《羅馬帝國衰亡史》，歷時十二年完成，考證詳盡，成為史家重要參考資料。

3　一八七四～一九六五，英國傑出政治家，曾二度出任英國首相，二次大戰期間帶領英國對抗德軍，取得勝利。

4　一八六九～一九四〇，英國保守黨政治人物，曾任英國首相，以綏靖主義外交政策聞名。

羅馬濃縮史

最早我們看見他們還是務農的部落，蹲踞在帕拉廷山（Palatine Hill）[5]上，在雨中對天神朱比特誦念禱詞。據傳當時先後有七個國王。而後王朝被推翻，建立共和政體，那盞燈開始發光。驍勇善戰的羅馬人擊敗拉丁姆平原（Latium）的其他部族，又收服了北方的伊特拉斯坎人（Etruscan）與南邊的希臘人聚居地，統一義大利半島。

隨著國家日益強大富裕，羅馬百姓採納希臘人更為先進的服飾、生活習慣與文化。等到羅馬人征服西西里島，跟非洲北岸另一個強權迦太基（Carthage）之間的殊死戰於焉展開。迦太基為了報一箭之仇，派遣名將漢尼拔（Hannibal）率領士兵與大象翻越阿爾卑斯山。[6]羅馬軍隊幾乎敗下陣來，但他們咬牙苦撐，重新整編展開反擊。迦太基被徹底消滅，羅馬勢力擴張到地中海對岸，土地與權力之爭導致內戰頻仍，紛爭始終無休無止。

此時，這盞燈照亮了一整個世代的羅馬知名人物：獨裁的凱撒大帝（Julius Caesar）、軍事家龐培（Pompey Magnus）、法學家兼雄辯家西塞羅（Cicero），以及安東尼（Marc Antony）與埃及豔后克麗奧佩特拉（Cleopatra）這對結局悲慘的苦命鴛鴦。然而，在羅馬帝國開國君主屋大維（Octavian）威風凜凜的身影旁，這些人都相形見絀。屋大維保持了共和政體的外殼，卻謀殺了它的靈魂。他大權獨攬，自封為Imperator，亦即「勝利將軍」。他平息了延燒數十年的內戰，獲元老院頒授「奧古斯都」（Augustus）封號，意為「至尊」。緊隨在奧古斯都之後的皇帝卻是一代不如一代：提比留（Tiberius）、卡利古拉（Caligula）和尼祿[7]。接下來帝國在五位仁君治理下，聲勢如日中天，版圖也大幅拓展，從英格蘭的約克夏（Yorkshire）直達現今中東地區的美索不達米亞。

接下來是長達五十年的戰爭與動亂，共有二十六位皇帝登基，幾乎不是被殺就是戰死沙場。我們看到帝國一分為二，而後三，最後四分五裂。到了第三世紀後期，戴克里先（Diocletian）即位，終於重歸大一統，卻是以不同面貌存續。基督教開始崛起，起初只是飽受迫害的少數教派，流傳在奴隸階層，士兵與高級軍官隨後加入。一位名叫君士坦丁的皇帝改信基督教，將國都東遷拜占庭，重新命名為君士坦丁堡。

羅馬城漸漸衰微，前後二度橫遭蠻族劫掠。西羅馬帝國最後一任皇帝在恥辱中退位，但羅馬的威名與功績繼續在東方傳承。當君士坦丁堡的羅馬人演化成說希臘語的基督徒，這盞燈火慢慢變色。帝國一度繁榮興盛，但只要好戰的穆斯林來到城門外，就搖搖欲墜。經過幾度占領、瘟疫與敗退的循環，帝國重拾威望，度過燦爛輝煌的三百年，直到遭到來自西方的十字軍無情摧殘。到了一四五三年，這盞燈耗盡僅剩的點滴燃料，放出最後一抹光芒，從此熄滅。

想當然耳，其中的故事精彩絕倫，足以填滿沉迷歷史的十四歲男孩和他父親的想像力。猶太人和原住民文化都有悠久的成年禮儀式，以示孩子正式步入成年期。愛爾蘭裔澳洲人卻沒有這樣的習俗，於是我構思了一個計劃：我們父子展開一段歷史之旅，從羅馬到伊斯坦堡的新羅馬，最後抵達東羅馬帝國壯烈殞落的地點，再從馬爾馬拉海往金角灣方向前進，徒步走完舉世聞名的城牆，為這段父子探險旅程畫下句點。

曾經有人告訴我，猶太教成年禮與其說是為孩子而辦，倒不如說是為了父母。透過這個儀式，父母會明白孩子已經漸漸脫離他們的羽翼，時日一到就會振翅高飛。正因如此，我才會積極規劃我跟喬的這趟探險成年式，而我們倆都能從中獲益。

喬天性好奇，眼界廣大，心性穩定，肯定會是旅途良伴。我有個自私的心願，想趁他長大獨自出外闖蕩之前，撥出一個月時間跟他一起懷想古代與中古世界。

內人金和女兒合理質疑她們為什麼不能參與這場驚奇之旅，我費了一番

5　位於聞名的「羅馬七丘」中央，傳說是羅馬帝國的發源地。

6　事實上，漢尼拔決定攻打羅馬幾乎與母國迦太基無關，迦太基只是拒絕羅馬處罰漢尼拔，默許他入侵義大利。漢尼拔後來未曾獲得母國積極支持。

7　三七～六八，古羅馬帝國最後一任皇帝，生性殘暴，留下不少負面評價。

口舌向她們解釋，父親和兒子一生中至少要單獨出門探險一次。我還說，如果她們也有興趣，不妨也來一趟母女同遊。就這樣，我總算化解她們的疑慮，內心卻不免還是有點歉疚。

*

拜占庭早期歷史由三位明君主導：君士坦丁、查士丁尼與希拉克略。他們都體驗到握有世界最高權力的滋味；他們的婚姻都有爭議，有謀殺，有亂倫，也有深刻濃烈的愛情。他們的壽命都夠長，因而飽嘗生離死別。這三位帝王之中，又以率先登場的君士坦丁影響後世最為深遠，他決定性地改變了整個世界的走向。

要敘述君士坦丁大帝的一生與新羅馬的誕生，我跟喬從舊羅馬啟程。我們來到一處由米開朗基羅（Michelangelo）[8] 設計的天井，尋找那個用自己的名號為擁有「眾城之后」（Queen of Cities）美名的城市命名的男人。

8 一四七五～一五六四，文藝復興時期傑出藝術家，出生於當時的佛羅倫斯共和國，二十一歲去到羅馬，在那裡留下許多曠世作品。

第 2 章

羅馬到拜占庭

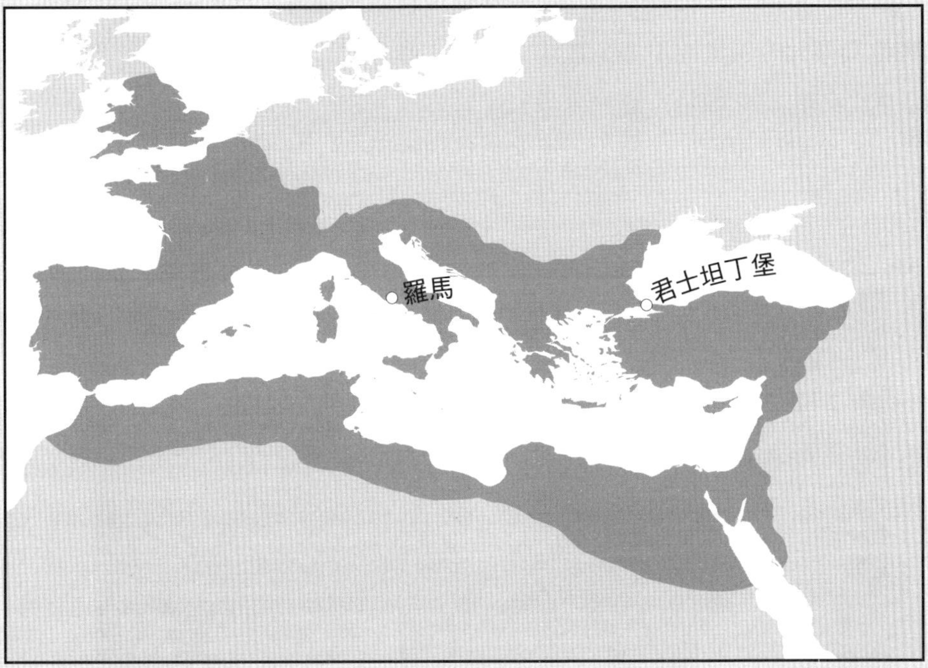

西元三三〇年的羅馬帝國，君士坦丁堡初建時期

巨型塑像

喬仰望擺放在靠牆基座上的巨大頭顱。這裡是羅馬的卡比托尼博物館（Capitoline Museum），我們站在君士坦丁大帝巨像的碎片之間。雕像材質是白色大理石，頭部就有二．五公尺高，足夠壓垮一部福斯汽車。那張臉不算英俊——鷹鈎鼻太過凸出，酒窩下巴也是——卻顯得高貴威嚴，表情冷淡又平靜。頭像旁邊是他肌肉精壯的巨大上臂；另一邊是一隻手，食指虔敬地指向天國。哪位神祇會在這裡顯靈？是基督徒的上帝，或君士坦丁本人？

這尊君士坦丁巨像原本端坐在王座上，有四層樓高，專門打造來提醒羅馬人他們偉大的領袖立下多少豐功偉業。「偉大」二字根本不足以形容君士坦丁大帝的功績：他是古往今來最有影響力的人物。歷史學家將他與耶穌、佛陀和穆罕默德並列。這個人一千七百年前的所言所行，左右如今全人類的

君士坦丁巨像，羅馬卡比托尼博物館

生活方式。

「君士坦丁」字面意思是「經常」、「穩定」，他也確實有能力持之以恆，年復一年堅持不懈，耐心地鏟除對手，直到自己變成全世界最強大的人。他是同時代最傑出的軍事將領，某種程度上算是老派的羅馬統帥：任務當前不講情面。登上帝位之後，他的性格更是顯露無遺，成為富有遠見、無所畏懼的領袖。

君士坦丁大帝有兩大建樹值得傳誦千古。首先，他建造了「新羅馬」君士坦丁堡，至今依然存在，更名伊斯坦堡；其次，他把基督教從少數人信仰的東方教派提升為羅馬帝國的主要宗教，此舉改變了全人類在道德、政治與精神各層面的未來走向。因為他，日後歐洲和美洲各國才會自封為基督教國家，而且持續到今日。正因如此，東正教教會封他為聖徒，位階等同於耶穌門徒。只是，他是個偉大人物，卻未必正直善良。

*

君士坦丁大帝沒有高貴血統。他父親是個軍官，膚色蒼白，因此得到「蒼白康士坦提厄斯」（Constantius Chlorus）的綽號。康士坦提厄斯體格強健、野心勃勃、聰明過人，刻意結交才華出眾的年輕軍官，成為伊利里亞（Illyria）[1] 鐵血將領之一。他們靠優異表現爬上高位，也帶領第三世紀的羅馬帝國跳脫垂死掙扎。

某天晚上在小亞細亞西北部比提尼亞省（Bithynia）一家酒館，康士坦提厄斯遇見年輕女侍海倫娜（Helena），兩人發現彼此戴著同款銀手鐲，都認為是天神讓他們相遇。海倫娜成為他的妻子，隨他東征西討。到了西元二七二年，他們的兒子君士坦丁在駐防小鎮奈蘇斯（Naissus）出生，地點大約在現今的塞爾維亞（Serbia）。

康士坦提厄斯受到拔擢，成為皇帝的貼身護衛。二八二年，奉命擔任達

1　羅馬帝國行省，相當於現今巴爾幹半島，許多傑出軍人都來自此地。

爾馬提亞（Dalmatia）總督。兩年後，他過去在衛隊的同袍戴克里先登上帝位，他的前途更是不可限量。

羅馬帝國長期以來內憂外患不斷、經濟動盪飄搖，戴克里先即位後，帝國總算開始走出危機。戴克里先決定展開斧底抽薪的改革，卻發現工程浩大，非一人之力所能完成，於是他頒布命令，帝國將由兩位皇帝共同治理，兩人都享有「奧古斯都」頭銜。戴克里先以小亞細亞的尼科米底亞（Nicomedia）為據點，統治人口較多、經濟較富裕的東部各省。西半部行政中心設在米蘭，由對他忠心不二的朋友馬克西米安（Maximian）坐鎮。

事隔不久，戴克里先再次劃分皇帝的職責，東西兩位奧古斯都各有一位副帝協助，他們的頭銜為「凱撒」。後世稱這種制度為「四帝共治」。

戴克里先的四帝

西元二八九年，康士坦提厄斯休掉髮妻海倫娜，迎娶西帝馬克西米安的女兒狄奧多拉，為自己邁向西凱撒之位鋪路。海倫娜和她的青少年兒子君士坦丁被送往戴克里先位在尼科米底亞的皇宮，君士坦丁和父親這一別就是十二年。

君士坦丁在尼科米底亞生活看似順遂，其實算是人質，方便戴克里先就近看管，確保他父親的忠誠。他接受正規的文學與哲學教育，西元二九七年更身歷其境見識戰爭的真實面貌。當時他二十五歲，跟隨戴克里先的副帝、傲慢自大的蓋勒流斯（Galerius）投入與波斯人的戰事。君士坦丁自然而然認為，皇帝有意栽培他日後加入四帝共治，跟他父親一起統治羅馬。

君士坦丁三十二歲升格當父親，孩子的母親名叫蜜涅娃（Minervina）。他為孩子取名克里斯帕斯（Crispus），似乎是個有愛心有擔當的好父親。

在尼科米底亞那段期間，君士坦丁光是觀察戴克里先和他的朝廷，看清政治的混亂真相，就等於接受一流的政治教育。當時的戴克里先努力重建羅馬的社會秩序，希望將國家治理得有條不紊，像紀律嚴明的軍營。戴克里先不失軍人本色，喜歡筆直的線條、乾淨整潔的軍營和層級分明的軍令系統。為了防止日益壯大的總督懷有異心，他重新分割帝國領土，縮小行政區域，各行省軍權與政權分開，指派一名「司令」（dux）執掌軍事，另一名「代理官」（vicarius）統理民政。

戴克里先之前那些時運不濟的皇帝多半靠鑄造錢幣應付各項開支，造成通貨膨脹失控。戴克里先自然而然地採行限價策略，控制所有市場貨品的價格，例如麵包、葡萄酒、牛肉、穀物、外衣、香腸和鞋子[2]。為了減少職業流動，農民跟耕地綁在一起，大多數職業都改採世襲。他的賦稅政策變相鼓勵了自給自足的大型莊園。他原想恢復古羅馬傳統，卻意外造就了封建制度。

戴克里先儘管作風守舊，卻覺得有必要賦予皇權全新概念。他揭去共和

2　原注：售價最高的商品是紫色真絲，每磅十五萬第納爾（denarius，古羅馬小銀幣）天價，略高於一頭獅子的售價。

政體的假面，將自己的登基解釋為順應天意：他是眾神首選，是天神朱比特在人間的化身。他脫去軍服，穿上紫色絲袍和裝飾紅寶石的便鞋。在朝廷儀典中，他會頭戴冠冕化妝出場，接受臣民瞻仰。謁見皇帝的人必須膝行進殿，親吻他的長袍。

君士坦丁目睹戴克里先從草根士兵變身人間神帝，他發現，只要以貌似可信的說辭強調王權神授，帝王的權力就可以擴大數倍。畢竟，有誰敢違逆神意呢？

最後迫害

二九九年某一天，這個問題成為關注焦點。當天戴克里先召來他的占卜師[3]，要他循例觀察動物內臟預測未來。當天皇帝和朝臣在一旁觀看，獻祭的牲畜依正確程序宰殺，再取出內臟檢視。占卜師一臉困惑，咕咕噥噥地說他沒辦法判讀預兆。戴克里先問他原因。

「啟奏陛下，」占卜師埋怨道，「我必須向您報告，剛才占卜時，我看到宮中的基督徒舉手畫十字。我相信此舉觸怒了天神，使祂們不願意降下旨意。」

戴克里先聞言震怒，他轉頭面對群臣，要求在場所有人立刻獻祭，平息諸神的怒氣，抗命者要受處鞭刑。戴克里先認為，基督徒這種行為不只放肆，根本就是蓄意搞破壞，嚴重威脅帝國安全，遠比蠻族軍隊更危險。他認為，多虧天神賜福，他們才能統治其他民族，所以，帝國能否長治久安，都要靠諸神庇護。

他急於化解天神的怒氣，下令隔天各軍團所有士兵也都要獻祭，拒絕配合的基督徒就關進牢裡。基督徒士兵雖然願意宣誓效忠皇帝，但令人惱火的是，他們的宗教禁止他們祭祀帝王，更不能祭拜那些戴克里先認為賜予羅馬強大力量的異教諸神。

副帝蓋勒流斯向來憎惡基督徒，他慫恿戴克里先雷厲風行，於是帝國機器啟動，大規模肅清異己。基督徒被剝奪合法權利、財產充公，教堂和經典被破壞銷毀，不肯放棄信仰的基督徒被活活燒死。戴克里先擱置其他改革措施，全心投入這種毫無意義的殘酷作為。

這是基督徒遭受的最後一次大迫害，從人性的角度看來異常殘暴，在政治上也衍生不良後果。無辜百姓被趕出家門、當街毆打，就連非基督徒都看得毛骨悚然。戴克里先的聲望下跌，基督徒的堅忍反倒贏得公眾讚賞。心情鬱悶的戴克里先不再打理朝政，副帝蓋勒流斯卻不為所動，繼續歡欣雀躍地進行迫害。

三〇四年末，戴克里先大病一場，停止公開露面。到了次年三月，他從皇宮走出來，面容明顯憔悴倦怠。五月間，他邀集軍事將領和資深官員到尼科米底亞城外山上，也就是二十年前他登上帝位的那座山。

戴克里先宣布，他決定做一件過去的帝王不曾做過的事：禪讓帝位。當時君士坦丁面無表情地站在他背後。戴克里先又說，他的老友西帝馬克西米安也會退位，他們要和平地把政權移交給兩名經驗豐富的副手，亦即康士坦提厄斯和蓋勒流斯。

這麼一來，四帝共治空出兩個副帝職缺。當天在場的每個人都認為君士坦丁會是其中之一。拉丁文教授拉克坦提烏斯（Lactantius）記錄了這幕景象：

> 眾人把目光投向君士坦丁，所有人都深信不疑。在場的士兵……都喜歡他，希望他出線，默默在心裡為他祝禱。
>
> 戴克里先突然宣布新任副帝是塞維魯和麥克西米努斯（Maximinus Daia），眾人一陣錯愕。此時君士坦丁還站在講台上，人們一時反應不及，納悶著他是不是改了名字。不過，蓋勒流斯在眾目睽睽之下伸手往後，將站在他背後的麥克西米努斯往前拉，順勢推開君士坦丁。

3　原注：占卜師出席祭典時多半戴著錐形高帽，後世的巫師帽或許就是從這裡來的。

兩名新任副帝都是蓋勒流斯的好友兼親信。

君士坦丁遭到排擠，西帝馬克西米安優秀的兒子馬克森提烏斯（Maxentius）原本也眾望所歸，同樣落得一場空。戴克里先希望王位的傳承依據的是才幹，而非血統，這點正合蓋勒流斯意。只是，君士坦丁和馬克森提烏斯既有功勳，**又是**帝王之子，都是合格人選。

蓋勒流斯如今躋身四帝之首，他很清楚自己已經跟君士坦丁結下梁子，於是派人嚴密監控。他猜想軍團和朝廷的不滿分子遲早會靠向君士坦丁，煽動他的野心。君士坦丁想必也清楚皇帝對自己的猜忌，只要留在尼科米底亞一天，隨時可能小命不保。

君士坦丁時時戒備，某天晚上他頻頻勸酒，哄得不勝酒力的蓋勒流斯喃喃應允他離開帝都。等蓋勒流斯沉沉睡去，君士坦丁連夜奔逃，跳上皇宮馬廄裡最健壯的駿馬，頭也不回地離開京城，一個驛站接一個驛站，折損不少馬匹，就怕追兵趕到。隔天早上蓋勒流斯醒來時，君士坦丁已經逃得無影無蹤，追也追不上了。

君士坦丁前往現今法國所在的高盧（Gaul）投靠父親。他們一同橫渡海峽進入不列顛，往北走到約克（York）的羅馬軍事基地，以皇子身分在朝廷露面。西元三〇六年，他奉命率兵攻打哈德良長城（Hadrian's Wall）北邊的皮克特族（Pictish），他父親的朝臣藉此機會觀察他的軍事才能。氣候寒冷，康士坦提厄斯患了重病，不幸在七月二十五日駕崩。朝中老臣號召駐紮約克的軍團共同推舉君士坦丁為西帝。

事後君士坦丁致函蓋勒流斯，表明他登上帝位已是既成事實：他憑什麼拒絕效忠他父親的軍團？信中更挑釁地附了一幀自己穿上奧古斯都紫袍的肖像。蓋勒流斯火冒三丈，但為了避免戰火再起，只得接受變局。雖然不得不讓步，他也提出條件，君士坦丁必須擔任副帝，不能直接取代他父親成為奧古斯都。他還送了一套皇袍給君士坦丁，強調君士坦丁的帝位是由**他**授予。君士坦丁樂意接受他的條件，因為他需要蓋勒流斯認可，登基的正當性才不會受到質疑。

君士坦丁的大膽行動羨煞另一名皇子馬克森提烏斯。突然之間，羅馬禁衛軍的不滿分子找上馬克森提烏斯，他們說，只要馬克森提烏斯承諾撤銷惹人嫌的新稅制，就擁戴他登上義大利的帝位。馬克森提烏斯高興都來不及，連忙請退位的父親馬克西米安出面跟君士坦丁談判。馬克西米安把女兒福絲妲（Fausta）嫁給君士坦丁，以換取他的支持。君士坦丁接受談判條件，馬克森提烏斯因此順利在義大利半島稱帝。蓋勒流斯與他的副帝塞維魯為此暴跳如雷。

君士坦丁跟福絲妲結婚時並沒有先跟蜜涅娃離婚，也許他們原本就沒有合法婚約，或者當時蜜涅娃已經過世。君士坦丁跟福絲妲育有六個孩子，但君士坦丁最愛護的還是蜜涅娃生的長子克里斯帕斯，在高盧那段期間，一直把這孩子帶在身邊。

＊

戴克里先希望他的四帝共治可以行之久遠，每二十年左右世代交替。可惜他自己是這個制度不可或缺的角色，他一下台，四帝共治幾乎立刻解體。他的接班人蓋勒流斯不足以震懾對手，皇帝與準皇帝帶領軍隊互相攻打，帝國陷入連串耗損國力的內戰。

退位後的戴克里先搬到達爾馬提亞一處宮殿，平日種種菜打發時間，此時看見他精心建構的新秩序崩潰瓦解，沮喪不已。蓋勒流斯寫信哀求他重出江湖，勸服各方霸主締結和平協定。戴克里先疲累地嘆口氣答應，但這份協定幾乎立刻破局。他過去的同僚也寫信給他，請求他重登帝位，平定內亂。戴克里先回信說：「如果你過來看看我親手栽種的甘藍菜有多麼漂亮，就不會對我提出這種請求。」

在此同時，他欽點的繼任人選蓋勒流斯江河日下，得了一種古怪的腹部癌症，不久於人世。信奉基督教的拉丁文教授拉克坦提烏斯認為，是神的正義在蓋勒流斯的腹部大做文章，幸災樂禍地描寫蓋勒流斯怵目驚心的病情與死狀：「那惡臭令人掩鼻，不只瀰漫宮中，幾乎全城都聞得到……因為當時他的膀胱和腸子已經被蟲子啃光，糊成一片，全身上下融成一團腐肉，疼痛難耐。」

蓋勒流斯在病痛中撒手人寰，整個帝國陷入權力爭奪戰，君士坦丁和對手為了帝位大動干戈。這場混亂的內戰整整打了十八年，就像水族箱裡飢餓的魚兒，強者吞食弱者，直到剩下兩條，而後一條。在這漫長的掙扎中，君士坦丁經歷了戲劇性的超自然事件，他認為自己沒有在羅馬城外敗陣喪命，都要歸功那次經歷。

凱樂符號

西元三一二年春天，君士坦丁帶兵越過阿爾卑斯山，進入北義大利。這回他征討的是妻舅馬克森提烏斯。他們基礎薄弱的盟約已經瓦解，馬克森提烏斯治下的義大利半島漸漸失控，君士坦丁率領大軍前來接收。

這時君士坦丁已經四十歲，他兵不血刃拿下杜林（Turin）和米蘭，接著揮軍南下佛拉米尼亞大道（Via Flaminia）[4]，來到羅馬的奧勒良城牆（Aurelian Walls）外紮營。馬克森提烏斯在城裡儲備糧食，毀掉所有進城的橋梁，決定躲在堅固的城牆內以靜制動。畢竟嚴冬將至，就讓酷寒的天候收拾君士坦丁的軍隊。

然而，馬克森提烏斯看見君士坦丁自信滿滿，內心忐忑不安，於是向《西比琳神諭》（*Sibylline Oracles*）[5]尋求指示，得到的答覆是，十月二十八日「羅馬人的敵人」會戰敗而亡。他理所當然認為那個「敵人」指的是君士坦丁，因此決定出城迎戰。

據說君士坦丁在大戰前夕夢見喧鬧虛幻的畫面，或者清醒時見到了異象。有別於西比琳的預言，君士坦丁見到的景象異常清晰直接。他抬頭仰望太陽，看見太陽上出現明亮耀眼的符號。那個十字形的符號像字母「Ｘ」被字母「Ｐ」貫穿：

此外，君士坦丁還看見天空浮現幾個字：以此符號汝將征服。

那個火焰般的字母圖案是由希臘字母 χ 和 ρ 組合而成，也就是希臘文「基督」（χριστός）的前兩個字母，是基督徒表明身分的凱樂符號（Chi-Rho）。君士坦丁從幻覺或夢境中清醒後，指示士兵在盾牌上描繪這個符號，等候馬克森提烏斯率兵走出奧勒良城牆。

馬克森提烏斯倉促修復米爾維安大橋，選擇從這裡橫渡台伯河。他帶領大軍走在搖搖晃晃的浮木上，準備迎頭痛擊君士坦丁的步兵團。

君士坦丁的騎兵部隊向前進逼，把馬克森提烏斯的軍隊逼回台伯河邊。馬克森提烏斯鳴金收兵，要軍隊退回城內重新整隊。大批士兵和馬匹突然慌亂推擠，橋梁應聲坍塌，台伯河裡滿是載浮載沉的士兵，最後都因為身上的沉重鎧甲慘遭滅頂。

馬克森提烏斯的禁衛軍渡不了河，只得背水一戰，卻一個接一個被君士坦丁的士兵砍殺。馬克森提烏斯摔落台伯河溺水而亡，屍體被拖上岸，砍下腦袋。此時城門大開，君士坦丁的軍隊用長矛高舉馬克森提烏斯的頭顱風光遊街，遏阻任何蠢動。

君士坦丁終於贏得羅馬這個大獎，自此完全掌控西羅馬帝國。隔天他在群眾歡呼聲中進城，被元老院擁立為帝。只是，出乎所有人的意料，他堅決不肯對勝利女神尼姬（Nike）表達感謝與讚揚。

*

在羅馬時我找了丹妮爾，她大學時代讀的是古典文學，目前兼職考古，她花了一天時間帶我們探索帝國廣場（Imperial Forum）遺跡。丹妮爾已經在羅馬住了好些年，無論我跟喬問什麼問題，她都答得上來。更棒的是，她有特別管道可以進入競技場地下層，過去角鬥士、奴隸和野獸出場競技前都待在這裡。那天，整個潮濕的地下空間只有我們三個人。

---

4 為羅馬重要道路，南起羅馬，北到阿里米努姆（Ariminum，今義大利里米尼〔Rimini〕），是通往北方最重要的一條道路。

5 傳說是古希臘女預言家西比琳在狂亂狀態下寫出的預言集。

喬指著混凝土地板上一排圓柱形溝槽。

「那些是做什麼用的？」他問。

「用來固定柱式絞盤。」丹妮爾答，「奴隸轉動絞盤來操控升降平台。」

「羅馬人有升降梯？」喬不可置信地問。

「效果很戲劇性。野獸和角鬥士就是從這裡被送上競技場。」

「然後他們會送命。」

「其實有些角鬥士運氣還不賴，比你在電影裡看到的要好。」

她說，一流的角鬥士是身價不菲的運動員，他們變成社會名流，不出賽時過著住豪宅、吃美食的優渥生活。最受歡迎的角鬥士幾乎不會敗陣喪命，因為他們的對手都是被送上場受死的戰俘。

丹妮爾帶我們穿過地下室，來到一間古代圈禁戰俘的陰冷牢房，我腦海乍然浮現羅馬時代人們習以為常的殘酷畫面。「那麼假設有個農夫，原本住在帝國邊陲地帶，某天參加叛亂，結果叛亂三兩下就被羅馬軍團擺平。他會被關進籠裡推上囚車送到羅馬，再進這個小房間。等到天曉得多久以後，他們給他一把短劍和木造盾牌，推他上平台，升到競技場裡，看台上的六萬名觀眾大聲吆喝叫嚷著要他死。有人砍掉他的手臂，一劍刺穿他的身軀，讓他

競技場地下層

競技場的牢房

倒在木屑上流血至死。就是這樣嗎？」

「嗯，八九不離十了。」

「是誰終結競技場裡這些血腥運動？」我問。

「君士坦丁。」她說。

*

君士坦丁願意為米爾維安大橋的勝利感恩並頌揚基督上帝，但他個人的皈依卻並非一朝一夕之事，不是大馬士革式（Damascene conversion）[6]的歸化。他是個老謀深算的政治人物，始終沒忘記要對黎民百姓信奉的異教神祇表達敬意。

他的勝利紀念碑傳達給羅馬百姓的訊息錯綜複雜。為紀念他的勝利建造的君士坦丁凱旋門（Arch of Constantine），是羅馬最大（羅馬人始終喜歡「大」）的凱旋門。只是，他口口聲聲把勝利的功勞歸給基督上帝，這座凱旋門卻沒有任何跟基督教相關的圖案或符號，反倒有不少異教神祇圖像，尤其是太陽神阿波羅（Apollo）。

我和喬在卡比托尼博物館天井看見的君士坦丁巨像安放在某間大會堂裡，會堂原本是他的妻舅馬克森提烏斯建造，君士坦丁攻下羅馬後順理成章接收，變成自己的紀念館。自從尼祿時代以降，羅馬人已經沒再見過如此巨大的雕像，過去的皇帝只要做個約莫真人尺寸的塑像就心滿意足了。君士坦丁要的是碩大無朋的塑像，高達十二公尺，像神明一般端坐在大理石王座上，高深莫測，以超凡的眼光睥視一切[7]。巨像基座刻著一篇銘文，吹噓他如何藉助凱樂符號的神力拯救羅馬城：藉由這個真正代表仁善的救贖符號，我

6　指耶穌門徒保羅皈依的故事，根據《聖經．使徒行傳》第九章記載，保羅原名掃羅，是猶太教極端分子，總是迫害耶穌的信徒。有一回他前往耶路撒冷途中，在大馬士革見到異象，從此改信基督教。後世以「大馬士革式歸化」比喻立即而徹底的轉變。

7　原注：相較之下，華盛頓特區林肯紀念館（Lincoln Memorial）裡的林肯坐像高度只有五．五公尺，不到君士坦丁巨像的一半。

拯救你們的城市，免於暴君的蹂躪。

君士坦丁始終沒有真正放棄他的太陽神信仰，但他對基督上帝的感恩也絕不虛假：他好像漸漸相信基督上帝應許他看似機會渺茫的勝利，而且實踐了諾言。問題在於，耶穌宣揚的是貧窮、寬恕與非暴力，君士坦丁要如何將這種哲學轉化為權力背後的意識形態？

*

君士坦丁的凱旋門為我們遮擋午後的刺眼陽光。「你**當真**相信他看見了異象？」喬語帶懷疑。

「不，我不相信。我認為他真心信奉基督教，但那是後來的事。他說自己看見異象，只是多年後編造出來的說詞，為自己信仰的改變增加一點傳奇色彩，藉此顯示上帝對他另眼相看。」

「他只是個普通人。」喬說。

「他只是個普通人。」我點點頭。

*

到了三一三年，君士坦丁終於鏟除他在西羅馬境內的所有對手。這時已故蓋勒流斯的好友黎西紐斯（Licinius）也已經成功拿下東羅馬帝國奧古斯都寶座。他們倆協議各自為政互不侵犯。

君士坦丁冊封長子克里斯帕斯為副帝，讓他統治高盧行省。克里斯帕斯帶領軍團成功擊退法蘭克人（Franks）和阿里曼尼人（Alemanni）。相較於冷漠疏離、威風凜凜的君士坦丁，克里斯帕斯和藹可親、精明強幹，因此更得民心。西元三二二年，克里斯帕斯奉召陪同皇室成員出訪羅馬。君士坦丁向來不太喜歡羅馬，當皇室車隊走在這座古都街道上，群眾最熱情歡呼的對象多半是克里斯帕斯，而非君士坦丁。

*

很難想像為自己塑造巨無霸雕像的君士坦丁願意跟人分享羅馬帝國的王

權。因此，儘管東西帝國都城分別設在相距遙遠的特里爾（Trier）和尼科米底亞，君士坦丁和黎西紐斯開始互相猜忌。彼此的不信任惡化為時斷時續的兵戎相見，最後演變成你死我活的全面對決。

西元三二四年，君士坦丁帶兵前往色雷斯，揮舞畫著凱樂符號的拉伯蘭軍旗（labarum）[8]聲討黎西紐斯。黎西紐斯帶著軍隊撤退到小亞細亞的希臘城市拜占庭。君士坦丁在城牆外紮營，等候由長子克里斯帕斯率領的艦隊抵達。也許他正是在此時發現拜占庭絕佳的戰略位置，或者博斯普魯斯海峽的自然美景令他著迷。

一星期後，克里斯帕斯的艦隊抵達，殲滅黎西紐斯不堪一擊的雜牌軍船隊。克里斯帕斯果決的領導風格廣受讚揚，帝國各處都有他的雕像，他的頭像也被用來鑄造帝國錢幣。雖然福絲妲也為君士坦丁生下三名皇子，克里斯帕斯接班似乎已成定局。該撒利亞的優西比烏主教（Eusebius of Caesarea）說他們父子倆的關係就像「上帝（普世之王）與上帝之子（人類的救主）」之間的關係。

黎西紐斯逃離拜占庭，橫渡博斯普魯斯海峽，卻在克里蘇波里斯（Chrysopolis）被俘。君士坦丁原本有意饒他一命，經過三思覺得不妥，暗中派人殺了他。

長期的內戰終於結束，君士坦丁所有對手都已經喪命，天下太平，如今他是羅馬帝國唯一的統治者，領土東起蘇格蘭，西到美索不達米亞平原。

唯一的帝王、大一統的帝國、只信奉基督教的上帝。

同性同體

君士坦丁暫時定都在小亞細亞戴克里先的舊都尼科米底亞，等坐穩江山

8　指畫有基督教符號的軍旗，君士坦丁大帝率先使用，後世類似旗幟均稱為拉伯蘭旗。

後，他開始運用自己的無上權威處理一個棘手卻必要的任務，那就是讓見解迴異的基督教各教派回歸同一信仰體系。但虔誠信徒各執己見，僵持不下。這些人擔心遭到迫害，勉強隱藏對彼此的不滿，可是當君士坦丁邀請他們來到羅馬帝國最高行政中心，教會內部的緊繃氣氛瞬間爆發，演變成對基督本質這個複雜議題的瘋狂論戰。

《舊約聖經》裡的上帝是單一不可分割的存在。那麼基督教將耶穌視為「上帝之子」又該做何解釋？他是天父的後裔，等同於天父嗎？早期教會提出「三位一體說」（Holy Trinity）這個巧妙悖論，主張上帝有三個位格：聖父、聖子、聖靈，其中任何一個的地位都等同另外兩個。只是，有關耶穌的本質，基督徒沒辦法建立共識。祂跟天父不一樣嗎？或者祂只是上帝神性的另一種面向？

來自亞歷山卓、身材高瘦的教士亞流斯（Arius）提出頗為爭議的論點：既然耶穌是上帝之子，那麼他一定從屬於上帝。亞流斯與他的追隨者無法接受三位一體說，因為照道理耶穌是**被創造的**，是人類，而上帝是永恆的、非受造的。[9]

在君士坦丁看來，這些都是神學上的吹毛求疵。他寫了一封信給亞歷山卓主教，表達他的憤怒：

> 我有意將人們對神的概念回歸一致，因為我強烈認為，只要能讓人們在這個議題上達成共識，那麼未來推動公共事務將會易如反掌。可嘆哪……這個議題好像微不足道，不值得引發如此激烈的爭辯……這根本是懵懂無知孩童的可笑行為，教士與理性的成年人不該如此。

君士坦丁著手解決紛爭，打造出符合他利益的結果。他召集帝國所有基督教會領導人開會，言明不得缺席。於是，三二五年晚春時節，超過三百名主教從各地走海路或陸路趕往小亞細亞的尼西亞（Nicaea）。

羅馬皇帝日理萬機，卻花這麼多時間和精神處理宗教學說議題，可算頗不尋常。君士坦丁並非對神學特別感興趣，而是亟需以政治手段對治戴克里先留下的難題。「神帝」的迷信已經結束，就連戴克里先都懶得假裝自己是天神朱比特的化身。自稱神祇化身，退位後卻去種菜，只會引來訕笑。

當百姓不再把皇帝當神膜拜，帝國就失去前進的動力。毛澤東死後的中國共產黨也面臨類似困境：黨中央對共產主義失去信心，轉而訴諸粗糙的民族主義與消費主義的物質享受，這時就需要找到新的意識形態，來為自己的權力壟斷背書。

如果要靠基督教打造帝國的全新道德基石，那麼君士坦丁就得找出一套公式，讓他的宗教變成治國的意識形態，亦即一套價值觀與概念，既可以說服百姓他憑什麼統治這個國家，也能為帝國帶來活力、凝聚力與方向。

基督徒統治者不能是神，但他可以宣稱自己是上帝**親選**的君王，是基督在世間的代理人，是上帝的最愛。君士坦丁和後來的羅馬皇帝都會把自己放在這個位於天國與地球交界處的崇高地位上。他們自比為容器，承接從天國流淌下來的神聖能量，再分散到世間。

這其中有個神聖對稱：皇帝在君士坦丁堡統治帝國，身邊有大臣、主教和將領協助，正如基督治理天國，有天使與聖徒常隨左右。這就是為什麼羅馬人在鑲嵌畫裡描繪的耶穌是王座上意氣風發的君主，而非釘在十字架上的乞丐。這顯然是自然法則，質疑皇帝的威權，就等於質疑宇宙的倫理秩序。

*

三二五年五月二十日，君士坦丁召開基督教史上第一次大公會議（ecumenical council）[10]。會議首先要討論亞歷山卓教士亞流斯的觀點，其次要針對基督信仰草擬一份基本聲明，供帝國所有教會遵循。君士坦丁主持這

---

9 亞流斯其實也相信三位一體，只是對三位一體的詮釋不同。《尼西亞信經》強調「一體」，而亞流斯相信「三位」更重要，所以應該說亞流斯及其追隨者無法接受尼西亞大公會議對三位一體的說法。

10 原注：ecumenical意為「全世界」（worldwide）。

次會議，卻沒有干涉議程，冷眼旁觀亞流斯與眾人辯論。反對三位一體論的亞流斯受到冷漠對待，與會者反覆質問他的論點，態度相當不友善。

會議結束時，君士坦丁否決亞流斯的論點，也提出決議：聖父與聖子是「同性同體」，獲得壓倒性支持。亞流斯和另外兩名異議分子遭到驅逐，他的論點正式判定為異端邪說。[11]

與會神職人員於是共同研擬可以團結各教會的信條，是為《尼西亞信經》（Nicene Creed）。隨著時間過去，《信經》內容幾經潤飾修改，但原始版本如今讀來像是將措辭謹慎的信仰宣言融進了野心勃勃的政治合約，而那正是它的本質：

> 吾等信奉唯一上帝，全能聖父
> 天地萬物無論有形無形，都是祂所創造；
> 吾等信奉獨一無二的主耶穌基督，上帝之子
> 祂是聖父的獨生子，與聖父無別，
> 是出自天主的天主、出自光的光、出自真天主的真天主。
> 祂是聖父所生，非聖父所造，與聖父同性同體。

這個初版《信經》在結論中對亞流斯教派[12]提出嚴肅批判：

> 若有人宣稱聖子曾經不是聖子，
> 或說祂降生前不是聖子，
> 說祂不是由聖父所造，
> 或說祂跟聖父屬性不同、本質不同，說祂是凡人，
> 說祂會改變，會轉化，
> 如此宣說之人，必受普世教會與使徒教會譴責。

遭到放逐的亞流斯感染痢疾，在困頓中過世。[13]然而，將他逐出教會並沒有平息有關基督本質的爭議。那是個叫人傷神的難題：每個答案都引出更

多難解的問題。超越時間與空間的上帝怎麼能以人的形體顯現？人與神的特質如何並存在耶穌身上？這兩種本質混合交融或各自獨立？祂真是血肉之軀，或更接近三度空間的靈魂全息圖（spiritual hologram）？

現代人很難理解這些針對抽象不可知論點的激烈爭辯，何不謙卑地接受這種似是而非的矛盾本質，靜心思維？然而，對於早期的基督教徒而言，此事關係重大。如果耶穌是凡人，那麼你就可以質疑他有什麼特別？但如果他是神，又怎麼會死在十字架上？他們需要耶穌來顯現上帝的力量，卻也需要他是個凡人，能夠忍受苦難與貧窮。基督教勢必會花上幾百年時間，絞盡腦汁找尋人與神之間那個完美交界點。

奇蹟製造者尼古拉

尼西亞城群情沸騰。會議中有個主教被亞流斯的言論激怒，越過會議廳走到亞流斯面前，當眾掌摑亞流斯。那位主教正是米拉城的尼古拉（Nicholas of Myra），認識他的人都感到震驚，因為他為人和善，廣受教民敬愛。

尼古拉是個孤兒，八歲時父母雙雙死於一場瘟疫。他繼承大筆遺產，卻把其中絕大部分拿去濟助窮人與病患。基於種種善行，他被任命為小亞細亞米拉城的主教。

外界猜測尼古拉主教就是在米拉城為善不欲人知的神祕好心人。城裡有

---

11 亞流斯雖然在尼西亞大公會議落敗，但君士坦丁繼承人康士坦提厄斯一世（Constantius I）卻支持這樣的論點，且當時亞流斯教派的傳教士向帝國外的日耳曼民族傳教，使得哥德人或汪達爾人等都成為亞流斯教義的信徒。

12 原注：亞流斯教派（Arians）指的是亞流斯的追隨者，並非如今伊朗語的「雅利安」（Aryan）。「雅利安」（原意為「高尚」）這個詞後來被納粹用來發展極端意識形態。

13 君士坦丁對尼西亞大公會議造成教會分裂耿耿於懷，希望讓那些被驅逐的人可以懺悔改過回歸普世教會懷抱，於是三二七年時，將亞流斯教派流放人士喚回首都，但回到君士坦丁堡的亞流斯在如廁時突然暴斃而亡。後來，亞流斯教派大將「尼科米底亞的尤西比烏斯」（Eusebius of Nicomedia）甚至成為君士坦丁堡主教，在皇帝君士坦丁臨終前為其施洗。

個人心急如焚，因為他沒有錢給三個女兒辦嫁妝，擔心女兒嫁不出去，到最後他可能被迫把女兒賣出去當奴隸。沒想到某天晚上有人把一袋金幣投進他家敞開的窗子，落在一隻擺在爐火旁烘乾的鞋子裡，同樣的事後來又發生兩次。那男人認定神祕恩人就是尼古拉主教。還有誰心地這麼好？

人們也傳誦尼古拉製造的許多奇蹟。據說某一回嚴重飢荒，三名兒童被誘拐到黑心屠夫家裡，屠夫殺死那三個孩子，把屍體裝進大桶子裡醃製，準備製成火腿賣給飢民。當時尼古拉主教碰巧進城，看見異象得知屠夫惡行，找出那些桶子，讓那三名孩童復活。

基於這類神奇事蹟，他聲名遠播，人們稱他為「奇蹟製造者」。三四三年，尼古拉在米拉城過世，遺體葬在當地教堂。教會冊封他為聖人。他過世許久之後，人們仍然將各種奇蹟歸功於他的靈魂。日子一久，他樂善好施與保護孩童的名聲合而為一，演變成在十二月六日聖尼古拉節送孩子禮物的習俗。漸漸地，歐洲國家各自以不同方式慶祝聖尼古拉節。由於語音變異，「聖尼古拉」在移民到美國的荷蘭人口中變成Sinterklass，而後又變成Santa Claus（耶誕老人），送禮物的節日也換到耶誕節。不過，歐洲許多國家送禮物的時間仍然維持在十二月六日。

金幣拋進鞋子裡的傳說，後來演變成耶誕夜在壁爐旁掛長襪的傳統。聖尼古拉的畫像顯示他身材瘦削，穿著主教的織錦緞袍，而不是一身紅衣的大塊頭。耶誕老人的家不在北極，他來自小亞細亞。

如今聖尼古拉受東正教教會尊敬，他守護的對象包括兒童、製桶工人、水手、商人、受冤枉的人、洗心革面的小偷、釀酒商、藥師、弓箭手、典當商和（真是萬幸）廣播人員[14]。

移不走的梯子

當君士坦丁全力引導教會找出信仰基調，他高齡七十八歲的母親決定出訪聖城。如今的海倫娜貴為至尊奧古斯都備受景仰的母親，不再是當年的棄婦。君士坦丁帶她走出冷宮，與她共享榮耀，給她「奧古斯塔」（Augusta）

封號，尊她為皇太后，並在羅馬城中為她安排一處富麗堂皇的宮殿。

海倫娜落難時變成虔誠的基督教徒，君士坦丁之所以決定改信基督教，或許與她有關。如今她位高權重，受到人民愛戴，也有取用不盡的資金可以搜尋聖物。在她心目中，這些東西並非區區紀念物，而是神聖物品，殘留著充沛的神聖能量。

於是，三二六年海倫娜出發前往耶路撒冷朝聖，她要行走在耶穌生前講道、受難而死的城市。她經過巴勒斯坦時，慷慨地分送窮人禮物，解放礦場裡的奴隸，還他們自由，還命人在幾個重要地點興建教堂。

海倫娜抵達聖城後，立刻要人帶她前往耶穌受刑的地點，也就是經典記載的各各他山，字面意義為「遺骨之所」。她到達時大驚失色，因為那裡竟然建造了一座維納斯女神廟。她立刻下令拆除神廟，工人著手開挖神廟地底。這故事的傳統版本說海倫娜坐在椅子上監工，不久後工人挖到一個地下陵墓，裡面有三個十字架。海倫娜認為它們一定是耶穌和跟祂一同受刑的兩名強盜的十字架。

可是哪個才是基督的十字架？這得好好測試一下。耶路撒冷的主教帶來一名病入膏肓的婦人，分別把用來固定三個十字架的木塊放在她身上。婦人一碰觸到第三個沾染血漬、汗液與淚水的木塊，身體瞬間復元，這肯定就是基督的真十字架。

根據傳說，工人也在墓穴裡找到鐵釘，就是三百年前羅馬士兵將耶穌的手腳釘在十字架上用的。

海倫娜把聖釘與真十字架部分木塊帶回君士坦丁堡，剩餘的真十字架裝在銀框盒裡，交由耶路撒冷的主教保管。君士坦丁下令在當地建造一座大教堂，也就是如今的聖墓教堂（Church of the Holy Sepulchre）。

*

14　作者本身就是廣播人，在澳洲電台主持深度訪談節目。

造訪耶路撒冷舊城聖墓教堂的經驗令人震撼。這座教堂目前仍是耶路撒冷東正教總部，由多達六個基督教派[15]共有，這些教派間有著難分難解的仇恨糾葛。

一九九〇年代初，我去了一趟聖墓教堂，原本預期見到神聖而靜謐的大教堂，結果不然。我一踏進去就聽見各種禮拜儀式的樂聲與人聲相互衝擊，似乎要一決高下，彷彿誤闖六個樂團共用的演練場所。裡面不是單一的寬敞開放空間，而是擠了三十個小教堂。陰暗的空間裡香煙繚繞，彼此對疊的詩歌聲與激情的信徒構成一種振奮人心的怪異感受，像狂野過頭的搖滾音樂會。

墓穴就在一座名為「埃迪克爾」（Aedicule）[16]的小教堂底下，由六個教派共同管理。我走出墓穴後，跟一個高個子傳教士閒聊。他留著鬍子，有一雙灼亮的黑眼珠。

「只有頭。」他瞪著我大聲說。

「你說什麼？」我結結巴巴地問。

「只有耶穌的頭葬在這裡。」他打手勢要我從旁邊的小教堂走進由伊索比亞正教會掌控的主穴。這間教堂空間太狹窄，他們沒辦法宣稱耶穌整副遺骸都葬在這裡，只好退而求其次選擇頭部。

移不走的梯子，聖墓教堂

我帶著一股莫名的興奮感走出教堂。來到中庭時，定居以色列的澳洲友人指著教堂上方某扇窗子底下的平台，那裡有一把小梯子。

「那把梯子，」朋友告訴我，「已經放在那裡兩百多年了。」

「他們為什麼把梯子留在那裡那麼久？」

「沒人能移走。」他答。

十八世紀時，奧圖曼帝國疲於應付耶路撒冷各基督教派的內鬥，居間協調出解決方案：將教堂不同區域劃歸不同教派管理，權責自負。各教派達成協議，除非得到各教派一致首肯，否則任何人都不准更動教堂任何物品。後來有個石匠一時疏忽，將梯子忘在那個窗台上，這下子必須取得六個教派主教同意才能移走。

「他們沒辦法達成共識？」

「嗯，沒辦法。梯子只得留下來。如今人們稱之為『移不走的梯子』。一九六〇年代，有人就這件事詢問教宗。教宗說，等到將來天主教與東正教重新統一，梯子就能移走。」

「天哪！」

我朋友聳聳肩，彷彿在說：「在聖地就是這樣。」同樣地，他的反應也可以解讀為：「一群瘋狂基督徒，你又能拿他們怎麼辦？」

＊

聖墓教堂裡有一座以海倫娜命名、專門紀念她的小教堂。小教堂某個角落有張椅子，據說當年她就是坐在上面監督聖墓的挖掘工事。

海倫娜於西元三二七年過世，這位來自比提尼亞的前酒吧女侍死後哀榮

15 原注：這六個教派分別是希臘正教會（Greek Orthodox）、亞美尼亞正教（Armenian Orthodox）、羅馬天主教會（Roman Catholic）、埃及科普特教派會（Egyptian Coptic）、敘利亞正教會（Syriac Orthodox）與伊索比亞正教會（Ethiopian Orthodox），新教徒（Protestants）沒沾上邊。

16 意為「小房子」。

備至，是羅馬帝國萬人景仰的女性。教會封她為聖人，每年五月二十一日的聖海倫娜節，君士坦丁堡都有系列慶祝活動。

走在我前面那人

君士坦丁消滅了所有對手，教會也正常運作，他把重心移轉到另一項新計劃：建造全新帝都。他出生於巴爾幹半島，在小亞細亞受教育，年輕時四處征戰，最遠去到美索不達米亞與不列顛北部。自哈德良（Hadrian）[17]以降，沒有任何帝王比他更了解自己治下的帝國有多麼廣大、多麼複雜。

羅馬城盛名不再，也失去戰略地位，不再是合適的首都。這座古城坐落在義大利半島中部，遠離東方那些繁榮昌盛的城市，又跟時有衝突的多瑙河沿岸和糾紛頻傳的波斯邊界相距太遙遠。君士坦丁待在羅馬城的時間不長，對這個建國都城的歷史地位沒有太多眷戀。再者，羅馬那些貴族太高傲，異教信仰太堅定，沒辦法接受他的新宗教。

於是，他往東方尋找新都城。比起西方，東方更為富庶，人口更多，文化水準也更高。他一度慎重考慮小亞細亞特洛伊古城原址，到了三二三年，他決定選擇拜占庭。

拜占庭位於黑海入口的歐亞交界處，地理位置臻於完美，無懈可擊。城市本身三面環海，有一座條件絕佳的天然海港金角灣，方便補給品的運輸與商業貿易。

這時君士坦丁已經年過五十，或許他意識到自己來日無多，因此下令工程師、建築師和工人全力趕工。舊城大批建築物盡數拆除；周遭希臘城市的雕像、古物和大理石柱都被搜刮過來。很快地，岬角上建起一座繁複的宮殿、一座浴場和新的元老院。原本的橢圓競技場則整修擴建。

據說，君士坦丁本人用長矛劃定第一道城牆的位置。某天他帶著考察團實地探勘，有個隨從喊道：「陛下，還有多遠？」

走在隊伍最前面的君士坦丁令人費解地答道：「直到走在我前面那人停下腳步。」

*

都城新造的空蕩街道需要有人走動，君士坦丁於是提出獎勵辦法，鼓勵台伯河上舊羅馬的居民移居東方這座新城市，開創更美好的未來。羅馬那些古老的貴族家庭不為所動，但姓氏沒沒無聞、卻有著雄心壯志的男男女女選擇前往博斯普魯斯碰運氣。[18]

新羅馬儘管外表雄偉華麗，施工品質卻粗糙低劣。為了趕在君士坦丁要求的期限內完工，工程倉促進行，幾乎沒有任何建築物完整保存到今天。然而，新來的移民雖然會絆到大理石板之間的粗大縫隙，卻還是可以走到岬角最高點欣賞奔騰的浪花，吹吹海風，一覽城市壯觀的全景。

當君士坦丁堡逐漸成形，王室家族卻瀕臨破碎。三二六年，君士坦丁的長子、接班態勢明顯的克里斯帕斯在波拉城（Pola）被送上法庭。君士坦丁授意判處二十一歲的兒子死刑，斬立決。不久後，君士坦丁又下令將妻子福絲妲送進蒸氣浴室悶死。

除名毀譽

朝廷並沒有對外說明這兩起事件的原因，但一般認為其中必有關聯。

克里斯帕斯與福絲妲年齡相仿，在皇宮朝夕相處多年。有一本寫於事發一百年後的書推測，福絲妲設計誣陷克里斯帕斯，好讓自己的兒子繼承大位。作者的說法是，福絲妲意圖色誘克里斯帕斯，克里斯帕斯嚇得倉皇逃走，福絲妲直接去向君士坦丁告狀，說克里斯帕斯向她求歡。君士坦丁聞言

---

17 七六～一三八，羅馬五賢帝之一，西元一一七年至一三八年在位。英格蘭北部的哈德良長城即是他下令興建，劃定當時羅馬帝國的北部邊界。

18 羅馬元老相當鄙視「新羅馬」，且其參與尼西亞大公會議的三位代表也反對教會法認定君士坦丁堡是僅次於舊羅馬的「新羅馬」。君士坦丁堡的元老院元老主要來自東帝國大城的議員階級（decurion）以及帝國官員。

急怒攻心，下令以不忠罪名處死兒子。後來皇太后海倫娜發現真相，責罵君士坦丁愚昧無知，被自己心懷不軌的妻子利用。君士坦丁於是又殺了福絲妲為兒子報仇。

對於這兩起處決事件，近來出現另一種更耐人尋味、可信度明顯較高的說法，焦點放在福絲妲的行刑方式。歷史學家大衛．伍茲（David Woods）指出，羅馬史上並沒有「熱水浴悶死」這種刑罰。[19] 然而，古代醫生偶爾會建議以這種方式造成流產。或許福絲妲和克里斯帕斯確實兩情相悅，福絲妲懷了克里斯帕斯的孩子，君士坦丁才下令處死二人。以他帝王之尊，被親生兒子戴綠帽實在太危險。

福絲妲和克里斯帕斯死後，君士坦丁宣布抹除兩人的所有記載，兩人的名字從所有文件和紀念碑中消失。克里斯帕斯在特里爾的宮殿遭到拆除，改建成教堂。

事件落幕後，君士坦丁迅速投入帝都的建造，也許藉此忘懷傷痛。我想像他獨自待在博斯普魯斯海峽旁的新皇宮，手握鑄有克里斯帕斯頭像的錢幣，激動顫抖。話說回來，像君士坦丁這種極端自我中心的人，大可以把整件事拋到九霄雲外，繼續往前走。

*

西元三二八年，君士坦丁的新都城峻工，啟用典禮有異教儀式和基督教禱告。拜占庭更名為「新羅馬」，只不過，打從一開始人們就喜歡稱這地方為「君士坦丁堡」。新首都容許各種宗教並存，但各項儀典的重要祈禱位置保留給基督教。君士坦丁派特使出去尋找基督門徒的遺骨，遷葬在教堂裡，旁邊保留一個空位擺放自己的石棺。意思很明顯：他要世人視他為第十三個門徒。

基於現實考量，君士坦丁直到臥病不起才受洗。死前受洗可以洗去所有罪惡，讓他的靈魂保持純淨，以便進入天國。這算是鑽制度的漏洞，是基督教發展初期十分常見的做法，或許他為殺死福絲妲和克里斯帕斯良心不安。他受洗後不肯再穿帝王的紫袍，僕人幫他換上純白長袍。三三七年五月二十二日中午，君士坦丁在尼科米底亞郊區逝世，享年六十五歲，是奧古斯都以降在位最久的羅馬皇帝。

君士坦丁的遺體裝在金棺裡，以紫袍覆蓋，運回君士坦丁堡，葬禮期間城內全面停頓，哀悼這位建城的偉大君主。

*

君士坦丁粗心地將帝國交託給福絲妲所生的三個兒子和兩個姪子，由他們均分羅馬帝國領土。這麼做只會引發另一波兄弟鬩牆的生死對決，這點君士坦丁想必比誰都清楚。果不其然，到了三五三年，他的兩名姪子和兩個兒子都死了，次子康士坦提厄斯二世登上帝位，成為羅馬帝國唯一的統治者。

*

喬十一歲時，某天我跟他一面粉刷家中牆壁，一面聽podcast描述凱撒大帝的一生打發時間。我們靜靜刷著油漆，讓主講人帶著我們走過凱撒大帝野心勃勃的早年、被海盜擄走、在高盧打了漂亮的勝仗，以及他跟同時代其他偉大人物，比如龐培與西塞羅之間的爭鬥。我們隨著凱撒大帝前進羅馬，聆聽他跟克麗奧佩特拉共乘綴滿鮮花的皇家畫舫同遊尼羅河的浪漫情景。

凱撒大帝在元老院遭到暗殺時，太陽已經越過我家後院漸漸西沉。有個情緒激動的元老上前一步，使勁一扯凱撒的衣角。凱撒不可置信地大喊：「布魯圖，你也有份？」[20] 另一個元老持短劍刺向他，而後又一個，再一個。凱撒身中二十三刀，死的時候把血跡斑斑的寬外袍拉上來蒙住頭。

我們收拾油漆罐時，我自言自語地納悶道，凱撒的人生恐怕是有史以來最刺激、最不同凡響的，他一生的見識與經歷，想必比任何人都繽紛多彩。

19　這種死法其實與刑罰無關，只是皇帝憤怒下報復的手段。這樁皇儲及皇后之死的家庭悲劇，被認為促成海倫娜轉求精神慰藉，前往聖地朝聖、施賑及建設，之後蔚為風潮，逐漸讓耶路撒冷恢復在基督教世界裡的地位。

20　布魯圖（Brutus）是凱撒情婦之子，特別提拔，但仍背叛凱撒，參與謀殺。

經歷如此豐富的人生，跟登陸月球的阿波羅號太空人、英國女王伊莉莎白一世，或三十歲就創立最偉大帝國的馬其頓國王亞歷山大大帝比起來又是如何？

三年後，我們來到伊斯坦堡討論另一位偉大的羅馬皇帝君士坦丁。十天前我們才在羅馬參觀過他的特大號雕像，我不免好奇喬會怎樣看待這樣的人生。喬尋思片刻。

「這事牽涉太廣，」他說，「有太多好事和壞事。我不知道，說不上來。」

相隔一千七百年，確實很難掌握君士坦丁真正的性格。他那些阿諛奉承的朝臣沒有記錄他的缺點和疏失，只不過，我們還是能從字裡行間看出他跟凱撒大帝一樣，也會想方設法打造完美形象。這兩位君王同樣可以不擇手段奪取權力，同樣狂妄自大，可以踩著別人的屍體邁向顛峰。然而，一旦他們站上了羅馬帝國最高位，立刻搖身一變，致力建設與改革，他們的建樹往往延續數百年之久。

有人認為凱撒大帝死前拉起外袍蒙住頭臉，是為自己淪落如此悲慘下場感到羞愧。君士坦丁對兒子加以除名毀譽，藉此掩飾自己的罪行，他的死亡因而籠罩更深沉的陰影。他臨終受洗，顯示他擔心自己死後會得到相同報應。

七睡仙

康士坦提厄斯二世除掉所有對手後，才發覺帝國版圖太遼闊，一個人治理不來，因而百般不情願地指派他二十三歲的堂弟朱里安（Julian）擔任副手。他認為朱里安是個讀書人，沒有威脅性。然而，朱里安卻對皇帝堂哥懷恨在心，因為康士坦提厄斯二世在連串權力惡鬥中殺死他父親。戰場上的朱里安強幹果決，跌破眾人眼鏡。原本他打算帶兵從巴爾幹半島攻進君士坦丁堡，卻接獲康士坦提厄斯死於熱病的消息，他的軍隊齊聲擁戴他登基。朱里安認為，這代表眾神與他同在。

朱里安年輕時曾經走訪希臘各地，向當代幾位偉大的異教思想家與哲學家請益。他在雅典時似乎已經決心揚棄基督教信仰，投向古代異教神祇的懷抱。如今他沒必要再隱藏自己的宗教傾向，於是著手將異教信仰帶回羅馬人的日常生活，後世稱他為「叛教者朱里安」。他罷免朝廷裡的基督教官員，訂定反基督教法令[21]，擴大元老院的權力。誰也說不準他能不能從此帶著羅馬帝國走回異教信仰、共和體制的老路，因為西元三六三年他在戰場上被長矛刺中身亡，死時才三十一歲。繼承帝位的傑維安（Jovian）迅速恢復基督教地位，那些古老神祇從此走入歷史。君士坦丁的功績總算傳承下來。

到了第四世紀後期，君士坦丁堡的國都地位已經穩固，城裡興建了許多住宅、糧倉、劇院和浴場。西元三六八年，皇帝瓦倫斯（Valens）完成了水道橋的興建，將潔淨的活水引進君士坦丁堡[22]。橢圓競技場看台開始擠滿為自己的戰車隊加油喝采的觀眾。這座有十萬個座位的體育場，自然而然變成宣布重大事項與舉辦國家儀典的場所。繼瓦倫斯後接掌帝位的狄奧多西一世從埃及最壯觀的卡納克神廟（Karnak）運來宏偉的異教方尖碑，樹立在競技場的中軸線上，至今依然屹立在原地，基座刻有浮雕，描繪狄奧多西為戰車比賽勝利者佩戴桂冠。

狄奧多西是最後一位獨力統治羅馬帝國的皇帝。西元三九五年他駕崩後，他兒子設立東西兩個行政中心，東西兩位皇帝分別坐鎮君士坦丁堡與米蘭。隨著時間過去，西帝發現米蘭的位置不易防守，難以抵擋來自各方的威脅，於是將首都遷到拉芬納。

此時，羅馬帝國內部漸漸產生重大改變。基督教領袖開始在帝國各機構擔任重要角色：主教取得過去元老們享有的權威與聲望，修士取代哲學家，

21　朱里安並無明確反基督徒的一套作法，他僅取消基督徒特權，回復羅馬多神論意識形態，並模仿基督教會的組織及教義。但一旦取消特權，自然會被基督徒認為是歧視。

22　原注：瓦倫斯水道橋如今依然是伊斯坦堡最壯麗的地標，水道橋的拱門跨過伊斯坦堡車水馬龍的阿塔圖克大道（Atatürk Boulevard）。

扮演睿智的長者。基督教的權力慢慢擴張，虔誠信徒相信奇蹟已經發生，來自加利利（Galilee）的木匠之子耶穌終於改變世界最偉大帝國的心與靈。羅馬人回首來時路，看見君士坦丁死後這一個世紀他們走了多遠、變化有多大，不免嘖嘖稱奇。

七睡仙的傳說正是基督教這份成功的喜悅背後的產物，故事描寫的是西元二五〇年代羅馬皇帝狄西烏斯（Decius）迫害基督教徒時，小亞細亞大城以弗所（Ephesus）七名年輕人的故事。這七個年輕人都是基督徒，據說他們拒絕放棄對唯一真神的信仰，逃到山區某個洞穴，累得在裡面睡著了。皇帝的士兵追查到他們的行蹤，殘忍地拿磚塊封死洞口，將七人困在裡面。結果這七個人睡了一百八十年，直到有個牧羊人拆掉洞口的磚牆，叫醒他們。

他們揉揉惺忪睡眼，走出洞外，下山去到以弗所。他們聽見教堂鐘聲噹噹響，看見城門上裝飾著十字架，又聽見人們開口閉口耶穌，感到無比震驚。

這七名古怪的年輕人拿著一百多年前的錢幣買麵包，引起城中百姓好奇。有人找來教士，教士告訴那七個人他們已經沉睡一百八十年，基督教不再受迫害，就連皇帝都是基督徒。對那七個人而言，所有的仇恨好像一夕之間消失，像做了一場噩夢。

可是，教士話還沒說完，那七個人已經明顯衰老：頭髮白了、背也彎了，最後紛紛倒起而亡，連骨頭都化為塵土。

七睡仙的故事後來出現不同版本。伊斯蘭《古蘭經》記載一則「山洞裡的人」的故事，那些人都是虔誠的穆斯林，逃離非信徒的迫害，差別在於他們睡了三百年。這些人同樣有理由讚嘆他們自己的宗教竟能發展得這麼興盛。

這個傳說在十七世紀的歐洲依然廣為流傳，當時英國玄學派詩人約翰‧多恩（John Donne）在他那首經典情詩〈早安〉（The Good Morrow）中偶然提及這個故事：

　　　　我真的想不通，我倆相戀前

都在做什麼？莫非還沒斷奶？
只會孩子氣地吸吮野趣？
或者在七睡仙洞裡打鼾？

東正教將七睡仙列為聖人，紀念日訂在十月二十二日。

狄奧多西城牆

在羅馬飛伊斯坦堡的班機上，我跟喬查看中古世紀的君士坦丁堡地圖，我用手指沿著城市地界畫了一條弧線。

「這個，」我說，「就是我想在伊斯坦堡好好看看的地方，跟聖索菲亞大教堂一樣吸引我。」

喬點點頭，他對狄奧多西城牆多少已經有點了解。

*

君士坦丁在隱形天使帶領下，敲定了君士坦丁堡第一道防線的位置。到了第五世紀，城裡人口大幅成長，土地不敷使用，因此又在西邊修築另一道城牆，增加土地面積，好容納更多房屋、農地和果園。這道城牆是狄奧多西二世在位時興建，也以他命名，但真正的幕後功臣是他的民選執政官安特米烏斯（Anthemius）。第一道城牆是五公尺厚的單層帷幕牆，其間穿插九十六座高聳的城樓。九年後又在外圍增建一堵護牆，同樣配有城垛與塔樓，內外牆之間以高台連接。後來又修建第三道防線：一條磚造護城河，外加一道低牆保護，把敵軍的攻城塔擋在遠處。

狄奧多西城牆總長約五公里，南北走向，從金角灣隨著地勢起伏延伸到馬爾馬拉海，在那裡銜接海堤，將整座城牢牢包圍，易守難攻。這三層防禦體系成了中古時代的奇觀，足以嚇退任何意圖進犯的人。城牆全線共設有九座重兵防守的城門，方便軍隊與百姓進出。其中最壯觀的要屬聲名遠播的黃金城門（Porta Aurea），城門上裝飾了大理石、黃金與青銅，是皇帝凱旋歸來專用的正式通道。

當君士坦丁堡累積越來越多財富，就成了其他強權眼中的禁臠。不過，有狄奧多西城牆的存在，攻打君士坦丁堡根本是瘋狂行為，就好比奢望生吞一頭巨無霸豪豬。野心勃勃的外族將領只能眼巴巴看著自己的士兵被齊發的萬箭射死，在此同時，城裡的人只要安穩過日子，享用從海上運來、不虞匱乏的生活物資。城裡的貯水槽蓄滿淡水、筒倉裡堆滿穀物，再不然也能在金角灣捕魚。

狄奧多西城牆依然屹立在如今的伊斯坦堡，多多少少還在。某些段落已經拆除，其他段落緩慢解體中，也有部分重新修復。不過，你還是可以從馬爾馬拉海這端循著古城牆遺跡走到金角灣。我安排一整天時間，打算跟喬走一趟。

「喬，我真的很想站在那些城垛上，看看那些攻向城牆的壞傢伙的下場。」

「為什麼？他們會怎樣？」

「首先，他們帶著長劍和梯子橫渡護城河。」

「那些成功渡河的會怎樣？」

「他們必須跑百米衝向十公尺高的外牆，一路閃躲飛箭和石彈。如果他們順利跑到城牆下，就得把梯子架起來往上爬，這時城樓上的羅馬士兵就會

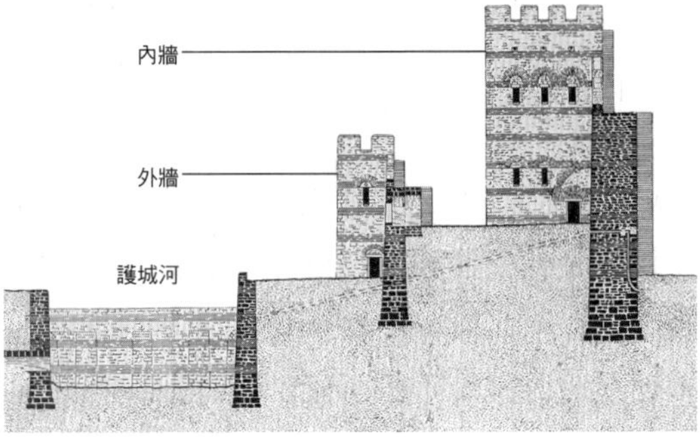

狄奧多西城牆橫切面

對他們扔石頭、倒熱油。幾乎沒有人衝得過這一連串防護網。」

「萬一真有人衝過了呢？」

「嗯，那就是最殘酷的結果。如果某個士兵鬼使神差地爬上城牆，等在他面前的就是最驚悚的場面：他會發現自己陷入全方位殺戮區，被外牆和更高的內牆城樓上的敵軍團團圍住。頃刻間，那個人就會被四面八方飛來的箭射成針插。」

羅馬人經歷了八百年的圍城戰，累積大量戰術、策略與工程知識，全都體現在狄奧多西城牆上。阿瓦爾人（Avars）、保加爾人、塞爾維亞人（Serbs）和塞爾柱人（Seljuks）都曾經以圍城方式進攻，最後鎩羽而歸。攻無不克的阿拉伯將領也多次來襲，經年累月地激戰，折損數千名精兵，最後還是帶著殘餘部眾灰頭土臉地打道回府。

在匈人與突厥人眼中，狄奧多西城牆簡直是公然冒犯。這些蠻族鐵騎定期從中亞大草原竄出，侵擾歐洲各地，想在羅馬帝國的繁華大城撈點油水。他們習慣在馬背上征戰，突襲戰略經常殺得敵人措手不及，如今卻發現自己在城牆外一耗就是幾個月，被迫在不動如山的城牆外紮營，忍受諸多不便。他們就像第一次世界大戰的騎兵隊，不得不跳下馬背，忍受漫長壕溝戰的折磨。

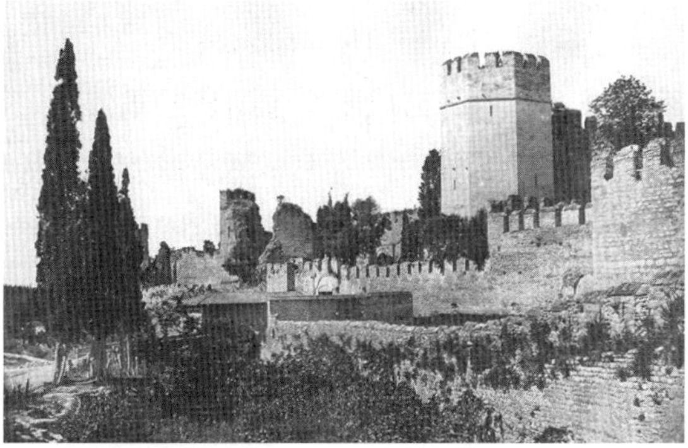

十九世紀的狄奧多西城牆

公主與「上帝之鞭」

奧諾莉亞公主年輕又聰明，滿懷雄心壯志，可是幾個月來她受困在君士坦丁堡大皇宮（Great Palace）的後宮，過著孤單悲慘的生活。她日復一日忍受皇帝姊妹的冷眼與輕蔑，因為她未婚懷孕。

奧諾莉亞家在遙遠的拉芬納，她弟弟是積弱不振的西羅馬帝國小皇帝瓦倫提尼安三世（Valentinian III）。奧諾莉亞知道自己的才智勝過軟弱的弟弟，西元四二六年她莫可奈何地看著王位落到弟弟頭上。生長在帝王家的奧諾莉亞對自己的命運沒有多少自主權，更別提干預帝國政事。儘管如此，她得到「奧古斯塔」的尊貴頭銜，成為羅馬女性的模範：美麗、貞潔、崇高。

奧諾莉亞本該沉潛度日，守住貞操，等待合適的夫婿出現。可惜她覺得日子枯燥難耐，竟跟一個名叫尤根尼烏斯（Eugenius）的內侍發生戀情，兩人密謀推翻弟弟，共同統治西羅馬帝國。後來奧諾莉亞有了身孕，謀反計劃東窗事發，尤根尼烏斯被處死，奧諾莉亞則被遣送到遙遠的君士坦丁堡待產，遠離拉芬納宮廷裡的流長蜚短。

奧諾莉亞置身陌生皇宮的不友善環境，休息、進食、養胎，直到孩子呱呱落地。史書並沒有記載那孩子的下落。

奧諾莉亞名節敗壞，在婚姻市場身價一落千丈，她母親普拉西提阿（Galla Placidia）火冒三丈，只得放棄找個有權有勢的王子或國王當女婿的美夢。最後，王室終於幫奧諾莉亞安排一樁安穩可靠的婚姻，對象是頂上童禿、步入中年的元老巴蘇斯（Bassus Herculanus）。

奧諾莉亞坐困愁城，她覺得自己生命中所有的重要決定都是別人幫她做的。她一點都不想跟個呆板無趣的貴族走進無意義的婚姻，於是做出了驚人之舉：西元四五〇年春天，她寫信給全世界最危險的男人——匈人阿提拉，向他求救。

*

羅馬人稱阿提拉為「上帝之鞭」，時至今天，「匈人阿提拉」這個名號依然代表冷酷無情的將領，手下的騎兵隊所向披靡。君士坦丁堡的安全即將受到連串從歐亞大草原流竄而出的剽悍游牧民族威脅[23]，而匈人就是其中的第一波。最初羅馬人之所以留意到這群人闖入匈牙利平原，是因為出現一波神祕的逃難潮。西元三七六年，帝國官方發現大批日耳曼難民湧進羅馬帝國領土，慌亂地逃離成群結隊的陌生騎兵。後來匈人越過多瑙河，帝國從此永無寧日。

起初羅馬人並沒有太擔憂，因為他們已經吃過苦頭，也習慣了蠻族的騷擾，最多就是把百姓遷進城牆裡，囤積物資，拉起吊橋，等蠻族對他們失去興趣，或被軍團趕走。從來沒有哪個蠻族有興趣鑽研攻城技巧，打進城裡。

匈人就不同了，他們會使用攻城塔和前後擺盪的巨大破城槌，隨心所欲地攻進羅馬城市。他們隨時隨地都在採用新戰略和新技術，使得羅馬的舊式作戰方法英雄無用武之地。他們最傑出的發明就是複合弓（composite bow），這種武器不是單一木條製作，而是由木頭、動物的腿後腱與牛角或羊角組合而成，力道比長弓大得多，殺傷力更強。匈族戰士都精於騎射，可以在馬背上熟練地活動、轉身、復位與射擊。似乎沒有人能在戰場上跟他們對陣廝殺。

匈人出擊從不失手，攻城掠地所向無敵，令羅馬人束手無策。匈人的長相就足以令人喪膽：匈人的孩子一出生頭就綁上束帶，頭骨受壓變平，頭蓋骨扭曲拉長。在羅馬人眼中，這些人簡直像地獄來的妖怪。

*

西元四三四年，兩名王子同時擔任匈人首領，那就是阿提拉和他的哥哥布萊達（Bleda）。兩兄弟共同統治，但明顯由阿提拉主導。有個羅馬大使形

23 原注：二次大戰接近尾聲時，出生於高加索山大草原邊緣的前蘇聯最高領導人史達林統治大片領土，版圖跟阿提拉的帝國相去不遠。有趣的是，史達林的際遇頗類似過去威震四方的中亞蠻族領袖，比如阿提拉、塞爾柱雄獅亞斯蘭（Alp Arslan）、蒙古族的成吉思汗和開創帖木兒帝國的帖木兒（Tamerlane），這些人創下的帝業，都在他們死後一兩個世代裡崩解。

容阿提拉「個子不高，胸闊頭大，一雙小眼睛，鬍子稀疏花白，塌鼻褐膚，充分顯示他的血統」。

此時匈人的領土已經從中亞擴張到日耳曼，他們的鐵蹄穩穩踩上羅馬帝國門檻。只是，阿提拉與布萊達並不打算征服羅馬人，因為他們沒興趣處理帝國複雜的行政事務。更安全、更單純的做法是把羅馬人當成客戶，逼他們交出黃金。只要羅馬人企圖擺脫匈人的勒索，阿提拉和布萊達就會揮軍橫渡多瑙河，摧毀羅馬的城市和聚落，直到羅馬皇帝大喊「夠了！」而為了確保羅馬人學乖，匈人會要求兩倍的歲貢。

史書記載布萊達在四四五年被殺身亡，涉嫌弒兄的阿提拉成了匈人唯一首領。羅馬皇帝狄奧多西見匈人內部分裂，認為有機可乘，拒絕納貢。阿提拉於是帶兵入侵巴爾幹半島，對羅馬帝國展開報復。羅馬人雖然已經休養生息四年，也強化了邊防，卻仍然抵擋不住匈人的攻勢。阿提拉與色雷斯的羅馬軍隊在現今羅馬尼亞的烏塔斯河（Utus）發生激戰，羅馬軍隊敗陣潰逃。自此阿提拉可以長驅直入攻向君士坦丁堡。

就在這個緊要關頭，君士坦丁堡發生大地震，狄奧多西城牆部分段落應聲倒塌，五十七座城樓夷為平地，城牆上出現偌大破洞。羅馬人沉著應變，皇帝下令禁衛軍統領康士坦提努斯（Constantinus）即刻著手修復。康士坦提努斯號召平時在橢圓競技場互相叫陣的各黨派團結一致，組成勞工大隊，開始修補城牆。眾人日以繼夜沒命地趕工，城牆總算修復補強，城門重新築好，城樓也建成。甚至在外牆之外開鑿護城河，阻擋阿提拉的攻城機具。這一切都以驚人速度在短短六十天內完成，工人在石牆上刻字留下心得，很以自己的成就自豪。

攻城部隊移動緩慢，早在阿提拉的大軍來到城外以前，城牆就修復完成。阿提拉看見君士坦丁堡銅牆鐵壁似的三道城牆，一點都不想讓他寶貴的軍士白白送死。反正他從來無意「拿下」這座城，君士坦丁堡不是他渴望奪取的大獎。在他看來，這座城市是一部複雜機械，端坐在國際貿易路線上，可以把源源不絕的黃金一車車送給他，他何苦斷自己財路？他之所以帶兵進犯，只是為了提醒羅馬人，按時繳納貢金對彼此都好。因此，阿提拉沒有攻打君士坦丁堡，而是繞道而行，摧毀駐紮在附近的羅馬軍隊。

狄奧多西二世派大使普利斯庫斯（Priscus）前往議和。事後，普利斯庫斯記錄了他在「上帝之鞭」宮庭裡的所見所聞。

> 所有座位都靠牆排在左右兩側，阿提拉坐在正中央的長椅上，背後有另一張長椅，之後有幾級台階通往他的床鋪。床鋪裝飾著精緻亞麻布製成的華麗帷幔，像希臘羅馬人婚禮使用的布幔……阿提拉的長子坐在父親的長椅邊緣，視線緊盯地板，對父親充滿敬畏。宴席上擺滿以銀盤盛裝的山珍海味，那是用來招待我們和其他蠻族的，阿提拉本人只吃一點木盤裡的肉，這是他自律的表現。另外，在場所有人都用金杯或銀杯，他用的是木杯。他的衣裳也十分簡樸，除了清洗之外，似乎不需要特別維護。

羅馬人無奈地接受阿提拉的條件：歲貢調高為二千一百磅黃金，過去積欠的六千磅也必須清償。

羅馬人素來的高傲自大如今幾乎蕩然無存，張牙舞爪的匈人把羅馬皇帝變成了商店老闆，被迫向地痞流氓繳交保護費。

最尊貴共和國[24]

阿提拉正摩拳擦掌準備進攻西羅馬帝國，碰巧收到奧諾莉亞公主的來信，請求他幫助她擺脫沒有愛情的婚姻。公主在信裡附上一枚寶石戒指，藉以證明自己的身分。阿提拉合情合理地誤以為公主有意以身相許，欣然接受。他派人通知君士坦丁堡的狄奧多西二世，要求瓦倫提尼安割讓西羅馬帝

24　威尼斯共和國全名為The Most Serene Republic of Venice，字面意義為「最尊貴共和國」，歐洲部分國家都冠有The Most Serene Republic這個稱號，意在強調主權獨立。

國一半的領土給他，當做奧諾莉亞的嫁妝。

狄奧多西二世震怒，寫信給拉芬納的瓦倫提尼安，向他說明此事，也建議他把姊姊交給阿提拉。瓦倫提尼安勃然大怒，決定以叛國罪名處死奧諾莉亞。他們的母親普拉西提阿插手干預，說服兒子饒姊姊一命，改判流放之刑。

瓦倫提尼安寫信答覆阿提拉，聲稱奧諾莉亞並沒有向他求婚。阿提拉派大使前來，一口咬定奧諾莉亞的求婚於法有據：她出於自由意志寫了求婚信，因此他們確確實實已經訂了婚。阿提拉不久後就會前來接收他的新娘和「嫁妝」。阿提拉正愁找不到理由入侵西羅馬帝國，奧諾莉亞這封意外信件正好給了他完美藉口，樂得扮演營救落難公主的英雄。

於是，西元四五一年，阿提拉的大軍橫掃高盧，拿下一座又一座城市，直達大西洋岸。大軍轉而向南，卻在高盧重鎮奧爾良（Orleans）遭遇由羅馬將軍埃提烏斯（Aetius）率領的羅馬與蠻族聯軍。雙方兵馬在巴黎東方的卡塔隆平原（Plains of Catalaunum）發生激烈大戰。羅馬人穩住陣腳，匈人首度被逼退，阿提拉因此失去所向無敵的光環。

阿提拉並不喪氣，他再次要求迎娶奧諾莉亞，並索討西羅馬帝國半壁江山。他揮軍殺進義大利北部，攻陷米蘭和維洛納（Verona）。古城阿奎萊亞（Aquileia）被他夷為平地，當地百姓紛紛收拾家當跳上船，逃進附近潟湖裡的濕地。他們判斷正確，匈人騎兵沒興趣涉水來追他們。

逃進濕地的商人與漁民就在那裡落地生根，發展出繁榮聚落，不受在陸地上燒殺擄掠的野蠻人侵擾。商棧、屋舍與碼頭陸續建成，商業欣欣向榮。他們把間隔緊密的木樁打進濕地底部的石床，鋸除上方多餘的木頭，就這樣打造出平地，建起高廣大屋、教堂和公共廣場。島嶼之間的水道兩旁築起堤防，水道因此變身為運河。威尼斯這個最尊貴的共和國於焉創建，算是匈人阿提拉鐵蹄下的意外產物。

*

阿提拉的大軍沒有越過義大利西北部的波河（River Po）往南發展，因為當時義大利半島遍地飢荒，他擔心軍隊缺糧。因此，他在四五三年空手退回多瑙河以北，沒能帶回奧諾莉亞和半個西羅馬帝國，幾個月後就一命嗚呼。

有關阿提拉的死因眾說紛紜，唯一可以確定的是，滿手鮮血的他也死在血泊中。他娶了另一個名叫伊爾迪科（Ildico）的年輕貌美女子，辦了盛大婚宴，喝得爛醉如泥。當晚他在新婚大帳裡，口鼻突然湧出鮮血。現代醫學判斷出血原因可能是食道腫瘤破裂，這是飲酒後常見的死因。

✳

沒有人知道奧諾莉亞公主被放逐後命運如何。至於她當初為什麼會寫那封激起眾怒的信給阿提拉，英國倫敦大學國王學院古拜占庭研究教授茱蒂絲・赫林（Judith Herrin）提出頗具說服力的解釋：奧諾莉亞小時候可能在君士坦丁堡見過阿提拉。當時十多歲的阿提拉被送到君士坦丁堡當人質，確保他叔叔魯嘉王（King Ruga）願意遵守和平協議。阿提拉滯留君士坦丁堡大皇宮時，五歲的奧諾莉亞曾經跟隨母親前往。他們見到彼此了嗎？那位來自異邦的匈人王子是不是激發了小公主的想像力？阿提拉終究逃離了君士坦丁堡這個黃金牢籠。赫林猜測奧諾莉亞是不是從此將他視為力量與自由的象徵。

✳

阿提拉死後，原本團結一致的匈人各部族分崩離析，從此退回歐亞大草原。飽受驚嚇的君士坦丁堡鬆了一大口氣，只是，從此以後，遙遠東北方那些不毛之地始終讓羅馬人提心吊膽，擔心那一望無際的草叢中還躲著某個蠻橫無禮的未開化部族，一心一意要毀滅他們這座由上帝守護的城市。

義大利王

當東羅馬帝國忙於鞏固邊防，西羅馬帝國卻漸漸步向滅亡。不列顛已經棄守，北非和西班牙也落入屬於日耳曼族的汪達爾人（Vandal）手中，已經隸屬羅馬將近五百年之久的高盧行省被西哥德人、勃艮地人（Burgundians）

和法蘭克人占領。西羅馬帝國滅亡前，版圖大幅縮水，幾乎只是東羅馬帝國的義大利附庸國。

到了西元四一〇年，羅馬城也被西哥德人攻陷，對帝國的死忠派而言，這種事簡直恐怖到難以想像。君士坦丁堡全城為此哀悼三天。聖耶柔米（St Jerome）[25] 從伯利恆寄來的信件裡說：「我的聲音卡在喉嚨……曾經征服全世界的羅馬，如今被人征服了。」羅馬的基督徒指責異教徒惹惱上帝，上帝才會降罪羅馬；異教徒也怪罪基督徒背叛帝國對古老神祇的忠貞。四五五年，汪達爾人再次攻進羅馬，剝走朱比特神廟的青銅地磚[26]。

西羅馬帝國最後一任皇帝是十四歲的羅慕路斯・奧古斯都拉斯，他父親歐里斯特斯（Orestes）是西羅馬殘餘兵力的統帥，發動政變後將兒子推上帝位，只是，真正握有軍權的卻是日耳曼蠻族酋長奧多亞塞（Odoacer）。奧多亞塞在部屬鼓吹下殺死歐里斯特斯，攻進拉芬納占據皇宮。他同情嚇得魂不守舍的小皇帝，將他流放到義大利中部某座莊園，度過舒適的餘生。此時，在君士坦丁堡的東羅馬皇帝芝諾（Zeno）眼見西羅馬淪亡，只能搖頭嘆息，沒有能力伸出援手。

奧多亞塞並沒有登上西羅馬帝位，他將皇帝權杖送回君士坦丁堡，附帶一封措辭謙和的信件給芝諾，聲稱西方不需要另立帝位，他願意代理芝諾統治義大利。芝諾只得接受現實，或許打算日後再做處理。他封奧多亞塞為羅馬最高等貴族（patrician）[27]；然而，在義大利境內，奧多亞塞擁有國王的稱號，帝國的統治已經名存實亡。

如今我們認為這段時期是西羅馬帝國的存亡關鍵，當時的人卻沒有這種警覺性。羅馬的元老院照常開會，地方行政官依然接受任命，只是，西羅馬皇帝變得可有可無，沒人在乎他已經退位。只有在事後回顧時，才會發現帝位已經懸缺，從奧古斯都以降的西羅馬諸帝後繼無人。新形態的羅馬慢慢從舊時代殘破的圓柱與神廟之間崛起，人們不禁納悶，過去的羅馬怎麼可能建造得出這些龐然大物。

25 約三四〇～四二〇，知名《聖經》學者，被尊為聖師。

26 原注：後世因此用vandal這個字代表破壞藝術文化的人。

27 patrician與consul在這時都已經是最高的政治榮銜，不具明確的行政責任，常由皇帝頒贈給地位最崇高、最重要人物或親屬，或皇位接班人。

第 3 章
暗黑勢力

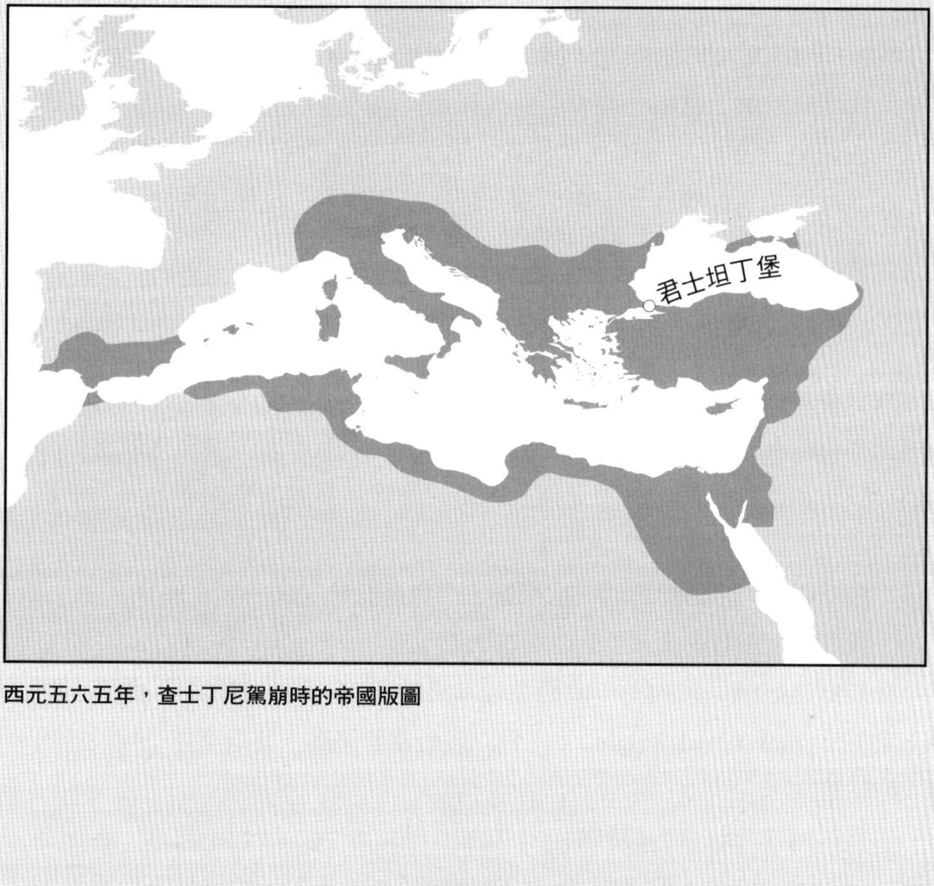

西元五六五年，查士丁尼駕崩時的帝國版圖

朱里安與查士丁尼

一月某個夜裡，我和喬來到伊斯坦堡。在機場高速公路上，我看著計程車時速表指針在每小時一百六十到一百八十公里之間擺盪，想到曾經在哪兒讀過，伊斯坦堡交通事故死亡率居歐洲之冠。

我告訴司機我們的飯店名稱，他自信滿滿地點點頭，沒想到他根本沒聽過那家飯店。他開著車穿越蘇丹艾哈邁德區（Sultanahmet）的大小巷弄，一路猛捶喇叭，偶爾停下來向商家問路。最後總算找到飯店，他好像很慶幸終於擺脫我們。

飯店接待區是個凹陷空間，裝飾著奧圖曼古物與座墊，外加幾隻沉睡的貓咪。我看見牆壁上露出一塊有著典型紅色條紋的羅馬磚，這面宮牆所屬建築是拜占庭時代掌理這個區域的宮殿。我們走上螺旋梯，來到一座靜謐花園，裡面有鮮花、棕櫚樹和一棵柏樹。飯店後側連接一座搖搖欲墜的土耳其浴場。喬喜歡這家飯店，我也是。

時間晚了，我們丟下行李，出去找吃的。博斯普魯斯海峽的霧氣瀰漫全城，空蕩蕩的街道燈光朦朧。我們拐了幾個彎，走進一處大型廣場，聖索菲亞大教堂赫然矗立眼前。雄偉山巒似的建築在夜霧籠罩下，像弓背蹲伏的巨人，正準備起身。這天開放時間已經過了，廣場空無一人，整座大教堂專屬我們父子。我們抬頭仰望，看見巨大圓頂的邊緣。喬問我聖索菲亞大教堂是誰建的。

「幾千個工人合力建造的。」我答，「也可能是奴隸。」

「我問的是設計的人。」

喬想當建築師。大約一年前他突如其來地宣布，他的偶像是法蘭克・洛伊・萊特（Frank Lloyd Wright）[1]，他以後想當建築師，要跟萊特一樣設計出偉大的建築物。

「是兩個建築師合力設計的。」我說，「名字我一時想不起來。在那個年代，建築師通常得不到讚揚。一切榮耀歸於查士丁尼，也就是下令興建大教堂的皇帝，後世也只記得他。」

「為什麼大家只記得他？」

「因為他建了聖索菲亞大教堂，收復義大利和北非，還愛上全城最有爭議性的女人。」

我望向廣場對面陰暗處，那是橢圓競技場原址。

「查士丁尼還逃過鼠疫，當時這病一個下午就奪走君士坦丁堡十分之一人口的性命。他做這些事時，人就在我們目前這個位置方圓四百公尺範圍內。」

*

第五世紀後半葉某一天，身材魁梧的養豬戶賈士丁（Justin）離開家鄉貝德里阿納（Bederiana），跟兩名友人一同往東走，前往盛名遠播的大城君士坦丁堡。他們都是來自社會底層的年輕人，除了身上的羊毛背包，一無所有。背包裡裝了硬麵餅，方便在漫長旅途上充飢果腹。

賈士丁和他的朋友從沒進過大城，當他們踏進君士坦丁堡，看見熙來攘往的人潮和美輪美奐的建築物與雕像，驚得目瞪口呆。他們都是體格健壯、相貌俊美的年輕人，很快就成了大皇宮裡的宮廷侍衛。賈士丁後來變成皇帝貼身衛隊隊長，這個職位責任重大，也握有相當權力，每天都能接觸到皇帝阿納斯塔休斯（Anastasius）。

賈士丁娶了奴隸出身的露比西娜（Lupicina），卻無法生育，於是賈士丁要妹妹薇吉蘭緹亞（Vigilantia）把十二歲的兒子塞巴提烏斯（Petrus Sabbatius）送到君士坦丁堡。塞巴提烏斯是個志向遠大的孩子，賈士丁收養了他，當成親生兒子撫養，將他命名為「查士丁尼」。賈士丁對自己目不識丁不無遺憾，讓查士丁尼學習希臘與拉丁文化。到了二十多歲時，查士丁尼加入了皇家軍團，得以近距離觀察宮廷裡暗潮洶湧的權力傾軋。

此時的阿納斯塔休斯已垂垂老矣，有意從他的三個姪子之中物色接任人

1　一八六七～一九五九，美國建築師，被譽為二十世紀最偉大建築師，美國紐約古根漢美術館就是出自他手筆。

選。據說他曾經命人在寢宮中擺設三張長椅，並在其中一張底下放一張羊皮紙，上面寫著「帝王」，坐在那張長椅上的姪子就是下一任皇帝。他的姪子奉召前來，其中兩個人坐在同一張長椅上，藏有羊皮紙的那張椅子卻沒有人坐。阿納斯塔休斯於是認定他的三個姪子都不是合適人選。

那天晚上他祈求指引，決定隔天早上第一個走進寢宮的人就是下一任帝王。到了第二天早晨，第一個來到他房門口的是侍衛長賈士丁。西元五一八年七月，阿納斯塔休斯駕崩，昔日豬農賈士丁登基，成為賈士丁一世。

在另一個少了點傳奇色彩的版本中，賈士丁取得帝位的方式比較直接，也就是運用他宮廷侍衛長的職權，加上以大筆金錢攏絡較有影響力的元老。不過，這件事極可能是查士丁尼在幕後操控的結果。

高齡六十八歲的賈士丁欠缺交際手腕又不識字，執政之路並不順遂。他有一枚專用的木製模版，上面刻有legi字樣，意思是「閱畢」，方便他用紫色墨水描畫，簽署公文。漸漸地，他越來越倚重聰明姪兒的建言，查士丁尼也因此變成舅舅的攝政王，也就是東羅馬帝國的實際統治者，當時他才三十多歲。到了五二一年，他受封為最高等貴族，宮廷為此舉辦大型鬥獸表演以示慶祝：二十頭獅子與三十隻獵豹在橢圓競技場裡搏鬥而亡。隨著賈士丁失智退化，查士丁尼也漸漸掌握大權。他修補了跟羅馬教宗之間的裂痕，也拉攏了多名位高權重的元老。

*

有關這段時期的史料，史家普洛柯皮烏斯提供了最珍貴的訊息。根據他的描述，查士丁尼相貌平凡，「中等身材，不高不矮，不算瘦，甚至有點胖。圓圓的臉蛋不算醜陋，即使節食兩天，依然氣色紅潤」。當查士丁尼在宮中勢力坐大，他在宮廷外的影響力也日益拓展，這都拜他跟競技場兩大黨派藍黨與綠黨關係良好之賜。這兩大黨派各自蓄養馬匹、招募戰車手，操控賭局。比賽中場休息時，還會安排節目娛樂觀眾。綠黨支持者多半來自市中心，藍黨勢力則集中在城郊與鄉間。

時日一久，藍黨與綠黨各自發展成勢力龐大的競技組織，兼營政治與犯罪事業。貴族通常會付費要黨派在競技場上呼喊政治口號，大聲叫囂震懾對手。

藍綠兩黨各自擁有街頭幫派，亦即黨羽。藍黨黨羽裝扮成匈人，頭頂上方的頭髮剃光，後腦留著長髮，披散在背部，震驚上流社會。他們會坐在競技場觀眾席上，身上的昂貴刺繡長袍袖口收緊，衣袖高高鼓起，突顯手臂的肌肉。在競技場外，這些人收保護費、偷竊、街頭鬥毆，卻始終逍遙法外。查士丁尼非但不制裁這些暴力與失序行為，反倒爭取藍黨支持。

普洛柯皮烏斯跟許多羅馬貴族一樣，私底下鄙視出身低賤的賈士丁和他野心勃勃、明顯覬覦王位的外甥查士丁尼。到了五二五年，查士丁尼宣布迎娶君士坦丁堡最淫蕩的女人，也就是身兼名妓、歌舞女郎與伶人多種身分的狄奧多拉，全城譁然。

養熊人之女

查士丁尼的新女友狄奧多拉從小生長在競技場，她父親是綠黨的養熊人，西元五〇五年過世。她母親改嫁後，帶著三個女兒來到競技場，請求綠黨讓她的新任丈夫接替養熊人職位。綠黨不予理會，於是她轉而投靠藍黨。碰巧藍黨正要雇一名養熊人，便答應她的要求。當時八歲的狄奧多拉謹記藍黨的善行，終其一生對藍黨忠心耿耿。

狄奧多拉一到青春期，就在母親安排下進入戲班子，表演喜劇、跳豔舞，也出賣肉體，十四歲就生下第一胎。青春貌美的她豔冠群芳，成為周旋於元老院大老之間的交際花。據說她曾經在亞歷山卓演出，跟當地總督發展一段露水姻緣，也加入沙漠裡的苦修團，變成基督一性論（Monophysitism）[2]

2　此派別主要根據地是亞歷山卓，強調耶穌在取得肉身後，其人性、神性得到了統一，只能有一個「位格」，即神性。此觀點異於安提阿教會傳統強調基督化身是神與「人」的結合，其極端的發展便是神人二性論（Nestorianism），此說被判為異端。但基督一性論在四五一年卡爾西頓第四次大公會議也被判為異端。

信徒。基督一性論是早期基督教的旁枝，主張耶穌的神性超越祂的人性。基督一性論被斥為基督教的異端邪說，但狄奧多拉是個天生的黨派戰士，終生支持這個觀點，就像她對待藍黨一樣。

狄奧多拉二十一歲回到君士坦丁堡，在小公寓裡過著低調的生活。她很可能是在某個社交場合遇見查士丁尼，當時她大約二十五六歲，查士丁尼已經年過四十。兩人一見鍾情，立即在馬爾馬拉海岸的牛獅宮（Bucoleon Palace）共築愛巢。查士丁尼喊她「小甜心」，或以她名字的本義「上帝的禮物」稱呼她。

他們倆急於成為合法夫妻，卻遭遇兩個難題，首先是君士坦丁時期訂下的法律，禁止元老階級的男子跟戲子締結姻緣。查士丁尼說服舅舅修改法條，允許貴族娶「從良」後的戲子。第二個難題是皇后的堅決反對：皇后向來對於皇室家族的低微背景耿耿於懷，不希望再引人非議。西元五二四年皇后過世，日暮西山的賈士丁已經無力干預，查士丁尼和狄奧多拉終於在次年順利完婚。

*

賈士丁失智情況越來越嚴重，終於在五二七年辭世，同年八月查士丁尼和狄奧多拉正式接位，成為皇帝與皇后。登基大典的重頭戲是在橢圓競技場遊行繞場，接受群眾的歡呼喝采。新科皇后是競技場的妓女，羅馬貴族敢怒不敢言，只得強忍內心的鄙夷，假意順服。查士丁尼與狄奧多拉對此心知肚明，刻意要求大臣遵守宮廷禮節，痛快地強迫貴族跪在他們腳邊親吻他們的長袍下襬。

普洛柯皮烏斯忍無可忍，將滿腔憎恨化為一份令人嘆為觀止的文稿《祕史》。他撰寫正史時筆調一本正經，描繪皇帝與皇后的罪行與缺失時，卻是下筆不能自已，對狄奧多拉的香豔表演似乎特別感興趣。他曾經鉅細靡遺地描述她最不堪的演出：香豔版〈麗達與天鵝〉（Leda and the Swan）[3]。

> 她褪去戲服站在那裡，身上只剩圍在腰際的緊身褡……她身上

披著一條絲帶，仰躺在舞台上。負責撒穀粒的奴隸將大麥灑在她私處，讓受過訓練的鵝一顆顆啄食。

普洛柯皮烏斯始終不敢出版這本書，直到一六三二年才有人在梵蒂岡教廷圖書館發現這份陳舊發黃的手稿。這本沉寂近千年的書本問世後，惹得整個歐洲既興奮又羞愧。

查士丁尼的鑲嵌畫像，拉芬納的聖維托教堂（Church of St Vitale）

3 希臘神話。麗達是海仙之女，美豔絕倫，嫁給斯巴達王為妻。不料天神宙斯也看上她，化身成她最愛的天鵝，與她共赴雲雨，結果麗達下了兩顆蛋，每個蛋裡各有一對雙胞胎，其中一個就是世上最美麗的女人海倫。

掌握大權的拜占庭婦女不在少數，卻沒有任何人像狄奧多拉這麼富有傳奇色彩。正常情況下，在位的帝王行蹤不明時，皇后才有機會掌權，狄奧多拉卻是例外。她的丈夫掌握國家大權，她的勢力也跟著水漲船高，因為查士丁尼似乎樂意讓妻子分擔他的治國大業。查士丁尼曾經頒布一道命令，深情地認可他迷人妻子的權力：「虔誠的皇后是上帝的恩賜，朕邀請她參與國是的研議。」

他們倆個性南轅北轍。狄奧多拉不曾忘懷自己卑微的出身，她死後，有個名叫約翰．里杜斯（John Lydus）[4] 的貴族大老寫道：「她比任何人都更能理解與同情受壓迫的弱勢族群。」查士丁尼則從來不為社會不公這類議題傷神。

狄奧多拉過著奢華生活，享受珍饈美味，睡到日上三竿。她過慣了舞台上五光十色的生活，喜歡在公開場合各種儀典中扮演自己的角色。查士丁尼相對比較低調，多半待在宮廷裡，不眠不休打理政務。套用現代語彙，他就是個工作狂，追求完美、事必躬親。他的大腦一刻不得閒，關注首都日常生活各個面向，幾乎無所遺漏。他曾經崇高地宣稱：「朕時時刻刻心繫百姓福祉。」在他心目中，百姓都該順服於他，不是自由的羅馬人。也難怪那些習慣為所欲為的元老階級越來越痛恨大皇宮裡那個不睡覺的專制君主。

法典

宮廷裡耳語紛紛，謠傳皇帝旺盛的精力來自魔鬼。有人言之鑿鑿地聲稱，某天深夜在皇宮裡看見查士丁尼從王座起身，摘下腦袋，像無頭屍似的遊走在宮廷廊道上。有個朝臣甚至信誓旦旦地說，他見過皇帝的臉極其驚悚地融成「一團模糊的肉塊，看不見眼睛與眉毛」，而後慢慢恢復原狀。

皇帝充沛的體力其實來自他無遠弗屆的企圖心，驅動這份野心的則是他從不掩飾的超大自我。查士丁尼喜歡誇耀自己的成就，經常大言不慚地說，除了他沒有人能完成那些壯舉。這份自信讓他能夠吸納賢才，留在身邊為他所用。他鼓勵那些人大膽行動，深信自己有能力掌控他們。對於這群近臣，狄奧多拉態度比較保留，只要發現任何人包藏禍心，想謀取帝位，她就暗中設法鏟除。

查士丁尼拔擢出身卑微的文盲官吏擔任大臣，這人名叫「卡帕多西亞的約翰」（John the Cappadocian），普洛柯皮烏斯心不甘情不願地認可他是「同時代最具膽識、也最聰明的人」。約翰精簡並優化帝國過度膨脹的官僚體系，增加幾十種新稅制，為查士丁尼的治國大業籌措財源。這些新稅制和反貪腐措施主要鎖定元老階級，元老們群情激憤，尤其不滿約翰不但剝奪他們的財富，甚至藉機自肥。約翰因此得罪眾多權貴，其中也包括狄奧多拉，因為她覺得皇帝在內政上比較偏好約翰的建言。

查士丁尼責成約翰成立十人小組，整理龐雜繁複的羅馬法律。司法制度是羅馬帝國在人類文明上的最偉大成就，只是，到了第六世紀，這些法條已經變成巨無霸大雜燴，充滿矛盾與過時的規定，變成司法機關的絆腳石，進而損害國家威權。查士丁尼不滿地說，國家的法律無比龐雜，「我們的法律可以追溯到羅穆勒斯（Romulus）[5]創建羅馬城的時代，如今已經撲朔迷離，非但法條多如牛毛，也超出人類的理解範圍」。

由於約翰不識字，十人小組的工作都落到法學家垂波尼安（Tribonian）頭上，垂波尼安則是遵循古羅馬法官烏爾比安（Ulpian）的崇高理念：「法律的最高指導原則是，正直地做人，不傷害任何人，給予每個人應得的權益。」

十人小組著手進行，捨棄矛盾與多餘的法條，讓留存下來的內容更趨一致，必要時也訂定新法以免混淆。

狄奧多拉也啟動自己的司法改革，致力改善羅馬婦女的地位：放寬婦女擁有財產的限制；丈夫借貸高額債務，必須取得妻子同意兩次；禁止私刑殺

4　亦即利底亞的約翰（John the Lydian），西元四九〇～？。

5　羅馬神話人物，相傳是女祭司西賽爾薇亞（Rhea Silvia）與戰神瑪爾斯（Mars）之子，也是羅馬城的奠基人，「羅馬」這個名稱就是由他的名字而來。但也有學者認為他是真實人物，為羅馬王政時期的第一任國王。

害通姦的妻子；強姦罪最高可處死刑。

五二九年四月八日，十人小組提出《查士丁尼法典》初稿，這是羅馬帝國有史以來第一套條理清晰的完整法典，短短十三個月就完成，效率出奇地高。法典出版時，查士丁尼得意洋洋地說：「過去的帝王也認為法典需要修正，卻沒有人付諸實行，朕在全能上帝的協助下，終於大功告成。」查士丁尼以這種方式推動所有改革措施，強調那是皇帝與全能的神之間的密切合作。

出版後的正式《法典》送到各行省，以提升司法的公平公正。緊接登場的是《法學彙編》（*Digest*），這套書將古羅馬法學家的著作融會貫通，成為五十冊備受好評的巨著。之後又針對法學院學生出版一本羅馬法律導讀，名為《法學總論》（*Institutes*）。整體來說，皇帝的自吹自擂並不誇張，這確實是登峰造極的功績。

《查士丁尼法典》影響深遠，至今持續不墜。現代歐洲的民法就是以一千五百年前查士丁尼十人小組的工作成果為基礎。美國眾議院北牆以浮雕肖像紀念歷史上對法律有重大貢獻的人物，查士丁尼與垂波尼亞也名列其中，其他還有摩西、漢摩拉比（Hammurabi）[6]與拿破崙（Napoleon）[7]。

＊

查士丁尼成功為羅馬法律瘦身後，便著手撲滅帝國境內僅存的異端火苗。他頒布新法杜絕異端邪說與異教信仰，也明令禁止同性戀情，違者將受到拷打、宮刑或處死。猶太人的公民權受到規範；利比亞沙漠的古埃及太陽神阿蒙（Amon）信仰遭禁；尼羅河三角洲的古埃及女神伊西斯（Isis）信仰也受到鎮壓。

查士丁尼也下令關閉柏拉圖親手創立的雅典學院，幾乎像是臨時起意，一聲令下終結上千年的哲學教育與探討。

舊羅馬是廉價公寓、寺廟與浴場組成的擁擠都市，在這麼髒亂的地方，多神崇拜的習俗與慣例不但無法根除，甚至會更形惡化。而博斯普魯斯海峽旁的新羅馬雖然未必整齊劃一，卻是計劃興建，寬敞又有秩序。舊有的屬靈學說與異教信仰都已經消滅根除，東正教也敞開大門迎接信徒，便於將全世界的人納入單一信仰，上帝授命的查士丁尼居中掌控一切。相較於過去的多神信仰時代，查士丁尼主政下的羅馬思想世界更為卓越，卻也更專制。

內政改革大致底定後，查士丁尼把注意力轉向另一個版圖與國力足以凌駕羅馬帝國的強權：波斯帝國的薩珊王朝（Sassanid Persia）。

達拉

在查士丁尼時代，波斯帝國的薩珊王朝版圖橫跨現今的伊拉克、伊朗、阿富汗部分地區、阿拉伯、高加索山脈、中亞與巴基斯坦。薩珊王朝是西亞霸權，正如羅馬帝國稱霸地中海地區。這兩大帝國戒慎恐懼地緊盯對方，內心五味雜陳，有著尊敬、羡慕與憎惡。

薩珊王朝的統治者是「沙罕夏」（Shahanshah），意為「王中之王」，查士丁尼時代的沙罕夏名叫卡瓦德（Kavadh），住在底格里斯河（Tigris River）旁波斯首都泰西封（Ctesiphon）一座富麗堂皇的宮殿裡。卡瓦德身穿色澤鮮麗的絲綢，鬍子以黃金裝飾，他的皇冠太重，只得懸掛在他頭頂上方的天花板。在波斯人心目中，沙罕夏代表宇宙規律與和諧的典範，在波斯錢幣上，太陽與月亮圍繞著他旋轉。

薩珊王朝跟羅馬帝國一樣，也自欺欺人地假裝自己是世界君主。在泰西封的皇宮裡，王座下方擺著三張座椅：一張屬於羅馬皇帝、一張是中亞的偉大可汗，另一張保留給中國的皇帝，等待有朝一日他們以沙罕夏的臣民自居，前來朝覲。

傳統上波斯帝國以伊朗高原為核心，因為那裡是他們的國教瑣羅亞斯德

6　西元前一七九二～一七五〇在位，巴比倫第六位統治者，最大的成就是制定《漢摩拉比法典》，是現存最古老、最有系統的法典。

7　一七六九～一八二一，於一八〇四年頒布《法國民法典》（*Code civil des Français*），也就是後來廣為人知的《拿破崙法典》，強調法律之前人人平等。這部法典隨著拿破崙東征西討散布到各地，成為許多國家制定民法的重要依據。

教（Zoroastrianism）[8]的發源地。到了查士丁尼時代，他們的文化與財政重心已經西移，去到泰西封所在的美索不達米亞各大城。薩珊王朝向西挺進，在敘利亞與羅馬對峙，兩國各自在當地建立連串軍事要塞，隔著國界監控對方。

羅馬帝國的邊防要塞尼西比斯（Nisibis）就在兩國對峙線上，是戴克里先在位時，帝國為抵擋波斯入侵建立的監測點[9]。到了查士丁尼時代，波斯人已經又把邊界向西推移，尼西比斯也落入卡瓦德掌控。

波斯要塞就建在自家門口，羅馬人難免睡不安枕，便在附近村莊達拉（Dara）建立另一座堡壘。在卡瓦德看來，這座新堡壘是令人髮指的挑釁行為。查士丁尼在與卡瓦德的和平談判破局後，立即加強達拉的防禦工事。卡瓦德於是派貴族將軍卑路斯（Peroz）率領四萬精兵出擊，命他從可惡的羅馬人手中奪取達拉。

集結在尼西比斯的波斯大軍包括幾千名步兵和騎射手，以及五千多人的重裝騎兵隊。這個重裝騎兵隊號稱「不死部隊」，名稱源遠流長，可以追溯到西元前六世紀左右的古波斯帝國開國君主居魯士大帝（Cyrus the Great）時代。「不死騎兵」身披板甲，手拿槌矛、長劍與長矛，胯下坐騎也披掛鎖子甲。他們忍受豔陽下的高溫悶熱，因而有「野外烤爐」之稱。這批精銳部隊誓死效忠沙罕夏，算是中世紀鐵甲武士的亞洲原型。

對查士丁尼而言，達拉一定得守住，這是尊嚴問題，也關係國家安全。他封他最聰明的將軍貝利薩留（Belisarius）為東方大元帥，派他率兵應戰，當時貝利薩留才二十五歲。

達拉一役是貝利薩留第一次帶兵作戰，他雖然欠缺應敵經驗，卻有敏銳的戰略頭腦，對新式作戰技巧也有更深入的掌握。在未來的沙場征戰中，貝利薩留經常能以寡敵眾，善用敵方陣容浩大的弱點對付他們。他有一種神奇能力，能夠站在敵人的觀點判斷情勢，打亂他們的布局，以致敵人即使陣前失利，也無法相信戰敗的事實。

西元五三〇年，貝利薩留由普洛柯皮烏斯陪同，騎著馬來到前線。普洛柯皮烏斯負責為貝利薩留處理文書，也留下這場戰爭的第一手資料。貝利薩留在達拉共有兩萬五千名士兵，包括一般的羅馬步兵與騎射傭兵，以及相當於「不死部隊」的重甲騎兵。貝利薩留深知敵眾我寡、守城不易，因而選擇在城外跟敵軍一決高下。

卑路斯信心滿滿地帶著他的波斯軍隊來到達拉，可是，當他得知羅馬人擺出的陣勢，內心感到不安。貝利薩留的步兵與騎兵排列出的陣容徹底反傳統，他命人在城外挖掘一條中央戰壕，兩端呈直角往外延伸，狀似牛角。他把主要的步兵隊安排在中央戰壕後側，以免遭到波斯騎兵踐踏。兩側壕溝後面是配備強力複合弓的匈人傭兵軍團，重甲騎兵安排在兩邊壕溝轉角處。

卑路斯一陣錯愕，他原以為會看到傳統陣勢：步兵做前鋒，騎兵在側翼。貝利薩留的布陣方式似乎違反常理，卑路斯花了一天時間在帳篷裡跟他的軍師討論，想弄清楚羅馬人到底葫蘆裡賣的什麼藥。

正當兩軍在戰場上遙遙相對，怒目相視，有個騎兵從波斯陣營衝出來叫陣，大聲嘲弄羅馬人，要他們派人來跟他單挑。羅馬士兵交頭接耳，最後有個叫安德列斯（Andreas）的年輕人從羅馬軍隊出列。安德列斯是摔角教練，一身銅筋鐵骨，卻沒有打鬥經驗。波斯戰士擺好架勢準備迎戰，安德列斯趁空往前衝，拿起長矛投出去，將對方擊倒在地，再好整以暇走過去，一刀割斷波斯戰士喉嚨。羅馬陣營歡聲雷動，後方城垛上的士兵也大聲叫好。

接著第二個波斯戰士出列，這人年紀稍長，手上的馬鞭指向羅馬人，要他們派出另一個人應戰。安德列斯再度上場，這回騎著駿馬。兩人高速衝向對方，各自舉起手中的長矛，兩匹馬卻正面衝撞，頭骨碎裂而亡。兩名騎士都摔倒在地，孰勝孰敗就看誰先站起來。波斯人一邊膝蓋還跪在地上，安德列斯已經拿著短刀來到他身邊。

對波斯人而言，這可不是好兆頭，不過，隔天他們又士氣大振，因為尼

8　又稱祆教或拜火教，起源於三千五百年前，是古代第一個一神論宗教。

9　原注：即現今的努塞賓（Nusaybin），同樣處於糾紛不斷的土耳其與敘利亞邊境。

西比斯的一萬名援軍抵達，波斯軍隊人數是羅馬的兩倍。貝利薩留派人送信給卑路斯，提醒他和平的可貴。他寫道，循外交途徑解決紛爭，遠比無謂的戰爭有意義。

卑路斯回信道：「說得沒錯。如果寫這封信的人不是謊話連篇的羅馬人，我或許會接受你的提議。」

貝利薩留的回覆是，他的軍隊會把這封信綁在旌旗上，藉此激勵士氣。

卑路斯又回信說：「明天我就攻進達拉，幫我備妥洗澡水和午餐。」

隔天中午戰爭爆發，波斯軍隊萬箭齊發，向中央戰壕推進。羅馬步兵蹲在盾牌後方自我防衛，波斯人派騎兵進攻羅馬人左翼。波斯人繞過戰壕時，羅馬人立即撤退。波斯騎兵覺得勝利在望，乘勝追擊撤退的羅馬軍隊，揚起蔽天沙塵。見獵心喜的波斯人匆忙之間亂了陣腳，貝利薩留的匈人騎射手悄悄掩至，衝入他們疏於防備的側翼，近距離射殺敵軍，波斯騎兵前鋒部隊一敗塗地，就像飛在空中的長矛被攔腰擊落。

貝利薩留這時才祭出他的必殺技。那天稍早他安排六百名赫魯利（Herulian）騎射手埋伏在附近山丘。這時他們衝下山，直攻波斯騎兵另一邊側翼。短短二十分鐘內，兩千名波斯騎兵非死即傷。

戰場左側的波斯軍隊陷入苦戰之際，另一批波斯大軍攻向羅馬部隊右翼。同樣地，羅馬步兵撤退，卑路斯的「不死部隊」勇猛追擊。貝利薩留派出另一團匈族騎射手，繞到「不死部隊」後方，以威力強大足以穿透鎧甲的複合弓近距離殲滅敵軍。緊接著羅馬的重裝騎兵上場助陣，波斯軍隊又折損五千人。

勝負還在未定之天，畢竟波斯還有數千名步兵待命中。只是，卑路斯的步兵多半是奴隸，原本就沒有戰鬥意願，當他們目睹戰壕那頭的血腥場面，很多人拔腿就跑，羅馬騎兵在後追逐。

波斯軍隊傷亡之慘重，超乎卑路斯想像。到了日落時分，他麾下的倖存士兵搬運同袍屍首，垂頭喪氣地返回自家陣營。那天晚上，卑路斯只得在尼西比斯沐浴。

貝利薩留在達拉戰役大獲全勝，也證明查士丁尼有識人之明，顯然上帝認同他的作為。查士丁尼打算好好運用作戰天才貝利薩留，不過，眼前當務之急是召他回君士坦丁堡，因為首都山雨欲來，反對派的不滿情緒瀕臨爆發邊緣。

暗黑勢力

我跟喬來到伊斯坦堡時，時局並不平靜。伊斯坦堡和土耳其各地陸續爆發抗爭行動，登上國際新聞版面。我一路上密切留意抗議活動的徵兆，不過，伊斯坦堡歷史悠久的觀光景點受到嚴密保護，自外於擾擾攘攘的現代都會生活，蘇丹艾哈邁德區街頭顯得從容安詳。

到了第三天晚上，我和喬發現飯店咖啡館裡的人都在談論當天在塔克辛廣場（Taksim Square）的抗議事件，主因是政府打算封鎖推特與臉書等社群媒體。警方動用鎮暴水槍與催淚瓦斯將抗議民眾驅離廣場。

這波抗議行動始於二〇一三年夏天，當時民眾發起靜坐，反對政府將蓋齊公園（Gezi Park）改建為購物商場。百姓的不滿情緒持續延燒，最後發展成全國性的示威活動，表達他們對獨裁總理埃爾多安（Recep Tayyip Erdoğan）的不滿。最初抗爭活動由環保人士發起，而後「少年或老人、信徒與非信徒、足球流氓、盲人、無政府主義者、共產黨員、國家主義人士、庫德族、同性戀、女性主義者和學生」都加入陣容。警方在蓋齊公園鎮壓抗議活動，使用強力水柱和催淚彈對付示威人士。總理埃爾多安將抗議者貶斥為意圖謀利、魯蛇或極端分子。

土耳其被挺埃爾多安與反埃爾多安兩股勢力撕裂。埃爾多安的支持者多半是保守派穆斯林，特別是都會區以外的人，但這些人對土耳其經濟與社會的迅速變遷感到憂心。埃爾多安的財源來自建設公司和地產開發商，正是這些人在伊斯坦堡推動大規模都市改造。他用這種方式刺激經濟發展，自己從中獲利，卻也引起保守派強烈反彈。埃爾多安的反對者多半是都會區的非穆斯林，他們指控埃爾多安貪污，埃爾多安堅決否認。

除了這些抗議活動之外，另一個由來已久的問題若隱若現。土耳其的政治人物與新聞媒體經常談到一股暗黑勢力（Deep State），也就是潛藏在土耳其各重要機構內部的權力網絡，比如軍方、情治單位、國會、司法機關、官僚系統、犯罪組織與媒體。有關暗黑勢力的本質眾說紛紜，有人說他們反民主、反伊斯蘭、反庫德，甚至反勞工，沒人說得清它究竟站在哪一方，顯示它並不是單一陰謀集團，而是某些團體基於彼此的共同利益，結合為結構鬆散的聯盟。

「暗黑勢力」這個詞起源於一九九六年一樁不名譽事件。事情發生在土耳其西北部，一部黑色賓士轎車撞上正要倒車離開加油站的卡車。賓士車上四名乘客三死一傷，重點在於，這四個人共乘一部車實在匪夷所思。三名死者分別是：伊斯坦堡警局副局長、極右翼準軍事組織的殺手和他的女友。那名殺手身上帶著護照，護照上的姓名是穆罕默特·厄茲巴伊（Mehmet Özbay），跟一九八一年在梵蒂岡聖伯多祿廣場（St Peter's Square）開槍暗殺天主教教宗若望保祿二世（Pope John Paul II）未遂的槍手同一個化名。僥倖生還的第四名乘客是某個勢力龐大的庫德族組織首腦，也是土耳其國會議員。

車禍消息傳出，四名乘客的身分暴露之後，土耳其媒體紛紛刊登這則醜聞。土耳其百姓不禁納悶，這四個人為什麼會坐在同一部汽車裡？這起車禍暴露出政治人物、國安人員與海洛因毒梟之間的關係。政府對這起事件展開調查，卻一無所獲。人們認為，這就證明這股暗黑勢力太強大，誰也撼動不了。

到了二○○八年，警方在一次突襲行動中揭發一項明顯由極端國家主義組織「額爾古納昆」（Ergenekon，這個名字是中亞古老神話中的一座山谷，故事描述母狼拯救突厥國的經過）策劃的陰謀。土耳其媒體聲稱這個組織在軍方與國安部門都安插了內線，計劃謀殺包括諾貝爾文學獎得主奧罕·帕慕克（Orhan Pahmuk）在內的多名非教徒知識分子，嫁禍給敵對陣營，再利用事件餘波推翻政府。

總理埃爾多安嘉許警方的行動，也認為額爾古納昆的陰謀跟暗黑勢力脫不了干係。埃爾多安在土耳其電視上直言：「有人說暗黑勢力純屬子虛烏有，我不贊同。它確實存在，而且早在奧圖曼帝國時期就在了，不是共和時期才有的產物。它只是一種傳統，這股勢力必須削弱，可能的話，最好設法連根拔除。」卻也有媒體指控政府利用「額爾古納昆」事件鎮壓異議人士。

*

暗黑勢力的根源暗藏在土耳其軍方。建立現代土耳其的阿塔圖克（Mustafa Kemal Atatürk）[10]賦予軍方權力，讓他們維持社會秩序，不受宗教干涉，並暗中壓制伊斯蘭政治人物。冷戰期間，美國在土耳其軍方的特殊作戰部（Special Warfare Department）成立祕密的「留守」（stay behind）組織，萬一共產黨奪得政權，這個組織就會啟動反暴亂計劃。接下來那幾十年，這個小組漸漸發展成暗黑勢力的核心，主動擔起維護國家安全的責任，手段包括壓制或刺殺共產黨員、伊斯蘭主義者、基督教傳教士、記者和異議人士。然而，到了冷戰結束時，特殊作戰部已偏離初衷，部分領導人甚至靠向諸如「灰狼」（Grey Wolves）[11]這類極右派民族主義組織。

埃爾多安所屬的正義與發展黨（Justice and Development Party，簡稱AKP）是暗黑勢力有史以來面臨的最大威脅。AKP有意扭轉阿塔圖克對非教徒的偏重，反映虔誠穆斯林在安那托利亞（Anatolia）[12]鄉間與海岸地區日益壯大的影響力。

庫德族的獨立運動加深問題的複雜性，因為埃爾多安擔心庫德族獨立會威脅到土耳其國土的完整性。另外，土耳其是否加入歐盟也是懸而未決的問題。埃爾多安就任後，對歐盟的看法從強力支持轉變為全然敵視。他有意無意地指出，歐盟之所以至今還不允許土耳其加入，是因為歐盟會員國無法接受將近七千五百萬名穆斯林自由進出他們的國家。在埃爾多安眼中，歐盟似

---

10 一八八一～一九三八，本名穆斯塔法．凱末爾，「阿塔圖克」是「土耳其之父」的意思。他在奧圖曼帝國崩解之際，帶領土耳其百姓建立獨立政府，因而獲得「土耳其之父」的尊稱。

11 成立於一九七〇年代，土耳其極右派招攬農村青年成立的準軍事部隊，以暗殺左派與自由派知識分子為目標。

12 即小亞細亞，土耳其主要領土所在。

乎是披著現代化外衣的基督教國度。

想釐清暗黑勢力陰謀論裡各方人馬之間的關係，你得要有偵探查案時的揭示欄、照片、大頭釘和許多細線。我在思索這個由各自謀利的陰謀分子組成的錯綜複雜網絡時，「拜占庭」這個詞不知不覺地浮現腦海。研究拜占庭的歷史學者不喜歡人們用它來指涉某種極度官僚又晦澀難懂的事物，認為那只是數百年來西方偏見造成的混淆。

直到今天，當媒體報導政府動用武力在街頭鎮壓抗議群眾，我們聽見來自幽靈帝國的遙遠回音，想起將近一千五百年前，查士丁尼在這個地方展開一場大屠殺。

「尼卡！」

事情的導火線是一場失敗的行刑。西元五三二年一月十日，君士坦丁堡市長尤戴蒙（Eudaemon）判處七名分屬藍綠兩黨的暴力犯罪分子死刑。到了行刑日，絞刑架突然倒塌，兩名死刑犯（一屬藍黨、一屬綠黨）摔落地面，一息尚存。一群慈悲的修士將那兩名死刑犯帶走，划船橫渡金角灣去到聖勞倫斯教堂（Church of St Laurentius），接受教會庇護。

藍綠兩黨首腦會面協商，同意暫時拋棄成見攜手合作。他們要求皇帝赦免罪犯，聲稱絞刑架的奇蹟顯示上帝要寬恕這兩名罪人。查士丁尼拒絕讓步，派出衛兵把守聖勞倫斯教堂，避免罪犯脫逃。

三天後，查士丁尼坐進橢圓競技場的皇室包廂，卻遭到觀眾席上的群眾質問與辱罵。競技場內氣氛凝重，當天競技活動結束後，藍綠兩黨齊聲高呼「尼卡！尼卡！尼卡！」，意思是「勝利」，或更惡意的「打倒」。

當天夜裡，憤怒的群眾聚集在監獄外，他們人多勢眾擊退守衛，打開牢門釋放所有囚犯，而後挾著勝利的喜悅轉進市中心的奧古斯塔廣場（Augustaeum），縱火焚燒大皇宮入口處的查爾克宮門。火焰竄起，在風勢助長下席捲整個廣場，燒毀元老院、神聖智慧教堂和後面的神聖和平教堂（Hagia Irene）。宙克西帕斯浴場（Baths of Zeuxippos）的古老雕像全被砸毀。

查士丁尼強自鎮定，下令隔天的競賽照常舉行，希望比賽的刺激感能轉移群眾的注意力。結果不然，兩黨掀起暴動，在競技場北端縱火。兩黨首腦提高和解條件，要求皇帝罷免三個不得民心的官員：卡帕多西亞的約翰、垂波尼安和尤戴蒙。查士丁尼同意他們的條件，動亂卻沒有因此平息。查士丁尼認為，這次暴動的幕後教唆者是他在元老院的敵人，那些人付錢要兩黨繼續興風作浪。

此時查士丁尼已無能為力，一連三天時間，整座城陷入混亂，暴民沿著梅塞大道向君士坦丁廣場挺進，一路燒殺擄掠。大皇宮也部分毀損，負責防守皇宮的大內侍衛（Excubitors）和近衛軍（Scholarians）袖手旁觀。查士丁尼與狄奧多拉身陷險境。

隔天，查士丁尼在橢圓競技場面對群眾，表明不會追究三天來抗議人士的違法行為。他對著《福音書》起誓，保證說到做到，卻遭到群眾嘲笑。在此同時，另一群人在君士坦丁廣場擁戴前皇帝阿納斯塔休斯的姪子伊帕提修斯（Hypatius）為新皇帝，以一條金鍊為他加冕。

不知所措的查士丁尼坐困宮中，意志消沉。他對大臣說，眼下最好的辦法就是棄城出走，大臣紛紛贊同。

這時狄奧多拉站了出來，說出一席流傳千古的話語。她對群臣說，照慣例女人不該在男人討論政事時發言，但如今情勢危殆，顧不得那麼多講究。而後她轉向丈夫，請求他留下來奮戰到底，必要時甚至不惜犧牲性命：

> 曾經統治天下的人，無法忍受淪為亡命之徒。願我永遠不必脫下這身紫袍，也願我到死的那一天都是皇后。

說著，她指向陽台：

> 陛下，你想救自己一命並不困難。我們有的是錢，大海就在那裡，這裡也有船。只是，請你想一想，等你逃到某個安全處所，會不會後悔當初沒有冒死一搏。

至於我，我同意古人所說，紫袍是最美的裹屍布。

那是狄奧多拉一生中最精彩的演出，她的話讓查士丁尼自覺慚愧，也扭轉群臣的見解，眾人一致同意反制藍綠兩黨。狄奧多拉和查士丁尼決定生死與共。

這時，廣場對面的競技場傳出皇帝逃出城的謠言。伊帕提修斯原本還有點膽怯，不敢接掌大位，現在自信地坐上競技場的帝座，接受激情民眾的歡呼。

查士丁尼打算用最古老的羅馬計謀擊敗敵人，也就是離間分化、各個擊破。宮中侍衛拒絕聽他指揮，冷眼旁觀事態發展，他只得求助依然忠心不二

狄奧多拉的鑲嵌畫像，拉芬納的聖維托教堂

的大將軍貝利薩留。此時貝利薩留剛從波斯戰場返回君士坦丁堡，立即領命擔任軍方統帥。同樣效忠皇帝的還有另一名將領蒙達斯（Mundus），他麾下有一千五百名驍勇善戰的色雷斯與赫魯利傭兵，這些人都跟競技場的藍綠兩黨沒有淵源。

查士丁尼展開反擊之前，派遣宮中太監納爾西斯（Narses）帶著黃金潛入競技場收買藍黨首腦。納爾西斯到看台上見藍黨大老，提醒他們查士丁尼向來偏袒藍黨，又指著競技場對面的皇室包廂問他們，將來若是偏向綠黨的伊帕提修斯登上大位，藍黨還有好日子過嗎？

藍黨猶豫著該不該將支持者撤出競技場時，現場一片混亂。此時貝利薩留帶著手下越過奧古斯塔廣場的瓦礫堆，悄悄來到競技場東南側入口。他們躲在門口陰暗處，場內看台上的群眾喧鬧吵雜，沒有人發現。

貝利薩留打出暗號，他的手下立即拔劍衝入場中。同一時間，由蒙達斯帶領的軍團從對面入口進攻，兩隊人馬把五萬名暴動群眾團團圍住，見人就砍，毫不留情。群眾東奔西逃，數以千計的人在混亂中被踩死。伊帕提修斯在包廂裡俯瞰這一切，周遭充滿驚叫與哀號。競技場泥土地面蓄積出一灘灘泥血，鮮血從廊柱間流到外面的廣場。

普洛柯皮烏斯估計這場動亂死亡人數是三萬，也有當代學者認為這個數字高達五萬。整體來說，這場大屠殺奪走這座世界最大城約十分之一人口。

伊帕提修斯被逮捕，送進宮中。查士丁尼念及舊情，深知伊帕提修斯只是被陰謀分子拱出來的傀儡，絕非有心篡位，遲遲不肯宣布對他的懲罰。他猶豫不決的過程中，狄奧多拉出面干預。她提醒查士丁尼，如果這回饒過伊帕提修斯，將來還會有人起而效尤。查士丁尼勉強同意，伊帕提修斯被斬首，屍體拋入馬爾馬拉海。支持這場暴動的元老都流放外地，財產充公。查士丁尼當初罷黜幾位心腹大臣，這時覺得不需要遵守遭受脅迫時做出的承諾，讓卡帕多西亞的約翰官復原職主掌朝政。藍綠兩黨的勢力也大幅削弱。查士丁尼和狄奧多拉重新掌權，代價是堆積如山的屍體。

內在的光輝

君士坦丁堡終於恢復平靜，卻像疲乏不堪的戰場。查士丁尼視察焦黑處處、血跡斑斑的奧古斯塔廣場，毫不意外地看見了絕佳機會。大規模重建市中心廣場，將能療癒競技場血腥畫面留下的恐慌。以恢宏的建設重振帝王威信，有助於洗刷他在百姓心目中的暴君形象。

查士丁尼下令在奧古斯塔廣場東南側的皇宮用地興建一座規模較小的元老院，正符合元老院削弱的地位；皇宮主要出入口查爾克門也要重建，以華麗的大理石與鑲嵌瓷磚裝飾；而後是廣場南端的宙克西帕斯浴場。重建重頭戲在廣場北端，也就是慘遭烈火吞噬的第二座聖索菲亞大教堂廢墟（一百多年前，第一座聖索菲亞大教堂在暴動中毀壞）。

大屠殺過後六星期，工人開始清理瓦礫，挖掘第三座聖索菲亞大教堂的地基。這座大教堂的規模在各方面都將大幅超越前兩座。大教堂的建築師是特拉勒斯的安提莫斯（Anthemius of Tralles）與米利都的伊希多爾（Isidore of Miletus），查士丁尼給他們的指示簡單明瞭：造出全世界最偉大的建築，而且速度要快。為了建造這座雄偉絕倫的大教堂，查士丁尼花錢毫不手軟。建材從全國各地運來：色薩利（Thessaly）的綠色大理石、博斯普魯斯的黑石、埃及的正紫斑岩。工程總共動用一萬名工人，以最快的速度趕工。

安提莫斯和伊希多爾的設計巧妙絕倫，他們構思中的新大教堂是一群相互連結的圓頂，其中最顯著的是正中央的超大圓頂，像天幕般籠罩無比寬闊的開放式內部空間。完工後的中央圓頂令觀者目瞪口呆、讚嘆連連。他們兩人運用拱形結構的承重原則，旋轉一百八十度，創造出世界最大的拱頂。往後一千年內，沒有任何建築師能超越這項紀錄。

大教堂的興建歷時五年十個月。能在這麼短的時間完工，本身就是一項奇蹟[13]。西元五三七年，教堂啟用前，查士丁尼前來視察，他站在令人屏息的圓頂下，誇口道：「所羅門，我超越你了。[14]」

君士坦丁堡的百姓不可置信地望著魁偉氣派的全新聖索菲亞大教堂，讚嘆她工藝之繁複與比例之協調。「她那難以形容的美痛快淋漓。」普洛柯皮烏斯嘆息道。教堂內部美得不可思議：燦爛金光從上方窗戶流瀉而下，與大理石上的綠、紫、白交互作用，讓他回想起繁花似錦的草原。

聖索菲亞大教堂的建造算是一種勝利，象徵神聖凌駕世俗，是天人合一的具體展現。在這個地方，隔絕天國與人世的厚重布簾變得薄如蟬翼。查士丁尼的大教堂為城中百姓帶來純粹的喜悅，讓他們相信死後的榮光。聖索菲亞大教堂是如此宏偉，置身其中的人胸懷似乎也變開闊了。普洛柯皮烏斯目睹人們走進大教堂後，靈性也跟著昇華：「人們踏進大教堂，為眼前的一切欣喜若狂。等他們離開，就興奮得意地向人訴說。」

只是，大教堂倉促完工，建築本身免不了有些肉眼可見的瑕疵，必須慢慢修補。到了五五八年，中央圓頂在一場地震中坍塌。新的中央圓頂由伊希多爾的姪子設計，他將圓頂造得更高更圓，因而更加穩固。他在圓頂邊緣設計四個三角穹窿，承接中央圓頂的重量，有效地分散到四邊角落的柱子。

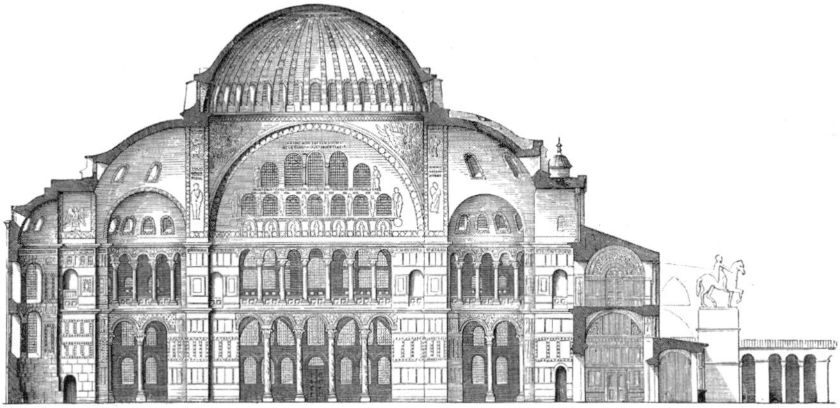

聖索菲亞大教堂立面圖

13 原注：相較之下，巴黎聖母院（Notre Dame）的興建前後超過一百年。

14 據《希伯來聖經》記載，所羅門是大衛王的兒子，西元前九七〇年，大衛王過世後，他繼位成為以色列國王，直到西元前九三一年去世為止。他在位時最為人稱道的功績便是建造耶路撒冷第一聖殿（又稱所羅門聖殿），工程歷時七年。

聖索菲亞大教堂與橢圓競技場兩相毗鄰，成為君士坦丁堡兩座功能互補的偉大劇院，帝王與他的子民在裡面體驗生命的不同面向：在其中一個暢快享受此世的歡愉，在另一個思維死後的欣喜。

無限的和諧

聖索菲亞大教堂落成後，前九百年是基督教禮拜堂，後五百年變成伊斯蘭清真寺，如今她是一座博物館。我跟喬在售票口排隊，等待的過程中，聽見背後兩位老太太操著美國德州口音在爭辯。她們玩得不太開心。

「珍珠，別氣了。」

「我覺得那人太沒禮貌。」

「我說別氣了。」

我們買了兩張蓋有「聖索菲亞博物館」（Ayasofya Müzesi）字樣的門票，轉身面對大教堂入口。我們從過去專屬帝王的雄偉矩形大門進入教堂前廊，據說這個大門厚實的木料取自諾亞方舟殘骸。

而後我們來到洞窟般的中殿，喬喜逐顏開。正如所有偉大建築，聖索菲亞大教堂有時似乎完全漠視你渺小的存在，有時卻又像是專門為你打造的龐然大物。

英國作家希金斯（Robert Hichens）一百年前造訪這座大教堂。他無法忍受伊斯坦堡的髒亂與嘈雜，心情很不美麗。等他走進教堂，滿腹煩悶瞬間消散，驚覺自己「置身無比浩瀚的和諧中，那種感覺如此奇妙、如此動人、如此平靜，我立刻體驗到一股絕對的滿足感」。他抬頭仰望時，覺得「既被抓攫，也被釋放」。我發現他的描述並不誇張。我跟喬站在巨大金色穹頂下時，一股電流從我的脊椎正中央竄起，往上延伸到頭頂。我頓時明白自己來到人類史上最偉大的建築物。

聖索菲亞大教堂陳舊的華麗令人既敬畏又愛戀。有太多棋盤格黃金鑲片已經破損或遭竊，鑲嵌畫也殘缺不全。大理石地板千百年來承受無數前來禮拜、朝聖、參觀的人們踩踏，已經凹凸不平。儘管如此，她仍舊是一處振奮

雕刻印度圖案的「壯麗大門」來自小亞細亞塔蘇斯（Tarsus）

人心的神聖空間。

我站在中央圓頂底下，不知怎的突然覺得這個圓頂竟足以支撐整棟建築。光線從上方的窗子照射進來，再折射或反射在黃金與玻璃的鑲嵌片上，教堂內部因此充滿溫暖的金色光輝。在羅馬人眼中，這些光線宛如神蹟，「那種光輝不是從外面射入的太陽光，倒像是教堂內部自然生出的光輝」。征服君士坦丁堡的穆斯林也深表認同，因為這座圓頂刻有這句阿伯拉文：阿拉是天地萬物的光。

撒拉弗

聖索菲亞大教堂金光燦爛的鑲嵌畫乍看之下十分古怪，單調過時，欠缺一致的透視線。之後你會發現它們確實隱藏著**某種**透視法，只是以非常奇特的方式反轉了。建築物和人物的造形意在放大，而非融入遠方。聖母瑪利亞寶座底下的基座和其他立方體物品都塑造成楔形，消失點不在畫像中的地平線某處，而在畫像外，在觀者的眼裡。看著這些圖像時，你不妨想像錐形視野，尖端接觸你的眼珠，隨著影像的景深往外擴大。整體效果神奇又超凡脫俗，正如教堂裡的一切。

就在圓頂邊緣下方，我看見四隻巨形有翼生物盤旋在我們頭頂上。厚重的藍色翅膀往上下與兩側張開，包圍著一張沒有軀體的臉孔。導覽人員告訴我那些是大天使，但祂們跟我見過的天使大不相同，倒是讓我聯想到希臘神話裡的怪物。

那四幅鑲嵌畫裡的生物是熾天使撒拉弗（seraphim），是最高等級的天使，也是天國王座的守護者。在希伯來文中，撒拉弗的意思是「燃燒者」。祂們古怪的造形是根據《以賽亞書》繪製而成。《以賽亞書》記載，以賽亞在一幕恐怖景象中看見祂們。

以賽亞看見這些六翼怪物繞著上帝的寶座飛翔，尖叫著「聖潔！聖潔！聖潔！」，不禁嚇得渾身發抖，也意識到自己的渺小。然後其中一位撒拉弗俯衝下來，讓他看「手中燒紅的煤炭，是用火鉗從聖壇拿出來的。祂用煤炭碰我的嘴，說道：『看哪，這東西碰觸你的唇，你的過失已經消除，你的罪

聖索菲亞大教堂的撒拉弗

也得到寬恕。』」

比起我們後來看慣了的漂亮金髮天使，查士丁尼這座大教堂裡的撒拉弗格外嚇人。我們在這趟旅程中發現，天使的模樣原來並不如我們想像。

旅程剛開始時，我看見羅馬的塞維魯凱旋門上有些浮雕，以為是天使。但塞維魯凱旋門是羅馬信奉基督教之前很久的建築物。

我們的導遊丹妮爾笑著說：「那不是天使，那是尼姬，有翼勝利女神。你看祂的長矛刺著一件波斯士兵的束腰上衣，天使通常不做這種事。」

我問丹妮爾尼姬為什麼碰巧長得這麼像天使，她說，羅馬帝國剛改信基督教時，富人階級流行花錢請藝術家在作品裡描繪他們跟天使在一起的景象。「那些畫家和雕塑家就問：『天使長什麼樣子？』富人會說：『天使很漂亮，有翅膀，身上的長袍迎風飛揚。』」藝術家手中都有現成的尼姬樣板，就直接拿來用了。」

勝利女神尼姬的名字漸漸被人遺忘，祂的形象卻以天使面貌活躍於後羅馬時代。到了一九七一年，美國奧勒崗州一家運動鞋公司有個學過古典文學的推銷員夢見了長有雙翅的勝利女神。隔天他進公司，建議公司把名字從原來的「藍帶體育公司」（Blue Ribbon Sports）改成「耐吉」（Nike），搭配流線型商標。直到今日，祂的名字依然掛在一家有剝削勞工之嫌的全球企業總部，正如祂在兩千年前的羅馬帝國時一樣。

貝利薩留與汪達爾人

當聖索菲亞大教堂神蹟般的建築聳立在君士坦丁堡天際線上，查士丁尼收到消息，得知波斯王卡瓦德已經駕崩，王位由其子庫斯魯（Khusrau）接掌。查士丁尼派遣使節前往泰西封，發現新王不反對雙方議和，兩國因此締結「永久和平條約」。兩位帝王同意承認彼此的對等關係，也誓言攜手合作，共同對抗蠻族侵擾。和約簽定後，庫斯魯才能安心處理內部問題，查士丁尼也因此能夠施展宏圖大志：收復西方失地。

西元四三九年，汪達爾人攻陷迦太基，建立新王國，將羅馬人勢力逐出北非。查士丁尼即位之初，跟汪達爾國王希爾德里克（Hilderic）維持友好關係。希爾德里克的母親有羅馬血統，他自己也信仰基督教。查士丁尼希望勸服希爾德里克重回羅馬帝國懷抱；然而，西元五三一年，希爾德里克被他的堂弟傑利默（Gelimer）篡位，查士丁尼寫信到迦太基表達抗議，傑利默回信要查士丁尼少管閒事。

查士丁尼決定以軍事手段解決，他召回正在東方作戰的貝利薩留，命他拿下迦太基，把北非行省重新納入帝國版圖。卡帕多西亞的約翰反對興兵，他說大軍必須渡海西征，如果戰事失利，消息要一年後才能傳回都城，即使戰勝了，要持續掌控迦太基也非易事，除非帝國順便收復西西里。

查士丁尼不為所動，西元五三三年，他站在牛獅宮陽台目送貝利薩留的艦隊航向北非。貝利薩留的妻子安托妮娜（Antonina）也在船上。

安托妮娜跟她的閨密狄奧多拉一樣出身競技場，來自戰車手家族，她比貝利薩留年長，有過一次婚姻，也生過幾個孩子。她跟狄奧多拉一樣精明世故、有政治敏感度，鍾愛她聰明的丈夫。貝利薩留十分仰賴她的意見，她因此陪著他四處征戰。

普洛柯皮烏斯也在指揮艦上，他對狄奧多拉印象不佳，對安托妮娜同樣沒有好感，即使如此，他也不得不佩服她的智慧。艦隊橫渡亞得里亞海（Adriatic）時，船上的乾糧發霉，飲用水也因為水罐碰撞破裂遭到污染，貝利薩留那艘船上的飲用水卻保存得當。普洛柯皮烏斯記載，安托妮娜命人在船艙底下鋪一層細沙，把水罐埋在沙裡。水罐沒有破裂，水裡也沒有長青苔。

艦隊駛向西南方，在西西里停泊補充糧食。貝利薩留在西西里收到有利情報，得知汪達爾軍艦已經趕往薩丁尼亞（Sardinia）平定動亂，迦太基大唱空城計。貝利薩留下令艦隊立即航向北非。他命令步兵與騎兵在迦太基南方兩百三十公里處的海灘上岸，再往北推進。傑利默無力抵擋羅馬人攻勢，差點連逃命都來不及。勝利來得太快，貝利薩留和安托妮娜攜手走進迦太基城時，正好接收傑利默準備妥當卻來不及享用的大餐。

傑利默緊急向在薩丁尼亞綏靖的弟弟查佐（Tzazo）求救，兩人會合後展開反撲。貝利薩留並沒有在城內坐待敵人圍攻，他領兵出城應戰。傑利默有人數優勢，但貝利薩留的士兵訓練有素、紀律嚴明，凌厲的攻勢打得汪達爾軍隊節節敗退。查佐在戰爭中喪命，傑利默逃進山區，被羅馬士兵找到時，明顯已經精神失常。

貝利薩留寫信通知查士丁尼，北非已經重歸帝國懷抱。查士丁尼大喜過望，賞賜他凱旋大典（Triumph）。羅馬帝國已經超過五百年不曾有軍事統帥獲得這份殊榮。貝利薩留揚帆回到君士坦丁堡，受到英雄式的迎接。數百年前凱撒大帝乘坐戰車接受群眾喝采，這回貝利薩留則是帶著部隊和一車車掠奪來的金銀財寶步行進入橢圓競技場，百姓欣喜若狂，呼聲不斷。

淪為戰犯的傑利默頗受禮遇，他被鐵鍊捆綁帶進競技場，身上披著紫袍，讓群眾知道他就是戰敗的蠻族國王。據說他看著耀武揚威地高坐在帝王包廂裡的查士丁尼，喃喃自語道：「虛幻，虛幻，一切都是虛幻。」這時侍衛脫掉他的紫袍，強迫他拜倒在查士丁尼面前。查士丁尼決定大發慈悲饒他一命，將加拉提亞（Galatia）的土地封給他，允許他帶著家人在那裡平靜度過餘生。

當天出現在競技場的戰利品包括七燈燭台，這是猶太教的純金燭台，西元七一年在耶路撒冷的聖殿被搶走，帶到羅馬。西元四五五年，汪達爾人洗劫羅馬時，燭台流落迦太基。那天在群眾中的猶太教祭司認出這座燭台，隔天就前往大皇宮請求返還燭台。這位祭司提醒查士丁尼，如果不讓燭台物歸

七燈燭台

原處，君士坦丁堡可能會遭逢跟羅馬與迦太基同樣的噩運。查士丁尼首肯，命人把燭台和其他屬於聖殿的珍貴物品送回耶路撒冷。

當天同在歡呼群眾中看著一車車汪達爾寶物繞行競技場的，還有波斯國王庫斯魯的使節。在兩國外交關係上，查士丁尼與庫斯魯習慣以「兄弟」相稱。波斯大使於是主張，兄弟有通財之義，戰利品也應該彼此分享，更何況，查士丁尼之所以能得到這麼多財富，是因為庫斯魯帶給他和平。查士丁尼不同意均分戰利品，只慷慨餽贈庫斯魯厚禮，可惜庫斯魯並不滿足。

貝利薩留與哥德人

北非的收復為前進義大利半島鋪路。當時統治義大利與西西里的是另一支日耳曼族東哥德人，他們四十年前大舉遷入定居。貝利薩留帶著七千五百名士兵從君士坦丁堡出發，奉命先拿下西西里。根據普洛柯皮烏斯記載，貝利薩留用一招妙計輕取西西里首都巴勒摩港（Palermo）：他命艦隊駛到臨海城牆下，派弓箭手沿著索具爬到高處，居高臨下射擊堡壘裡的敵軍，再跳上城垛。哥德守軍陣腳大亂，棄城投降，西西里其他地區也輕鬆收復。

這麼一來，貝利薩留就有了進攻義大利的戰略要地。他派軍艦橫渡美西納海峽（Messina），把士兵送到狀似長靴的義大利半島腳趾部位，再揮軍北上，朝那不勒斯而去。那不勒斯城的猶太人和亞流斯教派基督徒不願成為正統信仰帝國的臣民，頑強抵抗了三週。貝利薩留的部隊規模不大，又沒有攻城塔，只好另謀良策。某天，他的部屬找到一條廢棄渠道，發現渠道通往城垛底下的狹窄陰溝。貝利薩留派四百名精兵帶著刀劍爬進陰溝，鑽進城裡發動突襲。另一隊人馬也在城門外進攻，裡應外合之下，終於取得勝利。

貝利薩留收復那不勒斯後，偉大的羅馬城指日可待。東哥德王維提吉斯（Vitiges）宣布棄守羅馬，撤回拉芬納重整旗鼓。當時的羅馬教宗西爾勿略（Silverius）惴惴不安地致函貝利薩留，邀請他北上羅馬。那年十二月，帝國軍隊從亞西納里亞城門（Porta Asinaria）進入永恆之城羅馬。「就這樣，」普洛柯皮烏斯發出滿意的嘆息，「睽違六十年後，羅馬終於重回帝國版圖。」

狄奧多拉決定罷免教宗西爾勿略，換個比較聽話的人。她派人送了一封措辭強烈的信函給貝利薩留，指示他逼西爾勿略退位，最後完成這項任務的是狄奧多拉的閨中密友安托妮娜。

西爾勿略被帶往冷森森的平西安宮（Pincian Palace），他看見安托妮娜半躺在長椅上，貝利薩留彆彆扭扭地坐在她腳邊。

「教宗閣下，請你說說，」她威嚴地說，「我們哪裡得罪你和羅馬人，你們竟然寧可接受東哥德人統治，背棄我們？」在她說話的同時，有個士兵脫掉西爾勿略的教宗法衣，換上普通修士的道袍。西爾勿略被流放到第勒尼安海（Tyrrhenian）上一座不毛島嶼，餓死在那裡。

貝利薩留沒有時間享受勝利的喜悅，他只有五千兵力，而維提吉斯隨時會大舉反擊。他展開長期守城的準備工作。奧勒良城牆已經修復加固，可是他的人力不足，只好關閉幾個城門。新年度一開始，維提吉斯就率領五萬哥德士兵來到城外，人數是貝利薩留的十倍。城中百姓懇請貝利薩留投降，但他反而請求君士坦丁堡增派軍隊與補給。查士丁尼又派了一萬六千名士兵到義大利。

援兵到來，卻是杯水車薪。查士丁尼似乎認為他可以仰賴貝利薩留出奇制勝的本事，用最少的代價收復西羅馬。維提吉斯將羅馬團團圍住，切斷補給。貝利薩留坐困愁城，只能等待好運降臨，或查士丁尼給他足夠的兵馬。

維提吉斯下令摧毀羅馬的引水道，城裡雄偉的噴水池與浴場數百年來首度乾涸，供應麵粉的磨坊也無法運轉。貝利薩留使出奇招，在台伯河上架設移動式磨坊，解決麵粉供應中斷的難題。糧食危機暫時解除，但渠道的損壞將會阻礙羅馬城往後一千年的發展。

維提吉斯另謀對策，這回他啟用四座攻城塔，由成群牛隻拖到城樓下。貝利薩留收到消息，跑上城垛射了兩箭，擊落攻城塔上的兩名哥德士兵。他把弓箭交給屬下，命令他們射擊牛隻。哥德軍隊攻勢受阻，攻城塔也棄置城外。維提吉斯鍥而不舍，繼續尋找敵人的防守漏洞，他派一隊人馬爬上哈德良陵墓旁的城牆。貝利薩留命令士兵拆下陵墓屋頂的大理石雕像，砸向爬在梯子上的哥德士兵，哥德人的攻勢再度受挫。只是，貝利薩留千辛萬苦為帝國奪回了羅馬，古城的風華卻也在戰爭中一點一滴流失。

此時羅馬城中瀰漫憤懣情緒，日子也越來越艱困，百姓食不果腹，吃人肉的傳言甚囂塵上，貝利薩留不得不設法因應。到了十一月，終於有五千名步兵與騎兵從東方抵達。維提吉斯要求停戰。

雙方議和過程中，貝利薩留派部屬約翰率領兩千名騎兵突襲義大利西北部的托斯卡尼（Tuscany）。約翰生性固執，貝利薩留嚴令禁止他深入北部，以免受困在敵軍領域裡，抽身不得。約翰不顧貝利薩留的三申五令，揮軍直抵哥德首都拉芬納南方五十多公里處的里米尼。

維提吉斯獲知敵軍突襲的消息，立刻離開談判桌，對羅馬城展開最後一波凌厲攻擊。最後一場戰役發生在知名的米爾維安大橋，貝利薩留在這裡痛擊飢病交迫的東哥德士兵，贏得勝利。這場歷時一年又九天的圍城終於結束，可惜羅馬城已經滿目瘡痍。

維提吉斯帶領垂頭喪氣的部隊北上返回拉芬納，貝利薩留預期約翰和他的軍隊即將被敵人包圍，連忙修書命令他立即撤退。

納爾西斯

貝利薩留的好運從這個時候開始走下坡。約翰斷然拒絕他的命令，維提吉斯果然軍臨里米尼城下，兵力比約翰強大許多。貝利薩留正在考慮究竟要派兵救援約翰，或者讓他和他的部下自生自滅，為抗命付出代價，這時來自君士坦丁堡的一萬名士兵在義大利東北海岸登陸。

這批軍隊由查士丁尼最信賴的臣子納爾西斯率領，也就是潛入競技場賄賂藍黨那名閹人。納爾西斯是個精明圓滑的政客，擅長宮廷權謀，卻沒有帶兵經驗。他是狄奧多拉的親信，或許正是狄奧多拉刻意派他就近監視戰功彪炳、萬民景仰的貝利薩留。納爾西斯向貝利薩留布達查士丁尼字斟句酌的全新命令：「朕責成貝利薩留統領大軍，在不違反國家利益的前提下，全體軍士均須服從納爾西斯的指揮。」其中第二句有個漏洞，大得足夠讓納爾西斯趕著大象鑽過去。貝利薩留從字裡行間也讀得出來，雖然指揮權仍然在他手上，納爾西斯卻有權以國家利益為由推翻他的決定。

貝利薩留心裡有數之後，召開戰情會報討論約翰與兩千名士兵受困里米尼的難題。貝利薩留坦率直言，應該讓約翰和他的部下承擔抗命的後果，畢竟派救援部隊深入東哥德領土是極為冒險之事。他的部屬一個接一個點頭附議。這時跟約翰私交甚篤的納爾西斯說話了，他認為，如果里米尼落入東哥德掌控，約翰和他的部隊被俘，帝國會損失一名將領、一支部隊和一座城池。帝國兵力在整個義大利仍處於敵眾我寡的劣勢，如果里米尼失守，東哥德就會士氣大振，進而阻撓帝國收復義大利的目標。

「至於約翰，」納爾西斯對貝利薩留說，「如果他漠視你的命令，等里米尼危機解除，你要怎麼處置他都行。只是，你在懲罰他的同時，千萬別拿帝國和帝國子民陪葬。」

現場氣氛格外尷尬，貝利薩留讓步，同意出兵里米尼。

他嚥下怒氣，巧妙地從海陸兩頭進攻，維提吉斯誤以為自己遭到包圍，氣餒地帶兵返回拉芬納。貝利薩留的計謀再度奏效，不過，就連普洛柯皮烏斯都認同納爾西斯，覺得救援里米尼是正確抉擇。貝利薩留帶兵進入里米尼，消瘦蒼白的約翰並沒有為自己的行為致歉，甚至毫不顧忌地只向納爾西斯表達謝意。

此時的貝利薩留和納爾西斯暗中較勁，爭奪軍心。起初兩人之間的競爭有助於帝國的軍事行動，因為兩股兵力結合後，在義大利半島北部攻城掠地，成果豐碩。不過，兩人間的嫌隙日漸擴大，北義大利規模最大、最富庶的城市米蘭成了犧牲品。

西元五三九年，貝利薩留的部隊從東哥德人手中奪取米蘭，設置了小型要塞鎮守。維提吉斯覺得有機可乘，請求法蘭克國王協助，承諾只要法蘭克人派兵助他奪回米蘭，兩國就均分戰利品。鎮守米蘭的指揮官被敵軍包圍，偷偷派人向貝利薩留求援。貝利薩留立刻指示附近的駐軍前往解圍，可惜那裡的駐軍指揮官碰巧就是約翰，而他只願意聽從納爾西斯的命令。

貝利薩留震怒之餘寫信給納爾西斯，納爾西斯同意下令，可惜為時已晚。法蘭克人向城裡的駐兵下達最後通牒，只要他們投降，就可以平安離開米蘭城；對於百姓，他們並沒有做出任何承諾。當時帝國駐軍彈盡糧絕，甚至吃狗肉、老鼠充飢，當下打開城門，步履蹣跚地離開。法蘭克軍隊順利進城，城中男人全數遭到殺戮，婦人和孩子不是被殺就是被俘為奴，整座城市付諸一炬。

羅馬帝國沒能守住米蘭，東哥德人同樣也沒有奪回米蘭，城外郊區飽受戰爭蹂躪後，又發生嚴重飢荒。維提吉斯束手無策，轉而向泰西封的波斯帝國求助。他賄賂兩名利古里亞（Liguria）[15] 修士偷偷送信到波斯，信中他告訴波斯王庫斯魯，如果他有意興兵羅馬，此刻正是大好時機，因為查士丁尼的軍隊主力都在義大利半島。近來查士丁尼在義大利氣勢如虹，庫斯魯很是眼紅，他採納維提吉斯的建議，著手規劃。

西方的帝座

貝利薩留怒氣沖沖地寫了一封抗議信給查士丁尼，指責納爾西斯造成米蘭毀滅。查士丁尼同意他的說法，召回納爾西斯，貝利薩留終於可以再次大顯身手。

五四〇年末，貝利薩留逐一攻下東哥德幾個特別堅固的要塞，帶著兵馬來到拉芬納。維提吉斯心灰意冷，同意投降，雙方展開談判。貝利薩留收復義大利的大業只差臨門一腳，這時卻有兩名元老帶著查士丁尼的諭令從君士坦丁堡趕來。元老說，波斯人準備大興干戈，貝利薩留必須立刻趕赴東方。皇帝命他快點結束跟東哥德的談判，給對方優惠條件，允許他們保留半數財寶和波河以北的土地。

這封信令貝利薩留非常挫敗，他一定覺得查士丁尼想逼瘋他。義大利半島幾乎就要重回帝國懷抱了，為什麼還在這個時候收手？另一方面，維提吉斯不敢相信這是真的，他說，他願意在和約上簽字，只要他敬重的貝利薩留也簽字。但貝利薩留斷然拒絕，他告訴兩名元老，除非查士丁尼直接下令，否則他不簽這份協議。

接下來那幾天，眾人不知如何是好。之後維提吉斯私下找貝利薩留密談，提出驚人的條件：如果貝利薩留願意重建西羅馬帝國，登上大位，東哥德人願意效忠他。

貝利薩留思索片刻，同意他的請求。

貝利薩留跟部屬溝通妥當後，私下派人送信給維提吉斯，表明他願意接受西方的帝位，進城後絕不會傷害東哥德人。拉芬納城門大開，貝利薩留與他的兵馬和平進城，也帶來城內亟需的糧草。普洛柯皮烏斯見到羅馬軍隊兵不血刃地拿下拉芬納，想不通人數處於弱勢的帝國軍隊為什麼能征服聲勢浩大的蠻族。他的結論是，這一定是上帝的傑作，就像所有的事一樣。

貝利薩留占領了皇宮和東哥德國庫，卻也遵守跟維提吉斯之間的約定，沒有搜刮私人財富。軍隊沒有洗劫民宅，也不傷害百姓，維提吉斯成為備受禮遇的戰俘。

經過漫長又艱辛的五年時光，義大利終於重回羅馬帝國版圖，百姓卻橫遭無情戰火蹂躪，古羅馬心臟地帶的城池殘破不堪，農田和作物也慘遭毀損。經過戰爭與飢荒的洗禮，留下的只有遍地白骨。

事隔一段時間後，維提吉斯才意識到自己被騙了。貝利薩留根本無意背叛查士丁尼在西羅馬稱帝，反倒帶著維提吉斯、東哥德財寶，以及義大利收復的好消息回到君士坦丁堡。有什麼比拒絕在義大利登基更能證明他對查士丁尼的忠誠？

貝利薩留在首都人氣破表，人們在他家門外徹夜守候、追蹤他的足跡，只為一睹他的廬山真面目。根據普洛柯皮烏斯的記載，他「身材高大，長相無比俊俏」，在百姓面前卻沒有一點架子。

這回競技場裡並沒有凱旋大典，查士丁尼態度十分冷淡，因為他氣貝利薩留接到命令後沒有立刻趕去對付波斯人。事實上，維提吉斯和東哥德人只是小角色，不足為患，波斯人卻足以威脅帝國存亡。即使貝利薩留果真拒絕

15　義大利西北部的鄰海大區。該區位於利古里亞海（Ligurian Sea）沿岸，是第勒尼安海的一部分。

了西方的帝位，查士丁尼和狄奧多拉也不會領情，因為那只證明東哥德人認為貝利薩留有資格登上帝位。就在七年前，怒吼的暴民才在競技場擁立伊帕提修斯為帝，而伊帕提修斯當年也是查士丁尼的朋友。

再者，貝利薩留費了那麼大的力氣，到底為帝國「收復」了什麼？義大利已經是飢饉遍地的焦土，羅馬成了廢墟，米蘭燒得片甲不留，受騙的東哥德人肯定不久後就會興兵復仇，東方的波斯人更是厲兵秣馬，出師在即。

＊

西元五四〇年，庫斯魯的軍隊在美索不達米亞與敘利亞攻擊羅馬帝國的軍事要塞，「永久和平條約」只維持九年。這回波斯人繞過達拉，往南占領蘇拉（Sura），然後是阿勒坡（Aleppo）。其中阿勒坡拒絕交付贖金，被大火燒成平地。

同年六月，庫斯魯來到安提阿（Antioch）城外，這是羅馬帝國第三大城，防守卻十分薄弱。嚇破膽的羅馬駐軍獲准平安離去，城中百姓奮勇抵抗，可惜寡不敵眾。波斯人冷血報復，在城中燒殺擄掠，倖存者都被俘為奴。打勝仗的庫斯魯志得意滿，漫步走到地中海岸，游了泳，然後滿載黃金與奴隸回國。

他在泰西封附近建造一座城市來安置他的安提阿奴隸，還取了個可笑的名字，叫「屬於庫斯魯、優於安提阿的城池」。

庫斯魯向查士丁尼提出新的和平條約：頭期款五千磅黃金，每年還得再繳交五百磅黃金。查士丁尼別無選擇，只能接受。即使如此，隔年庫斯魯又蠢蠢欲動，侵擾黑海沿岸的拉齊卡（Lazica）。

查士丁尼決定還擊，派貝利薩留深入美索不達米亞，在尼西比斯附近打敗一支波斯軍隊。只是，貝利薩留攻不下尼西比斯，被召回國。

此時的貝利薩留似乎心神不寧，根據普洛柯皮烏斯記載，他之所以精神萎靡，是因為發現妻子安托妮娜與他們的養子有染。

安托妮娜既是狄奧多拉的閨蜜也是政治夥伴，兩人合力罷黜共同敵人卡帕多西亞的約翰。貝利薩留發現妻子與養子狄奧多修斯（Theodosius）發生不倫戀時，懷疑是狄奧多拉在幕後推波助瀾。對於妻子與養子藕斷絲連的情愫，貝利薩留既反感又沮喪，但安托妮娜仰仗狄奧多拉的勢力，強迫他接受這樁戀情。看來狄奧多拉故意讓貝利薩留戴綠帽，藉此減損他的聲望。

普洛柯皮烏斯滿懷同情地寫道，綠雲罩頂的貝利薩留幾乎心碎，「甚至遺忘了自己過去的英姿煥發，渾身冒汗、暈眩又顫抖，迷失了自我，被盲目的恐懼與無端的憂慮吞噬。可以說徹底被閹割了」。幸好，不忠不義的狄奧多修斯不久後死於痢疾，貝利薩留的元氣才漸漸恢復。

西元五四二年，查士丁尼派貝利薩留前往東方，對波斯人展開反擊。貝利薩留迅速拿下波斯要塞西梭拉納（Sisaurana），並且派他的阿拉伯盟軍加薩尼德人（Ghassanid）侵擾底格里斯河兩岸的波斯聚落。這場戰役並沒有決出勝負，因為雙方陣營都爆發怪病，各自在混亂中退兵。

鼠疫

> 那段時期發生一場幾乎毀滅全人類的瘟疫。無論上天降下何種災禍，總有大膽之輩敢於提出理論解釋致災原因……然而，對於這場災難，根本找不出任何理由，沒有合理解釋，甚至叫人難以接受，只能視為神的意旨。
>
> ——普洛柯皮烏斯，《查士丁尼的戰役》（*The Wars of Justinian*）

當輝煌的五三〇年代進入尾聲，查士丁尼的帝國境內出現三種不祥之兆。根據普洛柯皮烏斯記載，西元五三六年，天空灰暗了大半年。他寫道，這段期間裡「太陽的光線沒有亮度，宛如月光」。[16] 一年後，天空中出現一

16 原注：罪魁禍首是遠在地球另一端的印尼喀拉喀托火山（Krakatoa）爆發，把大量粉塵和礫石送入大氣層。

顆狀似劍魚的彗星，時間長達四十晝夜。海上也不平靜，傳說有人看見青銅色的幽靈船，急速航行在地中海東側海面，船上都是沒有頭顱的黑衣人，手握燃燒著的青銅棍棒。

第一波奪命瘟疫發生在五四一年，地點在蘇伊士海峽（Suez）附近的埃及城鎮佩魯西姆（Pelusium）。疫病沿著尼羅河兩岸席捲一個又一個村莊，同年九月就來到帝國第二大城亞歷山卓。

率先發病的是水手和碼頭工人，他們出現流感症狀：頭痛、疲倦、發燒、嘔吐。緊接著大腿上方、鼠蹊部、腋窩和頸部長出駭人的巨大腫包，伴隨著難以忍受的疼痛。他們的手指和腳趾末端發黑壞死。有時腫包會爆破，噴出膿液。某些人陷入昏迷，回天乏術；也有人嚴重抽搐或精神錯亂。很多人吐血而亡，顯然是內出血所致。

造成這場禍患的病原體是耶爾辛式菌（*Yersinia pestis*，即鼠疫桿菌），這種病菌是帶菌者的寄生蟲體內的寄生蟲，在層層掩護下悄悄奪走人命。動物受感染後，牠皮膚上的跳蚤把這種致命病菌吞下肚，這隻跳蚤又跳到黑鼠的毛皮裡，咬住老鼠的肉，開始吸血。可是病菌會阻止血液流入跳蚤的肚子，這些受感染的血液就帶著病原體逆流回到老鼠身上，老鼠因而染病。跳蚤填不飽肚子，餓得發慌，急忙跳到任何哺乳類動物身上覓食，包括人類。而在羅馬時代，老鼠總是聚集在人口密集的地方，靠人類的穀物和垃圾生存。

耶爾辛式菌進入人類血管後，就會隨著血流侵害淋巴系統，造成疼痛難耐的腫脹或發炎（因此有「腺鼠疫」之稱）。偶爾病菌也會攻擊肺部，這時病人就會劇烈咳嗽，把細小血滴噴到其他人身上。

老鼠身上的帶菌跳蚤隨著船隻遊走地中海，商船出海時水手健康狀況明

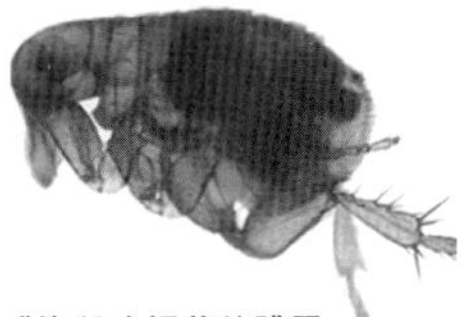

感染鼠疫桿菌的跳蚤

顯良好，途中瘟疫爆發，最後變成滿載屍體的無人船隻，隨波逐流飄蕩在大海中。順利趕到外地港口的船隻，則是在不知不覺中把受感染的貨物留在各地碼頭的貨棧裡，再從那裡流入各大城市。病菌就這麼流竄在地中海東岸。疫情來襲前通常以遠方的病例示警，旋即橫掃港埠、城市與鄰近鄉鎮，一發不可收拾。

這場瘟疫在五四二年來到君士坦丁堡，短短十天內整座城市面貌丕變。病菌的散播毫無邏輯可言，它不分貧富，不辨忠奸。普洛柯皮烏斯指出，首都的死亡人數節節攀升，從每天五千人到每天一萬人。這可能只是他的個人猜測，卻也透露這場疫病的驚悚規模。醫院人滿為患，醫生找不出病因，更別提治療。

人們絕望地照顧生病的家人，自己卻不可避免地染病而亡：「曾經華麗或溫馨的大小屋舍……一夕之間變成住戶的墓園……沒有任何活口可以把屍體移出室外。」

這場突如其來的疫病營造出叫人毛骨悚然的陰森景象。以弗所的約翰（John of Ephesus）如此描述：「過去為新嫁娘梳妝打扮的新娘房，如今只剩下沒有生命的恐怖遺體。」工廠一片死寂。「有時某個人坐在工廠裡，」以弗所的約翰寫道，「手拿器具正在工作，身體會突然搖晃倒下，靈魂也乘機開溜……整座城百廢待舉，像一座死城。」城外的村莊居民集體暴斃，田地裡的作物無人收割，牛隻在郊野閒逛。

起初人們還能掩埋病死的家人，隨著死亡人數爆增，墓園一穴難求。執政官命人拆掉金角灣對岸加拉達（Galata）防禦塔的屋頂，把屍體投進去。但那些高塔不久後也滿了，並且發出惡臭。臭味隨風飄送，瀰漫全城。由於沒有足夠的人力挖坑埋屍，許多死者曝屍街頭。

死亡與疾病往往能激發人們的善念，就連最冷酷無情的罪犯也不例外。藍綠兩黨暫停對立，協助對方掩埋屍體。人們外出前會在手腕上掛個標示牌，以免倒臥街頭無人聞問。食物供應中斷，飢荒緊隨疫病而來。

像耶爾辛式菌這種奪命病菌造成的傳染病通常來得快也去得快，因為病患還沒來得及散播病菌就已經死亡。最危險的病菌引發的症狀會像感冒，宿主還有體力到處走動，在人潮擁擠的地方打噴嚏散播病菌。可是耶爾辛式菌的真正目標並非人類，而是老鼠，人類大量死亡只是附加效應。要說人類對它的傳播有什麼貢獻，頂多就是無法掩埋的屍體提供老鼠充足的食物來源。可是老鼠和其他動物也是疫病的受害者。碰見像這樣不分青紅皂白的奪命殺手，人們只能無語問蒼天。

✳

經過幾個月煉獄般的景況，君士坦丁堡的百姓與老鼠數量銳減，疾病的傳播速度終於趨緩。到了五四二年八月，疫情總算冷卻，卻沒有完全消失，日後還會捲土重來，分別在五五八年、五七三年和五九九年再度侵襲君士坦丁堡。僥倖逃過死劫的人通常會留下難看的傷疤、瘸腿或舌頭腫大等後遺症。

五四二年初，君士坦丁堡的人口大約在五十萬之譜，經過四個月時間，人口大約減少五萬到二十萬，不是病死就是餓死。

這場疫病後來成為人們口中的查士丁尼瘟疫，它來得又急又猛，似乎只能視為上帝對全人類的懲罰。以弗所的約翰認為這場瘟疫是上帝怒氣打造的榨汁機，把人類當成葡萄般壓榨踐踏。飽受創傷的生還者坐在屋子裡，冷清淒涼地懷念過去家人的忙碌身影與孩童的歡聲笑語，納悶著是不是自己的罪招致這場磨難。

如今我們已經知道，這場災難的禍首是一種肉眼看不見、不顧宿主死活的微小細菌。但君士坦丁堡的羅馬人總是能在各種禍福事件中看出因果，就算他們懂微生物學，或許也會問：「那麼是誰把細菌放在跳蚤身上？又是誰在引導老鼠？」

如今我們擁有更多科學知識來解釋事情原委，可是我們並沒有變得更聰明，或比較不迷信。當時的人跟我們一樣，只是一群生活在混亂時代的人類，努力用自己有限的知識理解這個世界。

✳

疫情肆虐的過程中，查士丁尼也重病臥床，政事交由狄奧多拉打理。他們倆沒有子嗣，狄奧多拉決定物色合適的繼位人選，以防查士丁尼一病不起。她還在考慮下一步行動時，皇帝生病的消息傳到東方的貝利薩留和其他將領耳中。這些將領覺得狄奧多拉城府太深，研擬了對策：他們不會承認君士坦丁堡擅自擁立的新皇。

狄奧多拉聽說將領們達成的協議，展開反擊：她將貝利薩留召回首都，奪走他的家產和私人侍衛。東方戰場陷入群龍無首的局面，庫斯魯卻沒有能力趁火打劫，因為波斯也受到瘟疫波及，泰西封和其他城市哀鴻遍野。

查士丁尼幸運痊癒，開始評估首都和帝國的損失。他恢復羅馬帝國榮景的夢想碎落一地，士兵與百姓大量折損，軍隊規模縮小，國庫收入也銳減。儘管遭遇道路破損、郵務中斷等重大挫折，還得容忍賣官鬻爵的荒唐事，他仍然力圖振作，採取緊急措施。人力短缺導致工資飆漲，查士丁尼頒布命令設法解決，可惜成效不彰。他被迫暫停支付士兵餉金，這是非常危險的措施，因為駐紮義大利的士兵轉而向當地人榨取財物，但當地百姓早就被帝國橫徵暴斂的稅務官壓榨得水深火熱，不少地主付不出錢，只好賣身為奴。查士丁尼的「羅馬人」從「蠻族」的統治中解放義大利人，如今卻令義大利人深惡痛絕。

當時東哥德出現一名創新思維的領袖托提拉（Totila），他利用義大利沸騰的民怨，組成一支新軍施展抱負。他訴求解放奴隸、土地重新分配、停徵帝國賦稅，短時間內就吸引許多帝國士兵叛逃投入他的陣營。到了五四二年底，托提拉已經占領那不勒斯和義大利大多數郊區。查士丁尼派駐義大利的將領無力回天，寫了一封信告訴皇帝大勢已去，帝國必須棄守義大利。

只是，儘管資金短缺、人力不足，查士丁尼卻拒絕設停損，捨不得縮減費盡千辛萬苦擴張的版圖，他厚顏無恥地再次徵召屢建奇功的統帥貝利薩留。貝利薩留奉命帶著一支沒有薪餉、怨聲載道的單薄軍隊趕往拉芬納，頑固地想擊退圍攻羅馬的托提拉。然而，城裡的憤怨士兵打開城門，東哥德人順利進城。原本人口稠密的羅馬城如今只剩不到一千人，托提拉讓他們安全離開，將城牆、宮殿和軍械庫拆除搗毀。有個歷史學者寫道：「接下來那幾個星期，羅馬變成空城，野狼和貓頭鷹棲息其間。」

身心俱疲的查士丁尼再度要求貝利薩留用最少的資源創造最大的奇蹟，貝利薩留派安托妮娜回君士坦丁堡向查士丁尼請願，希望她跟狄奧多拉的友誼能發揮一點作用。

可惜，等安托妮娜回到首都，狄奧多拉已經罹癌身亡。查士丁尼哀痛欲絕，當她的送葬隊伍經過君士坦丁堡街道，他伸手為她的遺體掛項鍊，而後崩潰痛哭。往後的日子裡，查士丁尼經常造訪她的陵墓，點一根蠟燭懷念她，他甚至在陵墓裡預留了自己的位置。他無意續弦，即使是為了生下王位繼承人也不肯，從此孤獨終老。

狄奧多拉去世的前一年，拉芬納的聖維托教堂有兩幅光彩奪目的鑲嵌壁畫揭幕，描繪查士丁尼與狄奧多拉聲勢如日中天時的風采。這兩幅壁畫保留至今，兩相搭配，聖壇一邊是查士丁尼與他的隨扈，另一邊是狄奧多拉和她的侍從；查士丁尼提著聖餐的麵包籃，狄奧多拉拿著葡萄酒，形成羅馬帝國最耀眼的帝后組合。

敬愛的領袖

查士丁尼終於走出喪妻之痛，投入工作，繁忙的政務成為他唯一的慰藉。他聽了安托妮娜的請求，召回義大利的貝利薩留，讓他光榮退役。少了狄奧多拉的枕邊細語，他懷著老友的熱忱迎接返回國都的貝利薩留，並在奧古斯塔廣場為他造了一座雕像。

查士丁尼認同義大利情況危急，派年過七旬的納爾西斯率領更多士兵前往救援。納爾西斯施展凌厲攻勢，在義大利中部的塔吉納（Taginae）給了托提拉迎頭痛擊。托提拉在這場戰役中受了重傷，最後在附近的村莊卡普瑞（Caprae）氣絕身亡。那年稍晚，最後一場戰役在維蘇威山腳下（靠近早被世人遺忘的龐貝城）展開，東哥德人從此在義大利銷聲匿跡。殘餘的東哥德部眾帶著行囊被趕出羅馬帝國北部邊境外。

戰爭告終，查士丁尼獲得最後勝利。

不可思議的是，查士丁尼竟然也收復了西班牙南部。近百年來原屬羅馬帝國的西班牙一直由西哥德人統治，五五一年西哥德各部族爆發內戰，向帝國求援，查士丁尼派出兩千名士兵，由年過八旬的將軍利比里烏斯（Liberius）擔任統帥。利比里烏斯憑藉武力與老練的外交手腕，將地中海岸的西班牙與巴利亞利群島（Balearic Islands）重新納入帝國版圖。

西元五五八年，鼠疫捲土重來，這次疫情相對緩和，卻歷時較久。人們百思不解，不明白為什麼這波瘟疫奪走的多半是兒童。如今我們已經知道，這是因為成年人經歷上一波苦難，已經對耶爾辛式菌免疫，小孩子卻沒有。

步入晚年的查士丁尼似乎對收復國土失去興趣，寧可用外交或黃金安撫不安分的鄰居。西元五五九年，匈族部落庫特里格人（Kotrigur Huns）越過多瑙河入侵色雷斯，幾乎直抵君士坦丁堡。查士丁尼號稱統治從西班牙到美索不達米亞的廣大版圖，如今敵人來到家門口叫陣，未免太難堪。他憤而反擊，最後一次徵召忠心耿耿的貝利薩留。

貝利薩留雖然上了年紀，作戰技巧英明如昔。他號召老兵、志願軍和守衛組成一支小小雜牌軍，在庫特里格人附近紮營。當天晚上他命士兵生起許多篝火，營造軍容盛大的假象。隔天庫特里格人向他們進攻時，他指示缺乏作戰經驗的志願軍用力擊打盾牌，擾亂敵人視聽。當敵方騎兵進攻欠缺掩護的步兵，貝利薩留的老兵從敵軍後方的樹林衝出來，用他們的長矛和弓箭展開攻擊，庫特里格人發現後有追兵，前方又有聲勢看似浩大的步兵，嚇得調頭逃回阿卡迪波里（Arcadiopolis）附近的基地。貝利薩留以寡敵眾的奇蹟再添一樁。

就在這時，查士丁尼的嫉妒心再次作怪，他御駕親征，奪走貝利薩留的統帥權。只不過，他的策略卻是花錢消災，用錢把庫特里格人打發回多瑙河對岸。勝利雖然來得有欠光明，查士丁尼依然賞賜自己凱旋大典。途中遊行隊伍特別繞道經過神聖使徒教堂（Church of Holy Apostles），方便查士丁尼在狄奧多拉墓前點一根蠟燭。

貝利薩留還得承受查士丁尼給他的最後一次羞辱。西元五六二年，貝利薩留被控與人串通謀反。他的家產與功勳再次被剝奪，直到八個月後洗刷冤屈，才獲准回家享受退休生活。那年三月，貝利薩留壽終正寢，享年六十歲。幾百年後有傳說指出，查士丁尼挖掉貝利薩留雙眼，將他流放到羅馬，在平克斯城門（Pincus Gate）附近行乞。這個傳說純屬虛構，卻也點出貝利薩留的委屈。他身為那個時代最傑出的軍事將領，卻遇到不知感恩、三番兩次扯他後腿的帝王，怎不令人唏噓。

同年十一月十四日，八十二歲的查士丁尼也亡歿。他統治羅馬帝國三十八年，除了奧古斯都和狄奧多西二世外，就屬他在位最久。正如路易十四與史達林[17]等長久統治的獨裁君主，查士丁尼的死讓某些人鬆了一口氣，大多數百姓卻是頓失依歸。他的遺體塗抹蜂蜜與香油，放在純金棺架上供人瞻仰，再由舉著燭火的送葬儀隊從大皇宮送往神聖使徒教堂。十萬名百姓夾道憑弔，悲傷啜泣。他的裹屍布是一塊絲綢，上面繡有他在位期間重大勝利的光榮場景。遺體最後放入斑岩石棺，擺在狄奧多拉的石棺旁。他是許多百姓記憶所及唯一的皇帝，少了他，他們的日子要怎麼過下去？

*

我跟喬抵達土耳其一星期後，手機還收不到訊號，只好到土耳其電信（Turkcell）門市購買新的SIM卡。喬的視線逡巡門市後側牆面，看見另一幅阿塔圖克的加框照片，也就是加里波利戰役（Gallipoli）[18]的英雄兼土耳其建國者。我們在餐廳、售票口、鈔票上都看得到他的肖像。在土耳其電信門市的那張照片裡，他看起來像個時髦的老派電影明星，穿著量身訂製的三件式西裝，胸前口袋塞著鬆軟的白手帕。

喬看看照片，回頭看看我，像是有問題要問。我瞪大眼睛，打手勢要他等離開商店再說。阿塔圖克的擁護者據說是現代史上歷時最久的個人崇拜團體。旅行社提醒過我們，在土耳其時千萬別批評他。詆毀他是違法行為，最高可處三年徒刑。

回到街上以後，我趕緊連上推特，查看最新的反政府抗議消息。喬問我：「伊斯坦堡為什麼到處都有阿塔圖克的照片？」

「可能是大家還敬愛他，紀念他對國家的貢獻。至少大多數人都是。」

「是不是有點像金正日？阿塔圖克是不是就是土耳其版的『親愛的領袖』[19]？」

喬對北韓充滿好奇，極權主義各種光怪陸離的現象深深令他著迷。在家時，他常會拿我書架上那些有關極權主義權謀與宣傳手法的書去看。我在他這個年紀也對那些事特別感興趣。我總是覺得，被某個「親愛的領袖」或「偉大舵手」[20]鞭策、邁向地平線另一端某種恐怖烏托邦，實在是非常糟糕的事。

「阿塔圖克的情況不盡相同。」說著，我轉頭查看有沒有人在聽。「他算是相當先進的領導人，建立民主制度、注重女權等等。大多數的紀念碑或雕像都是他死後才出現的，百姓想記住他的偉大貢獻。沒什麼大不了的。」

「可是大家不管喜不喜歡，好像都得掛他的照片。」喬反駁，還取笑我大驚小怪。「還有，爸，既然沒什麼大不了，你何必那麼小聲？」

*

在擁護者心目中，查士丁尼的偉大不言可喻：他們只要拿出羅馬帝國地圖，指著重入版圖的北非、義大利和西班牙就夠了。乍看之下，羅馬帝國前一世紀的損失只是一時的挫敗，古羅馬的榮景，也就是國家的正常面貌，已經恢復了。

但那只是假象。查士丁尼的死，象徵這個超級強權的終結，羅馬帝國的

---

17 路易十四（一六三八～一七一五），是波旁王朝（Bourbon Dynasty）君主，自封太陽王，五歲即位，二十四歲親政，總共在位七十二年。史達林（一八七八～一九五三）是前蘇聯最高領導人，在位三十年。

18 愛琴海與達達尼爾海峽（Dardanelles Strait）之間的半島。第一次世界大戰時，英國首相邱吉爾計劃在此登陸，進一步攻下如今的伊斯坦堡，逼德國盟軍土耳其退出戰事。歷經九個月的血戰，協約國部隊無功而返，阿塔圖克也在此戰聲名大噪。

19 北韓領導者喜好個人崇拜，舉國上下都稱呼金正日的父親金日成為「偉大的領袖」，金正日則是「親愛的領袖」，以示區別。

20 指毛澤東。當年毛澤東自稱偉大導師、偉大領袖、偉大統帥、偉大舵手，簡稱「四個偉大」。

統治權從此走下坡。在接下來的幾個世紀裡，帝國將會陷入黑暗時代。日後她還有機會復興，再度躋身強權之列，只可惜再也變不回過去那個跨足歐洲與中東、無可匹敵的巨人。

查士丁尼之後的皇帝都繼承了還不了的債務和擔不起的責任。帝國的過度擴張與瘟疫的肆虐，衍生的後果是軍力削減與通訊不良。偏遠行省漸漸對遙不可及、毫無反應的首都感到不滿，帝國種種宣示主權的措施更是雪上加霜。查士丁尼死後短短三年，義大利北部大部分地區已經落入另一個日耳曼部族倫巴底人（Lombard）手中。根基欠穩的西班牙在五十年內被西哥德人占領。到了第七世紀，北非被穆斯林征服。

查士丁尼是最後一個說拉丁語的羅馬皇帝，之後的帝王跟百姓一樣，口說與讀寫都使用希臘語。隨著拉丁語式微，另一條與古羅馬的聯繫也切斷了。

查士丁尼的軍事成就儘管化為灰燼，但他最顯著的成就流傳至今：編纂羅馬法典與建造聖索菲亞大教堂。不過，他還有另一項較不起眼的建樹，讓君士坦丁堡長期保有地中海經濟強權的地位，未來數百年帝國也因此得以存續。

絲

西元五五二年，兩名基督教聶斯托留教派（Nestorian）[21] 修士來到君士坦丁堡的查爾克宮門，要求覲見查士丁尼。這兩名修士向查士丁尼說出一段奇聞。他們前一年從印度前往中國，親眼見到生絲的製造過程 [22] 。查士丁尼無比神往：絲綢這種高價布料的生產製造，幾百年來一直是羅馬人百思不解的謎團。

這種光滑柔軟的中國布料六百年前來到羅馬帝國，旋即造成轟動，上流階級婦女特別喜歡它的舒適感、稀有度與閃閃發亮的光澤。觀念保守的羅馬男性認為這種外國布料傷風敗俗。古羅馬政治家兼作家塞內加（Seneca）認為女人穿著絲綢是可恥的景象，因為這種柔順的質料讓她身上的曲線暴露在大庭廣眾之下。他說，那跟光著身子到處走沒什麼兩樣。

偌大的羅馬帝國裡，沒有人知道這種奢華布料是怎麼製造出來的，所以必須遠從中國輸入，經過包括波斯在內的許多中間人，每個人都要撈點油水。等到布料運送到羅馬，價格已經超越黃金。古羅馬作家兼博物學者老普林尼（Pliny the Elder）批評，為了讓羅馬女人可以在公開場合「閃亮動人」，帝國的財富大筆大筆流向國外。老普林尼估計羅馬每年為了進口絲布，耗費一億銅幣，超過十分之一國家預算。

到了查士丁尼時代，絲綢仍然備受喜愛，宮廷仕女和東正教神職人員都愛穿，可是羅馬跟波斯帝國戰事頻仍，交易時常中斷，價格更是一飛沖天。查士丁尼也曾設法繞過波斯重建新絲路，可惜成效有限。絲綢貿易的獲利持續流向波斯帝國，所以查士丁尼急著想聽聽那兩名修士怎麼說。

兩名修士向查士丁尼說明他們在中國獲知的訊息：絲線來自某種蟲，這種蟲只吃某種樹的葉子。他們表示願意再回到中國，偷偷帶那些珍貴昆蟲和桑樹種子出來。查士丁尼祝福他們順利成功。修士跟皇帝談妥交易，拿到不明數額的黃金，就出發執行商業間諜的使命。他們繞道波斯北部邊境，橫越裏海（Caspian Sea）穿過中亞，沿著戈壁大沙漠邊緣去到西安的絲綢廠。

早在耶穌出世前幾千年，中國人已經有成熟的造絲工業，製造方法如下：在溫暖乾燥的環境中，每天以新鮮桑葉餵食剛孵化的幼蠶。蠶寶寶長大成蟲，會吐絲結繭把自己裹在裡面。牠們吐出來的是一種凝膠狀液體，遇見空氣就變成固體。膨鬆的蠶繭放置一星期後，趁蛹孵成蛾之前放進鍋裡，用蒸氣殺死。再把蠶繭投進熱水裡，拆解成一條細長的絲線。織布用的絲線是以五、六股極細的生絲絞扭而成。

兩名修士到達中國後，偷了一些蠶卵或蠶寶寶，藏在中空的手杖裡偷渡出境。他們也順道帶了裝在陶罐裡的桑樹苗，趕了六千五百公里路回到君士

21　即東方亞述教會，起於敘利亞，也是唐代傳入中國的景教。

22　原注：羅馬人稱中國為「絲綢之國」（Serica），Serica這個字來自拉丁語的「絲」（seres）。

坦丁堡。兩年後修士回到羅馬，把蠶和桑樹交給查士丁尼，協助他創立羅馬的造絲工業。

如今這則傳說已經被許多歷史學家斥為無稽，不過，查士丁尼晚年確實在羅馬帝國邊境靠近現代黎巴嫩首都貝魯特（Beirut）的地方設立了造絲工廠。他也發揮他的獨裁風格，將造絲工業收歸國有，為國庫創造源源不絕的財富，帝國的黃金不再向東流入波斯。

絲綢工業的建立，對羅馬帝國還有另一個較少受到關注的影響：查士丁尼和接下來的帝王突然無意繼續在阿拉伯半島跟波斯作戰。過去羅馬人長期跟信奉基督教的阿拉伯族加薩尼德人合作對抗波斯人，加薩尼德人本身跟另一支同屬阿拉伯人的拉赫姆人（Lakhmid）是宿敵，而拉赫姆人則跟波斯關係友好。兩大強權爭相掌控一條繞過波斯、直接從紅海進入君士坦丁堡的新絲路。

如今羅馬能夠生產絲綢，羅馬和波斯在阿拉伯半島的影響力開始降低，對阿拉伯境內的紛擾也不再感興趣。這個疏忽將會導致兩大強權在下一個世紀遭受措手不及的重大打擊，其中一個失去半壁江山，另一個徹底毀滅。

下沉的宮殿

一五四四年，有個名叫皮耶．吉勒（Pierre Gilles）的法國學者來到奧圖曼帝國首都伊斯坦堡，打算在伊斯坦堡停留三年。他是博物學家，喜歡研究魚類和一般水中生物，也擅長地形學，也就是繪製地球表面各種地形地貌。這兩種不同領域專長的結合，將會帶他踏上一段詭異離奇的發現之旅。

當時君士坦丁堡陷落已將近一個世紀，但城裡依然保存著羅馬建築，許多被推倒的大型雕像的殘骸也還躺在街頭或廣場上。吉勒開始速寫並測量這些紀念碑。穆斯林不得寫生，所以他速寫時吸引大批群眾好奇圍觀，人們看著他把實際景物勾勒在畫紙上，莫不嘖嘖稱奇。

後來他開始用粗淺的當地語言跟人們交談，因此聽說聖索菲亞大教堂附近有一戶人家，屋主只要把桶子扔到地板下的漆黑空間，就可以汲起淡水，據說屋主偶爾可以看見魚兒游來游去。吉勒聽得神往，決心一探究竟。

他來到那戶人家，比手畫腳向屋主說明來意，屋主同意帶他到地下室看看。屋子地下室的地板有個洞口，吉勒探頭查看，底下伸手不見五指，卻聽得見潺潺水聲迴盪在某種類似洞穴的清涼空間裡。屋主拿來火把，帶著吉勒下去，底下有一條小艇在水面上擺盪搖晃，船上有一根帶著倒鈎的長矛。屋主將火把交給吉勒，拿起船槳划進眼前的神祕水道。

在火把照耀下，吉勒看見等距排列的巨大石柱，壯觀地從水底伸出來，支撐他們頭頂上方的拱形天花板。某些石柱底部墊了石頭，都是恐怖猙獰的頭像。這地方像一座淹水的地下廟宇，卻不是基督教的殿堂。吉勒這才明白，他們來到了羅馬時代建造的龐大地下水槽，由於年代久遠，早被遺忘了。屋主把小船划到某個定點，上方顯然有一口水井，光線投射在水面上。一條魚浮出水面呼吸新鮮空氣，被長矛刺中，變成屋主的晚餐。

這座蓄水槽是查士丁尼在第六世紀命人建造的，以確保皇宮用水不虞匱乏。君士坦丁半島上淡水取得不易，必須利用綿長的引水道，遠從黑海附近

水下宮殿的梅杜莎頭像

一座水壩送來。

這座蓄水槽可以儲存高達一億公升淡水，供大皇宮日常使用。那成排的柱子總共三百三十六根，是查士丁尼命人從附近的異教神廟搜刮來的。後來皇宮遷移到城市另一頭的布拉契尼宮，水槽就此封閉，被世人遺忘。

吉勒回到地面後，向官方報告他的發現，可惜當時的奧圖曼統治者不感興趣。接下來幾百年，水槽變成了垃圾場。

土耳其人稱這座地下水槽為Yerebatan Sarnıcı，也就是「水下宮殿」，如今已成為伊斯坦堡熱門觀光景點。裡面配置了發人思古幽情的音樂與燈光，突顯整個空間的戲劇性。一九六三年，史恩·康納萊（Sean Connery）主演的《第七號情報員續集》（*From Russia with Love*）也曾經在這裡拍攝。

我和喬看見蓄水槽某個角落有兩塊大石頭，上面雕刻著梅杜莎的臉龐，就在兩根柱子的底部。梅杜莎是希臘神話裡的蛇髮女妖，她的兩個頭像一個側躺、一個倒立。沒有人知道為什麼如此擺放，也許是為了驅除這些異教神祇的魔力，也或者這樣的角度更能穩固支撐上面的石柱。儘管如此，在這裡看見女妖頭和她半沉在水裡的邪惡眼神，心裡還是有點發毛。她看起來像正在地獄受折磨的惡魔。如果說聖索菲亞大教堂是這個幽靈帝國的天堂，那麼查士丁尼的儲水槽就是被遺棄的冥界。

第 4 章

波斯噩夢

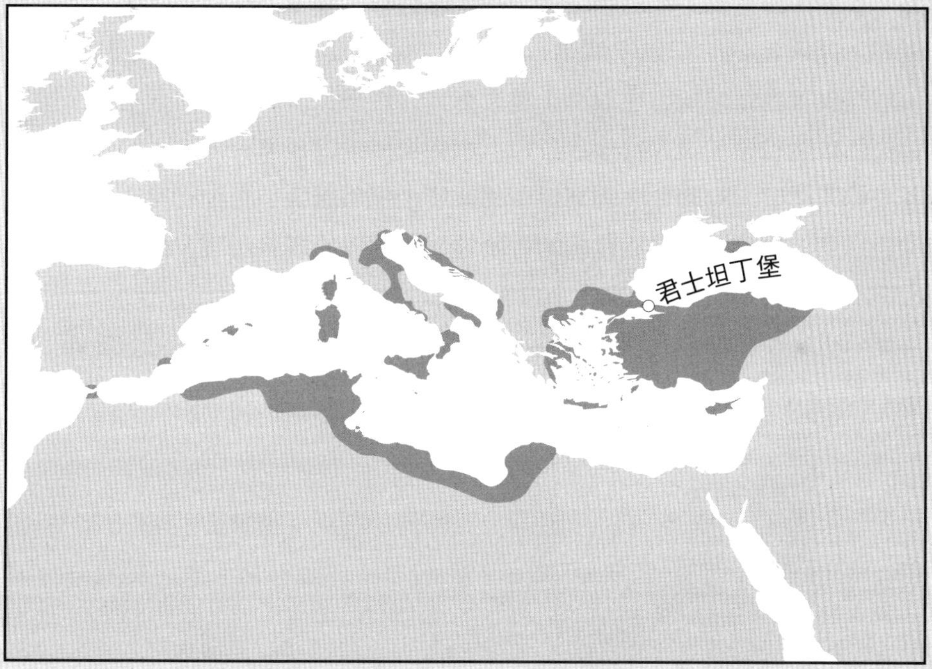

希拉克略即位之初，西元六一〇年的羅馬帝國

薩萊普與凱瑪可

藍色清真寺（Blue Mosque）[1] 隔著廣大的蘇丹艾哈邁德公園，跟聖索菲亞大教堂互別苗頭，像個野心勃勃的同胞手足。查士丁尼的大教堂樹立了標竿，任何蘇丹王或建築師見了都會心癢難搔。即使相距千年歲月，藍色清真寺跟公園對面的老大姊依然十分神似。

我跟喬從非穆斯林專用門踏入藍色清真寺。我們都脫了鞋，自在地走在地毯上。這是我小學畢業至今第一次參觀清真寺，不穿鞋的放鬆感讓我格外驚喜。平時在教堂裡，我已經習慣坐在硬梆梆的木椅上，忍受著腳痛。可是在這裡，鋪滿地毯的室內空間給人的感覺舒適又溫馨，像在某人家的客廳裡。這裡確實也像某種居住環境：整座清真寺幾乎每個角落都貼著精緻繁複的天藍色拼貼磁磚，讓人恍如置身超大水族箱裡。這裡沒有神祇、穆罕默德或其他穆斯林聖人的圖像，因為伊斯蘭教禁止這類圖像。真神阿拉的形象只有抽象示意。磁磚組成迴旋盤繞的古蘭經文與複雜的幾何圖案，展現伊斯蘭教在文字的線條與數學的完美之中追求極致的傳統。

離開清真寺後，喬看到路邊小販推車上賣著一種名為「薩萊普」（Salep）

的飲品，十分好奇。我買了兩杯，拿到的是奶香濃郁的熱飲。我遞了一杯給喬，他慢慢地啜了一大口，閉著眼睛露出微笑，像是找到了內心嚮往的東西。

「讚！」他斬釘截鐵地說，「我們在這裡的期間，每天都要喝一杯薩萊普。」

薩萊普是由牛奶、米麩、糖與玫瑰水調製而成的濃稠飲料，但它最主要的成分來自野生蘭花的塊莖，經過洗淨乾燥後研磨成粉。調製完成的薩萊普倒進杯裡，再灑點肉桂粉或磨碎的開心果。土耳其人聲稱薩萊普具有神奇療效，可以治百病，包括支氣管炎和心臟病。不過，我跟喬喜歡的是它在寒冬清晨裡帶給人的那股甜蜜的滿足感。

那天晚上，我們告訴飯店櫃台的亞辛（Yasin）我們有多喜歡薩萊普。

「薩萊普算什麼。」他說，「來伊斯坦堡最不該錯過的是『凱瑪可』（Kaymak）。」

亞辛在便條紙上寫了「潘杜凱瑪可」，交給我們。

「最好的『凱瑪可』在這裡。」他輕聲說道。

隔天我和喬走到艾米諾努區（Eminonu），搭渡輪到擁擠的市區近郊貝西克塔斯區（Beşiktaş）[2]，就在博斯普魯海峽歐洲沿岸。貝西克塔斯是都市更新後的購物區，有烤肉串餐館、手機門市和漢堡連鎖店。我跟喬按圖索驥找到了那家深藍色咖啡館。這家不起眼的小店已經是伊斯坦堡傳統的一部分，有點像墨爾本的濃縮咖啡吧Pellegrini或紐約的老牌烏克蘭咖啡館Veselka，外觀儘管老舊，卻一塵不染、寬敞舒適，沒有拘束感又有迷人氛圍。店裡的客人有死忠的老顧客，也有時髦的土耳其年輕人。

1　原注：「藍色清真寺」只是俗稱，以閃閃發亮的藍色磁磚得名。這座建築正式名稱是蘇丹艾哈邁德清真寺（Sultanahmet Mosque）。

2　原注：貝西克塔斯曾經是羅馬帝國放浪形骸的皇帝米海爾三世（Michael III，西元八四二年到八六七年在位）行宮。據說米海爾三世曾經跟一群朋友打扮成主教去遊街，模仿東正教遊行隊伍。扮演主教的是一個綽號「豬玀狄奧斐洛」（Theophilos the Pig）的男人，據說他有個特殊才華，能放屁吹熄蠟燭。

我們選了一張楓木桌坐下，有個年紀很大的老人家緩步經過我們身邊，顫顫巍巍地端著一盤雞蛋。他就是店東潘杜（Pando），已經九十多歲高齡，理了超短小平頭，留著白色鬍鬚。他跟他太太多娜（Döne）是少數留在伊斯坦堡的希臘裔基督徒。店鋪裡牆壁上掛滿加框照片，都是潘杜輝煌的先祖，個個留著大鬍子，頭戴酒紅色土耳其氈帽。

潘杜的咖啡乳脂鋪一八九五年開張，潘杜就在這棟狹窄的二樓建築裡出生、成長。一九二〇年代，他還是個小男孩時，見到了土耳其建國之父阿塔圖克，當時阿塔圖克走過來跟他握手。

這家小店供應美味早點，有煎蛋和香腸，搭配熱茶或土耳其咖啡，但大多數人都是衝著凱瑪可而來。我終於知道凱瑪可原來是牛奶提煉的濃縮奶油。這種奶油起源於中亞，是傳統的土耳其食物。

多娜來到我們桌子旁。她穿著黑色毛衣，繫著圍裙，頭上的花白頭髮梳成圓髻。她以一種舊時代的禮儀向我們點頭致意，笑容滿面，等著我們點餐。

我不會說土耳其語，只好露出歉意的微笑，指著菜單上品項，嘟嘟囔囔地點餐：「凱瑪可，土耳其咖啡。」

多娜笑了。「加糖嗎？」她用法語問。

我有點嚇到，英法夾雜地答：「是，呃，對。」

這位伊斯坦堡可愛的希臘奶奶竟然用流利的法語跟我交談。

「你們是美國人嗎？」她客氣地問。

「不，女士。」我結結巴巴，努力搜尋小時候在學校學的法語。

「我們是澳洲人。」

「喔！我先生有個堂親住在墨爾本。」

「我在墨爾本出生的。」

她寫下我們的餐點。「好的。兩份凱瑪可，兩杯土耳其咖啡加糖。」

「謝謝妳。」

她笑著走開。喬瞪大了眼睛。

「我們來土耳其這麼久了，」他倒抽一口氣說，「我都不知道你會土耳其話？」

我故作神祕地挑挑眉毛，想讓青少年敬佩可不是件容易的事。

＊

凱瑪可送來了，是一團團綿密的白色奶油塊，盛在鐵盤裡，附一籃現烤麵包和一小壺蜂蜜。我觀察其他客人之後，拿起麵包塗抹厚厚一層凱瑪可，再均勻滴上一匙蜂蜜，咬了一口。鬆軟的麵包把凱瑪可推向我的上顎，奶味淡而細緻，一點都不油膩，而且迅速化成奶香濃郁的清甜口感。緊接著蜂蜜的滋味從側面靠攏過來，黏稠、香醇，不會過甜，口感十分清爽。這種蜂蜜跟一般蜂蜜的差別，就像香檳與芬達汽水。每天吃這種東西當早餐，我可能活不過五年，但或許值得。

凱瑪可製作方法如下：新鮮牛奶慢火加熱數小時，最後表面結成厚厚一層濃郁的乳脂。之後放涼，塑成細緻的圓柱體，保存期限不到一天。過去潘杜的牛奶來自家族在城外草地蓄養的牛隻，後來沒辦法再養牛，只好買現成的。

潘杜和多娜是城裡少數僅存的希臘人。一百年前，伊斯坦堡還有十三萬拜占庭希臘人，如今只剩三千左右。第一次世界大戰前的奧圖曼帝國，各族群相處融洽，現代土耳其建立後，希臘人持續遷出。

一九五三年，奧圖曼帝國征服君士坦丁堡滿五百年，當時的土耳其政府認為最好低調慶祝。兩年後，同一個政府為了爭取民心，選擇挑起民族主義與宗教激情，仇視少數民族。城裡暴動連連，希臘人和亞美尼亞人的店鋪與住家遭到入侵破壞。一群暴徒衝進潘杜的店，砸碎一座大理石櫃台。

暴動平息後，許多希臘與亞美尼亞年輕人認定留在土耳其沒有前途。一九五五年後離開伊斯坦堡的希臘人，比一四五三年君士坦丁堡淪陷後那五十年更多。

潘杜和多娜選擇留下來，但他們沒有修復破碎的櫃台，算是對暴動分子的無恥惡行留個紀念，也提醒自己有朝一日或許又會有暴徒上門。

我們造訪的那一天，潘杜的咖啡館人潮滾滾，生意興隆，顯然很受喜愛。只要潘杜還在人世，店鋪未來看似穩固。

我離開後六個月，潘杜接到遷離通知。他的房東打算將這棟兩層樓建築改建成速食店。多位土耳其記者和律師挺身而出，呼籲保留潘杜的乳脂店，當地報紙刊登了許多激情報導，事件也成為推特熱門話題，可惜無濟於事。二〇一四年八月，潘杜最後一次關上藍色店門，另一點拜占庭遺緒隨之走入歷史。

王中之王

查士丁尼留下一個過度擴張、欲振乏力的帝國，繼位者是他的姪子賈士丁二世。賈士丁設法解決帝國困頓的財政，決定縮減查士丁尼每年繳納給惡鄰的保護費額度。他取消了付給阿瓦爾人的歲貢。阿瓦爾人是來自中歐的游牧民族，他們轉而向倫巴底人施壓，倫巴底人於是入侵北義大利，貝利薩留和納爾西斯數十年戎馬生涯犧牲奉獻的成果就此化為烏有。倫巴底人在那裡落地生根，跟義大利人通婚，鞏固他們在義大利北部的權力[3]。在此同時，西哥德人也開始把羅馬人趕出他們在西班牙收復的土地。查士丁尼打造的帝國複雜又脆弱，似乎只有他有能力統治。

賈士丁接受了西方的失敗，因為他覺得自己在東方看到了契機。他拒絕再支付賠款給庫斯魯，派兵攻打波斯。年邁的庫斯魯侵略敘利亞的羅馬領土，奪走四十三年前貝利薩留施展妙計守住的達拉。賈士丁似乎無法承受戰場上的挫敗，精神崩潰，經過旁人阻止，才沒有從大皇宮窗口一躍而下。他的精神狀況越來越糟，侍從用小馬車載著他在宮中四處逛，才能讓他的心情保持平靜。

賈士丁的皇后蘇菲亞原本就負責掌管國家財政，這時出面主持朝政，付給波斯人大筆黃金，換取一年的和平。她也把精明幹練的將軍提比留召回君士坦丁堡，協助處理國事。

五七八年，賈士丁崩殂，提比留順勢扶正，成為羅馬帝國唯一的統治者。帝國跟波斯再度爆發戰事，阿瓦爾人乘機扯後腿，提比留被迫再度支付保護費，讓他們留在多瑙河對岸。

提比留熬過艱困的八年，把帝位傳給另一名傑出將軍莫里斯（Maurice），他交代給他的遺言是：「希望你的政績是我的最佳墓誌銘。」

事實證明莫里斯的表現果然稱職，為帝國帶來短暫穩定，甚至一度擴大版圖。西元五七九年，波斯王庫斯魯過世，波斯發生王位繼承糾紛，莫里斯也巧妙利用這個機會。當時庫斯魯的孫子庫斯魯二世被迫逃離泰西封，向羅馬尋求庇護。庫斯魯二世以達拉、亞美尼亞與美索不達米亞各前線基地為交換條件，要莫里斯協助他奪回王位。最後，他在羅馬軍隊護送下返回泰西封，順利登基，也信守承諾，交出上述城池。兩國和平相處，東方邊境紛擾不再，君士坦丁堡也無需再向波斯人繳交損耗國力的賠款。

如今莫里斯總算可以把心力與資源投向歐洲國界，處理阿瓦爾人的問題。可惜他敗在過度節儉。首先他刪減多瑙河駐軍的配給，取消他們的冬季休假，士兵們被迫在冰天雪地的前線帳篷裡瑟縮幾個月。接著他又大砍士兵的餉銀，多瑙河的軍隊於是叛變，擁戴一個名叫福卡斯（Phocas）的百夫長，一起棄守崗位，進軍君士坦丁堡。

莫里斯發現情況緊急，請求藍綠兩黨助他擊退叛軍，可是城裡糧食短缺，民怨沸騰，人心惶惶，暴動頻仍，莫里斯帶著家人搭船逃到小亞細亞的卡爾西頓。

西元六〇二年，福卡斯帶兵攻進君士坦丁堡，向夾道歡呼的群眾拋撒黃金。他宣布登基，派屬下追捕莫里斯。莫里斯被捕，眼睜睜看著自己的孩子被斬首，然後是他自己。他們的無頭屍身被拋入大海，大批民眾湧到海邊觀看海面上載浮載沉的屍體。

英國歷史學家吉朋認為，福卡斯的長相突顯了他低劣的品格。他描述福卡斯「身材矮小猥瑣，雜亂的眉毛擠成一團，一頭紅髮，嘴上無毛，猙獰傷

3　原注：如今義大利北部的倫巴底名稱就是由此而來，「倫巴底」（Lombard）這個字源於拉丁文的longobardus，意為「長鬍子」。

疤讓他蒼白的臉頰扭曲變形」。福卡斯很清楚自己的王位根基欠穩，畢竟所有人都知道他只是個殺人篡位的投機分子。他不能效法查士丁尼宣稱自己是上帝之子，於是採取恐怖統治，以高壓手段對付平民與貴族。只要與他為敵，不管查有實據或捕風捉影，一律凌遲或處決。

君士坦丁堡的亂象給了帝國周邊的野心軍閥或國王可乘之機，紛紛侵擾邊境。阿瓦爾人開始蠶食色雷斯的富庶土地，偶爾甚至兵臨狄奧多西城牆。福卡斯忙於鎮壓內亂，只得用更多黃金打發他們。

庫斯魯二世

更大的危險正在波斯境內醞釀。當初對庫斯魯二世伸出援手、訂定和平協議的是莫里斯，庫斯魯二世因此拒絕承認殺害莫里斯的新皇帝。當福卡斯派遣特使正式拜會，庫斯魯二世將那人打入大牢。羅馬與波斯之間永不止息的戰火邁入危機重重的全新階段，最終獲益的，卻是雙方都料想不到的第三人。

*

波斯薩珊王朝的王中之王庫斯魯二世二十多歲時，宮廷發生政變，他兩名叔伯刺瞎並殺害他父親霍馬茲德（Hormazd），拱他登上帝位。

庫斯魯二世蓄著一綹綹長鬍子，穿著刺繡絲袍。造訪泰西封皇宮的賓客都從庫斯魯大拱門進宮，那是世界最大的磚造拱門[4]。訪客走進一處寬敞的宴會廳，裡面鋪有九十公尺長、綴有黃金與珍珠的絲質地毯。皇宮地下室闢有規模宏大的密室，據說藏了三千後宮佳麗。庫斯魯二世在波斯高原氣候涼爽的山區設有夏宮，裡面有獵場和蓄養珍禽異獸的私人動物園。

庫斯魯二世沒辦法盡情享受他的帝王生活樂趣，因為他在泰西封的地位有欠穩固。他的妻子和財政大臣都是基督徒，波斯的祆教祭司不滿他對基督教太包容，而他為了奪回王位跟羅馬皇帝交易，也招致民怨。莫里斯的死給了庫斯魯二世機會重振聲威。當時有個陌生人來到泰西封，自稱是莫里斯唯一生還的兒子，庫斯魯二世於是利用這個冒牌王子為藉口，向福卡斯宣戰。

庫斯魯二世的軍隊渡過幼發拉底河（Euphrates），不費吹灰之力就攻下美索不達米亞的羅馬要塞。勝利來得輕鬆如易，他大受激勵，指示部隊繼續向西推進。

一年後，波斯大軍已經占領羅馬駐軍防守的伊德沙（Edessa）。接下來羅馬兵敗如山倒，波斯軍隊翻越位於現今土耳其東南部的托魯斯山脈（Taurus Mountains），攻進了安那托利亞（即小亞細亞）。這時的波斯大軍勢如破竹，以迅雷不及掩耳之姿橫掃小亞細亞，抵達卡爾西頓。突然之間，波斯已經大軍壓境，來到君士坦丁堡門口。從大皇宮窗口就能遙遙望見海峽對岸的波斯營火。

君士坦丁堡風聲鶴唳，草木皆兵。福卡斯能以各種蠻橫手段對付自己的臣民，面對來勢洶洶的庫斯魯二世卻似乎一籌莫展。羅馬人相信上帝永遠站在正直的那一方，福卡斯顯然被上帝拋棄了。福卡斯聽見百姓怨聲載道，以更殘暴的手段壓制，把滿腔怒氣都發洩在反對者身上。為了轉移百姓的怒氣，他開始迫害帝國境內的猶太人。安提阿的猶太人不甘示弱，屠殺當地基督徒以示報復。而在君士坦丁堡，綠黨黨羽暴動，焚毀多棟建築。

君士坦丁堡動亂的消息經由地中海傳到北非，那裡的羅馬總督組成一支為數可觀的軍隊和船艦。六一〇年夏天，北非總督派他三十五歲的兒子希拉

4　原注：如今大拱門是泰西封皇宮唯一殘存的遺跡，地點約在現代伊拉克境內的薩爾曼帕克（Salman Pak）地區。

克略率領艦隊前往君士坦丁堡。

希拉克略相貌俊俏又有魅力，據說「體格健壯，胸膛寬闊，藍眼金髮，有白皙的皮膚和濃密的大鬍子」。艦隊橫渡地中海時，他在指揮艦的船頭綁了聖母像，藉此鼓舞士氣。艦隊於十月初在博斯普魯斯海峽靠岸。福卡斯的同黨看見港口的大批軍艦，顯然鬆了一大口氣，紛紛背棄福卡斯，希拉克略兵不血刃進入君士坦丁堡。

福卡斯遭到逮捕，士兵脫掉他身上的紫袍，將他帶到希拉克略面前。希拉克略問他：「你就是這樣治理你的帝國？」

福卡斯氣沖沖地問：「你難道能做得比我好？」

希拉克略一腳踢開他。

福卡斯被拉下去剝皮斬首，屍體抬出去遊街。希拉克略得到元老院讚揚，在大皇宮的聖史蒂芬禮拜堂（Chapel of St Stephen）加冕即位。

希拉克略還得解決福卡斯拋給他的挑釁難題，他很快就找到答案。博斯普魯斯海峽對岸的波斯大軍確實值得憂心，但波斯人沒有船艦，也還沒有能力攻破巍峨的狄奧多西城牆。話雖如此，希拉克略卻也趕不走他們，因為帝國軍隊士氣低迷，軍心渙散，戰爭扼殺了貿易，國庫因此空虛。福卡斯悽慘的死狀徒增城中叫人喪氣的末日氛圍。很多人覺得他們幾乎看得見上帝那隻操控的手，正把所有事件導向世界歷史最重大的高潮，那就是《啟示錄》裡記載的末日。

希拉克略必須設法扭轉這一切。他面臨的挑戰有兩個面向：首先，他必須號召驚慌不安的百姓團結起來擁護他；其次，他得整頓帝國僅剩的兵力，阻擋庫斯魯二世的攻勢。他迫切需要打一場勝仗，好讓百姓相信上帝已經回心轉意。

希拉克略必須搶得先機，他派一支軍隊到安提阿附近阻撓波斯人，卻被庫斯魯二世幹練的將領夏赫巴勒茲（Shahrbaraz）打得落花流水。六一三年，夏赫巴勒茲拿下大馬士革，將敘利亞全部納入波斯版圖。戰場上捷報連連，庫斯魯二世龍心大悅，他原本不敢奢望能占領這麼多羅馬領土。

接下來希拉克略遭受更重大的打擊，他廣受愛戴的皇后尤多希雅

（Eudoxia）癲癇症過世，令他痛失愛妻與良伴。尤多希雅的死，更加深首都的陰鬱氛圍。

不久，希拉克略做出令人髮指的舉動，他宣布迎娶姪女瑪蒂娜（Martina）。這樁婚姻違反教會法令，屬亂倫行為，主教塞吉烏斯（Sergius）勸他打消主意。希拉克略仍舊固執己見，塞吉烏斯無奈地為他們證婚，並為瑪蒂娜戴上后冠。希拉克略顯然非常滿意這段婚姻，他一刻也不願意跟瑪蒂娜分離，帶著她四處征戰。可惜他的臣民怏怏不樂，怪罪瑪蒂娜迷惑他們的帝王，讓他締結不聖潔的婚姻。瑪蒂娜因此變成千夫所指的壞女人。

在此同時，庫斯魯二世的兵馬持續掠奪帝國的土地，如入無人之境。西元六一四年，夏赫巴勒茲來到耶路撒冷城外，城裡的基督徒向他投降，他在那裡設置波斯要塞，讓猶太教領袖治理城內百姓。夏赫巴勒茲離開後，城裡的基督徒起義，消滅了駐守的波斯軍隊，大量屠殺猶太人，再關閉城門。

夏赫巴勒茲的大軍調頭血洗耶路撒冷，展開殘酷的報復。一連三天，耶路撒冷的基督徒不是命喪黃泉，就是下放為奴。波斯人縱火焚毀聖墓教堂，帶走基督教世界最珍貴的聖物真十字架，充做勝利的獎盃。這波攻擊主要是為了向基督徒施加最慘烈的精神折磨。這場戰爭已經不再是單純的領土之爭，羅馬人與波斯人之間從此結下不共戴天之仇。

耶路撒冷慘遭洗劫的消息傳回君士坦丁堡，羅馬貴族嚇破了膽。元老院大老向希拉克略施壓，要他不惜任何代價議和。希拉克略派使節帶著特別國書前往謁見庫斯魯二世。他在信裡稱呼庫斯魯二世「至高無上的皇帝」，承認波斯帝國比羅馬帝國更強大，署名也畢恭畢敬，自稱是庫斯魯二世「恭順的兒子，至心祈盼盡心竭力服侍尊貴的閣下」。六百年來，沒有任何在位的羅馬皇帝寫過這麼屈辱的信給外國統治者。

庫斯魯二世讀過信以後，命人拘留羅馬使節。波斯與羅馬不可能和平共處，庫斯魯二世的目標不是統治羅馬帝國，而是消滅她。他覺得自己的力量似乎沒有極限，樂不可支。他給希拉克略回了一封信，通篇大話，活像美國漫威漫畫（Marvel Comics）裡的超級壞蛋在大放厥詞：

> 最偉大的神，全球的領袖庫斯魯二世寫給他低賤無知的奴僕希拉克略。你為何依然拒絕臣服於朕的統治，依然自稱帝王？……只要你屈服於朕，朕可以赦免你的過錯……別再自欺欺人、對那個基督懷抱希望，他連自己都救不了，被猶太人釘在十字架上處死。就算你逃到海底深處，朕也會伸手逮住你。

庫斯魯二世運勢大逆轉，不再是戰場上的弱者，喜不自勝，更使勁掐住羅馬的要害。他幾乎看到最後結果了，看見自己征服東羅馬帝國殘餘的領土，再一舉攻下君士坦丁堡。

歐馬茲德與阿里曼

第五、六世紀的羅馬帝國逐漸變成基督教國家，波斯帝國也進入祆教更激進的時期。祆教又稱瑣羅亞斯德教，以創始人為名。

瑣羅亞斯德教導信徒，宇宙是兩股原始力量組成：光明、真理與智慧之神歐馬茲德（Ohrmazd）[5]，以及謊言之神阿里曼（Ahriman）。他說，這兩股力量永無止境地衝突著，每一個人，不管地位多麼卑微，都可以協助歐馬茲德透過火焰淨化世界。波斯帝王的角色正如同羅馬皇帝，是神派到人間的國教守護者。

即使如此，庫斯魯二世依然跟身邊少數幾個基督徒維持良好關係，特別是他最疼愛、也最有影響力的第三任妻子詩琳（Shirin）。他容許聶斯托留教派信徒留在帝國境內，甚至捐錢給他們的教會。只是，隨著與羅馬的戰事白熱化，雙方的宗教態度也趨於強硬。

祆教激進派的信念是以純淨的聖火淨化世界，正好跟武力征服相呼應。祆教祭司會追隨軍隊來到剛征服的羅馬領土，建立火廟，積極扭轉占領區百姓的信仰。兩個宗教的神職人員也掀起一場人類靈魂之戰，看是要靠基督的肉身與鮮血得到救贖，或透過歐馬茲德的火焰加以淨化。

羅馬的勢力持續衰退。西元六一八年，庫斯魯二世的大軍攻入埃及，經過長達一年的圍攻，埃及最重要的海港亞歷山卓落入波斯人手中。羅馬帝國也失去了埃及這個糧倉。隔年君士坦丁堡再次爆發瘟疫，兵力與稅收進一步削減，上帝對羅馬人的怒氣好像無休無止。

整整十年，希拉克略腹背受敵，帶給百姓的只有犧牲、失敗，以及更大的犧牲。為了解決財政難題，他把官員的薪水與軍人的餉金砍掉一半。站在任何皇帝的立場，這都是一步險棋。他成功說服軍隊吞下怨言，展現卓越的統治技巧。貴族卻不買單，他們不肯放棄既得利益，阻撓他改革。希拉克略被頑固的貴族氣得火冒三丈，揚言離開君士坦丁堡，遷都迦太基，在那裡重整帝國軍威，跟波斯人決一死戰。百姓害怕被皇帝拋棄，不再反抗，他的緊急措施終於順利推行。主教塞吉烏斯帶領一群悔改的元老挽留他。希拉克略答應了他們，也要求他們跟他同甘共苦，元老們順服地應允，教會甚至捐出珍貴的黃金飾物與銀盤充實國庫。希拉克略清除反對派勢力、重建帝王威信後，去到聖索菲亞大教堂，在主教面前宣誓他絕不會背棄君士坦丁堡。皇帝、教會與都城從此變成命運共同體。

希拉克略為了激發百姓決不妥協的韌性與毅力，持續在城中宣揚波斯人在耶路撒冷的殘暴行徑。關於教堂如何受到破壞、聖像如何橫遭褻瀆的驚悚故事廣為流傳。猶太人也是仇恨的目標，傳言指稱他們打開聖城大門，積極參與屠殺基督徒的行動。

六二二年，希拉克略親自帶兵，在小亞細亞西北部成功擊敗波斯人。令他扼腕的是，他無法乘勝追擊，因為阿瓦爾人突然大軍壓境，來到狄奧多西城牆下，逼得他拋下一切，趕回去保衛首都。

希拉克略用國庫裡所剩不多的黃金打發了趁火打劫的阿瓦爾人，這才可以全心全意對付波斯人。他只剩一支軍隊，其他的軍隊不是被消滅、被俘為奴，就是潰散了。他把這些士兵訓練成游擊隊，用宗教狂熱喚醒他們萎靡的

---

5 原注：歐馬茲德亦稱阿胡拉．馬茲德（Ahura Mazda），日本汽車廠牌Mazda就是由此而來。

士氣。

六二四年春天，希拉克略已經準備好跟波斯人作戰。那年三月二十五日，他揮別十二歲的兒子，帶著兵馬走出君士坦丁堡。要等到四年後，他才會重新踏入都城。

黑暗之塔

希拉克略帶兵從黑海的特拉比松（Trebizond）北上，進入亞美尼亞山區。他沒辦法在戰場上打敗庫斯魯二世的大軍，乾脆避開他們，帶著士兵爬過亞美尼亞險峻童禿的山脊。那年夏天他們來到高加索山脈（Caucasus），再南向進入波斯帝國的心臟地帶。他們殺得庫斯魯二世薄弱的駐軍措手不及，蹂躪了幾座城。

既然深入虎穴，希拉克略打算摧毀庫斯魯二世的威望。他要褻瀆祆教聖物，報波斯人搶走真十字架的一箭之仇，派一隊人馬突襲「駿馬火廟」。

波斯祆教有三股聖火：駿馬之火（Fire of the Stallion）、聖靈之火（Fire of the Farr）與在東方的偉大光明神之火（Fire of Mihr-is-Great），分別保存在三座雄偉的火廟裡。祆教徒相信這三股聖火是開天闢地時由歐馬茲德親自點燃，為宇宙帶來光明與秩序。一群綁纏頭巾的祭司肩負保持聖火不滅的重責大任，熄滅聖火，幾乎等於破壞宇宙的完整。

駿馬之火神廟坐落在如今伊朗西北部米迪亞（Media）某座山的山頂上，緊鄰一片清涼的山區湖泊，湖水來自地下湧泉。每個剛即位的波斯王都得從泰西封徒步來這裡朝聖。庫斯魯二世曾經來此祈禱戰勝羅馬，也慷慨餽贈大批財物給這座火廟。

建在山頂上的火廟有兩道圍牆、三十八座城樓保護。也許當天正處於防禦空窗期，希拉克略的士兵順利攻進這座富麗堂皇的神廟，殺了驚嚇過度的祭司。他們沿著長長的廊道來到供奉聖火的內殿，這個巨大拱形空間的牆面裝飾了精美的灰泥圖案，正中央有三級階梯，通往聖火壇。希拉克略的士兵興奮地砸毀聖壇，踩熄火焰。最後一縷輕煙從地上的灰燼裊裊上升，直達上拱的天花板，而後消散。

這回輪到波斯人膽顫心驚，體驗一下精神宇宙混亂失序的創傷。

希拉克略的游擊隊橫行泰西封以北區域，發動突襲，掠奪小型聚落，而後逃得無影無蹤。庫斯魯二世派出三支軍隊去消滅他們，卻被善用謀略的希拉克略個個擊破。

希拉克略的軍隊在如今土耳其東部的凡湖（Lake Van）駐紮過冬時，收到令人擔憂的消息，小亞細亞的波斯軍隊已經跟阿瓦爾人結盟，分別從東西兩側夾擊君士坦丁堡。庫斯魯二世的大將軍夏赫巴勒茲領兵來到博斯普魯斯海峽東岸，阿瓦爾人則拉著他們最新的攻城武器來到狄奧多西城牆外。希拉克略陷入兩難，而這正是庫斯魯二世的目的。他要嘛坐視首都淪陷，要嘛帶兵返回君士坦丁堡。然而，遠水救不了近火，如果他選擇趕回首都，不但錯失先機，過去的努力也付諸流水，更沒有機會奪回真十字架。

希拉克略決定豪賭一場。他要留在原地，只派他弟弟西奧多爾（Theodore）帶一小批人馬回去騷擾敵軍。他放手讓君士坦丁堡自我防衛，選擇相信上帝之手、狄奧多西城牆和君士坦丁堡百姓的頑強意志。

波斯與阿瓦爾聯軍儘管人多勢眾，運氣卻好像有點背。阿瓦爾人的石弩擊不破強化後的城牆。君士坦丁堡的士兵拿著百姓心目中最珍貴的聖母瑪利亞畫像在城垛上走動。據說阿瓦爾可汗看見聖母畫像飄浮在城牆上空，認為基督教奇蹟顯現，頓時醒悟攻城之舉必將失敗。

在此同時，羅馬海軍輕而易舉摧毀波斯人橫渡博斯普魯斯海峽的簡易船隻，夏赫巴勒茲的軍隊困在對岸束手無策。波斯與阿瓦爾雖然各自傾巢而出，但兩、三個星期後攻勢漸漸後繼無力，可汗與夏赫巴勒茲各自退兵。

希拉克略如釋重負，也覺得這是上帝回心轉意的跡象，無比振奮，主動跟庫斯魯二世議和。庫斯魯二世無法相信自己的運氣會突然逆轉，頑固地拒絕。希拉克略於是揮軍從山區長驅而下，攻進美索不達米亞平原。他決心給波斯人無情打擊，讓他們看清楚受到上天詛咒的庫斯魯有多麼脆弱。

六二七年十二月十二日，羅馬人在底格里斯河東岸的尼尼微（Nineveh）擊敗一支波斯軍隊。當地的波斯將領承受不了敗戰的恥辱，自我了斷。庫斯魯二世命人將那名將領的屍首以鹽巴保存，送到他面前。屍體送抵後，他下令鞭屍，直到血肉模糊難以辨識。宮中因此傳出皇帝發瘋的消息。

這時希拉克略又餓又累的士兵攻進了庫斯魯二世的夏宮，在皇家動物園大肆搜刮，把珍禽異獸抓來烤熟祭五臟廟，嘲笑庫斯魯二世的無能。

希拉克略又帶著士兵來到底格里斯河岸，侵擾泰西封外圍郊區，讓城中百姓陷入恐懼與苦惱。這回換波斯首都看著城牆外的敵軍營火打哆嗦。

到了這時，波斯人終於受夠了。

由一群大臣組成的代表團悄悄來到羅馬軍營。他們告訴希拉克略，波斯宮廷正在密謀罷免庫斯魯二世，也希望跟羅馬建立共識。兩天後，夏赫巴勒茲派他的兩個兒子逮捕罹患嚴重痢疾的庫斯魯二世，將他關進一座名為「黑暗之塔」的塔樓五天。守衛沒有給他食物，只把黃金白銀和寶石堆在他面前，告訴他：「請享用這些你愛得發狂、拚命聚集的東西。」到了第六天，守衛又來到塔中，一箭箭慢慢射死滿身髒污、飢餓無力的庫斯魯二世。

庫斯魯二世死亡的消息傳到君士坦丁堡，人們歡天喜地：「上帝的敵人、傲慢的庫斯魯二世死了！他死了，被埋到地底深處，沒有人懷念他！」

庫斯魯二世的兒子卡瓦德二世（Kavadh-Shiroe）繼位，立刻跟羅馬議和。戰爭結束了。十八年來，希拉克略主導了羅馬史上最精彩的中興大業。他心情愉悅，精神卻疲累不堪，把議和的事交給底下的官員，帶著妻子瑪蒂娜踏上漫長的返鄉路。

六個月後，卡瓦德二世死於瘟疫，他剛出生的兒子阿爾達什（Ardashir）繼位。希拉克略的大使跟夏赫巴勒茲談妥和平條約，夏赫巴勒茲同意把敘利亞、巴勒斯坦和埃及原本屬於羅馬帝國的土地全數返還。羅馬人也要求波斯交出流落在泰西封的真十字架。波斯人答應了。

波斯帝國的王權似乎從此瓦解。夏赫巴勒茲殺害幼主阿爾達什，篡奪王位，後來他自己也死於一場宮廷政變。

*

希拉克略與瑪蒂娜終於來到博斯普魯斯海峽亞洲海岸黑拉（Heira）的別

宮，遙遙望見對岸的大皇宮，他們看見數以千計感激涕零的百姓聚在皇宮大門外，手拿橄欖枝[6]與點亮的蠟燭。希拉克略深受感動，但他堅持要拿到真十字架，才願意踏入君士坦丁堡。那年九月，真十字架順利送到黑拉，勝利隊伍準備就緒。

六二八年九月十四日早晨，成千上萬的百姓擠在黃金城門等候勝利隊伍。真十字架在勝戰士兵的簇擁下率先入城，緊接著是四頭百姓未曾見過的波斯大象。之後群眾看到他們的皇帝，高聲歡呼。

希拉克略明顯比離開時蒼老許多，他沿著梅塞大道走到聖索菲亞大教堂參加感恩彌撒，沿途百姓歡呼聲不斷。主教塞吉烏斯抓起真十字架舉向巨大圓頂。那是輝煌的一刻，完美的勝利。

波斯象棋

當希拉克略和夏赫巴勒茲在美索不達米亞平原與小亞細亞兵不厭詐你來我往，西亞許多家庭的桌子上也上演著小規模的攻守戰略。

西洋棋據說起源印度北部，時間大約在西元三到五世紀之間。印度人的棋子分為四種階級，分別代表步兵、騎兵、大象與戰車。這種名為chaturanga的棋戲廣受喜愛，因而傳到薩珊王朝的波斯帝國，改名叫波斯象棋（Chatrang）。

波斯象棋的棋盤是格子狀，橫直各有八格。兩名玩家各有十六枚棋子，分別是一枚國王、一枚宰相、兩枚象、兩枚馬、兩枚車和八枚步兵。玩家如果威脅到對手的王，就喊「沙阿」（shah，亦即「國王」）；如果對手的國王難逃一死，就喊「死棋」（shah mat）。

征服波斯的阿拉伯人原本就喜愛算術與策略遊戲，他們喜孜孜地接收這個遊戲，改名叫沙特蘭茲（shatranj）。後來這種棋戲隨著朝聖者和商人的腳

6　橄欖枝葉象徵和平。

步來到西歐，慢慢演變成如今的西洋棋。到了歐洲以後，威風凜凜的國王變成了皇后，象變成了主教，馬變成騎士，戰車改名叫「城堡」[7]。八枚小步兵（piyadeh）變成了「士兵」（pawn）。

儘管掃興的東正教保守派指控波斯象棋是一種賭博，這股旋風依然迅速席捲君士坦丁堡。安娜．康妮娜公主[8]在她的《阿列克修斯傳》也提過這種棋戲，說是「亞述人發明的遊戲，輾轉傳入我國」。她寫道，她父親偶爾會在早晨下一盤棋，驅散折磨他一夜的煩憂。棋戲是他的精神慰藉。

我八歲生日時，我最愛的叔叔送我漂亮的繪本，書名是《教孩子玩西洋棋》（*Chess for Children*），裡面以寓言故事闡述西洋棋的由來：

> 很久以前有個偉大的波斯王，他實在太喜歡遊戲，請了一個很有學問的人當他的遊戲大臣。波斯王要求那人發明一種戰略遊戲，方便他磨練帶兵技能。這位大臣於是設計了一款遊戲，就是我們如今所知的西洋棋。
>
> 波斯王非常滿意這款棋戲，看似簡單的棋局卻牽涉到錯綜複雜的計謀，他覺得很不可思議。尤其雙方互相角力，上演精彩戲碼，牽動棋局的勝負轉折，更是叫他讚嘆不已。波斯王連續下了幾天棋之後，把遊戲大臣召喚到宮中。
>
> 「西洋棋是世界上最好的遊戲！」國王興奮地說，「我對你的表現很滿意，你想要什麼賞賜？」
>
> 遊戲大臣想了一下，答道：「陛下，我的願望很簡單，跟棋盤上的格子有關。」
>
> 「怎麼說？」波斯王問。
>
> 「棋盤上的第一格請陛下給我一粒米，第二格請給我兩粒米，第三格就是前一格的兩倍，也就是四粒米，下一格就八粒米。依此類推。」
>
> 波斯王有點困惑。「你設計了這麼出色又聰明的遊戲，卻只要這麼一點賞賜，我答應你。」

波斯王的財務部長回到辦公室，算出該給遊戲大臣多少米後，百思不解地去向國王稟報。

「陛下，」他說，「您賞給遊戲大臣的米粒好像超過一千八百京[9]。」

波斯帝國一百萬年也種不出來這麼多米。國王無法履行對遊戲大臣的輕率承諾，只好百般無奈地砍了那人的頭。

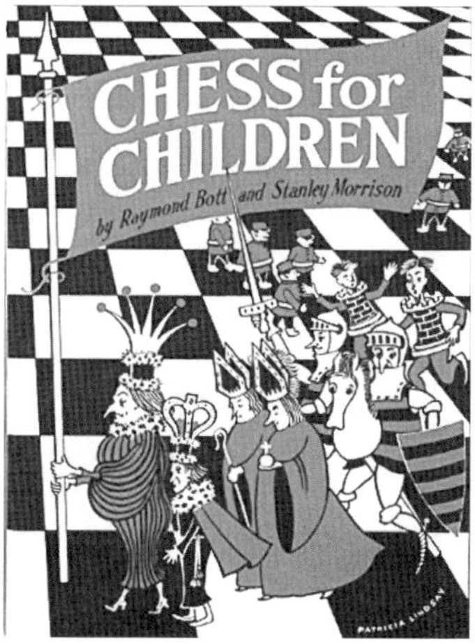

這個寓言是為了強調指數序列的威力。財務大臣根據棋盤計算米粒的模樣，想必十分有趣：1、2、4、8、16、32、64，這是第一排的結果，沒什麼大不了的。到了第二排，數字就跳躍式成長：256、512、1024、2048、4096、8192、16384、32768……這時波斯王欠大臣的米粒數量已經有點龐大，棋盤上卻還有六排空格。「死棋！」

7　西洋棋中這個棋子名為rook，意思是「車」，形狀卻是城堡，國內因此稱為「城堡」。

8　一〇八三～一一五三，東羅馬帝國皇帝阿列克修斯之女，是歐洲歷史上最早的女史學家，她撰寫的《阿列克修斯傳》是研究拜占庭歷史的重要文獻。

9　原注：正確數字是18,446,744,073,709,551,615粒米，這麼多的米粒堆起來體積超過聖母峰。

來自先知的訊息

還有一趟旅程等著剛從波斯失而復得的真十字架。六三〇年三月二十一日，希拉克略踏進聖城耶路撒冷，這回不是率兵攻城的皇帝，而是虔誠的朝聖者。他脫去紫袍赤足步行，手拿真十字架沿著耶穌走過的苦路（Via Dolorosa），把聖物送回聖墓教堂，教堂內也為聖物的回歸舉辦動人的燭光儀式。

緊接著希拉克略強迫城裡的猶太人皈依基督教，報復他們當初不管真實或虛構的背叛，此舉只是加深猶太人對羅馬統治階級的憎恨。

根據伊斯蘭傳說，希拉克略在耶路撒冷收到一封信，是某個沒沒無聞的阿拉伯沙漠首領寫來的：

> 奉至仁至慈真主阿拉之名，阿拉的僕人與使徒穆罕默德致函羅馬統治者希拉克略。遵循正道方能享有和平。我邀請你來到伊斯蘭，如果你成為穆斯林，就能得到平安，阿拉也會加倍賞賜你。如果你拒絕伊斯蘭的邀約，就犯了誤導百姓之罪。

據說希拉克略不知道這封大膽信件是誰寫的，不過，穆斯林卻說他慎重看待這封信提出的要求，也好奇這個「阿拉的僕人穆罕默德」究竟是何許人。根據伊斯蘭傳說，穆罕默德寫了類似信件給庫斯魯、衣索比亞國王、敘利亞總督，以及埃及和巴林（Bahrain）等地的統治者。希拉克略究竟有沒有收到這封信，一般歷史學家與伊斯蘭史學家見解大不相同。可以確定的是，穆罕默德的追隨者很快就會出現在希拉克略面前。

雅穆克之役

元老院心懷感恩，封希拉克略為「西庇阿」（Publius Cornelius Scipio）[10]，將他與打敗漢尼拔的古代名將並稱。希拉克略似乎確定可以躋身羅馬歷代名將之列，名垂千古。

有個德國歷史學者說過，如果希特勒死於一九三八年，那麼歷史學家會頌揚他是德國最成功的政治人物。希拉克略也是如此，如果他把真十字架送回耶路撒冷後突然暴斃，那麼他必定與奧古斯都和君士坦丁齊名。事實不然，後世只覺得他是個活太久的皇帝。

表面上看來，希拉克略似乎將羅馬帝國帶回戰爭前的狀態，事實上，一切都變了。經過二十年戰火蹂躪與瘟疫摧殘，帝國只是一具焦黑軀殼，隨處可見燒毀的教堂與要塞，田地荒蕪，村莊人去樓空。

希拉克略派官員到巴勒斯坦、敘利亞和埃及重拾管轄權，可惜覆水難收，羅馬人離開得太久，而且當初被趕走時有失光彩。有點像日本撤離後的新加坡，重返殖民地的大英帝國威信已經大不如前。[11] 再多的盛大排場與儀式，都掩飾不了這個偉大帝國挨了一拳的事實。不過，希拉克略在人民心中依然具有崇高的威權，接下來七年他走遍帝國各行省，耐心地在大馬士革、伊德沙和安提阿建立行政機構，可惜過去輕易就能折服次等民族的羅馬威望，如今已經去失去魔力。

劇變來襲的第一波徵兆，有如來自沙漠邊緣的遙遠微震，也像帝王神經末梢的顫動。

西元六二九年，就在戰爭結束一年後，巴勒斯坦一處羅馬駐防地遭到一群阿拉伯人突襲。這些阿拉伯人被羅馬軍隊驅離，退回沙漠裡。帝國境內傳聞紛紜，都說阿拉伯部族蠢蠢欲動，帝國邊境狼煙四起。過去羅馬人稱呼這些沙漠部落為撒拉森人，不過，這些阿拉伯入侵者更喜歡自稱「移居者」（muhajirun）[12] 。

10　約西元前二三六～西元前一八三，古羅馬名將，他打敗北非迦太基軍事天才漢尼拔，有「非洲征服者」之稱，他讓羅馬從小小城邦變成稱霸地中海的帝國。

11　新加坡於一八二六年成為大英帝國殖民地，一九四二～一九五四年二次大戰期間被日本占領，戰爭結束後英軍重返，但人民開始要求更多發言權。

12　指西元六二二年隨著穆罕默德從麥加遷往麥加北北西三百公里處的先知之城麥地那（Medina al-Nabi）的數百名信徒，伊斯蘭曆法即從此開始。

接下來還有更多侵擾，都發生在小鎮或屯墾區。那些游牧部族會大舉進犯，搜刮財物後迅速離去，帝國部隊根本來不及反應。羅馬在敘利亞與巴勒斯坦的軍事地位開始式微。

過去羅馬人印象中的阿拉伯人是士兵與商人，因為羅馬與波斯兩大帝國都雇請阿拉伯傭兵代替他們在沙漠邊緣打仗。時日一久，這些部族拿慣了羅馬人的黃金，如今戰爭結束，加上羅馬財政吃緊，希拉克略取消歲貢，這些部族於是憤怒地解除與羅馬的盟約。來自阿拉伯半島的消息完全中斷，希拉克略因此無法察覺即將來襲的風暴。

西元六三四年，希拉克略在安提阿收到消息，有一支龐大的移居者部隊闖入敘利亞，奉命前往驅趕的羅馬軍隊徹底被參殲滅。一年後，阿拉伯人占領大馬士革。

這件事太震撼，也太反常。羅馬人向來視這些沙漠部落為次等種族，偶爾友好、偶爾煩人，撿拾強權遺落的渣滓過活。這些人什麼時候變得組織嚴明，武力強大？一百年前普洛柯皮烏斯曾經描述：「撒拉森人本質上沒有能力攻破城牆，卻最擅長劫掠。」如今不知怎的，他們的的確確學會了攻破城牆，甚至占領城牆裡的土地。

希拉克略收到當時的波斯王（也是波斯的末代帝王）雅茲傑德三世（Yazdegerd III）憂心忡忡的來信。雅茲傑德三世同樣為騷擾波斯邊境的撒拉森人深感困惑。羅馬與波斯兩大強權決定同時對阿拉伯人發動攻擊：希拉克略準備揮軍巴勒斯坦；波斯人則是把矛頭指向伊拉克。然而，希拉克略著手整軍備戰之際，狡猾的阿拉伯人卻向波斯人提出和平條件。此時的波斯國力疲弱，百廢待舉，巴不得趕緊上談判桌。

又得出兵收復敘利亞，希拉克略想必厭煩透頂，但他仍舊在安提阿組成一支為數五萬人的龐大部隊，成員包括羅馬人、阿拉伯基督徒、斯拉夫人、法蘭克人、喬治亞人（Georgian）與亞美尼亞人。阿拉伯人撤到以色列最大淡水湖加利利海（Sea of Galilee）南邊的雅穆克河（River of Yarmouk）附近。六三六年八月十五日，兩軍在塵土漫天的平原上對峙，緊鄰雅穆克河支流魯蓋德河（Wadi-ur-Ruqqad）深谷。

羅馬大軍由作戰經驗豐富的亞美尼亞名將瓦漢（Vahan）率領，他的前鋒步兵配備矛與劍；緊接著是帶著標槍與複合弓的投射部隊。瓦漢身披鎧甲的重裝騎兵負責掩護步兵。

阿拉伯人的首領哈立德（Khalid ibn al-Walid）是同時代最有天賦的阿拉伯將領，已經在美索不達米亞南部速戰速決地打敗波斯軍隊四回合。哈立德帶到雅穆克的兵馬只有羅馬軍隊的一半，但他的士兵個個都是沙漠戰高手，習慣騎著駱駝或馬匹從這個水坑走到那個綠洲。

第一天的戰況只有小規模衝突與對決。第二天，瓦漢發動相當出色的前鋒進擊，逼得哈立德的右翼鳴金收兵。鎩羽而歸的阿拉伯步兵垂頭喪氣回到自己的營帳，卻受到妻子毫不留情地奚落嘲弄，甚至被扔石子，逼得他們無地自容，只好重回戰場。這天的戰事死傷慘重，卻是不分勝負。

第三天，瓦漢再次衝破阿拉伯人的右翼。到了第四天，哈立德的軍隊凌厲地還擊，但羅馬的鎧甲騎兵還是重創哈立德的部隊，刺瞎很多人，這天因此有「失明之日」（Day of Lost Eyes）之稱。第五天停戰，哈立德悄悄調兵遣將，截斷羅馬人所有退路。

第六天黎明，哈立德全力攻擊羅馬左翼，羅馬軍隊承受不住壓力，陣腳大亂，阿拉伯軍隊乘機調頭大開殺戒。殘餘的羅馬部隊陷入重圍，部分士兵摔落河谷，也有人倉皇逃命，大部分人都慘遭屠殺，那天阿拉伯人不打算留活口。哈立德帶著機動部隊追逐羅馬敗軍，一路追到大馬士革，將他們一一了結。

在安提阿的希拉克略收到自己的軍隊在雅穆克全軍覆沒的消息，心知已經守不住安提阿，不得不帶著僅剩的部隊撤退，翻越托魯斯山脈進入小亞細亞。經過數十年的慘烈犧牲，他再度失去敘利亞行省。希拉克略好像也做好失去巴勒斯坦的心理準備，因為他採取預防措施，派人將真十字架送往君士坦丁堡保存。

這樣也好，隔年阿拉伯最高指揮部派兵征服耶路撒冷，圍攻四個月，最後城裡的羅馬官員在六三七年四月投降。耶路撒冷的百姓密切觀察這些阿拉伯統治者，他們究竟是基督徒、不信教的人，或其他別的？當阿拉伯哈里發奧瑪（Caliph Umar）下令清理聖殿山的瓦礫，猶太人感到眼前一片光明。聖殿山是傳說中所羅門王宮殿所在，被基督徒用來當垃圾山。阿拉伯統治者甚至客客氣氣地稱呼猶太教徒「有經人」（ahl-al-kitab）[13]，更令猶太教領袖振奮。

三年後，軍紀嚴明的阿拉伯軍隊也拿下埃及，為穆斯林征服北非譜出序曲。阿拉伯人學習羅馬人的管理方式統治新占領的土地，進一步鞏固政權。

短短三十年內，羅馬人失去三分之二的帝國版圖，重新收復，又再度失去。阿拉伯人在東方的進展更是驚人，大片大片的波斯領土落入無可匹敵的阿拉伯軍隊手中：六三八年順利攻下伊拉克，緊接著是伊朗全境。波斯薩珊王朝末代君主雅茲傑德三世逃到波斯帝國東端的梅爾夫（Merv），卻當街遭人殺害，那年他才三十四歲。他的孩子流落中國，客死異鄉，波斯薩珊王朝就這樣滅亡了。

帝國命運第三度轉折，希拉克略從此萎靡不振，喪氣地回到黑拉的別宮。百姓總是把一切歸咎於他跟瑪蒂娜的亂倫婚姻。批評者認為，他的婚姻受到詛咒，所以他十個孩子之中有三個幼年夭折，一個頸部癱瘓，還有一個又聾又啞。

希拉克略已經六十歲，茂密金髮日漸稀疏，背也駝了，還得了水腫，雙腳浮腫，疼痛不已。據說此時他因為受恐水症之苦，困在城外，不敢渡過博斯普魯斯海峽。他的部屬下令用船隻造一條浮橋，方便他渡海回到皇宮。

他的水腫惡化，只能臥床休養。六四一年一月，他終於嚥氣，想必如釋重負。

羅馬宮廷詩人比西底的喬治（George of Pisidia）曾經追隨希拉克略攻打波斯，在希拉克略執政晚期寫下這些肅穆文句：

圍繞在周遭的輝煌光彩瞬間消散
人世間反覆不定的虛幻榮耀
一時光芒萬丈，一時枯萎凋零
生命的全部歷程

以及有關人性的寬厚評斷
都像充飽氣的球一去不返

恐怖凶兆

根據伊斯蘭史料記載，雅穆克戰役第一天清晨，雙方人馬隔著無人區怒目相視，有個名叫喬治的基督徒小隊長突然從羅馬陣營中衝出，奔向敵方，大喊他要換邊，要皈依伊斯蘭。哈立德歡迎喬治投誠，幫他取名「傑賈」（Jiriah）。根據記載，傑賈第一天就戰死沙場。

有關阿拉伯人的宗教觀，各種訊息搞得羅馬人一頭霧水。阿拉伯人尊重基督徒和猶太教徒的信仰，卻要求他們繳納一種名為吉茲亞（jizya）的稅，這是針對非穆斯林課徵的丁稅。羅馬淪陷區很多基督徒選擇改信伊斯蘭教，純粹只是為了避稅。

我們很難想像中世紀人們被信仰另一種宗教的種族征服後，心靈上會有多麼恐懼。嘗到敗戰的苦果後，總會有虔誠信徒在街上大聲嚷嚷，說這種劇變是上帝在懲罰人們的惡行與異端邪說。

更嚴重的失敗，就會引發更危險的想法：這會不會代表那些「異教徒」的信仰才是正確的，而我們一直都弄錯了？我要選擇當個殉教烈士，或像傑賈一樣投靠勝利的一方？因為上帝一定站在贏的那一邊。這種不確定感會導致磨人心志的焦慮，因為這牽涉到的不只是你此時此刻的性命，還有你不朽靈魂將何去何從的問題。

古代的羅馬人儘管擁有帝國光環，卻始終懷著一股憂慮，擔心他們的榮耀會轉眼消失。西元前一四六年某天晚上，某個羅馬將軍看著士兵縱火焚燒迦太基城時，腦海裡對遙遠的未來有種揮之不去的預感。迦太基是羅馬大

13　穆斯林《古蘭經》只承認四種信奉「天啟」經典的宗教：伊斯蘭教、猶太教、基督教及中東傳統的拜星教（Sabians），稱這些教徒為「有經人」。

敵，能夠一舉殲滅敵人，應當是大快人心的時刻。相反地，這位將軍流著淚對身邊的希臘友人說：「我有個很不好的預感，擔心總有一天我的國家會遭受同樣的命運。」

在西元前一四六年，這種擔憂言之過早。羅馬帝國才開始稱霸地中海。接下來的幾個世紀，羅馬帝國會落入週期性循環：面臨危機，復甦；在奧古斯都、戴克里先和君士坦丁手中脫胎換骨，不難推斷羅馬會在歷史的進程中享有穩固地位。

可是到了六四一年希拉克略崩殂時，君士坦丁堡的羅馬人清楚意識到，自己的國家已經從天堂跌落地獄，從超級強權淪為地中海周邊小國。數十年的征戰與瘟疫讓羅馬人滿腹沉痛、精神緊張，人們迫切期待基督再臨，心情更是雪上加霜。君士坦丁堡每個定期上教堂誦念信條的基督徒都知道，基督將「在榮耀中再度降臨，審判生者與死人」。那時亡者復活，惡人受譴責，整個世界得到救贖。希拉克略成功地在帝國命運與上帝對人世的計劃之間畫上等號。那麼為什麼偏偏是信仰某種神祕宗教的阿拉伯人占領了他們的土地？

第 5 章
以實瑪利的後裔

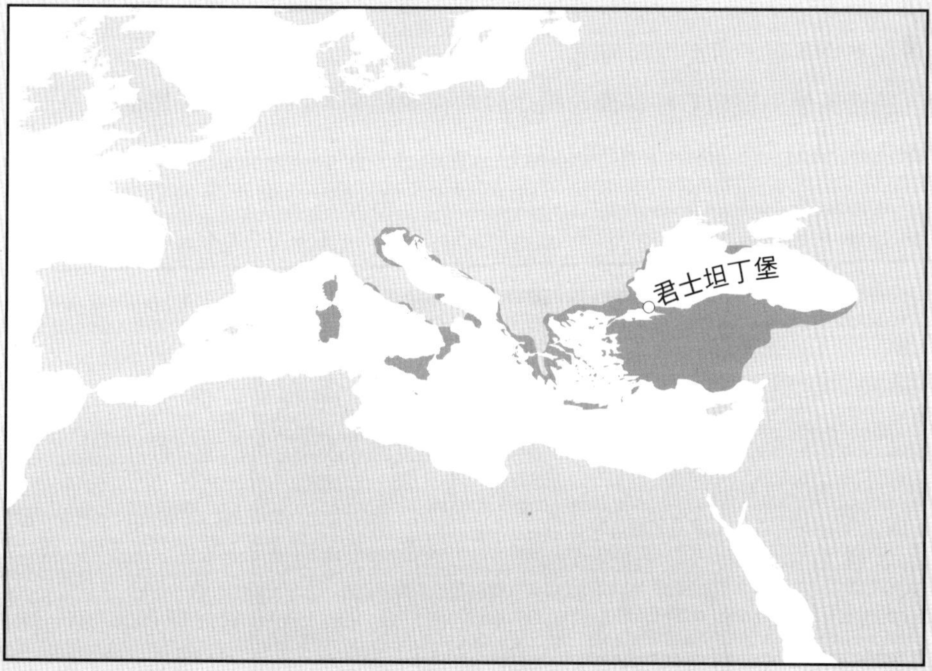

七一八年的羅馬帝國，阿拉伯人第二次圍攻君士坦丁堡

禱告勝於睡眠

我跟喬發展出新的作息，吃過晚餐後早早回房休息，隔天破曉時分藍色清真寺尖塔傳出第一波晨禱喚拜聲就起床：來吧，你將繁榮，真主至大，禱告勝於睡眠。

喬對最後那句話不以為然，他覺得每天清晨的喚拜聲很擾人，我卻一點也不介意。一段時間以後，它就融入城市的喧囂，幾乎很難察覺。伊斯坦堡正如過去的君士坦丁堡，是歐洲最大城，我發現能夠在忙碌的一天裡暫停個幾次，讓耳根子清靜一下，好好沉思默想一番，有著莫大益處。不過，如果我還在喬的年紀，肯定也叫苦連天。

我希望藉由這趟旅程讓喬體驗宗教藝術與建築的恢宏壯闊與情感張力。我跟內人沒有刻意讓孩子接觸基督教，孩子們也不曾對任何宗教特別感興趣。喬對聖經故事幾乎完全陌生，所以拜占庭的鑲嵌壁畫在他看來就像象形

藍色清真寺內部

文字一樣深奧難解。他對宗教其實並沒有留下好印象。我們住家附近有不少福音派基督徒，喬曾經跟同年齡的孩子爭辯過，因為那些孩子一口咬定地球存在只有六千年，還說達爾文的演化論是錯的，人類其實曾經跟恐龍並存。

「別跟他們計較。」我告訴喬，「他們只是忠於他們的父母，遵守他們從小學習的信條。」

「可是他們**超煩的**，一直說如果我不贊同他們的話，就會下地獄。」

「你相信那種話嗎？」

他一臉不屑。「才不。我一點都不相信有上帝。」

幾年前我採訪過生物學家理察．道金斯（Richard Dawkins）[1]，他是知名的無神論者。訪談過程中，我順道提起我在學校上哲學課時學到，理性或信仰都可以幫助我們理解知識。道金斯不贊同「信仰」那部分，用他特有的斬釘截鐵口吻說：「我**個人**不相信**有哪個**負責任的學者**會**說出這樣的**蠢話**……」

道金斯不贊同基本教義派信徒把開天闢地的迷信當成科學事實傳授給孩子。我也不太認同這種做法，讓孩子每天吃早餐前相信六件不可能的事，長期下來效果可能適得其反。也可能只是讓他們學到，只要夠自信或夠自以為是，就能隨心所欲地判定任何事為「真實」。我希望喬對宗教藝術與哲學保持開放心態，卻也希望他能明辨是非。

當年採訪道金斯之前，我看了由他撰寫並出品的英國紀錄片《上帝的幻象》（*The God Delusion*），片中他前往美洲和聖地研究宗教迷信與偏執衍生的惡果。影片末尾，道金斯去到耶路撒冷，站在圓頂清真寺（Dome of the Rock）前感嘆聖城裡三大宗教引發的根深柢固仇恨。

當時我聽著他說話，覺得他似乎沒發現自己背後那座金碧輝煌的清真寺美得多麼耀眼。在他心目中，聖墓教堂只是狂熱分子與騙子棲居的兔子窩。

1　一九四一～，英國演化生物學家，一九七六年出版《自私的基因》（*The Selfish Gene*）受到注目。

他說，美存在科學裡，在DNA優雅的螺旋裡，在畫眉的啼囀或花朵的繁複對稱裡。是啊，但我不禁納悶，如果無神論者因為對宗教反感，無法體察宗教之美，某種程度上不免流於庸俗。

自然而然地，道金斯認為宗教的基本教義論點會戕害啟蒙運動的諸多價值：判斷、質疑、擇善固執地忠於不討喜的事實。十八世紀歷史學家吉朋是啟蒙運動的擁護者，他的著作嚴重污名化拜占庭，一點也不在乎君士坦丁堡那些說希臘語的羅馬人。

「迷信拴緊他們的鎖鍊。」他如此慨嘆。在他看來，他們的歷史是「冗長無變化的故事，滿紙盡是軟弱與苦難」。啟蒙時代的法國思想家伏爾泰（Voltaire）也十分嫌惡滿腦子上帝的拜占庭百姓，將他們的千年文明貶斥為「人類心靈的恥辱」。由於這些啟蒙思想家的大聲疾呼，英文裡byzantine（拜占庭）這個詞帶有負面意義，指稱任何過度龐雜又官僚的事物。如今還有很多人只知道byzantine這個字的負面意思，卻對拜占庭這個城市毫無所知。

二十世紀有一群新世代西方歷史學家以全新的眼光檢視拜占庭歷史，這才發現啟蒙運動時代那些思想家錯把精華連同渣滓一併丟棄。那些思想家沒能回答這個問題：如果君士坦丁堡的羅馬人如他們所說那麼無能，迷信到東怕西怕的地步，他們的文明如何能歷時千年？他們的人間天堂觀念又如何能啟發這麼多人？這一切都只是騙局，都只是魔術師可笑的障眼法嗎？

我不得不讚嘆拜占庭的彈性，能夠背轉身去，目光緊盯造物主臉龐。宗教的神祕與神聖向來對我極具吸引力，我意識到那份莊嚴力量吸引著我，像某種隱形星球。那份力量有時會引我走向教堂大門，卻沒有強烈到讓我想留下來。過去在國外旅行時，我幾度溜進大教堂，坐在後排座椅觀看彌撒，讓自己在陌生語言中享受禮拜儀式的美。如果我聽得懂那種語言，只怕會厭煩透頂吧。我寧可當個旁觀者，而非參與者：我不想被逼著複誦我不相信的信條。

我父親艾倫一進教堂就渾身不自在，如果碰到不得不進教堂的場合，比如參加婚禮、喪禮或耶誕彌撒，他就偷瞄教堂裡跟他一樣不耐煩、扭來動去的小孩，甚至調皮地唆使他們搗蛋，給自己找點樂子。我媽會忍住笑，輕聲說道：「艾倫，別鬧了。」

父親的童年並不快樂，他母親在他三歲時死於結核病，他父親是大戰老兵，疏於照顧孩子。他在基督兄弟天主教學校受過粗淺教育，學校裡的「基督兄弟」用體罰強迫他信神與服從。

我母親潘蜜拉接觸基督教的經驗愉快多了。她在鄉村小鎮成長，從小信奉英國國教，對教堂和以教堂為依歸的生活步調有著許多美好回憶。

潘蜜拉與艾倫結婚當天

他們一九五九年結婚，在那個年代，某些地區還不太能接受天主教徒與新教徒通婚。母親說她很樂意皈依天主教，但父親覺得沒必要，所以他們在阿得雷德（Adelaide）一座新教教堂舉行婚禮。教派意識在澳洲反正已經漸漸式微，何況他們看起來超速配，是天造地設的一對。結婚照裡的他們像電影明星一樣亮眼：父親像年輕版的約翰．巴里摩（John Barrymore）[2]；母親豔光四射可比葛麗絲．凱莉（Grace Kelly）[3]。

2　一八八二～一九四二，二十世紀初美國影星，曾擔綱演出無聲實驗電影《唐璜》（*Don Juan*）。

3　一九二九～一九八二，一九五四年以《鄉下姑娘》（*The Country Girl*）奪下奧斯卡最佳女主角，兩年後嫁給摩納哥蘭尼埃親王（Rainier III），一九八二年車禍逝世，享年五十四歲。

雖然結婚照裡的他們如好萊塢影星般光鮮亮麗，他們過的生活卻十分簡樸。我和妹妹成長於墨爾本和雪梨近郊，就讀郊區沒有宗教色彩的公立學校。母親希望我們也能熟悉她從小接觸的聖經故事與讚美詩，經常帶我們到住家附近的新教教堂。我進中學以後慢慢少進教堂，星期天寧可窩在家裡睡覺或看電視。不過我十五歲時加入教會的青少年團契，倒不是因為我突然對靈魂議題感興趣，而是想去認識女孩子。

青少年團契的聚會通常在星期天下午舉辦社交活動，緊接著做晚禱。牧師傳福音的態度相當低調，我有些朋友在這個時期受洗，我卻沒有，他們相當失望。我本質上是個懷疑論者，對宗教沒辦法太投入。再者，《新約》裡的神滿懷愛與寬恕，《舊約》裡的造物主卻反覆無常、怒氣騰騰，我不知道該怎麼看待二者之間的衝突。

我總覺得《創世記》裡的故事真假難辨又古怪離奇。故事一開始帶我們進入上帝的內心，看祂創造天與地。這是一篇造物神話，如今我們不妨視之為以文學形式呈現的宇宙大爆炸理論：先有一團初始物質，而後能量波動，突然強光閃爍，地球和地球上的一切生命於焉生成。

希伯來人的神耶和華就跟迦南地（Land of Canaan）[4] 一樣，嚴苛又令人敬畏。在《創世記》裡，祂跟亞伯拉罕同行[5]，又跟雅各摔角[6]。在《出埃及記》裡，他以火柱[7] 形態出現，又變成燃燒樹叢裡沒有形體的聲音[8]。祂發現人性墮落無可救藥，於是以洪水淹死全世界的人，卻饒過諾亞一家人。耶和華的作為超出人類的理解範圍，他的思維太過宏大，我們很難領會。

基督教像猶太教的突變種般出現在巴勒斯坦。耶穌以救世主（messiah）身分來到耶路撒冷，也就是希伯來預言書裡的受膏者（anointed one）。他重新定義上帝與祂所造的子民之間的關係，以愛與仁慈的新戒律取代摩西所受的古代律法。他受刑後，基督教還只是猶太教的小小教派，後來塔蘇斯的保羅（Paul of Tarsus）才將耶穌的新一神論傳播到羅馬帝國各處。基督教為奴隸和窮人帶來希望與尊嚴，慢慢地，這些人影響了他們的主人。這其中隱含著全新的倫理觀：木匠之子闡述的道理，最終征服了羅馬帝國。

基督死後六百年，這個透過亞伯拉罕、摩西與耶穌（在此他的身分是先知，而非上帝之子）多次彰顯的宗教，在阿拉伯沙漠商人穆罕默德手中進行第三次、也是最後一次革新。穆罕默德說，不會再有新的改變了。他沒有留下存疑的空間。這回謄寫在《古蘭經》裡的經文並沒有受到凡人的闡釋或曲解，《古蘭經》呈現給世人的，是直接來自真主、純淨無雜染的語句。

先知

伊斯蘭教的起源蒙著神祕面紗，至少在非信徒看來是如此。有關穆罕默德生平的紀錄都來自口耳相傳，在他死後數百年才由虔誠的穆斯林書寫下來。傳統穆斯林的版本，跟現代歷史學家考據當時非穆斯林的說辭拼湊出的面貌有所出入。

根據伊斯蘭傳說，穆罕默德生於西元五七〇年，幼年喪母，由祖父和叔叔阿布·塔里布（Abu Talib）撫養長大。

穆罕默德所屬部族名為古萊西（Quraysh），這個部族敬奉真主阿拉，也信仰其他次級女神，據說都是阿拉的女兒。穆罕默德年輕時隨著商隊往來於麥加與敘利亞，途中接觸到猶太教與基督教教義。二十五歲時，他迎娶富孀哈蒂嘉（Khadija）為妻。

當古萊西的商人享受著世俗的聲色之娛，穆罕默德選擇單純的清修生活，偶爾會躲進光明山（Mount Jabal al-Nour）某個小山洞裡祈禱冥想。

某天晚上在山洞裡，他的腦海充塞一道震撼的指令：複誦！

---

4 古地名，上帝應允賜給亞伯拉罕的土地，在地中海東岸沿海低地。

5 典故出自《聖經．創世記》第十八章第十六節。

6 典故出自《聖經．創世記》第三十二章第二十四至三十節。

7 典故出自《聖經．民數記》第十四章第十四節。摩西對耶和華說：「你白天用雲柱，黑夜用火柱，走在他們前頭。」

8 典故出自《聖經．出埃及記》第三章第四節。摩西見荊棘叢著火卻沒有燒毀，過去查看，上帝從荊棘叢裡出聲制止他。

他驚惶地奔出洞外，據說碰見了天使，這個天使體形如此龐大，遮蔽整個天空，說話聲像雷鳴：以你的主之名複誦，祂以血塊創造了人！啊，穆罕默德，他是上帝的先知，我是基卜里勒（Jibrīl）[9]。

自此，受到上帝啟發的語句從穆罕默德雙唇之間流瀉而出，接下來二十三年之間，還會有更多語詞湧現，由穆罕默德的追隨者記錄並謄寫在羊皮紙、石頭和棕櫚葉上，或刻在駱駝的肩胛骨上。

這種神啟造成穆罕默德肉體上的疼痛。他說：「每次我接收到天啟，就覺得我的靈魂被扯離。」

起初穆罕默德只對家人透露這些天啟，之後也告訴幾個朋友。三年後，他開始對古萊西族人傳道。他傳達的訊息正如它起源的沙漠，簡單而直接：你們過去的神失靈了。世上只有一個神，就是阿拉，所有人都該臣服於祂，因為審判與復活的日子隨時會來到。「當天空被撕成碎片；當星辰潰散；當海洋翻騰匯聚；當墳墓被推離原地；每個靈魂都會知道自己做了什麼，少做了什麼。」

穆罕默德要求追隨者做到公正、謙卑與仁善。他呼籲追隨者過著中規中矩的道德生活，當時的古萊西族不滿商人階級之中的暴發戶貪婪又傲慢的嘴臉，熱忱接納他的教誨。他的追隨者必須把部分收入捐給窮苦人家，每年的齋戒月（Ramadan）日出到日落之間不進食，體驗窮人挨餓時的感受。

穆罕默德激進的教條得罪了古萊西族勢力龐大的領導階層。西元六二二年，有人計劃暗殺他，他逃往麥加，帶著追隨者移居葉斯里卜（Yathrib），在那裡受到眾多支持者歡迎，後來他將此城改名麥地那。那些伴隨他來到此地的人就稱為「移居者」。

六二四年，有一支古萊西軍隊跟穆罕默德的移居者部隊在巴達爾（Badr）爆發衝突。移居者獲勝，穆罕默德把勝利歸功於一群隱形天使。雙方簽訂停戰協議，西元六二九年，穆罕默德終於獲准進入麥加。他直接走到麥加那座黑色立方體聖所卡巴天房（Kaaba）[10]，命人清除裡面的異教神像，重新淨化，回歸唯一真神阿拉。

穆罕默德的高瞻遠矚與寬大為懷化解了部族間的宿怨，統一了阿拉伯世界。他說，願意為真神服務的僕人都要團結成單一族群，稱為「烏瑪」（umma），亦即伊斯蘭共同體。而所有穆斯林都要準備好展開「聖戰」（jihad），執行神在人間的意旨。穆罕默德有別於耶穌，他沒有宣揚自己的神性，他是個先知，不是救世主。基督教徒為錯綜複雜的「三位一體說」傷神，穆罕默德提出了清透如寶石的論點：「神之外沒有神。」

西元六三二年，穆罕默德死於熱病，許多追隨者樂意傳遞他的教誨。他的好友阿布·巴克爾（Abu Bakr）接替他的領袖地位，成為第一任哈里發（caliph）[11]。阿布·巴克爾對兵疲馬困又飽受瘟疫摧殘的羅馬與波斯兩大帝國發動攻擊，連戰皆捷。第二任哈里發奧瑪爾又攻下東北方的伊朗、伊拉克，以及西北方的敘利亞、巴勒斯坦與埃及。阿拉的軍隊所向披靡、攻無不克，締造了阿拉伯族先祖永遠想像不到的佳績，也讓族人驚嘆連連。十世紀有個匿名穆斯林評論家寫道：

> 我們赤手空拳出發，一貧如洗，人單勢薄。我們沒有武器，更沒有補給，去攻打版圖遼闊的帝國。那些人明顯實力雄厚，軍隊多不勝數……也就是波斯人與羅馬人。我們憑藉微薄的力量與弱小的兵力，是神讓我們勝利，讓我們擁有他們的土地。

在移居者心目中，這就是活生生的證據，證明《古蘭經》的教導是對的，一個依循神的律法團結和諧的社會將會繁榮昌盛，會戰勝神的敵人。

9　原注：大天使加百列（Gabriel）的阿拉伯名稱。

10　伊斯蘭教最神聖處所，是穆斯林每日朝拜面向的位置，也是朝聖的地點。天房東南角鑲有一塊黑色隕石，稱為「黑石」。

11　原注：字源是阿拉伯文khalīfah，意為「繼任者」。

夏甲與以實瑪利

阿拉伯這股勢如破竹的毀滅力量出現後，君士坦丁堡的基督教徒苦惱萬分。古代的羅馬人看待阿拉伯部族的心態摻雜了鄙夷與擔憂，就像看待潛伏在帝國周邊的所有蠻族一樣。阿拉伯民族凶悍又機智，但部族之間紛爭不斷，對帝國很難構成威脅。如今他們團結了，顯得勢不可擋，窮凶極惡地朝君士坦丁堡而來。

而在耶路撒冷，基督徒與猶太教徒都懷抱希望，認為他們的阿拉伯新統治者跟他們有著相同信仰。那裡的羅馬人注意到這些阿拉伯人自稱「信教者」，但他們信的是什麼？在上帝眼中，這些是什麼人？

有一封當時的信件透露些許線索，信裡記錄了安提阿的主教與敘利亞新大公之間的會談。阿拉伯族的敘利亞大公詢問主教有關基督徒和猶太人遵行的律法與信念，但他提及自己的百姓時，卻稱他們為「夏甲人」（Hagarenes），而非「穆斯林」或「穆罕默德的追隨者」。

從阿拉伯人寫給希拉克略的狂妄信件也能窺知一二。信中阿拉伯人宣稱巴勒斯坦行省屬於他們：「巴勒斯坦是上帝賜予亞伯拉罕和他的後代子孫的，而我們是亞伯拉罕的後裔。你占領我們的國家，實在太無理。和平地離開吧，我們將會索討你們奪取的，外加利息。」

阿拉伯人形容先知穆罕默德是「以實瑪利的後裔」。這麼一來，羅馬人似乎恍然大悟，終於明白為什麼上天的祝福全都灌注在阿拉伯人身上。這些答案都寫在《聖經》開宗明義的《創世記》裡。

亞伯蘭最受希伯來人的神耶和華喜愛。他的名字意思是「欣喜的父親」，可是亞伯蘭非常失望，因為他已經八十五歲了，卻是膝下猶虛。

某天晚上，耶和華出現在亞伯蘭夢中。耶和華帶亞伯蘭走出他的泥磚屋，來到沁涼夜色中，讓他抬頭看看夜空中閃爍的星光。耶和華對他說：「看你能不能數得出天上有多少星辰，你將來會有那麼多子孫。」

耶和華要亞伯蘭以鮮血獻祭，亞伯蘭宰殺一隻牛犢、一頭山羊、一頭公羊、一隻小鴿子和一隻大鴿子，之後他跌入恐怖的黑暗中。

耶和華的聲音再度傳入他腦海。耶和華告訴他，他的子孫必須當四百年的奴隸，但總有一天他們會繼承從埃及的河流到幼發拉底河之間那片土地。

亞伯蘭從夢中醒來，轉身對妻子撒萊說：

「耶和華說我的子孫會多得像天上的星星。」他臉上的表情滿是驚奇。

可是撒萊已經七十五歲了，她捏捏臉上和胸部鬆垮的皮膚。

「亞伯蘭，你看看我。誰都看得出來我太老，生不出孩子了。」她說。

撒萊於是喚來她的埃及婢女夏甲。

她痛苦地對亞伯蘭說：「去吧，跟我的婢女行房，也許她能代替我生子立後。」

亞伯蘭納夏甲為妾。不久後，夏甲懷孕了，撒萊嫉妒地看著她日漸隆起的肚皮。她覺得夏甲態度變得倨傲，心裡憤憤不平。她當面指控夏甲內心對她存有不敬，夏甲擔心自己的生命會有危險，逃到沙漠去。

逃走後的夏甲走到泉水旁停下來休息，天使找到了她。

天使問她：「夏甲，妳從哪裡來？要往哪裡去？」

「我要逃離我的女主人撒萊。」夏甲答。

「回到妳女主人身邊順服她。照我的話做，妳就會有更多子孫，多到妳數都數不清。」

天使又告訴夏甲她會生下兒子。「他的名字叫『以實瑪利』，意思是『上帝聽見了』。」

天使提醒夏甲：「以實瑪利的個性會像野驢，他要跟人作對，人也要跟他作對，他必與所有兄弟為敵。」

夏甲照天使的話做，回到家裡，不久就生下一個兒子。亞伯蘭將他命名為以實瑪利。

十年過去了，亞伯蘭九十九歲。

耶和華再度出現在他夢中。「以後你的名字不叫亞伯蘭，從今天起你叫『亞伯拉罕』，意思是『多國之父』。」

耶和華再次重複他的承諾，說亞伯拉罕將會成為多國之父。

「相對地，你和你的子孫必須與我立下誓約：一種肉體的誓約。」耶和華說。

「你們所有男子都得行割禮，每一個都要，包括你、你兒子和你的奴隸，以此證明你們遵守和我的誓約。」

然後耶和華告訴亞伯拉罕，他的妻子撒萊也要換個新名字。「從現在起，她的名字叫『撒拉』，她會幫你生個兒子。我會祝福她，讓她成為多國之母，多國的君王由她而生。」

亞伯拉罕伏地叩拜，笑出聲來。

「一百歲的老人怎麼生得出兒子呢？還有，撒拉已經九十歲，又怎麼懷胎生子呢？那麼我兒以實瑪利呢？他為什麼得不到祢的祝福？」

耶和華的影像出現在亞伯拉罕腦海，像燃燒的太陽。祂說：「你聽著，撒拉會生個兒子，你要幫他取名以撒，我會跟他和他的後裔立下萬世之約。」

亞伯拉罕靜靜聆聽，沉默以對。

耶和華說：「至於以實瑪利，我聽見你的話了，好，我也會賜福給他。我會讓他變成十二個王子的父親，讓他建立一個大國。但我的誓約是跟以撒的子孫立的。」

耶和華說完話，就飄到天上去了。

同一天，亞伯拉罕和他的兒子以實瑪利和家裡所有男人都遵照耶和華的指示，持刀行了割禮。

一年後，撒拉生了他們盼了許久的兒子以撒。

這時亞伯拉罕已經一百歲。

以撒脫離襁褓期後，亞伯拉罕舉辦盛宴慶祝他的斷奶日。在宴會中，撒拉看見以實瑪利取笑她的小以撒，勃然大怒。

「亞伯拉罕，把那個女奴和她兒子打發走。我不許那個以實瑪利跟我兒子以撒一起當繼承人。」她悄聲對亞伯拉罕說。

亞伯拉罕左右為難，因為以實瑪利和以撒都是他的孩子。

可是耶和華現身告訴他：「聽撒拉的，照她的話做。別擔心，我會保護以實瑪利，為他建立一個國家，因為他是你的兒子。」

隔天清晨，亞伯拉罕給了夏甲麵包和水，把以實瑪利放在她背上，送走他們。

夏甲和以實瑪利走進了別示巴（Beersheba）的沙漠，亞伯拉罕再也沒見過他們。

基督教學者無論如何也難以想像，那些攻城掠地的阿拉伯人竟會是失蹤已久的夏甲與以實瑪利的後裔，如今從荒野出來，要奪回他們與生俱來的權利。還有，《聖經》上說以實瑪利「像頭野驢」，「與所有人為敵」……嗯，那群騎著駱駝、手持彎刀的古怪信教者不就是這樣？

接著是更叫人不安的念頭：如果那些沙漠戰士確實是以實瑪利的後代，那麼阿拉伯人就跟猶太人一樣，可以宣稱自己是亞伯拉罕的後裔，羅馬的基督徒卻辦不到。

倒塌的巨像

希拉克略死後，君士坦丁堡陷入混亂局面。葬禮一結束，他那不受愛戴的妻子瑪蒂娜就和他第一任妻子的親屬展開糾纏不清的權力鬥爭。幾個月後，瑪蒂娜和她兒子赫拉克隆納斯（Heraclonus）被流放到希臘的羅得島

（Rhodes），希拉克略十一歲的孫子康士坦斯二世（Constans II）即位，成為羅馬帝國皇帝。如今的羅馬帝國版圖已大幅縮減，只剩色雷斯南部、小亞細亞、亞美尼亞、北非和義大利幾個零星地區。康士坦斯二世在位二十七年，眼睜睜看著阿拉伯勢力日漸坐大。

在此同時，阿拉伯人在過去羅馬治下的敘利亞、巴勒斯坦與埃及設立高效率的行政機關，也掌控了地中海東岸的主要港口，但羅馬海軍依然稱霸海上。

敘利亞的新行政官是個積極進取的將軍，名叫穆阿維亞（Mu'awiya），他立刻看出阿拉伯人需要擁有自己的地中海艦隊。他擬定造船計劃，徵求當時的哈里發烏斯曼（Uthman）同意。烏斯曼首肯，穆阿維亞於是在敘利亞海岸設立多處造船廠。

短短兩年後，穆阿維亞就打造出一支頗具規模的船隊，船上的人員包括基督教水手和阿拉伯海軍。到了六四九年，他從海陸迅速拿下羅馬的塞普勒斯行省，次年又將目標鎖定羅得島。羅得島介於君士坦丁堡與亞歷山卓間，是羅馬的重要貿易港。

羅得島在古代頗富盛名，因為那裡有一尊耀眼的巨像，是希臘的太陽神赫利歐斯（Helios），以青銅鑄造，高三十二公尺[12]。這尊銅像造於西元前二八〇年，慶祝羅得島戰勝塞普勒斯托勒密一世（Ptolemy of Cyprus）。銅像巍然聳立港口，極其壯觀，在古代被譽為世界七大奇景之一。

但這尊銅像只屹立了五十六年，就在西元前二二六年的地震中倒塌。迷信的希臘人無意將雕像重新扶正，因為他們認為那是眾神的旨意。倒臥的巨像變成古代的熱門觀光景點。老普林尼曾經寫道：「即使橫躺在地上，它依然是一大奇觀。沒有幾個人能環抱銅像的拇指。光是銅像的手指都已經大過多數雕像。」

西元六五三年，穆阿維亞的海軍輕鬆拿下羅得島。穆阿維亞不知是嫌惡或不在乎那尊巨像，命人將它肢解，廉價賣給一名來自伊德沙的猶太人。猶太人出動九百頭駱駝，才順利把巨像碎片運走。這些青銅後來送往敘利亞鑄成錢幣。那是毀滅與重生的一刻：羅得島的巨像，古代的世界奇景，分解成數以千計的錢幣，流傳到中古世紀的全世界。

兩年後，新建的阿拉伯海軍打了漂亮的一仗，擊敗規模更龐大的羅馬艦隊，此役名為「船桅之戰」（Battle of the Masts）。康士坦斯二世當時也在艦隊上，僥倖逃過一劫，躲到西西里保住小命。他的大帆船隊損失五百艘船，羅馬帝國從此失去地中海東岸海上霸主之位。

西元六六一年，穆阿維亞即位，成為下一任哈里發，把首都遷往大馬士革。七年後，康士坦斯二世在西西里島的敘拉古（Syracuse）被他的侍浴僕人用肥皂盒敲頭斃命。羅馬人認為這是上帝懲罰他拋棄君士坦丁堡。

羅得島巨像

12　原注：大約跟美國紐約的自由女神像同尺寸。

魚醬

君士坦丁堡即使在最黑暗的時期，都享有一大福分，那就是金角灣源源不絕的漁獲。在碼頭上捕魚現烤的傳統從古代延續至今。因此，當午餐時間來到，我帶著喬搭乘電車前往金角灣的艾米諾努區，打算在伊斯坦堡遠近馳名的烤魚三明治船買個三明治嘗嘗鮮。就在加拉達橋旁，我們看見一整排鮮麗木造帆船在水面搖晃。甲板上的男人在高溫鐵盤上燒烤魚片，閒話家常或彼此吆喝。

我們在緊鄰碼頭的櫃台點餐。櫃台的女人轉頭喊出餐點名稱，她背後船上廚房裡的工作人員把烤魚片塞進半條法國麵包，搭配生菜沙拉、洋蔥和檸檬汁。最後用紙包妥，隔著海水拋向櫃台。

我跟喬拉了兩把凳子，坐下來享用，四周大約有幾十個休息吃午餐的本地人。三明治價格非常便宜，一份只要五土耳其里拉（Turkish lira）[13]，可惜淡而無味，魚刺太多，幾乎無法食用。我們吃了一半決定放棄，改吃土耳其椒鹽脆餅填飽肚子。後來我發現，三明治裡的魚並不是直接從博斯普魯斯污染的海水中撈捕起來現烤，而是從挪威進口的鯖魚，或許這樣也好。

安全無虞的港口提供充足的漁產，讓君士坦丁堡熬過其他城市難以抵擋的長期圍攻。君士坦丁堡百姓的食物除了魚以外，主要是蔬食，包括胡蘿蔔、韭蔥、蘑菇、洋蔥和菠菜。

基層百姓餐桌上的主角是橄欖、乳酪和蛋，經濟較寬裕的人們則會享用價格高昂的肉品，例如豬肉、羔羊和禽類，其他還有柳橙、檸檬、石榴和蘋果。魚子醬產量豐富，售價低廉，任何人都吃得起。添加香料的葡萄酒很受歡迎。克雷摩那的里歐普蘭德曾經在他的信裡埋怨，皇帝的宴席上竟有「加了樹脂的葡萄酒」。聽起來很像松脂酒，那是一種以松脂調味的酒，現代希臘餐廳還能品嘗得到。

里歐普蘭德也在他的日記裡挖苦道，皇帝派人送給他一份「棒透的禮物」，那是一隻烤熟的山羊寶寶，肚子裡「自豪地塞滿大蒜、韭蔥和洋蔥，周身塗滿魚醬（garum）」。里歐普蘭德最難消受的是魚醬，那是一種氣味強烈的醬汁，羅馬人幾乎每道料理都會灑一些，增添食物的風味。來自西方的訪客無法接受那種魚腥味，可是身為造訪宮廷的大使，里歐普蘭德別無選擇，只能強顏歡笑地吃下肚。

魚醬做法如下：魚的血液和內臟以鹽巴醃製，搗碎後放在大缸裡，擺在太陽底下發酵。幾個月後會有一層清透液體浮在上層，那就是魚醬。這時將細篩放進缸子裡，瀝出魚醬，「殘渣」棄置不用。這種醬汁很類似氣味強烈的越南魚露。

泥金裝飾手抄本（illuminated manuscript）[14] 中的拜占庭漁夫，出自約翰‧斯基里澤（John Skylitzes）的《拜占庭插圖編年史》（*The Madrid Skylitzes*）

13　一土耳其里拉大約等於美金〇‧二五元。

14　手抄本的一種，其內容通常與宗教相關，內文由精美的裝飾來填充，例如經過裝飾性處理的首字母和邊框。泥金裝飾圖形則經常取材自中世紀紋章或宗教徽記。

阿拉伯人的入侵改變了羅馬人的飲食習慣。埃及失守後，穀物供應斷絕，君士坦丁堡的百姓只好以北方的小麥取代，這種小麥經過發酵烤熟後會膨脹。敘利亞淪陷後，橄欖油供應一度匱乏，君士坦丁堡的百姓烹調時漸漸以水煮取代油炸。居家照明也以蠟燭取代油燈。

古代有錢的羅馬人通常在長椅上用餐，由奴隸端著食物，他們以手指取食。到了第七世紀，他們開始圍坐餐桌，並將湯匙末端削尖，用來拿取食物。時日一久，湯匙尖端多出一叉，從此叉子就跟刀子一起成了餐桌上的必備餐具。

個人衛生習慣也改變了。奢華的羅馬浴場是古代羅馬人樂於造訪的去處。可是到了第七世紀，由於基督教對裸露肌膚態度保守，教會反對公共沐浴行為，君士坦丁堡的宙克西帕斯浴場門可羅雀，最後交給軍方運用。其中一部分改建成監獄，另一部分則是製絲廠。古代輕鬆愉快的感官享受漸漸式微，最後徹底走入歷史。

*

土地、收入與人口的流失，使得第七世紀的東羅馬帝國進入黑暗時代。國家越來越貧窮，也邁向軍事化，高學識元老階級的影響力逐漸減弱，最後完全消失。留下紀錄的歷史事件變少了，文化成了少數神職人員的專利。

連番遭到外患打擊，帝國縮進高牆裡。過去昂首闊步的羅馬人，如今焦慮不安地忙著自我防衛。有朝一日帝國會再復興，奪回領土，再享受一段光榮的全盛時期。可是在第七世紀的君士坦丁堡，人們在無情戰火、瘟疫與暴力之中求生，沒人敢奢望那樣的未來。

劓鼻帝

西元六六九年，君士坦丁堡舉辦一場盛宴，慶祝當時的羅馬皇帝君士坦丁四世和皇后安娜塔西亞（Anastasia）生下皇子兼皇位繼承人。小王子血統優良，是希拉克略的親玄孫，父母幫他起名查士丁尼，希望日後他的成就能夠向擴展版圖、編纂法典並建造聖索菲亞大教堂的查士丁尼一世看齊。

君士坦丁四世讓小查士丁尼接受傳統教育，希望將他培養成公正英明的君主。小查士丁尼十二歲時，父親就任命他為佐帝。他的兩個叔叔也升格為副帝。這麼一來，君士坦丁四世不禁陷入兩難：他要如何確保兩個弟弟不會在他死後篡奪帝位？

他想到的解決方法是削去他們的鼻子。羅馬帝國的皇帝外貌不能有任何缺損，削掉鼻子可以讓他的兩個弟弟容貌破相變醜，不敢覬覦帝位。劓鼻之刑雖過於殘酷，但考慮到帝國政局的穩定，這是必要措施。

四年後，君士坦丁四世駕崩，十六歲的查士丁尼二世繼位。儘管年紀輕輕，卻是刻不容緩地施展遠大抱負。他先是派兵把阿拉伯人趕出亞美尼亞。當時的阿拉伯領袖馬立克（Abd al-Malik）因為內部分裂自顧不暇，不得不接受現實。年輕氣盛的查士丁尼二世又揮軍北上色雷斯，打敗馬其頓的保加爾人（Bulgars of Macedonia），拿下提薩洛尼卡城（Thessalonica），以勝利者之姿走進城門。

兩度出師告捷，查士丁尼二世於是壯起膽子在帝國棋盤上乾坤大挪移，他趕走色雷斯的斯拉夫人和塞普勒斯的基督徒，命他們遷往小亞細亞的一座城鎮，並將那個城鎮更名為查士丁尼城。五年後，他徵召這些被強制遷居、忿忿不平的斯拉夫人，組成一支三萬人的軍隊，準備再度攻打阿拉伯人。

他第一次出擊贏得勝利，之後卻情勢逆轉。新建的斯拉夫軍隊無意為羅馬人打仗，更不願意替殘忍將他們遷離故居的年輕皇帝賣命，因此阿拉伯人輕而易舉就收買了這些人。查士丁尼二世麾下有三分之二士兵投靠敵營，回頭攻打羅馬軍隊，大軍應聲潰敗，他倉皇渡過馬爾馬拉海逃回君士坦丁堡。

查士丁尼二世吃了第一場大敗仗，怒不可遏，下令處死叛逃斯拉夫士兵的妻小。留在帝國軍隊裡的斯拉夫人同樣得為同胞的叛變行為受懲罰。此外，他還把負責帶兵的老將里昂修斯（Leontius）召回君士坦丁堡，一番斥責後打入大牢。

他氣還沒消，開始打壓那些他認為不夠正統的信仰。他召開另一次大公會議，制訂全新的教會法。遠在羅馬的教宗塞吉烏斯不滿新法令，拒絕接受。查士丁尼二世於是派兵到羅馬捉拿塞吉烏斯，卻被塞吉烏斯的手下阻擋。下達的命令無法執行，對任何統治者而言都是重大危機，也代表帝國對義大利的影響力已經衰微。

君士坦丁堡的輿論也對查士丁尼二世不利。他野心勃勃地大興土木，因此向百姓加收稅金，並且嚴懲逃稅行為，招致更多民怨，不論窮人富人都心有不滿。為了安撫貴族階級，他釋放了代罪羔羊里昂修斯。不久後，一些持反對意見的元老開始在里昂修斯家祕密聚會。大家都對傲慢自負的皇帝忍無可忍：必須趕他下台。

這群陰謀分子受到橢圓競技場藍黨力挺，就連君士坦丁堡的主教卡利尼科（Callinicus）都同意睜一隻眼閉一隻眼。

到了起事那天晚上，一群元老和軍事將領在里昂修斯家會合，擁立他為皇帝。里昂修斯帶領追隨者前往監獄所在的公署，釋放查士丁尼二世所有政敵。叛軍在街上大喊：「基督徒！到聖索菲亞大教堂來！」睡眼惺忪的百姓被喚醒，急忙出來查看出了什麼事。人群開始在大教堂前聚集，高聲辱罵皇帝。里昂修斯由主教卡利尼科陪同來到大教堂，卡利尼科祝福起義順利成功。群眾中有人以羅馬古老詛咒痛罵皇帝：「讓查士丁尼死無葬身之地！」暴民殺氣騰騰。

天破曉時，暴民移往橢圓競技場。一隊士兵奉命前去逮捕皇帝。查士丁尼二世被拖出皇宮，越過奧古斯塔廣場，扔在競技場地上。里昂修斯坐在帝王包廂裡俯視他。群眾滿懷革命的喜悅，發出陣陣怒吼，要求處死查士丁尼二世。里昂修斯不敢貿進，在世人眼中查士丁尼二世畢竟還是合法統治者，殺了他將會開創危險先例。他可以饒查士丁尼二世一命，但必須斷絕他重登帝位的路。

解決方法顯而易見。查士丁尼二世步上他叔叔的後塵，被削了鼻子，連舌頭都被切成兩半。

滿臉鮮血、五官殘缺、內心受到重創的查士丁尼二世遭到流放。他被扔上船，駛出黑海，航向克里米亞半島（Crimean Peninsula）南端的克爾松（Cherson）[15]。這時，他二十六歲。

抵達克爾松後，查士丁尼二世一面療傷，一面思索自己的磨難，無論如何也不肯接受破相就不能重返帝位的事實。他心目中仍然認為自己才是合法統治者，是偉大的希拉克略的子嗣，上帝親選的帝王。

克爾松是一座小城，當地百姓聽說被罷黜的皇帝流落至此，議論紛紛。查士丁尼二世儘管相貌缺損，卻依然保有個人魅力，引人好奇關注。當他的悲慘遭遇流傳出去，許多人都寄予同情。一群支持者開始在他家聚集，他也公開談論重返帝位的計劃。當地官員效忠里昂修斯，開始考慮究竟該將他送回君士坦丁堡，或直接殺了他。官員們還在猶豫不決，查士丁尼二世已經收到消息，乘機逃走。他帶著支持者北上進入高加索山脈，去到一個他希望能得到庇護的地方——可薩突厥（Khazar）的領土。

可薩汗國的可薩人

可薩汗國（Khazaria）的可薩人肯定是中世紀最神祕的民族。他們跟匈人與阿瓦爾人一樣，原本也是中亞大草原上的半游牧民族，最後定居在絲路以西地區，大約在如今的烏克蘭。他們的地理位置介於拜占庭、阿拉伯和中國的交通要道之間，從事絲綢、貂皮、蠟、銀器、香料和蜂蜜等交易。他們也飼養牛羊，或在伏爾加河捕魚維生。

時間一久，可薩汗國變成民族大熔爐，接納不同種族和不同宗教的人，境內有基督徒、猶太人、穆斯林和敬拜天神騰格里（Tengri）的蒙古族。大約第九世紀時，可薩貴族決定改信猶太教，此舉相當令人詫異，因為猶太教有別於伊斯蘭教和基督教，並不熱衷吸納新信徒。根據可薩傳說，當時的可汗布藍（Bulan）邀請三大宗教的長老來辯論哪個才是最好的宗教。三位長老討論了兩天，到了第三天，可汗問基督長老：「教士，我請教你，**另外**那兩個

---

15 原注：地點大約在如今的塞瓦斯托波爾（Sevastopol），位於克里米亞半島西南岸的港灣都市。

宗教之中，你比較喜歡哪一個？」

「啟稟可汗，以色列人的宗教優於穆斯林的。」教士答。

可汗又問穆斯林伊瑪目（imam）[16]：「那麼你喜歡的是猶太教或基督教？」

「我選以色列人的宗教。」伊瑪目答。

可汗說：「好，你們都親口承認猶太教比較好，那麼我選擇以色列人的宗教。」

可薩人的語言屬於突厥語系，皈依猶太教後，宮廷文書改以希伯來文撰寫。他們鑄造印有「摩西是神的使者」字樣的錢幣，明目張膽地模仿穆斯林錢幣上的「穆罕默德是真主使者」。可薩人雖然在宗教信仰上背離了羅馬與阿拉伯兩大強權，卻也讓他們保有某種程度的獨立自主。羅馬與阿拉伯儘管彼此之間水火不容，卻都可以容忍帝國周邊出現猶太教國度。

可薩人處於不同文化、不同信仰的交會點，慢慢變成一個富裕、務實又包容的國家。是受迫害、走投無路的人的避難天堂，自然而然也是一心復仇的廢帝查士丁尼二世的避風港。

劓鼻帝查士丁尼二世和支持者來到可薩汗國的多羅斯（Doros），受到布綏爾可汗（Busir）熱忱歡迎。可汗樂意提供查士丁尼二世庇護，畢竟做個人情給羅馬皇帝也無妨，或許哪天查士丁尼二世會重登帝位。可汗甚至希望跟查士丁尼二世建立更緊密的關係，主動表示願意把妹妹嫁給他。查士丁尼二世同意。我們不免好奇，那位可薩新娘大喜之日站在夫婿身邊，發現夫婿顏面殘缺，滿腔仇恨，會有多麼不安。不過，這對夫妻似乎發展出真情。查士丁尼二世幫妻子改名為狄奧多拉，跟查士丁尼一世的妻子同名，這是他能想到最崇高的名字了。婚後兩人定居亞述海岸（Sea of Azov），查士丁尼二世就此安頓下來，等著看可汗打算給他多少兵馬。

而在君士坦丁堡，篡位的里昂修斯焦頭爛額，疲累不堪。國內的不滿情緒已經讓他窮於應付，偏偏阿拉伯領袖馬立克又派兵攻打北非的迦太基。里昂修斯派皇家艦隊去驅趕阿拉伯人，沒想到阿拉伯人加強防禦，戰敗的艦隊灰頭土臉地退回君士坦丁堡。北非從此脫離羅馬帝國掌控。

艦隊返回君士坦丁堡途中，船上官兵憂心忡忡，擔心受到里昂修斯懲處。而後突然有人想到，如果皇帝是自己人，可能比較不會降罪於他們，因而公推一個名叫亞普希瑪（Apsimar）的副將軍為新領袖。艦隊靠港後，亞普希瑪的屬下買通布拉契尼宮守衛，叛軍大舉闖入皇宮，推翻里昂修斯。這回換里昂修斯受刑，鼻子被削去，舌頭被切開，圈禁在城裡的修道院。

叛軍首領亞普希瑪登上動盪的王位，他既沒有皇家血統，也欠缺篡奪王位的道德依據。當他聽說查士丁尼二世已經逃離克爾松，成為可薩汗國的上賓，或許正在籌劃復辟大業，內心更加不安。

亞普希瑪寫信給可薩人，願意以豐厚的金銀財寶換取查士丁尼二世的項上人頭。可汗覺得到手的黃金強過空虛的承諾，派了一支部隊到查士丁尼二世的宅邸「保護」他，命令查士丁尼二世的兩個熟人帕帕茲斯（Papatzys）和巴爾茨斯（Balgitzis）刺殺他。

有人給狄奧多拉通風報信，她這時懷有身孕，決心守護丈夫。查士丁尼二世先下手為強，他邀請帕帕茲斯過來，趁四下無人，用繩索絞死他。接著又派人請來巴爾茨斯，用同樣手法取他性命。

事後查士丁尼二世連忙揮別妻子，將她送回可汗住處，找了一條漁船，帶著幾個追隨者再次駛向黑海。小船在克爾松附近靠岸，他隱藏行蹤，派兩名手下溜進城裡採購補給品，再換一艘更大、更堅固的船。

隔天，查士丁尼二世又帶著徒眾航進黑海。幾小時後烏雲密布，大海開始翻騰。船隻在暴風中顛簸搖晃，船上的人心驚肉跳。查士丁尼二世的貼身僕人向他求救，拜託他跟上帝談條件。

「告訴上帝，只要祂大發慈悲保我們平安，你就願意放過你的敵人。」男僕對他大喊。

查士丁尼二世大發雷霆。他站起來，掄起拳頭揮向漆黑的天空。

「與其要我饒過他們之中任何一個，我寧可淹死在這裡！」

16　伊斯蘭宗教領袖或學者的尊稱。

暴風雨過去了，船員把船駛向多瑙河口，進入保加爾人的領土。查士丁尼二世寫信給保加爾可汗特爾維爾（Tervel），談妥交易：用黃金、土地和凱撒頭銜交換一萬五千名騎兵。經過十年的挫折與驚險逃生，劓鼻帝查士丁尼二世終於有了自己的軍隊。

金鼻子

七〇五年春天，查士丁尼二世帶著一萬五千名保加爾騎兵回到君士坦丁堡。亞普希瑪事先收到消息，派兵前往攔截，但查士丁尼二世的軍隊繞道穿越色雷斯，避開他們，不損一兵一卒就來到狄奧多西城牆外。保加爾人沒有帶攻城塔，因為查士丁尼二世向他們保證，他是羅馬帝國名正言順的皇帝，會受到城中軍民的歡迎，城門會大開迎接他們。可是當查士丁尼二世來到城門外，要求城門上的士兵效忠於他，卻遭到守城士兵的訕笑與辱罵。

查士丁尼二世受忍士兵的嘲笑，不知如何是好，保加爾人見狀，不免懷疑自己會不會到頭來白忙一場。畢竟他們在城門外處境危險，萬一亞普希瑪的軍隊調頭回來，他們可能腹背受敵，遭到夾擊。

時間緊迫，查士丁尼二世急著找路進城，某天夜晚領著一隊士兵到外城牆的西北角，那裡的城牆往外凸伸圍住布拉契尼宮。查士丁尼二世對皇宮建築十分熟悉，找到一條狹窄地道，毫不遲疑跳了下去，士兵也尾隨他進去。他們沿著骯髒水道往前爬，順利來到城內。亞普希瑪不確定軍隊會不會效忠他，倉皇逃出皇宮。

這是一場不流血政變。睽違十年後，破相的廢帝查士丁尼二世終於重掌朝政。

查士丁尼二世派衛隊逮捕里昂修斯與亞普希瑪，以鐵鍊將他們捆綁，在街道上拖行，接受圍觀群眾嘲笑並投擲排泄物或垃圾。最後兩人被拖進競技場，抬頭一望，看見奇特的景象：帝王包廂裡的查士丁尼二世戴著黃金打造的鼻子[17]，臉上金光閃閃。

查士丁尼二世命人將里昂修斯和亞普希瑪帶進帝王包廂，要他們跪在他面前。他把兩隻腳踩在他們頸子上，放鬆地觀賞場上的競技。等到當天活動結束，兩名罪人才被拖下去斬首。效忠亞普希瑪的軍官都被逮捕處決，屍體掛在城牆上示眾。多年前參與叛變的主教卡利尼科被刺瞎雙眼，放逐到羅馬的修道院。

保加爾可汗特爾維爾光榮來到君士坦丁堡，得到查士丁尼二世承諾的黃金、土地與凱撒封號，成為第一個獲頒這個古羅馬封號的外國人。

接下來是跟家人團聚。查士丁尼二世派出軍艦橫渡黑海，到可薩汗國接回妻子狄奧多拉和兒子提比留。布綏爾可汗當然樂意送回妹妹。忠實的狄奧多拉獲頒奧古斯塔封號，小提比留則成為副帝。

查士丁尼二世重掌政權，情況跟第一次執政時一樣不平靜又鬱悶。他採行恐怖統治，無論真實或想像的敵人，一律不予寬貸。根據教會執事保羅（Paul the Deacon）記載，皇帝處決人犯就跟伸手擦他殘缺鼻子的鼻涕一樣頻繁。

查士丁尼二世履行對特爾維爾的承諾後又反悔，派軍隊去奪回土地，可惜失敗而返。新任哈里發入侵小亞細亞，占領更多羅馬土地。這時克爾松發生動亂，查士丁尼二世派兵前往鎮壓，大軍一到克爾松，反而投入叛軍陣營，譴責查士丁尼二世，擁立他們的將軍巴達尼斯（Bardanes）。當時正在前往亞美尼亞途中的查士丁尼二世連忙調頭，想搶先回到君士坦丁堡，可惜晚了一步，巴達尼斯和他的手下已經進了皇宮，開始肅清查士丁尼二世的人馬。

狄奧多拉發現情況不對，拉起小提比留的手逃到聖瑪利教堂（Church of St Mary），心急如焚地請求教會庇護。巴達尼斯兩名手下追進教堂，發現驚慌失措的提比留一手抱住聖壇桌腳，另一隻手抓著真十字架碎片，脖子上還掛著護身符。狄奧多拉求士兵饒他們一命。史特勞索（Strouthos）抓住提比

17　原注：沒有人知道查士丁尼二世如何將義鼻固定在臉上，某些歷史學家甚至質疑他是不是真的戴了純金義鼻。也許只是純金面具的一部分，當時患有痲瘋病的貴族都會戴面具掩飾疾病留下的疤痕。

留，搶走他手上的真十字架放上聖壇，又摘下他的護身符戴在自己身上，將他拖到教堂門口殺害。史書沒有記載狄奧多拉的遭遇。

查士丁尼二世在卡爾西頓城外被攔截，他的手下全部背棄他，兒子也死了。有個反叛他的侍衛赫里厄斯（Helias）從隊伍中走出來，一刀砍下他腦袋，因為查士丁尼二世下令殺死他全家。希拉克略的偉大王朝最後終結在刀刃上。

✳

劓鼻帝查士丁尼二世的事跡主要來自《塞奧法尼斯編年史》（*Chronicle of Theophanes*）[18]，這本史書是在查士丁尼二世死後一個世紀編纂而成，作者當初參考的史料如今已經佚失。查士丁尼二世矢志手刃仇人的故事有希臘史詩的壯烈，又有一九七〇年代恐怖電影的氛圍。塞奧法尼斯自己也滿腹冤屈，很難說查士丁尼二世的故事之中有多少出於他的想像。

我跟喬說這段故事時，對當時君士坦丁堡暗潮洶湧的仇恨與暴力感到震驚。冤冤相報，血債血償，道德藩籬被衝破。這正是歷史上那種狂人領袖占上風、人道制裁遏止不了殺戮行為的時期，比如法國大革命時期的雅各賓恐怖統治（Jacobin terror）[19]、印尼的「危險年代」[20]、納粹的「碎玻璃之夜」（Kristallnacht）[21]，以及盧安達大屠殺[22]。在這樣的時刻裡，死亡就跟吃吃喝喝一樣平常，冷酷的政治屠殺演變成殺人取樂。當無助的受害者引發的不是同情，而是某種輕蔑的笑意，不免令人毛骨悚然。劊子手殺紅了眼，屍體堆積如山，直到死神飽脹打嗝，再也消受不了。

現代人或許難以接受邪魔之說，但在中世紀，人們輕易就能找出這些災難背後的始作俑者。十六世紀荷蘭畫家老布勒哲爾（Pieter Bruegel）的油畫作品〈尼德蘭箴言〉（Netherlandish Proverbs），描繪法蘭德斯村莊的失序景象。在這個混亂世界中，老布勒哲爾以畫筆闡釋了一百一十二句諺語，描述人類的愚蠢與邪惡：有個人在牛犢淹死後才填掉水井；另一個人在修剪豬毛；兩個光溜溜的屁股露在茅房窗口外拉屎，排泄物直接掉進河裡；盲人為盲人帶路；戴軟帽的傻子拿頭撞牆。而在畫面正中央有個肥嘟嘟的森林妖

老布勒哲爾的〈尼德蘭箴言〉細部

18 由塞奧法尼斯編纂而成。塞奧法尼斯是羅馬貴族，後來成為修士，因為參與第二次尼西亞大公會議，簽名贊同崇敬聖像的法規，遭到反對聖像崇拜的皇帝利奧五世（Leo V the Armenian）迫害。《編年史》據說由他的朋友辛塞勒斯（Syncellus）提供材料，敦促他撰寫而成，記錄西元二八四年到八一三年拜占庭帝國歷史。

19 指法國大革命期間從一七九三年九月到一七九四年五月之間的暴力時期，當時專政的雅各賓黨人將所有政敵送上斷頭台，包括國王路易十六與皇后瑪麗在內，共一萬六千多人遭到處死。

20 指根據澳洲小說家克里斯多福·科赫（Christopher J. Koch）的同名小說改編的一九八二年澳洲電影《危險年代》（*The Year of Living Dangerously*），故事以一九六五年印尼清共排華的九三〇事件為背景，當時遭到處死的人據估計有五十萬到一百萬之譜。

21 德語意為「水晶」，在此事件中指敲碎的窗玻璃，指一九三八年納粹開始大規模迫害猶太人。

22 指一九九七年四月中非盧安達的胡圖族（Hutu）總統座機遭擊落，胡圖族人認為幕後黑手是圖西族（Tutsi），因此對圖西族展開滅絕大屠殺，是近代史最慘烈的一頁，上百萬人罹難。

怪，眼睛像鉛彈，頭上長出兩根枯枝，慵懶坐在木造王座上，正是魔鬼本尊，也就是這個瘋狂場面的幕後黑手。

歌革與瑪各

對羅馬人而言，阿拉伯人進犯的那段期間格外煎熬，淪陷的各省都有許多基督徒心甘情願改信伊斯蘭教，這麼做至少可以規避政府向非教徒課徵的丁稅。那些對基督教忠心不二的人渴望得到慰藉，或至少弄明白為什麼信奉基督教的羅馬帝國會遭受這麼多不幸。

時間緊迫，阿拉伯人遲早會將目標鎖定君士坦丁堡，「眾城之后」這份獎品太珍貴，很難棄而不取。這件事關係無比重大，因為君士坦丁堡的命運跟宇宙命運緊密相連。如果基督守護的君士坦丁堡被遭人唾棄的以實瑪利後裔攻陷，勢必啟動世界末日。

為了理解自己所處的這個混亂世界，羅馬學者開始在經典裡尋找預言，也就是《聖經》最終篇《啟示錄》中的想像文字。《啟示錄》的作者拔特摩島的約翰（John of Patmos）預言，在世界末日的最後動亂中，撒旦和天國之城會發生戰爭：

> 那一千年結束後，撒旦會獲釋，掙脫束縛，出來唆使地球四端的國家，也就是歌革與瑪各，徵召他們上戰場。這些人數量多如海灘上的細沙。
>
> 他們會來到地球的廣大土地，包圍聖徒的住所和神所鍾愛的城市。這時烈火會從天而降，吞噬他們。

神職人員與學者看見「歌革與瑪各」這些神祕名稱時，眼睛一亮。這些住在地球遙遠邊緣、不計其數的族群究竟是什麼人？

他們在古代最偉大的將軍亞歷山大大帝身上找到線索。亞歷山大的年代比基督早了三百年，他的輝煌事蹟被世人反覆傳誦與書寫。《亞歷山大傳奇》（*Alexander Romance*）搜羅他一生征戰的精彩故事，在中世紀初期炙手可熱，特別是在君士坦丁堡。書中亞歷山大經歷了許多不同凡響的奇幻冒險，比如遇見獨角獸和女海妖；遊歷一個有十二座黃金綠寶石高塔的城市；踏上一座地面像肌肉的島嶼，後來發現那是一隻鯨魚，鯨魚潛入大海，害他差點溺水送命。

《亞歷山大傳奇》的主角跟歷史上的亞歷山大相似度不高，書中的他被塑造成基督教先驅，而非異教徒，一個追隨唯一真神的虔誠信徒。基督徒從這些故事看到，早在耶穌的腳踩踏人間之前幾百年，上帝之手已經在運作。

> 馬其頓的亞歷山大是個聰明英俊的年輕人，有一天他帶兵去攻打拒絕臣服於他的貝爾希利亞人（Belsyrian）。亞歷山大身穿金色護胸甲的士兵大獲全勝，一路追擊潰逃的敵人，前後五十天，最後抵達東北角落的郊野，去到未知世界的邊緣。
>
> 亞歷山大和他的軍隊把貝爾希利亞人趕進兩座名為「北地之乳」的黑暗高山。當地居民天生骯髒污穢，有些人頭上有隻角，也有人長著象腿或狼頭。這些劣等種族吃「狗、蒼蠅、蛇、夭折的胚胎、死屍和未成形的人類胎兒」。他們的國家分別叫做歌革與瑪各。
>
> 亞歷山大立刻看出這些物種對文明世界有著致命威脅，他仔細勘察兩座山之間的隘口，發現只要他設法封閉這處隘口，這個未知世界裡的所有怪物都會困在裡面。他跪在地上請求全能的神讓兩座山靠攏，這時，兩座山發出哀嚎，慢慢移動，兩山之間的通道就此封閉。
>
> 亞歷山大命他的部隊建造一座巍峨的青銅大門，圍住兩座山之間殘留的縫隙。任務完成後，亞歷山大心滿意足地離開。歌革與瑪各至今還困在山裡，氣憤地望著青銅大門，等待著……等待著……

對羅馬人而言，《亞歷山大傳奇》裡提到了歌革與瑪各，進一步證明經書和《啟示錄》內容的真實性。然而，他們將在末日審判（Day of

亞歷山大大帝鑲嵌畫細部

Judgement）中扮演什麼樣的角色，《聖經》並沒有為他們指點迷津。早期的基督教觀念把《啟示錄》這池水弄得有點渾濁。在《啟示錄》撰寫的時代，羅馬帝國還信奉異教神祇，皇帝還是基督教的迫害者。早年許多信徒認為，《啟示錄》中色彩最鮮明的巴比倫大淫婦（Great Whore of Babylon），正是邪惡又殘忍的羅馬帝國的象徵。如今羅馬帝國已經在基督的鮮血中獲得救贖，這樣的比喻不再合宜，在基督再臨的最後危機中，羅馬帝國和她的皇帝必須換上別的角色。

到了第七世紀末，君士坦丁堡出現強而有力的全新末日描繪，據說（後來證實為誤傳）創作者是第四世紀的神父奧林帕斯的聖默道（Methodius of Olympus）。

《偽聖默道啟示錄》（*Apocalypse of Pseudo-Methodius*）[23] 徹底推翻正牌《啟示錄》，從《聖經》各篇章搜羅有關天堂與地獄最後決戰的描述，為羅馬帝國找出更討喜、更重要的角色。雖然作者似乎有點悲觀，但他最終還是安慰讀者，以實瑪利人的勝利是上帝的旨意，等基督再臨，基督教終將重獲勝利。

《偽聖默道啟示錄》提到以實瑪利的後裔將橫行波斯與羅馬帝國。站在第七世紀後期的視角，這些預言已經神奇地成真。這本書預告，在接下來的階段，君士坦丁堡的城牆將被攻破：「拜占庭的百姓，你們大難臨頭，因為以實瑪利突襲你們。以實瑪利的每一匹馬都會奔進城來，最早來到的人在城外紮營，衝破『競技場門』[24] 。」

君士坦丁堡的淪陷將會扭轉情勢。上帝激發羅馬皇帝與百姓起而行動，奪回被穆斯林搶走的土地，展開大規模復仇。皇帝的怒火燒毀征服的土地，直到大地荒蕪，一切重歸平靜。

接下來會有一段空窗期，基督徒享有和平與喜悅的生活。可是，《偽聖默道啟示錄》預言，撒旦打開北邊的青銅大門，污穢的歌革與瑪各一湧而出，像蝗蟲般橫掃整個地球。

當羅馬人似乎一敗塗地，有個巨大的天使從天而降，片刻間就殲滅那些地獄來的怪物。等歌革與瑪各盡數死亡，還有最後一項莊嚴任務等著末代皇帝去執行：

> 羅馬的皇帝將登上各各他山，在那裡，真十字架已經安放在主耶穌受死的地方。羅馬皇帝摘下他的皇冠，放在十字架上，對上天張開雙臂，將基督的國度交給上帝。

而後羅馬皇帝的冠冕升上天空，完成使命的羅馬皇帝死在十字架旁，地

---

23 是一本七世紀的著作，曾經被誤認為第四世紀聖默道的著作。

24 指科克波塔門（Kerkoporta）。西元一四五三年，奧圖曼帝國攻打君士坦丁堡，一群突厥士兵無意間發現這處小門沒有關，因此順利攻進城裡。

球暫時由反基督族群統治。

《偽聖默道啟示錄》讓被圍困的羅馬人以不同視角理解眼前的情境，不再覺得宇宙混亂失序。這個強烈意象烙印在拜占庭百姓腦海，直到中世紀末帝國垂死掙扎時，人們依然記得它的預言。

當基督教來到第八世紀，穆斯林奪走羅馬帝國更多土地。阿拉的軍隊往東去到中亞，向西越過北非，一路來到如今的摩洛哥（Morocco）摩西山的海克力斯之柱。他們的征服行動意猶未盡，派兵渡過直布羅陀海峽[25]，進入西班牙。

阿拉伯人勢力急遽擴張，形成世界史上最大規模的權力轉移，而這一切都發生在先知穆罕默德死後不到一百年內。到了西元七一二年，阿拉伯商賈已經可以從印度河（Indus River）出發，在阿拉伯境內一路往西走，直達浪濤滾滾的大西洋岸。

過去遭人鄙視的沙漠游牧民族如今不再是戰場上的初生之犢，隨著帝國建立，他們的自信心水漲船高，決定奪取璀璨耀眼的「眾城之后」，做為帝國的新首都。

在此同時，君士坦丁堡卻陷入接二連三的動亂。從查士丁尼二世手上奪得帝位的巴達尼斯欠缺雄圖大略。對他而言，披上紫袍代表他已經擺脫煩人的權力鬥爭，終於可以盡情追求人生的兩大樂趣，一是跟教會領袖展開錯綜複雜的神學論戰，其次是坐擁帝國黃金，享受榮華富貴。

他登基十九個月後，某天早上跟朋友享用過冗長的豪華大餐後，回寢宮午睡。突然有一群士兵闖入，將他拖到橢圓競技場，挖出他的雙眼。這種手段就跟劓刑一樣，是近乎弒君的毀容之舉，斷絕他重返帝位的希望。

接掌帝位的是能幹的官員阿納斯塔休斯二世。他上任後立刻展現魄力，著手收拾巴達尼斯留下的殘局。可惜前線戰況持續惡化，帝國派駐東方的探子捎來緊急軍情：阿拉伯人在地中海各港口建造船隻，軍隊也持續向邊境推進。跡象顯示，阿拉伯人計劃從海陸兩路大規模進擊君士坦丁堡。

穆斯林的君士坦丁堡夢

當時的阿拉伯哈里發名叫蘇萊曼（Sulayman bin Abd al-Malik），是個備受愛戴與景仰的領袖，以他的胃口和演說技能聞名。在西元七一五年那個前景樂觀的夏天，他滿腦子只有一個渴望的目標：君士坦丁堡。蘇萊曼的浪漫幻想受到伊斯蘭預言的鼓舞，一發不可收拾。預言指出，將來征服羅馬首都的，是一位跟先知同名的皇帝。蘇萊曼（阿拉伯文的所羅門）相信那個人可能就是他，所以他自己也激動地發出豪語：「我不會放棄君士坦丁堡，即使亡國也在所不惜。」

蘇萊曼重病在身無法親自出征，任命他弟弟馬斯拉馬（Maslama）為統帥，給他壓倒性的戰力：十萬雄兵和一千八百艘軍艦，配備海陸雙面進擊所需的各式武器。

馬斯拉馬出征的消息傳開後，來自穆斯林世界數以千計的志願軍趕來加入，也許是為了投身「聖戰」，也許是被眾城之后傳說中的金山銀山吸引。有錢人也捐獻武器、馬匹、駱駝和驢子，期待將來能得到數倍回報。

阿拉伯大軍正在摩拳擦掌時，地中海東岸這邊的羅馬人突然意識到蘇萊曼對君士坦丁堡的企圖。他們發現，自己來到世界歷史的關鍵時刻。他們跟阿拉伯人一樣，也自認是一場時空大劇裡的主角，只是，他們一次只拿到一頁劇本。如今全劇情節似乎引導他們進入驚悚高潮，來到世界末日。阿拉伯人聚集了全部力量，指向他們的珍貴城市，也就是基督在地球上的國度的心臟。他們心想，上帝不會在這種生死存亡關頭背棄祂的子民吧？百姓狂熱地向聖母瑪利亞禱告，懇求祂為他們做主。

阿納斯塔休斯二世馬不停蹄地展開各項準備工作，好應付敵人的圍攻。

25　原注：直布羅陀的英文Gibraltar源自阿拉伯文Jabal Tāriq，意思是「塔里克之山」，以帶領穆斯林攻進西班牙的阿拉伯倭馬亞王朝（Umayyad）的塔里克將軍（Tariq ibn-Ziyad）為名。

把石弩搬上城牆，修補並強化海堤，城裡的穀倉裝到滿溢，家家戶戶都得備妥三年存糧，辦不到的最好趁早出城。此外，他也透過外交管道與阿拉伯人談判，爭取時間。

阿納斯塔休斯勤奮不懈地做著禦敵工作，卻遭人從背後暗算，黯然下台。兩年前擁立他的無能軍隊反對他的雷厲風行，推翻了他，將他送進修道院，四處找人取代他，最後找到一個名叫狄奧多修斯的稅務官。個性溫和的狄奧多修斯聽見軍方的提議嚇得六神無主，匆匆逃到森林裡躲藏。軍隊將他找出來，持刀脅迫他接掌帝位。到了七一七年三月，狄奧多修斯被一名年輕將軍罷黜，這人就是伊蘇里亞的利奧。

狐狸寇農

伊蘇里亞的利奧本名不叫利奧，也不是伊蘇里亞人。他名叫寇農（Konon），出生在敘利亞邊境靠近托魯斯山脈的小鎮杰曼尼西亞（Germanicaea）[26] 的農村家庭。他出生時，家鄉就已經是阿拉伯的領土，所以他從小熟知阿拉伯習俗，也通曉阿拉伯語。

他長大後投入軍隊，查士丁尼二世發現他的才華，任命他為小亞細亞阿摩里姆（Amorium）駐防所的軍事指揮官，他精明如狐狸的各種傳奇事蹟開始流傳。

小亞細亞的阿拉伯將領企圖在羅馬將領之間製造對立與矛盾，以化解敵軍的頑強抵抗。他們知道寇農未來可望登上帝位，因此，當他們接近阿摩里姆的要塞時，讓士兵以扇形隊伍圍在城外，不懷好意地高喊：「寇農陛下萬歲！寇農陛下萬歲！」

阿拉伯統帥派人送信給城裡的寇農，說道：「我們知道你不久後就會登基，我們先來談和。」

寇農回應：「如果你真的希望談和，為什麼包圍我的城市？」

阿拉伯統帥說，只要寇農同意談判，他立刻退兵。

有關這段過程，史書記載語焉不詳，阿拉伯人似乎向寇農開出條件：只要他願意當阿拉伯的附庸，他們會私下付錢給他，還會扶持他成為羅馬的「國王」。他們說，這樣的結果對大家都好：寇農可以順利得到王位，阿拉伯人也可以和平得到君士坦丁堡。以寇農對阿拉伯世界的熟悉度，肯定是絕佳的傀儡皇帝。

沒有人知道接下來如何發展。某些史書推測寇農同意阿拉伯人的條件，只是告訴阿拉伯人，如果羅馬百姓懷疑他是哈里發的間諜，絕不可能接受他當皇帝。所以，阿拉伯軍隊撤離阿摩里姆，對大家都好。

阿拉伯統帥答應了。寇農暫時唬弄了阿拉伯將軍，趕緊帶著兵馬回到陷入無政府狀態的君士坦丁堡。寇農來到狄奧多西城牆外時，告訴諸事不順的狄奧多修斯，只要他退位，他和家人都可以平安無事。狄奧多修斯樂得聽從，搬進了修道院。寇農得到元老院和主教的支持，從黃金城門進城，在聖索菲亞大教堂正式受冕，成為利奧三世。後來才有「伊蘇里亞的利奧」這個綽號。

利奧三世跟希拉克略一樣，在帝國危急存亡之秋接掌大位。國家軍力薄弱，百姓意志消沉，君士坦丁堡在短短兩年內發生了七次革命暴動。羅馬人為內部分裂忙得暈頭轉向，保加爾人偷偷奪走巴爾幹半島的羅馬領土，阿拉伯人則是占領了小亞細亞的心臟地帶。如今阿拉的部隊六個月內就會來到這座基督教都城。

燃燒的船艦

當馬斯拉馬率領的十萬大軍橫越小亞細亞，抵達赫勒斯彭海峽（Hellespont）[27]，準備登船渡海，君士坦丁堡的末日氛圍更形沉重。那年八月十五日，馬斯拉馬來到君士坦丁堡城郊，命令士兵沿著狄奧多西城牆外圍

26 原注：就是現今土耳其的馬拉什（Maraş），以薩莱普飲品和土耳其冰淇淋聞名。
27 即今日的達達尼爾海峽，連接馬爾馬拉海與愛琴海。

紮起營帳，加強守備。

馬斯拉馬認為城裡的皇帝是他的暗樁，信心滿滿。他不需要耗損兵力去攻城，只要耐心等利奧三世說服百姓乖乖投降，讓百姓明白打開城門，避免一場血戰，對大家都好。馬斯拉馬合理推斷，利奧三世寧可坐鎮完好都城當個傀儡皇帝，勝過城破人亡。利奧三世在寫給馬斯拉馬的信裡也頻頻暗示，投降是唯一的人道解決方案，只是，城門卻始終緊閉上閂。

利奧三世明顯在打拖延戰，跟馬斯拉馬往返的書信中，火藥味也越來越濃。隨著日子一天天過去，馬斯拉馬不流血征服君士坦丁堡的期望也漸漸落空。

在此同時，利奧三世跟保加爾可汗特爾維爾密商有成。特爾維爾覺得，跟積弱不振的羅馬人比鄰，會比跟強大又危險的阿拉伯人當鄰居安全得多。某天深夜，他派一批人馬突襲阿拉伯大營，殺死數十名阿拉伯士兵，包括多名馬斯拉馬的貼身侍衛。幾天後，一群阿拉伯士兵到附近森林尋找食物，碰見一隊保加爾人，結果只有一人生還。

馬斯拉馬發現，派兵到色雷斯郊區搜刮補給品太危險，不得不承認自己被利奧三世騙了，利奧三世顯然無意投降。如今他唯一的辦法就是派海軍封鎖君士坦丁堡，切斷城內的食物補給，逼羅馬人接受事實。

九月三日，阿拉伯的一千八百艘戰艦終於抵達馬爾馬拉海。君士坦丁堡男男女女站在城牆上，目瞪口呆又驚惶不安地望著龐大艦隊駛進博斯普魯斯海峽。可是，艦隊後衛船隻通過岬角最高點時，風停了，二十艘搭載兩千名海軍的笨重運輸艦突然脫隊走散，被海潮捲向堤防。

利奧三世見機不可失，下令開火。一批羅馬艦隊從金角灣出發，朝隊形散亂的阿拉伯運輸艦駛去。甲板上的阿拉伯陸戰隊萬箭齊發自我防衛，羅馬軍艦不為所動，繼續拉近雙方距離。

空中突然冒出一聲巨響外加一道濃煙，一團液態火焰從羅馬軍艦船頭噴出。阿拉伯運輸艦被一種燃燒的黏稠液體包覆，船帆和甲板頓時被火舌吞噬。阿拉伯陸戰隊與水手不是活活燒死，就是跳入博斯普魯斯迅急的海流中滅頂。

羅馬軍隊的船頭噴出更多這種液態火，火苗落在大海上，不知怎的卻沒有熄滅，邪門地在海面燃燒，引燃更多移動緩慢的阿拉伯船隻。倖免於難的阿拉伯艦隊只能眼睜睜看著他們的運輸船燒成灰燼。大火的怒吼伴隨著船上木頭的呻吟與垂死士兵的慘叫，最後，焦黑的船殼解體沉沒。

這種燃燒液體就是後世所稱的「希臘火」，確實配方並沒有流傳下來。那是羅馬人保守最嚴密的國家機密，製作方法隨著帝國的滅亡消失了。極有可能是以松脂、原油、生石灰、硫磺和硝酸鉀混合成濃稠的黑色液體。羅馬人用燒熱的大鍋盛裝這種易燃物質帶上戰艦，以免汁液過度黏稠。等戰艦駛到敵船附近，就以虹吸作用將液體吸入架在船頭的青銅噴嘴，點火引燃，再發射出去，像噴火器一般。可想而知，這種裝置一旦發生逆火，後果不堪設想。不過，透過嚴謹的設計與一絲不苟的現場操作，希臘火總能在關鍵時刻發揮作用，為羅馬人退敵。它除了是海上的高效率武器，還是絕佳的宗教宣傳：要摧毀異教海軍，還有什麼比送他們下烈火地獄更恰當。

想當然耳，羅馬人將希臘火的發明歸功於神的恩寵，而非自己的聰明才智。他們寧可想像自己正直虔誠，而非聰明能幹。即使他們**果真**聰明能幹，那也只是證明上帝偏愛他們。

希臘火圖畫，出自《拜占庭插圖編年史》泥金裝飾手抄本。羅馬艦隊上方的文字是：「羅馬艦隊火攻敵艦。」

摧毀阿拉伯運輸船是一場叫人瞠目結舌的勝仗，許多百姓在牆頭上目睹這一幕，都相信聖母終於對祂的子民伸出援手。儘管絕大多數阿拉伯艦隊依然完好無缺，火燒船的景象令馬斯拉馬的士兵震驚，士氣備受打擊。他們把軍艦駛往上游安全處所，馬斯拉馬失望之餘，重新回到狄奧多西城牆外坐鎮指揮。

＊

溫暖的夏天過去了，秋天的腳步悄悄接近，四十三歲的蘇萊曼在拉姆拉（Ramla）過世[28]的消息傳到君士坦丁堡。羅馬人覺得這也是上帝給他們的鼓舞。緊接著嚴冬來到，這是許多人們記憶所及最寒冷的冬天。

馬斯拉馬的大軍在薄薄的帳篷裡受凍顫抖，疾病橫行。士兵被迫宰殺軍營中的駱駝、馬匹和驢子果腹。大雪提早報到，積雪長達三個月，地表結凍，阿拉伯人沒辦法挖坑掩埋死者，只得將屍體扔進馬爾馬拉海。

阿拉伯史書記載，利奧三世選在此時跟馬斯拉馬重啟談判。他依然惺惺作態，聲稱願以投降換取和平。

根據這些史料，利奧三世寫給馬斯拉馬的信件內容大致如下：「如果我向你投降，得先讓百姓明白繼續抵抗不會有用。」

「我要怎麼幫你說服你的百姓？」

「如果你把剩下的糧食燒了，我的百姓就會認為你們打算背水一戰，全面出擊……正因你們有十足的把握可以贏得勝利，所以敢毀掉僅剩的糧食。」

阿拉伯的史書不可置信地記載，馬斯拉馬真的把糧食給燒了[29]。結果利奧三世沒有依約打開城門，馬斯拉馬和他挨餓的士兵依舊困在城外。

拜占庭沒有留下這段過程的紀錄。故事內容顯得荒誕，歷史學家很難理解阿拉伯人為什麼要編出這樣的情節，因為這只會醜化他們的統帥。或許阿拉伯人編出這些故事是為了把戰敗責任推到馬斯拉馬身上，或者這只是另一則阿拉伯人津津樂道、敘述中世紀奸計的寓言故事，只為了突顯利奧三世的狡猾與背信。

阿拉伯新任哈里發奧瑪爾收到消息無比震驚，增派將近八百艘滿載糧食與武器的軍艦去為馬斯拉馬解圍。這些船隻順利來到博斯普魯斯海峽，但船上的水手幾乎全是埃及的基督教奴隸，這些人一見到君士坦丁堡，就變節投靠羅馬人，帶著船上的補給品划向海堤，高喊：「吾皇萬歲！」

埃及的基督徒奴隸迫不及待地把阿拉伯艦隊的確實位置告訴利奧三世。利奧三世派出另一批軍艦帶著希臘火去攻擊敵船，阿拉伯船的補給品通通被搜刮，送進城裡。馬斯拉馬原本盼著靠這些補給品撐幾個月，沒想到卻肥水落入敵人田，自己的士兵繼續挨餓。

奧瑪爾派一批後備軍去跟馬斯拉馬會合，利奧三世又收到密報，派了一排軍士渡過博斯普魯斯海峽，在通往尼科米底亞的途中攔截阿拉伯的後備軍。

馬斯拉馬苦惱萬分，不知道該不該結束圍城、全面撤退，沒想到特爾維爾的騎兵再次攻擊他又倦又病又餓的軍隊，據估計共有兩萬兩千名士兵死亡，場面之血腥與悲慘可想而知。

事已至此，奧瑪爾下令放棄攻城，海陸兩路鳴金收兵，但還有更多磨難等著阿拉伯海軍。艦隊返航時，在馬爾馬拉海遭遇風暴，損失數十艘軍艦，剩餘的船隻繼續前進，到了羅得島海岸，又碰上另一場風暴，摧毀更多船艦。

事情還沒完：當阿拉伯人剩餘的艦隊疲憊地橫渡愛琴海，錫拉島（Island of Thera）[30] 的火山爆發，把滋滋響的火山灰噴向艦隊的甲板與船帆。奉命前往攻打君士坦丁堡的兩千六百艘船隻，最後只有五艘安全返回。

*

---

28 原注：蘇萊曼一世的墳墓在敘利亞達比克（Dabiq），二〇一四年被伊斯蘭國（ISIS）戰鬥機炸毀。

29 原注：另一個版本指出，利奧三世說服馬斯拉馬把大軍的糧食交給羅馬人。

30 即今日的聖托里尼島（Santorini），位於希臘東南方。

「怎麼可能會有這種事？」

喬聽得直搖頭。我們正在駛往卡德科伊（Kadıköy）的渡輪上。卡德科伊就是羅馬時代的卡爾西頓城，在博斯普魯斯海峽的亞洲岸，離馬斯拉馬的敗戰艦隊返回小亞細亞的航道不遠。

「嗯，這件事發生在一千三百年前。有關這次圍城，羅馬史書留下兩筆記載，但撰寫時間是在一百年後。阿拉伯史料也是事情經過很久以後才編寫出來的，但雙方記錄的基本內容大致相符：阿拉伯倭馬亞王朝派大軍從海陸兩路夾攻，包圍君士坦丁堡十三個月，利奧三世智謀退敵，阿拉伯大軍也噩運連連。雙方都毫不懷疑上帝插手干預，否則阿拉伯人為什麼遭遇那麼多苦難？」

「誰曉得，可能只是運氣背。」

「他們不相信運氣這種事。阿拉伯人覺得這是他們的驕傲自大招來的懲罰，先知穆罕默德曾經多次告誡他們不要犯這種罪。」

*

阿拉伯大軍撤退後，君士坦丁堡百姓欣喜若狂、感恩戴德，圍城結束適逢八月十五日聖母升天節（Assumption of the Blessed Virgin Mary），百姓相信是祂助羅馬獲勝。

君士坦丁堡以西所有基督教國家都欠眾城之后一個人情，君士坦丁堡這塊盾牌代替他們承受了阿拉伯勢力的衝擊，他們因此逃過被哈里發大軍征服的命運。假如利奧三世打開了城門，整個歐洲就會變成伊斯蘭世界。結果沒有，君士坦丁堡這塊盾牌讓衰弱崩解的基督教歐洲得以苟延殘喘，漸趨穩定，最後欣欣向榮。

阿拉伯人的自信暫時受挫，因此將關注焦點轉移到東方那些更富庶、活力更充沛的地域。阿拉伯人在東方接觸到印度與波斯文化，因而邁入科學與文學的黃金時代。

歐洲遠離了東方的文化盛事，變成偏僻的落後地區。

第 6 章
非受造之光

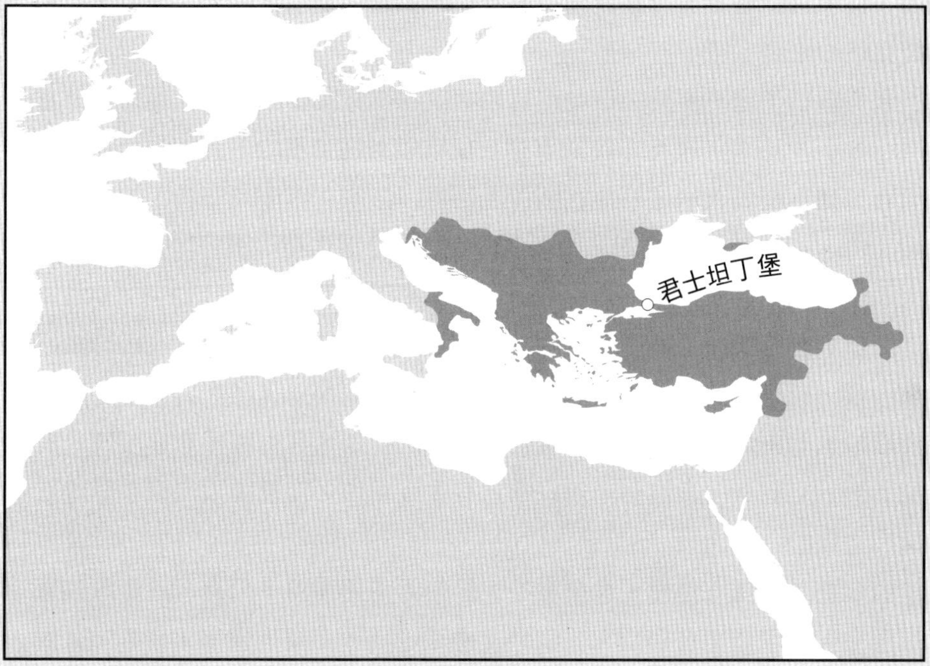

一〇二五年的東羅馬帝國，中世紀版圖最遼闊的時期

牛獅宮

我們的飯店在一棟整建過的十九世紀建築裡，位於聖索菲亞大教堂和馬爾馬拉海之間的舊市區。這裡的街道狹窄擁擠，兩旁都是三四層樓建物，包括紀念品店和餐廳，餐廳裡提供英德雙語護貝菜單。幾條街外有鐵道經過，軌道兩旁也擠滿公寓洋房。而在一千年前，這裡是皇帝的馬球場（Tzykanisterion）。

這整個區域正是過去的大皇宮原址，是帝國的行政中樞，亭台樓閣參差錯落，從奧古斯塔廣場一路延伸到海邊堤防。這裡是君士坦丁、查士丁尼和希拉克略的住處。

大多數日子裡，會有數百名官員和朝臣在廊柱間穿梭走動。馬格諾拉宮（Magnaura Palace）是元老院議事堂。皇室成員在豪華的十九躺椅宴會廳款待賓客，像古羅馬人一樣斜倚在躺椅上用餐。皇帝在鑲嵌大理石板的八角金鑾殿（Chrysotriklinos）上朝。四百名宮中侍衛分別住在兩組營房裡，皇帝一家人則睡在月桂宮（Palace of Daphne）幽香襲人的寢殿裡。

馬球場在侍衛住處與堤防之間，是一片綠草如茵的開放空間。馬球跟西洋棋一樣，也是從波斯傳入，修改為本地版本。兩組隊員騎在馬背上，設法將皮球投入對方球門，球具是末端附有網子的桿子。拜占庭馬球速度快，勢道猛：阿列克修斯．康南努斯曾經在比賽中受重傷，亞歷山大三世在球場上心臟病發死亡。

如今在這個住宅區裡，幾乎看不到任何大皇宮遺跡，只有一片斷垣殘壁保存至今，我跟喬正在尋找它。我們走過鐵道橋，穿越幾條窄小巷弄，來到甘迺迪大道（Kennedy Caddesi），這是沿著過去的海堤修築的高速公路。我們走了一個街區，抵達一處小公園，抬頭仰望。前方牆面有三個不起眼的大理石門廊，周圍是崩塌殘缺的羅馬磚塊。在查士丁尼時代，這三個門廊通往牛獅宮一處大理石陽台。某些夏季夜晚，他會跟狄奧多拉走過這些門廊，欣賞馬爾馬拉海上的皎潔月光。如今整個牛獅宮只剩下這三座門廊，其餘的遺跡在十九世紀拆除，興建目前的鐵路。

仰望門廊時，我試圖在腦海裡幻想昔日歐洲最美麗宮殿的氣派景象，可惜沒有成果，只覺得又蠢又挫折。我看得出來喬想不通我們為什麼花半小時在伊斯坦堡穿街走巷，只為了看嘈雜公路旁爬滿藤蔓的門框。

那天稍晚我們又停下腳步，觀看一片像是拜占庭建築殘餘正面的廢墟，是三層樓的拱形磚造結構。這也是皇宮的一部分嗎？有個當地人站在我身旁喝咖啡，同樣盯著那片廢墟。

「很神奇，對吧？」他說。

「是啊，以前八成是雄偉建築。也許是宮殿？」我說。

「雄偉的宮殿。沒錯，是雄偉的宮殿。不過……」他神祕兮兮地壓低嗓門，指著我們背後的店鋪說，「附近有座更重要的宮殿，是我的地毯批發店。」

他親切地對我露齒一笑，然後我們都哈哈大笑。

✳

大皇宮毀壞並不是由於土耳其人疏於維護，早在奧圖曼人入侵之前，大皇宮就已經廢棄多時。到了帝國末期，拜占庭帝王選擇住在城市另一端的布拉契尼宮。隨著帝國日漸衰微，國家的財力幾乎不足以抵禦外侮，當然也負擔不起大皇宮的修繕。一四五三年，穆罕默德二世檢視這座他剛征服的城市時，發現大皇宮已經年久失修，荒廢破敗，直接下令拆除。

到了二十世紀，一項考古計劃挖掘出叫人嘆為觀止的羅馬鑲嵌地板，地點就在靠近藍色清真寺的宮殿裡，目前在伊斯坦堡的鑲嵌畫博物館展覽。這些地板鑲嵌畫可以追溯到查士丁尼時代，描繪真實與虛構物種之間的精彩戰鬥，比如半獅半鷲獸生吞蜥蜴，獅子與大象搏鬥。其他地方還有人類擠山羊奶，以及母馬哺餵小馬的畫面。同一個區域還有許多考古發現，但大皇宮大部分殘跡仍舊靜靜躺在地底，像座鬼影幢幢的陵墓，就在大片公寓、鐵道和藍色清真寺底下。

殘破的聖像

造訪大皇宮的賓客多從查爾克宮門進入，這是配置厚重青銅大門的壯麗大理石門廳，就在奧古斯塔廣場東南角。查爾克門正上方有基督普世君王（Christ the Pantocrator）聖像。

七二六年某天晚上，一隊士兵來到查爾克門前，把聖像拉下來，此舉震驚廣場上的行人。現場發生暴動，兩名士兵被私刑處死。這起事件傳遍全城：皇帝到底在想什麼，竟要拆除宮門上備受敬愛的神聖雕像？

七一七年，阿拉伯人圍攻期間，利奧三世巧妙地帶領百姓打了一場漂亮的勝仗，只是，雖然他功績顯著，他執政的正當性卻不堪檢驗。他始終是個篡位者，而阿拉伯人依然強盛。

法國畫家安東．埃貝歐（Antoine Helbert）筆下的查爾克宮門

利奧三世為了爭取上帝的垂愛，推出連串新法令，比如禁止墮胎、同性戀可判處死刑。但這些措施好像成效不大，因為兩個月後錫拉島的火山再度爆發，附近區域全被火山灰和濃煙覆蓋。利奧三世決定施展鐵腕鎮壓偶像崇拜。

偶像崇拜是羅馬帝國過去信奉異教神祇的遺緒，古代希臘羅馬人喜歡藉由繪畫或雕塑描繪眾神。這種聖像創作的傳統自然而然地流傳到基督教時代。勝利女神尼姬化身為天使、宙斯變成天父。頭頂放出金光的耶穌像極了攻無不克的太陽神索爾（Sol）。

在君士坦丁堡百姓住家裡，聖像往往受到喜愛與尊敬，像是令人引以為榮的家人。這些金光閃閃的純真聖徒或烈士探索的目光似乎深入信徒的靈魂。女性尤其珍視這些聖像，因為如此一來，她們不需要神父、修士或主教居間媒介，就能在日常生活中直接與神性接軌。聖像讓文盲也能認識《聖經》裡的故事，片刻間就將經文隱含的情感力量傳達出來。

聖像的存在原本好像沒有任何爭議，但伊斯蘭勢力的崛起迫使大家重新思考。穆斯林指控基督徒容許異教信仰的偶像崇拜，沒有遵行摩西十誡的第二條：「你不可以為自己創造偶像，也不可以描摹天上、地下和水中任何物體的形象，不可以對它們行禮，也不可以服侍它們。」

古老的誡條再清楚不過。然而，在穆斯林與猶太人眼中，聖像崇拜恰恰證明羅馬人重拾向木石偶像行禮的劣習。西元七二一年，阿拉伯領袖亞齊德二世（Yazid II）下令禁絕境內所有基督教聖像，羅馬人也許會自覺羞愧：這些阿拉伯異教徒莫非是在逼基督教做一件他們早該做的事？聖像愛好者（Iconophiles）毫不遲疑地指出，尊敬聖像跟偶像崇拜是兩碼子事。可是錫拉島火山的爆發讓皇帝下定決心劃清界線。西元七二六年，利奧三世頒布敕令，全國的基督受刑像都要換成單純的十字架。更甚者，君士坦丁堡公共場所的聖像都要拆除，或用油漆塗白。

這場對聖像的攻擊立即激起民怨，後世稱為「聖像破壞運動」（Iconoclasm）。斯圖狄奧斯修道院（Stoudios）院長狄奧多爾（Theodore）憤怒又苦惱，他當面指責警告利奧三世：「皇上，您的職責是管好行政和軍事，把心思放在那些事上面，把教會的事留給神職人員。」

利奧三世運氣不錯，頒布新的聖像法令後，連續幾年對阿拉伯作戰都獲得勝利，讓他得以宣稱上帝贊同他的禁令。可是到了七四〇年，君士坦丁堡發生地震，可想而知，聖像愛好者認為那是神因為聖像被毀而震怒。每一次戰爭結果、每一回天災地變，都會被拿來做為評估上帝心情的指標，過程實在痛苦萬分，叫人既疲倦又喪氣。毀棄聖像是帝國的自殘傷口，勢必接二連三被打開來。

西元七四一年，利奧三世因水腫病故，他的長子君士坦丁五世接任。新皇帝明白表示，他會繼續打擊聖像崇拜行為。帝國對阿拉伯戰事順利，他壯起膽子採取更激烈的手段，在七五三年宣布崇拜偶像是異端行為，開始迫害敬拜偶像的人：修道院遭到毀壞，反對的修士與修女被迫還俗，被拉到橢圓競技場舉行鬧劇般的婚禮。拒絕丟棄聖像的人都遭到折磨，弄瞎雙眼。

七六六年，擁護聖像的人在宮廷內策動政變失敗，參與者全被君士坦丁五世斬首、刺瞎或鞭打。之後沒人再敢謀反，帝國卻因此分裂，帝國以外的基督教會領袖也對君士坦丁五世敬而遠之。到了七七五年，君士坦丁五世帶兵攻打保加爾人時感染熱病，在返回君士坦丁堡途中病逝。

君士坦丁五世儘管手段殘酷，卻稱得上是個明君，可是他的名譽和形象幾乎毀在堅信者狄奧法內斯（Theophanes the Confessor）手中。狄奧法內斯是這個時期重要的歷史學家，也是激進的聖像愛好者。其他的君士坦丁名字後面附加的是「大帝」或「尊貴」，君士坦丁五世在後人的記憶中卻是「糞名君士坦丁」（Constantine Copronymus），因為聖像愛好者散布惡毒謠言，宣稱君士坦丁五世當年受洗時，在洗禮盆裡拉屎。

新皇帝是君士坦丁五世的長子利奧四世。利奧四世個性比父親溫和多了，他繼續反對聖像崇拜，私底下卻默默設法修復都城的分裂狀態。七八〇年，利奧四世發現皇后伊琳娜（Empress Irene）的私人物品裡藏著兩尊聖像，似乎是他自己的內侍從宮外偷偷帶進來的。妻子和侍從共謀欺騙他，他勃然大怒，對內侍處以鞭刑，也拒絕再跟皇后同床，帝后從此失和。

到了九月，伊琳娜出來宣布一項舉國震驚的消息：皇帝駕崩了。她說，皇帝近來舉止怪異，要人幫他取來一頂鑲滿珠寶的皇冠，等他戴在頭上以後，皇冠上的珍貴寶石卻害皇帝生出滿頭爛瘡，皇帝因感染而發燒，最後一命歸西。

這個故事太不可信，歷史學家不禁懷疑，利奧四世的死或許是伊琳娜跟宮中崇拜偶像的老臣共謀促成。沒有人出面質疑伊琳娜的說辭，伊琳娜的九歲兒子君士坦丁六世即位，伊琳娜擔任攝政皇后。然而，伊琳娜不認為自己臨朝聽政只是一時的權宜，那年她才二十五歲，正準備大顯身手。

皇帝與女皇

伊琳娜出身雅典望族，很可能是在選妃大典中脫穎而出，成為利奧四世的妻子。在選妃大典中，年輕貌美的優雅女子一一出列，供皇家評選。伊琳娜中選後，她未來的公公安排她在七六九年的萬聖節（All Saints' Day）風光進入君士坦丁堡。她搭乘羅馬槳帆船橫渡博斯普魯斯海峽，由數艘裝飾絲帶的帝國軍艦護送。她的隊伍步入君士坦丁堡時，群眾夾道歡呼喝采。她受封為奧古斯塔伊琳娜，在皇宮裡的教堂與利奧四世成婚。

伊琳娜以皇后的身分蟄伏十二年，直到利奧四世晏駕，她才排除障礙，一步步踏上權力高峰，成為羅馬帝國漫長歷史中權力最大的皇后，超越與查士丁尼共治的狄奧多拉。

部分野心分子看見國家大權落在女人和小孩手中，覺得有機可乘，幾乎刻不容緩地開展密謀，計劃扶持利奧四世的同父異母兄弟尼基弗魯斯（Nicephorus）取代伊琳娜母子。足智多謀的伊琳娜強迫尼基弗魯斯和他的四個兄弟落髮為修道士，讓他們失去接掌大位的資格，和平解決一場政變。她甚至在聖索菲亞大教堂舉辦盛大儀式，「表揚」他們投入神職，小皇帝的叔伯們心情鬱悶之餘，還得為她主持聖餐禮，讓大教堂裡的所有人明白誰才是老大。

伊琳娜深知軍中的男性將領會覺得聽命於女人是一種恥辱，因此任命閹人擔任朝廷與軍中要職，這些人不介意接受女人領導。這些閹人之中首屈一指的是斯托雷修斯（Stauracius），變成她的首席大臣。

伊琳娜施展高超手腕，利用她偏向偶像愛好者的立場，爭取貴族與教會大老認同，否則這些人只怕難以接受女人主政的事實。只不過，反對聖像崇拜的人依然掌握軍中大權和部分行政系統，對她極度不滿。

伊琳娜一步步拉攏神職人員，她先是任命認同她的新主教，又在七八六年召開大公會議，希望能撤銷禁止偶像崇拜的政策。會議地點在神聖使徒教堂，伊琳娜帶著年幼的兒子君士坦丁在旁聽席坐鎮。可是首都皇家衛隊（tagmata）的士兵依然忠於已故皇帝的理念，喧鬧地干擾會議進行，大公會議被迫解散。

伊琳娜不輕易罷休，她以準備與阿拉伯開戰為由，將不聽話的衛隊派到小亞細亞，結果戰爭並未發生。等軍隊到了小亞細亞，她下令要他們打散，分別派駐帝國各行省。另外，她從色雷斯和比提尼亞調派效忠於她的部隊擔任皇家衛隊。次年，她在尼西亞重新召開大公會議，大約有三百五十名主教和一百名修士出席。會議順利進行，聖像禁令正式撤除。

*

伊琳娜的兒子君士坦丁六世年歲漸長，到了適婚年齡，原本預訂迎娶法蘭克王查理曼的女兒，卻因為帝國與法蘭克人關係生變，婚事告吹。

還是得為皇帝選個合適配偶，伊琳娜因此在七八〇年為君士坦丁舉辦一場選后大典，十三名合格少女來到首都，一字排開供年輕皇帝挑選，最後人選卻是由伊琳娜和斯托雷修斯決定，他們選了阿姆尼亞的瑪麗亞（Maria of Amnia），聖徒菲拉列特（Saint Philaretos）的孫女。婚禮順利進行，但君士坦丁漸漸不滿事事干預的母親，瑪麗亞生下女兒後便疏遠她。

君士坦丁年近二十時，開始希望母親退位，讓他獨自治理國家。可惜伊琳娜和斯托雷修斯還不想交出大權，母子關係逐漸惡化。君士坦丁屢次試圖在宮中爭取更多權力，卻總是受到斯托雷修斯阻撓，他天真地以為母親被這個狡猾的閹人操控，完全沒想到斯托雷修斯其實只是聽伊琳娜的命令行事。

君士坦丁於是跟一群朋友合謀，打算拉斯托雷修斯下台，可惜計劃很快敗露。伊琳娜得到消息後，把兒子叫到金鑾殿，賞了他一巴掌，下令將他軟禁，其他共謀者都遭到逮捕，處以鞭刑後流放。

伊琳娜心有疑慮，要求軍隊宣誓效忠她。這回她錯估情勢，半數軍隊起事造反，要求她把君士坦丁平安地交給他們。軍隊擁戴君士坦丁為羅馬唯一的皇帝，伊琳娜繼續保有皇太后頭銜，只是被軟禁在俯瞰馬爾馬拉海的皇宮中。

十九歲的君士坦丁六世沒有行政經驗，執政不久就發現他迫切需要母親的協助。伊琳娜樂於提供意見。只是，帝國對外戰事連番受挫，君士坦丁六世在軍方的支持度下跌。此外，他休妻再娶，教會長老認為他的二度婚姻不合法。人們開始懷念伊琳娜，畢竟她把國家治理得有條不紊。

七九六年十月，君士坦丁六世與母親前往小亞細亞普魯薩（Prusa）溫泉區度假，突然接到皇后產子的消息，立即飛奔回君士坦丁堡陪伴妻子，伊琳娜乘機跟皇家衛隊的指揮官串通奪權。

隔年五月某一天，君士坦丁六世準備走出競技場時，突然有一群士兵制伏他的貼身侍衛，企圖逮捕他。他逃到博斯普魯斯海峽對岸，卻仍然被捉回大皇宮。伊琳娜命士兵將他拖進當年她生下他的紫色大理石產房，命士兵挖出他的雙眼。幾天後他傷重不治，享年二十六歲。史學家狄奧法內斯記載，君士坦丁六世死後，詭異的陰暗天氣籠罩君士坦丁堡十七天之久，想必連上天都感到驚駭。

羅馬金幣上的伊琳娜女皇、地球與權杖

很難說君士坦丁堡的百姓知不知道皇帝死得多慘，不過，伊琳娜已經重掌大權，追問太多或許不太聰明。

伊琳娜單獨執政衍生一個重大的法律問題，在此之前帝國的敕令都以皇帝的名義頒布，如今皇帝死了，誰也不清楚女人能不能以自己的名義頒布法令。伊琳娜的做法是在文件上簽署「皇帝」（basileus）而非「女皇」（basilissa），巧妙避開這個問題。軍隊也是個困擾，她不敢直接對憤憤不滿的將領下令。儘管如此，伊琳娜依然受到百姓與教會喜愛，繼續以她一貫的圓滑手法操控君士坦丁堡政局。

西元七九九年，伊琳娜乘著金色戰車在君士坦丁堡街頭遊行，拉車的是四匹白馬，由她的四名最高指揮官為她牽馬。對於在羅馬這個男權帝國裡爬到權力高位的她，這想必是個醺醺然的時刻。

接下來那個月她病了，斯托雷修斯的死對頭閹人埃提烏斯（Aetius）來到她床前，告訴她斯托雷修斯心懷不軌。伊琳娜要斯托雷修斯向她道歉，但斯托雷修斯也病了，而且就此亡故。伊琳娜大病初癒，就接到來自羅馬的壞消息，打亂她的布局。

查理曼大帝

西元八〇〇年耶誕節，法蘭克王查理曼微服走進羅馬的聖彼得教堂，以謙卑的基督徒身分前去望彌撒。不過，當他跪在聖壇前領聖餐，教宗李奧三世（Leo III）將黃金冠冕戴在他頭上，立他為羅馬帝國的查理曼大帝。教宗隨後匍伏在查理曼腳下，在場人士高聲歡呼，稱查理曼為他們的奧古斯都。

從君士坦丁堡的觀點來看，為蠻族首領加冕是人神共憤的行為，侵犯了他們的皇權，因為只有君士坦丁堡有權賜封奧古斯都頭銜。只是，他們也莫可奈何。東羅馬帝國已經今非昔比，不再是查士丁尼時代的強權，帝國已經去失太多土地和軍力。西方遲早會有人戳破君士坦丁堡號令天下的假象。伊琳娜不走運，任內發生這種事，但這卻不是偶然。李奧三世為自己的大膽行為開脫，宣稱大家都知道女人沒資格當皇帝，查理曼只是填補空缺。

這場加冕典禮與其說是為了滿足查理曼的虛榮，不如說是因為教宗需要法蘭克人的保護。此時的查理曼已經是龐大帝國的統治者，轄下版圖涵蓋現今的法國、西德、奧地利和義大利北部，是西羅馬帝國滅亡後，西歐最大的政權。尷尬的是，查理曼的帝國儘管欠缺文化素養，版圖卻是東羅馬帝國的兩倍。

查理曼為了尋求盟友，試探性地向當時的阿拉伯哈里發拉希德（Harun al-Rashid）伸出友誼之手，拉希德反應熱絡，派人致贈查理曼一頭大象。不過，查理曼又打消跟阿拉伯結盟的念頭，在八〇二年派遣使者到君士坦丁堡向伊琳娜求婚，希望藉由兩人的結褵統一東西兩大帝國。

伊琳娜有點心動，傾向答應查理曼的求婚，但她的朝臣想到即將被粗魯的野蠻人統治，不禁大驚失色。十月三十一日，伊琳娜微恙未癒，一群反對皇后下嫁蠻族的大臣與軍官控制大皇宮，廢掉伊琳娜。在這場政變中上台的是一個名叫尼碁弗洛斯（Nicephorus）的大臣。伊琳娜優雅下台，被流放到馬爾馬拉海的普林希波島（Island of Principo），一年後辭世。從攝政到獨攬大權，伊琳娜前後共統治東羅馬帝國二十二年。往後還會有其他同樣大權在握的女性領袖，卻沒人能超越她，也只有她以「皇帝」自稱。

伊琳娜的執政正是東羅馬帝國國運的轉捩點。經過數百年的軍事挫敗、瘟疫和自然災害，羅馬人終於可以喘口氣，慢慢振作起來。重生與擴張的時期來到，君士坦丁堡的經濟持續復甦，因為越來越多人慕名而來，瘟疫後淪為荒煙蔓草的區域重新整建，街道也熱鬧起來。末日的陰鬱氛圍暫時解除，君士坦丁堡重拾往昔自信。

阿拉伯人擴張受阻，羅馬版圖向外推移。色雷斯的農地、塞普勒斯島和安提阿城暫時重歸帝國懷抱，帝國領土在地圖上看起來有點像雙頭鷹，這個圖案後來會變成東羅馬帝國的標誌。雙頭鷹一邊翅膀涵蓋歐洲的色雷斯、希臘、西西里和巴爾幹半島部分地區，另一邊覆蓋亞洲的小亞細亞和塞普勒斯。

東羅馬帝國版圖最大的時期落在巴西爾二世當政的時代。巴西爾二世於西元九七六年即位，綽號「保加爾人屠夫」，他刺瞎一萬四千名保加爾戰俘，每隊留一個獨眼龍帶領同袍返回祖國，因而得到這個猙獰外號。據說保加爾可汗飽受打擊，兩天後中風斃命。保加爾人一蹶不振，他們的土地重新劃入東羅馬版圖。其他邊境種族則是直接被同化，融入多種族、多語言的東羅馬帝國。

君士坦丁堡再度繁榮富庶，刺激了文化與教育發展。古希臘的文學、數學與哲學手稿重見天日，成為中小學與大學裡的教材。歷史、醫藥與動物學方面的百科全書巨著也陸續出版。

這個時期的君士坦丁堡散發出無限魅力，斯拉夫人和東歐各地也改信東正教。聖索菲亞大教堂的禮拜儀式如此莊嚴，觀者無不動容，心悅誠服地選擇信奉唯一真神。基輔羅斯公國弗拉迪米爾王子的使者也為之辭窮：「我們只知道，上帝與這裡的人們同在。這裡的禮拜儀式超越任何地方，我們忘不了那種美。」

背景音與主旋律

我們在羅馬時，某個星期天上午我跟喬出去找糕點和咖啡。悅耳的教堂鐘聲響徹雲霄，召喚人們望彌撒。我們在蒙帝聖母廣場（Piazza della Madonna dei Monti）聽見聖樂從兩扇敞開的門傳出來。門旁的牌匾顯示，這間教堂叫聖塞爾爵與巴可堂（Chiesa dei Santi Sergio e Bacco），是舉行拜占庭儀式的烏克蘭天主教堂。原本我希望能溜進去坐在後排，可是教堂已經擠爆，連大門都進不了。我們在門口逗留，深深被聖歌裡低沉的男聲吸引，檀香的氣味飄浮在我們頭頂上方。

拜占庭聖歌由兩個部分組成：背景音（ison）與主旋律（melody）。背景音是烘托主調的持續低音，以不間斷的單音合聲支撐聖歌。背景音持恆不變，因而獨立於時間之外，代表來自上帝的非受造之光（uncreated light），永恆且至高無上。

主旋律會隨著時間上升下降，背景音則是穩定的基石。二者相融，成為教堂的和諧歌聲。拜占庭聖歌使用的音階明顯不同於西方音樂廣為人知的大小調音階，會不預期地滑過瑰奇絕美的半音程。背景音與主旋律的結合，形成美妙的和聲，在你腦海裡晶瑩閃爍、繞梁不絕，引逗出興奮又鎮靜的感受。我曾經幾度聽得熱淚盈眶，想不通自己為什麼會激動至此。

喬站在我身邊，耐心地等我享受聖歌的洗禮。我不敢奢望十四歲的孩子會跟我一樣喜歡拜占庭聖歌。我知道他悶得慌，但他沒有埋怨，即使他老爸賴在教堂門口不走，也願意陪在一旁發呆，我覺得非常窩心。每當這種時候，喬就會展露出一種溫柔特質，一種潛藏在內心的力量，特別是在早餐還沒著落的此刻。

因為安息日的關係，大多數商店都沒有營業，幸好我們在廣場附近找到一家咖啡館，店老闆是不信神的時尚人士，店裡的裝潢走的是一九六〇年代的義大利俗豔路線。我們等待餐點時，我想到前天晚上我們路過一家狹窄的威士忌酒館，不禁希望喬已經長大，我們可以一起坐在酒吧裡，品嘗六款蘇格蘭威士忌，談天說地。我忽然想到，長大後的喬對當代藝術的理解會比我更深入，能夠帶我領略文化裡的新事物。我只希望到時候他不嫌棄我這個跟屁蟲。

拜占庭樂譜

我告訴他，將來我們之間的關係會有所改變。「我不再是那個事事做決定的父親，不會再操控你，我們的立場會趨於平等，有點像兄弟。」

喬聳聳肩，對他而言，那一天似乎還很遙遠。

我在腦海裡想像某一天我跟內人要放下父母的角色，想像有個莊嚴的儀式，有點像英國把香港主權交還給中國。教養的大旗肅穆而緩慢地降下，代表自決的嶄新旗幟升起。他會看著走過精彩人生路、如今年紀變老、個子變小的雙親，納悶著過去怎麼會覺得父母是那麼地高大。

梅露辛

有個身穿潔白外套的侍者幫我們送來一盤烤肉丸（köfte），搭配幾根長長的醃辣椒和香料飯，旁邊還有辣椒醬。我跟喬最常在這裡吃晚餐，餐館燈光稍嫌明亮，但料理美味，價格公道。就像五金零售商店裡嗞嗞響的烤香腸，烤肉的香氣混合荷蘭芹、薄荷與檸檬汁，喚醒我們的山頂洞人肉食本能。醃辣椒微酸的醋香跟羊肉丸煞是絕配。

吃晚餐時，我想跟喬說個童話故事。

「爸，我已經過了那個年紀了。」

「好的神話故事適合任何年紀。我要說的故事流傳很久了，比你小時候聽慣的那些迪士尼故事黑暗多了。」

喬哀聲嘆氣。

「你聽過原版《小紅帽》嗎？大野狼來到奶奶家，殺了她吃進肚子裡，再穿上奶奶的睡袍上床睡覺。等小紅帽來了，假扮成奶奶的大野狼端了一盤血和肉給小紅帽，所以小紅帽無意中吃了自己奶奶的肉。」

「我聽的不是這樣。」

「沒錯。接著大野狼叫小紅帽把衣服脫下來扔進火爐裡，小紅帽照做。然後……他一口吞了她。」

「接下來呢？」

「沒了。故事結束了。」

「唔……」

「我再來說說梅露辛（Melusine）的故事。這是法國的民間故事，根據真實人物編出來的，她出生在君士坦丁堡，就在那邊街角。」

「森林來的雷蒙」出生在法國的顯貴家族，可惜家道中落，他父親一貧如洗。普瓦杜伯爵同情他們的遭遇，將雷蒙帶回普瓦提耶的城堡，當成親生兒子撫養長大。多年後，雷蒙長成英俊迷人的少年。

某天伯爵邀雷蒙跟他一起去獵野豬，兩人在漆黑的森林裡越走越深，不知怎的跟隨從走散了。野豬不見蹤影，他們也迷路了。森林裡天色越來越暗，他們於是紮營生火。

他們在火堆旁取暖時，聽見矮樹叢傳來窸窣聲，有頭野豬突然衝出來，撲向伯爵。雷蒙連忙拿起佩劍揮砍野豬，卻不小心刺中伯爵。他又揮了一刀，野豬終於倒地斃命。他擦掉劍上的血跡時，發現自己失手殺死了將他視如己出的善良伯爵，心慌意亂地騎馬逃走。

那天晚上，時間的流逝顯得異乎尋常。雷蒙走著走著，黑森林變開闊，眼前是一處林間空地，銀色月光灑落地面，旁邊有一條遍布卵石的小溪，源頭是一道汩汩流出的清泉。清泉旁有三個年輕女子，各自穿著熠熠生輝的潔白洋裝，三人都美若天仙。

其中一名女子站了起來，輕柔地走向雷蒙。

「你為什麼這麼害怕？」她問。

雷蒙淚流滿面，向女子訴說自己失手殺害了養育他、照顧他的伯爵，女子靜靜聆聽。等雷蒙說完，她說：「我有個辦法。你騎馬回普瓦提耶去，假裝不知道發生了什麼事。等人們找到伯爵的屍體，會以為他是跟野豬搏鬥時受傷過世。」

雷蒙覺得這個主意好極了，同意照她的話做，兩人開始聊天。雷蒙深受年輕女子的容貌與魅力吸引，到天亮時已經愛上她，向她求婚。

女子說：「我答應你，但有兩個條件。首先，你要幫我取得這道清泉周邊的土地，只需要一塊鹿皮大小。我會在上面蓋一座漂亮的大房子。」

「第二個條件呢？」

「我可以嫁給你……」她停頓下來，認真地看著雷蒙。「可是每個星期六你要讓我獨處，不能打擾我。我的名字叫梅露辛，是個擁有財富和力量的水仙子。」

雷蒙同意她的條件，回到城堡，向伯爵的兒子博爾川取得那塊土地。他把鹿皮剪成長條，圈圍了一塊比博爾川想像中大得多的土地。

梅露辛得到土地後，在上面變出一座富麗堂皇的城堡。她跟雷蒙在城堡裡結婚，賓客都覺得那是他們見過最豪華、最美麗的婚禮。他們結為夫妻的那一刻，梅露辛嬌豔的眼眸閃著歡喜的淚水。她再次要求雷蒙，每個星期六都不能打擾她。

「雷蒙，請不要輕忽我的提醒。」她溫柔地說，「如果你做不到，我們就會永遠分開。」

雷蒙發誓會滿足她的心願。

梅露辛擴建了他們的家，讓它變成全法國最壯麗的城堡，以她自己的別名「露辛妮亞」為城堡命名（也就是後來的露辛尼昂城堡〔Château de Lusignan〕，城堡遺跡至今還在）。梅露辛和雷蒙每星期幸福快樂地相處六天，到了星期六，她就會躲進自己的房間。雷蒙一直信守承諾，沒有侵犯她的隱私。

日子慢慢過去，他們生下了幾個孩子，老大是男孩，名叫尤里安，天生嘴大耳長，眼睛一紅一綠。第二個兒子叫希狄，小臉蛋紅通通。老三蓋歐長相俊美，只可惜兩隻眼睛一高一低。老四安松尼全身是毛，手指長出爪子。第五個兒子只有一隻眼睛。第六個叫獠牙吉歐菲，因為他下巴長出野豬牙。他們的兒子一個接一個出生，全都有某種缺陷。

「『獠牙吉歐菲』？」喬笑了。「那是他的名字？」
「是他的名字。」
「聽起來好像原本想取個毛骨悚然的名字，卻沒達到效果。」
「法語聽起來可能比較毛骨悚然。」

時間慢慢過去，雷蒙的父親搬進城堡跟他們同住，他的兄弟們都得到財富與僕從。某個星期六，雷蒙的哥哥將他拉到一旁告訴他，梅露辛每星期消失一天，鎮上已經流言四起。

「弟弟，」哥哥說，「你該把事情弄清楚，就算是為了安心也好。」

雷蒙幾經思索，忽然疑心梅露辛是不是有別的男人。他衝到妻子的私人區域，查看所有房間，可是房裡都沒人，只剩一個從裡面反鎖的房間，那是梅露辛的浴室。

雷蒙聽得見梅露辛在裡面唱歌，他慢慢蹲低，從鑰匙孔往內窺探。他看見妻子全身赤裸，腰部以下竟是雙尾魚身。

雷蒙震驚得往後退，卻不覺得失落懊惱。他知道自己還是跟以前一樣愛她，也為自己的魯莽感到羞愧。他違反了對妻子的承諾，知道總有一天會失去她。

日子一天天過去，梅露辛似乎不知道丈夫已經看到她的真面目。直到有一天晚上，夫妻倆跟雷蒙的父親在城堡裡用餐，聽見他們的兒子獠牙吉歐菲把當地的修道院燒得片甲不留，上百名修士葬身火窟。

雷蒙聽見這悲慘的消息，嚇得痛苦哀號，梅露辛趕緊過去安慰他，他卻推開她，大吼：「滾開，妳這邪惡的蛇妖！妳污染了我家的高貴血統！」

梅露辛承受不了打擊，暈倒在地。雷蒙悔恨交加，連忙扶起妻子癱軟的身體。梅露辛清醒時，雙手捧起雷蒙的臉。

「搖籃裡那兩個孩子就交給你了。」她輕聲說道，「細心地照顧他們，因為他們就要失去母親了。」

雷蒙沉默地點點頭。

梅露辛哀慟地長嘯一聲，跳出窗外，在石地板上留下一個足印。雷蒙衝到窗邊，看見妻子化身為五公尺長的飛蛇。

巨蛇梅露辛在城堡上方盤旋三圈，悲痛哀鳴，最後隱沒在夜空中。

雷蒙幸福快樂的生活從此結束。

梅露辛並沒有完全拋棄她的孩子，有無數個夜晚，保母看見有個微光閃爍的形體在孩子們的搖籃附近徘徊，那形體有兩條魚尾巴，腰部以下有著藍白相間的鱗片。那個形體會抱起孩子，哺育他們到天亮。

梅露辛傳奇的作者是十四世紀法國作家尚·阿哈斯（Jean d'Arras），他根據拜占庭公主梅麗森娜（Melissena）的故事改編而成。

真實世界裡的梅麗森娜有著獨特的異國血統，她大約出生在第九世紀中期，祖父是東羅馬皇帝米海爾一世（Michael I Rangabe），米海爾一世是可薩人後裔，他的皇后普洛柯比雅（Procopia）也有可薩人血統，但她的祖先可以上溯到中國的漢代帝王。因此，她身上流著拜占庭與中國皇室的血液。

梅麗森娜原本是身價非凡的公主，可惜她的家族失勢，父親遭對手閹割，她則被送進修道院。梅麗森娜長大後下嫁一名叫英格（Inger）的維京戰士，是瓦蘭金衛隊裡的士兵。英格很以妻子為榮，帶著她到法蘭克王的皇宮，逢人就宣揚她的皇族血統。來自君士坦丁堡的外族公主一時成為法國的熱門話題，梅麗森娜的身世也引起西歐各國皇室好奇。躋身在粗俗的西方人之中，她優雅的儀態與豐富的文化素養顯得出類拔萃，給人超凡脫俗的印象。

梅麗森娜死後，她的故事演變成梅露辛的神話，水仙子的兩條魚尾巴象徵她身上的雙重皇室血統。

*

侍者又送來一籃麵包。餐館牆壁上加框老照片裡頭戴土耳其氈帽的男人看著我們用餐。

喬把頭轉向一邊，望著前方不遠處，這個姿勢代表他腦子裡正在思索某些東西。一段時間後他說：「這故事不錯，一開始你會以為雷蒙是主角，因為他是來自窮苦家庭的好孩子。」

「嗯，可是他不是主角。他是個魯蛇，失手殺了撫養他長大的人。他雖然很難過，可是聽見梅露辛教他怎麼脫身，他又很開心。梅露辛給他一個溫暖幸福的家庭，而他唯一要做的就是每個星期六給她自由。」

「這就是那種劇情發展出乎意料的故事。」

「好的故事都有這種特質。情節會跳脫正軌，雖然寫這種故事的鐵律是：永遠、**永遠**不要偏離正軌。」

*

梅露辛的圖像在中世紀廣為流傳，有不少城鎮以她的特殊造型為標誌：頭戴后冠、披肩長髮、上身赤裸漂浮在水面上，雙手扶著兩條魚尾巴。

如今你到處都能看到梅露辛，印在全球各地的咖啡杯上，因為它是美國咖啡連鎖店星巴克的商標。梅露辛過去代表神祕的陰柔力量，如今卻成為太淡又太甜的美國咖啡代言人。

梅露辛

帝王後裔

《帝國的治理》（*De Administrando Imperio*）開宗明義這麼說：「羅馬永遠的皇帝君士坦丁送給他的兒子── 上帝加冕、皇室血脈的帝王羅曼努斯。」這是一個威風八面的父親為兒子編寫的治國指南，可能也是內容最詳盡的一本。作者是君士坦丁七世，歷史學家稱他為君士坦丁．「波菲洛吉尼都斯」，意思是「生於王室」。君士坦丁七世寫這本書只為了一個人，那就是跟他共治的青少年兒子羅曼努斯二世（Romanus II）。他要兒子端坐聆聽：「有智慧的兒子帶給父親快樂；慈愛的父親喜歡慎重的兒子……兒子，聽我的話，你就會是智者之中的慎重之士，也會是慎重之士中的智者。」

羅曼努斯剛滿十四歲，君士坦丁七世就把這本書交給他，這算是一本帝王指南，收錄了許多實用建言，好讓羅曼努斯在父親死後依然能得到指引。

君士坦丁七世是個廣受擁戴的君王，他身兼學者與畫家身分，贊助藝術活動不遺餘力。就是他坐在大皇宮的機械王座上，身邊的鍍金樹木上棲著會唱歌的機械鳥，讓克雷摩那的里歐普蘭德大開眼界。

《帝國的治理》融合了君士坦丁七世的學養與治國經驗。首先，他建議羅曼努斯跟佩切涅格人（Pecheneg）維持友好關係，因為他們跟所有北方蠻族一樣，天生「嗜財如命、永不饜足，所以什麼都要，什麼都渴求」。最好主動把黃金和禮物送給他們，否則他們會去搜刮克里米亞，一樣把黃金拿走。收買他們的心，讓他們轉而對付突厥人和斯拉夫人。

如果外國人要的是皇袍與王冠，他要兒子告訴對方，皇袍與王冠是天使賜給君士坦丁大帝的，如果任何人使用不當，就會受到君士坦丁大帝的詛咒。

有關穆斯林這個族群，君士坦丁七世倒是解釋錯誤。他說穆斯林對異教女神阿芙蘿黛特（Aphrodite）[1] 的星辰祈禱，因為他們祈禱時會喊「Alla wa Koubar」[2]，他說，這句話的意思就是「上帝與阿芙蘿黛特」。那個時代的羅馬人對穆斯林顯然所知有限。

君士坦丁七世就這麼娓娓道來。他寫這本書表面上是為了國家的未來，但字裡行間的真誠與溫柔，在在流露濃濃父愛，擔心兒子被帝國這個沉重包袱壓垮。羅曼努斯偶爾會接納父親的諄諄教誨，有時卻乾脆拋到腦後。

九五九年秋天，君士坦丁七世駕崩，羅曼努斯順利即位。羅曼努斯一上任就被看輕，因為他貪圖享受，而且堅持迎娶一個出身卑微的女子。他的妻子名叫安娜絲塔索（Anastaso），父親經營小客店。羅曼努斯幫她取了個比較高尚的名字狄奧法諾（Theophano），意思是「聖靈顯現」。

羅曼努斯運氣不壞，他父親在前線安排了幾名優秀將領，他很快就靠這些將領開拓帝國財源。不過，他在位短短三年，就在打獵中意外喪生。人們懷疑他的死跟狄奧法諾有關，可是羅曼努斯的死對狄奧法諾非但沒有一點好處，反倒壞處多多。宮中大臣瞧不起出身低微的她，野心分子又動作頻頻，她只好向帝國最傑出的統帥尼基弗魯斯（Nicephorus Phocas）求援。

撒拉森人的蒼白死神

尼基弗魯斯帶領帝國軍隊打了連串勝仗，他把穆斯林趕出克里特島（Crete），旋風般拿下敘利亞的阿勒坡，阿拉伯人死傷無數，因而贏得「撒拉森人的蒼白死神」（The Pale Death of the Saracens）稱號。據說他一身神力，擲出的長矛可以穿透敵人鎧甲。雖然他相貌平平，個子矮小，臉蛋像鼴鼠，毫無幽默感，卻因為戰場上的傑出表現，成為帝國最受愛戴的人物。他收到狄奧法諾的求救信，立刻趕回都城，受到英雄式歡迎。

狄奧法諾號稱君士坦丁堡最美麗的女人，尼基弗魯斯則是帝國最偉大的戰場英雄，他年紀大她一倍，相貌堪稱醜陋。然而，個性嚴肅的尼基弗魯斯似乎瘋狂愛上了狄奧法諾，誓言守護她和她的兩個兒子。他始終信守諾言，

1 希臘神話中代表美麗與愛情的女神，等於羅馬神話中的維納斯（Venus），而Venus也指金星。

2 事實上，穆斯林禱告時呼喊的是「allahu akbar」，意思是「阿拉至大」。

儘管這個選擇違反了他的誓言。

尼基弗魯斯的第一任妻子絲黛法諾（Stephano）幾年前在他出征期間不幸過世。他傷痛又內疚，誓言永不續弦。後來他的獨生子意外墜馬死亡，他從此戒掉葷食。他禁欲苦行意志堅定，每天晚上穿黑色粗毛苦行長袍就寢，藉此懺悔罪行。他經常對旁人說，等年老退役，就要住進修道院，在祈禱與冥思中度過餘生。要娶狄奧法諾，他就必須放棄這些夢想，但他還是一頭栽了進去。婚禮由他才華洋溢的軍官姪子齊米斯克（John Tzimisces）一手操辦。

尼基弗魯斯在君士坦丁堡的聲譽如日中天，輕鬆收拾了狄奧法諾在朝中的敵人，將他們一個個發派邊疆。九六三年八月十六日，尼基弗魯斯正式登基，隔天就在聖索菲亞大教堂迎娶狄奧法諾。不過，他坐上帝位後就跟姪子齊米斯克和其他過去的盟友交惡。他出言不遜，沒耐心婉轉說服別人，既是不得人心的政治人物，更是失敗的外交家。

里歐普蘭德二度造訪

九六八年夏天，克雷摩那的里歐普蘭德站在一艘緩緩駛入馬爾馬拉海的威尼斯槳帆船甲板上，內心想必興奮莫名。他上一次造訪君士坦丁堡已經是二十年前的事了，當時他代表義大利的貝倫加爾王出使東羅馬。

二十年來物換星移，和藹可親的君士坦丁七世已經不在人世，而他自己這回是代表日耳曼王奧圖一世（Otto I）前來。奧圖一世任命他為主教，交付他一項棘手任務：安排日耳曼的神聖羅馬帝國和君士坦丁堡兩國聯姻。

由於奧圖在義大利占領不少東羅馬帝國領土，兩國關係陷入冰點。里歐普蘭德向奧圖一世進言指出，長遠來看，跟君士坦丁堡保持友好關係會比大動干戈更為有利。奧圖一世因此派他去君士坦丁堡求親，希望東羅馬公主下嫁自己的兒子，確保兩國從此和平相處。

一切就看尼基弗魯斯的態度而定。里歐普蘭德當然知道尼基弗魯斯是出身知名軍事家庭的直率戰士，但他希望自己的外交手腕和一番好意能化解對方敵意。可是當他來到查爾克宮門求見，守衛卻要他在門外等候官員前來接待。幾個小時過去了，午後的細雨變成傾盆大雨，將他淋成落湯雞，依然進不了宮門。

到了五點，渾身溼透的里歐普蘭德總算踏進大皇宮，被引導前往他的住處。那是一間風聲呼呼的空蕩石屋，屋子裡沒有水，招待的酒是他最討厭的松脂調味酒。

他就這樣在屋子裡乾耗了兩天，第三天才有人帶他去見尼基弗魯斯的弟弟兼首席大臣李歐（Leo），兩人為了頭銜問題爭執不下。里歐普蘭德堅持雙方會談時，必須尊稱奧圖一世為「皇帝」，李歐一口否決，他們只願意稱呼奧圖為「國王」。里歐普蘭德極力抗議，李歐指責他製造爭端。

隔天，里歐普蘭德被帶往八角金鑾殿謁見皇帝，這是他第一次見到「撒拉森人的蒼白死神」，事後留下了這樣的紀錄：

> 他長相醜得像怪物，是個侏儒，肥肥的腦袋配上鼴鼠般的小眼睛。他那濃密的花白短鬚毫無加分效果，配上不到一吋長的脖子，模樣更是可笑，像極了短毛豬。他的膚色酷似伊索匹亞人，就像古人所說：「你不會想在暗處撞見他。」

尼基弗魯斯狠狠訓斥了里歐普蘭德一頓。

「朕原本有責任，也樂意盛大誠摯地歡迎你。」他冷冰冰地說，「可惜貴國君王的無禮行為破壞了我們之間的友誼。」尼基弗魯斯接著用強烈措辭責備奧圖一世攻擊他在義大利的盟邦，最後還指控里歐普蘭德是間諜。兩人激辯了一小時，毫無結果，最後尼基弗魯斯結束談話。

「時間已經超過七點，」他疲倦地說，「我得去教堂參加一項儀式。」

里歐普蘭德加入尼基弗魯斯的隨行隊伍，威嚴地從大皇宮走向聖索菲亞大教堂。馬路兩旁站滿手持盾牌與長矛的男人。里歐普蘭德的座位在唱詩班旁一處平台，唱詩班對皇帝歌功誦德，聽在他耳裡特別荒唐可笑。

> 當長相酷似某種爬行怪獸的尼基弗魯斯慢慢往前走，唱詩班唱

出阿諛奉承的詞語：「你看晨星接近，朝日升起，他的雙眼反射出晨曦，尼基弗魯斯吾王，撒拉森人的蒼白死神！」

儀典結束後，里歐普蘭德應邀跟皇帝共進晚餐，可是他被安排在比較卑下的席位，吃的食物都用橄欖油和魚醬調味。里歐普蘭德努力吃著難以下嚥的菜肴，尼基弗魯斯在長桌另一頭奚落他，取笑奧圖一世的軍隊中看不中用。

里歐普蘭德忍無可忍，顧不得旁人勸阻，倏地站起來。

「我們生氣的時候，」他大喊，「就會大罵『你這羅馬人！』，因為沒有比這句話更侮辱人的了。在我們心目中，『羅馬人』這個詞涵蓋了所有的低賤、懦弱、貪婪、奢侈、欺瞞和惡習。」

晚宴現場頓時鴉雀無聲。尼基弗魯斯命人撤走里歐普蘭德的餐桌，送他回住處。里歐普蘭德氣話說過了頭，兩國聯姻因此告吹。

里歐普蘭德被留置在他「可鄙的屋舍」度過悲慘的四個月，才獲准離開。他悻悻然離開君士坦丁堡，「那個曾經富庶繁華，如今變得食不果腹、虛偽不實、謊話連篇、詭計多端、貪得無厭、強取豪奪的城市」。他離開的時候，海關沒收了他在城裡採購、要帶回去裝飾教堂的五匹紫色絲綢，卻沒有賠償他的損失。

*

里歐普蘭德來得不是時候。剛上任時似乎如魚得水的尼基弗魯斯，到這時已經迅速走下坡。為了挹注前線軍需，他不得不提高稅賦，穀物歉收又導致麵包漲價，百姓紛紛上街抗議。有一天他帶著隨從走過街道，被兩名婦人從屋頂上砸磚塊。事後兩名婦人遭到逮捕處決，更加深民怨。另一次他出行時，被一群憤怒民眾攻擊，暴民對他扔石頭，高聲叫罵，他的貼身侍衛連忙拿盾牌護駕。

城裡有關叛亂與暴動的謠言四起，尼基弗魯斯於是把牛獅宮修建為軍事堡壘，增建碉堡城垛，但他最危險的敵人卻在皇宮內院裡。

皇后狄奧法諾跟城中百姓一樣，越來越厭煩她那不討喜又老邁的丈夫，於是跟尼基弗魯斯的姪子齊米斯克串通。齊米斯克跟他沉默寡言的伯父簡直有天壤之別，是個年輕帥氣的軍官，有一頭深色金髮和一雙藍色眼眸，過去是尼基弗魯斯戰場上的得力助手。不過，尼基弗魯斯不知為何對姪子不滿，將他派往小亞細亞。

狄奧法諾為齊米斯克說情，尼基弗魯斯心軟，收回成命，條件是齊米斯克要安分待在博斯普魯斯海峽對岸卡爾西頓城家中。或許尼基弗魯斯也疑心妻子跟齊米斯克之間有曖昧。不久後，齊米斯克開始摸黑乘船橫渡海峽去到皇宮某個角落，狄奧法諾在那裡等他。他們倆商定了對付尼基弗魯斯的計謀，究竟由誰提議就不得而知了。

十二月十日晚上，天氣嚴寒，狂風怒吼，皇宮裡大雪紛飛。尼西弗魯斯走進寢宮，閱讀片刻就穿上他的苦行衣，躺在地板的熊皮上睡著了。十一點左右，齊米斯克跟三個同謀從海峽對岸划船過來。一條繩索從狄奧法諾寢宮窗子垂下，刺客就利用繩子爬進皇宮。有個太監帶他們到尼基弗魯斯的寢宮，他們拔出長劍，悄悄進房。

四名刺客發現床上沒人，嚇了一跳，之後才看到尼基弗魯斯在地板上打呼。他們狠狠踹了幾下，尼基弗魯斯才醒過來，兩眼直盯刺客。有個刺客一劍砍中他額頭，再將半昏迷的他拖到齊米斯克面前。此時，齊米斯克端坐在尼基弗魯斯床上。

「你倒說說，」齊米斯克叫嚷道，「你能當上皇帝難道不是我的功勞？為什麼要流放我？我出身比你高貴。現在還有誰會來救你？」

齊米斯克扯下幾把尼基弗魯斯的頭髮和鬍子。其他刺客拿劍柄敲他，最後有個刺客將彎刀刺進他後背，刀刃從前胸穿出。最後，刺客將尼西弗魯斯的頭砍下來，身體直接拋出窗外。

事後齊米斯克的同謀跑到積雪街道上，大聲呼喊：「齊米斯克萬歲！羅馬人的奧古斯都！」

尼基弗魯斯的瓦蘭金衛隊聽見騷動，拿起斧頭奔到牛獅宮門口。他們正要衝撞鐵門時，抬頭看見有個刺客站在皇宮窗子旁，手裡提著尼基弗魯斯的腦袋。他們遲了一步，只能聳聳肩。

齊米斯克走進八角金鑾殿，坐下來，穿上皇帝的紫靴，開始治理國家。

*

狄奧法諾謀害了親夫，卻沒撈到半點好處。這時她成了齊米斯克追求野心的絆腳石。齊米斯克前往聖索菲亞大教堂要求加冕，被主教拒絕。主教不願意將皇冠戴在雙手沾染血跡的凶手頭上。齊米斯克告訴主教，殺害尼基弗魯斯的是他的同謀，不是他，何況，他們只是聽命於皇后，整件事都是皇后一手策劃。主教要求齊米斯克彌補罪過，首先要公開譴責他的同謀，其次是撤銷尼基弗魯斯頒布的幾條對教會不利的規定。齊米斯克迫不及待地照做，終於在九六九年耶誕節當天正式即位。

狄奧法諾因為背叛丈夫，被流放到馬爾馬拉海上的普羅帝島（Proti）。她一度逃出來，潛回君士坦丁堡，到聖索菲亞大教堂請求庇護。宮廷內侍巴西爾（Basil）奉命勸她返回普羅帝島。狄奧法諾怒不可遏地捶打巴西爾的頭，在他鬢角留下明顯抓痕。後來她被人拖出大教堂，再次流放到亞美尼亞某個偏遠行省。

尼基弗魯斯的無頭屍身在皇宮地面上躺了一整天，最後被人用推車送進神聖使徒教堂，葬在棺木裡。他的墳墓上刻著：你征服一切，卻敗給女人。

金色叉子

齊米斯克雖然以血腥手段奪得帝位，卻是個頗得民心的英明君主。他娶了有皇室血統的狄奧多拉，提升自己掌權的合法性。

齊米斯克上任不久就派人送信到羅馬，向奧圖一世重提東羅馬帝國與神聖羅馬帝國的聯姻之議。奧圖一世熱情回應，齊米斯克因此送了一個名叫狄奧法奴（Theophanu）[3] 的年輕新娘前往日耳曼，下嫁奧圖一世十七歲的兒子奧圖二世。

狄奧法奴在九七二年抵達羅馬，帶著大批僕從與裝滿貴重禮物的沉甸甸珠寶箱。她才十三歲，去到陌生國度，嫁給從未謀面、語言不通的男人，不過，她高貴的神態與精緻的服飾深深折服奧圖一世朝廷裡的日耳曼人與義大利人。

後來日耳曼人發現珠光寶氣的狄奧法奴竟是冒牌貨，不是奧圖一世期待的皇室公主，而是齊米斯克的姪女，引起一陣騷動，幾個大臣建議取消婚約，將女孩送回君士坦丁堡。奧圖反對，他很中意狄奧法奴，婚禮照常舉行。

九七二年八月十四日，狄奧法奴跟奧圖王子在聖彼得大教堂完婚，婚禮由教宗主持。典禮結束後一對新人來到婚宴現場，一起坐在主位上。有人為狄奧法奴送上一盤菜肴，她卻做了出乎眾人意料的舉動：拿出一支小小的金色雙叉器具，用它叉起盤中食物送進嘴裡。

喧鬧的賓客無比震驚：奧圖的宮廷沒人做過這種事。在君士坦丁堡，叉子已經出現在餐桌上數百年，可是在西方，即使是宮廷宴會，人們進食時仍然高聲喧譁，以手取食。某些賓客當即發現，使用這樣的餐具，可以避免弄髒餐桌和衣服，也有人認為叉子象徵東羅馬帝國的積弱不振。十一世紀的義大利聖人聖彼得．達米安（St Peter Damian）譴責叉子是東羅馬衰微的象徵。

狄奧法奴每天沐浴也遭人非議，相較於日耳曼朝廷上那些渾身髒臭的西方人，日日梳洗的她更顯清新脫俗。同樣也有人認為她這種做法是一種欺騙，不符合基督教精神。但那只是少數不滿分子的零星埋怨，大致說來，狄奧法奴的拜占庭華麗風範讓那些野蠻的日耳曼人目眩神馳。法蘭克人的各項慶典從此變得更為精緻，或許也少了點樂趣。

狄奧法奴結婚一年後，奧圖一世崩殂，她丈夫奧圖二世即位，成為西方神聖羅馬帝國的皇帝，她則是皇后兼共帝。奧圖二世樂於把國家大事交給妻子處理，狄奧法奴的影響力因此逐年壯大，超越她婆婆阿德海德（Adelheid）。她跟奧圖二世顯然是真心相愛，育有五個孩子。

3　原注：她的名字與遭到流放的前皇后狄奧法諾只有一字之差。

兩人婚姻邁入第十一年時，二十八歲的奧圖二世急病過世，葬在聖彼得大教堂。他們的三歲兒子登基，是為奧圖三世。小皇帝成年以前，狄奧法奴代理攝政。她把國家治理得有聲有色，直到九九一年過世，得年三十多歲。當初她從君士坦丁堡遠嫁羅馬，身上帶著聖潘塔勒昂（St Pantaleon）[4]的遺物，死後遺體葬在科隆（Cologne）的聖潘塔勒昂修道院，石棺留存至今。

就連當時最沙文主義的評論家都不得不承認，狄奧法奴執政手法明智又審慎。某個日耳曼史學家說，雖然她只是個「弱女子，但她的謙遜、信念與人生觀都不同凡響，在拜占庭實屬罕見」。

無論如何，狄奧法奴讓日耳曼與義大利上流社會見識到奢華服飾與飲食。但她對後世影響最深遠的，還是把叉子帶上西歐餐桌。到了十一世紀，義大利人愛上了麵條，如果用手抓，免不了一片狼藉。而後他們又發現，只要用叉子一叉一捲，吃千層麵是輕而易舉的事。

這就是為什麼每次你拿叉子叉起義大利麵，你的動作就象徵羅馬與君士坦丁堡的結合，以及東西羅馬帝國的團聚。

瓦蘭金衛隊

我和喬在聖索菲亞大教堂時，看見上層迴廊的大理石矮牆上刻有古代北歐文字。這些文字的年代可以追溯到第九世紀，字跡僅依稀可辨。這行字的意思是：哈夫丹（Halfdan）刻了這些字。我們看到的是中世紀塗鴉，一千年前某個悶得慌的維京武士留下的。

接下來那幾天，我跟喬以第三人稱「哈夫丹」自稱，像是：「哈夫丹餓了」、「哈夫丹殺熊當晚餐」、「哈夫丹累了，哈夫丹想回房間看土耳其電視節目」。

哈夫丹在聖索菲亞大教堂留下的北歐古文字

哈夫丹是瓦蘭金衛隊一員，這支衛隊是皇帝的精英貼身護衛，多半是來自北歐與俄羅斯的維京戰士[5]。這些北歐武士高頭大馬，鬚髮是偏紅的金色，是君士坦丁堡街頭的異類。在眾多宮庭衛隊之中，他們像是狼群裡的熊，身穿藍色束腰外衣和鮮紅斗篷，雙刃斧頭垂掛在後背，雄糾糾氣昂昂地走在梅塞大道上，格外引人注目。

瓦蘭金衛隊負責保護皇帝，加入前都得宣誓對皇帝效忠。他們跟可憐的哈夫丹一樣，經常要靜靜站在一旁，保護正在主持或參與任何枯燥繁瑣儀典的皇帝。上戰場時，他們往往等到關鍵時刻才出場，賣命往前衝，手上的斧頭左揮右砍，嚇退皇帝的敵人。他們不值勤時可以喝個爛醉，他們的維京式醉酒狂歡在城裡惡名昭彰。人們稱他們為「皇帝的酒囊」，不過，想必不會當面這麼說。

瓦蘭金衛隊是從八七四年開始在宮廷執勤，根據當時拜占庭與基輔大公國簽署的協議，基輔大公國必須提供一批戰士做為拜占庭的宮廷衛隊。由於薪酬優渥，吸引不少士兵從挪威、瑞典、冰島、俄國和英格蘭前來。拜占庭皇帝很快就發現這些高大的北歐士兵的好處，因為他們是外國人，立場超然，自然比本地士兵更可靠。瓦蘭金衛隊向來受到皇帝寵信，甚至可以在皇帝死後分配他的遺物。

瓦蘭金衛隊的維京人當初會來到君士坦丁堡，都是為了闖天下，追求聲名與財富。同樣身在異鄉，他們發展出緊密的同胞情誼，共同維護流傳已久的維京武士榮譽。西元一〇三四年，一隊維京士兵在色雷斯過冬，其中有個人企圖強暴當地婦女，被害人極力反抗，情急之下抽出士兵的短刀刺進他胸膛。其他維京士兵聽到消息後，前去探望那名婦人，讚許她的勇氣，並將喪

4　羅馬帝國基督教聖人和殉道者，在公元三〇五年的戴克里先迫害時期，於比提尼亞地區的尼科米底亞殉道。他於東方教會受尊為廉施聖人療癒者之一，於西方教會在中世紀後期列為十四救難聖人之一。

5　原注：Varangian（瓦蘭金）在希臘語中指Viking（維京人）。

命同袍留下的財物轉贈給她。他們沒有埋葬那名士兵的屍體，直接丟棄荒野。

維京士兵如果受雇期間沒有遭遇不測，就能衣錦還鄉，帶著一袋黃金、一件絲綢斗篷和一身的英勇傷疤返回北歐偏遠村莊的老家。他們從「大城市」帶回家鄉的種種奇聞異事也是親友們好奇的焦點。

所有來到君士坦丁堡的維京武士之中，最知名的要屬「冷血哈拉爾」（Harald Hardrada），他愛冒險的天性帶著他遊走大半個地球，成為冰島家喻戶曉的傳奇人物。

哈拉爾小小年紀就展露出雄心壯志，十五歲時他的兄長歐拉夫（Olaf）號召盟友助他奪回挪威王位，哈拉爾立刻集結六百名壯士參與。可惜出師不利，歐拉夫戰死沙場，哈拉爾帶著一批生還者逃到一處農舍，在那裡養傷，度過一個冬天。

等夏天來到，哈拉爾和朋友們決心離開挪威，到外面的世界碰碰運氣。他們騎馬走偏僻山路抵達瑞典。

「或許，」騎在馬背上的哈拉爾輕快地唱道，「有一天我的名聲會傳到遙遠的地方。」

哈拉爾遇見了歐拉夫的殘餘部隊，大家找到幾艘長船橫渡波羅的海，來到基輔大公國。他在諾夫哥羅（Novgorod）受到亞洛斯拉夫大公（Grand Prince Yaroslav）熱烈歡迎，成為基輔軍隊裡的指揮官。

哈拉爾和部下為亞洛斯拉夫征戰七年後，決定往南方去，到羅馬人的「大城」另謀發展。他們駕著長船往南走，順著聶伯河（Dneiper）進入黑海，航向博斯普魯斯海峽。一〇三四年，一生只到過小村莊的哈拉爾終於踏進燦爛奪目的君士坦丁堡。

哈拉爾和他的維京士兵順利加入瓦蘭金衛隊，也宣誓效忠皇帝一家人。他們的第一項任務是前往地中海搜捕阿拉伯海盜。他們將海盜船擊沉，也掃蕩了岸邊的海盜大本營，沒有留下任何活口。皇帝龍心大悅，拔擢哈拉爾擔任瓦蘭金衛隊隊長。

接著哈拉爾的衛隊又被派往小亞細亞攻打阿拉伯人。據說這段期間哈拉爾造訪了耶路撒冷，在街道上漫步，也在約旦河沐浴。

拜占庭皇帝派哈拉爾和他的部下渡過地中海，收復西西里島某個建有高聳城牆的城市。哈拉爾注意到城堡裡的麻雀每天飛出來為幼雛覓食，他命令部下將麻雀捉來，在牠們背部綁一塊浸過硫磺的小木片，再點火引燃。驚慌的麻雀立刻飛回牠們在城堡屋梁下的巢裡，整棟建築因而付諸一炬，城裡的人只好投降。

不久後，哈拉爾就累積了他過去想像不到的大筆財富。他很想返回家鄉，利用他的財力奪回挪威王位，可惜他得罪了皇帝，被關進大牢，罪名究竟是竊盜或謀殺就不得而知了。或許他真正的罪行是勾引皇后的姪女瑪莉亞，惹得私心愛慕哈拉爾的皇后醋勁大發。

某天晚上，哈拉爾的同黨用繩索將他和其他同鄉從監獄裡救出來。他們必須立刻逃出君士坦丁堡，但哈拉爾要先找不知感恩將他扔進牢裡的皇帝報仇。他帶著一群維京士兵闖進皇帝寢宮，捉住驚聲尖叫的皇帝，挖出他雙眼。

之後他們匆匆離開皇宮，在前往港口的路上，又闖進瑪莉亞家中綁架她。一行人帶著瑪莉亞來到金角灣，偷了兩艘槳帆船。他們航向外海時，看見繫在港口兩端阻絕船隻出入的粗重鎖鍊。哈拉爾命他的槳手全力划向鎖鍊，船上的人奉命帶著行李站在船尾。兩艘船都全速衝刺，高仰的船頭越過鐵鍊，這時哈拉爾又要船尾的人跑向船頭，他的船在鐵鍊上顛簸搖晃，而後俯衝到鐵鍊另一邊。另一艘船運氣就沒那麼好了，船身中段碎裂，斷成兩截。

等船隻順利通過鐵鍊後，哈拉爾命人把船划到對岸的加拉達港，將瑪莉亞送下船。他要瑪莉亞轉告皇后，他的逃脫證明皇后控制不了他。哈拉爾從此永別君士坦丁堡。他跟「大城」雖然不歡而散，終其一生卻都對這座城市懷有無限的孺慕與讚賞。

哈拉爾回到諾夫哥羅後，請基輔大公將女兒嫁給他。亞洛斯拉夫首肯，也交還哈拉爾過去託人送來請他保管的大批財富。

哈拉爾帶著俄國公主、金銀財寶和說不完的冒險故事回到挪威，憑藉他的財富和聲譽，總算成為挪威國王。

哈拉爾執政後變成頑固不妥協的君主。百姓私底下稱呼他「冷血哈拉爾」。一〇六六年，他帶兵攻打英格蘭，在約克夏斯坦福橋戰役（Battle of Stamford Bridge）中不幸身亡。

哈拉爾喪生之前，他麾下的維京士兵夢見不祥預兆。那人說他夢見敵人的旌旗飄揚，由騎在狼背上、巨大又驚悚的女巫率領，女巫一面把一具具血淋淋的維京士兵屍體投入狼嘴，一面唱道：

國王的厄運顯現
在絲卡蒂[6]的鷹眼；
儘管盾牌側斜，
隱藏青翠的田野，
她瞧見國王的噩運，
預見偉大國王將要歸天。
我把血淋淋的屍體，
投進凶饞大口與飢餓肚腸！
投進凶饞大口與飢餓肚腸！

哈拉爾知道女巫是找上門來的死神。他在激烈戰鬥中落敗，喉頭中了一箭，死時雙手憤怒地緊抓佩劍。

從君士坦丁堡回到北歐的維京戰士成了家鄉的英雄，卻也有很多一去音訊全無。如今瑞典各地大約有三十根高大石柱，用來紀念那些離鄉背井前往希臘追求榮華富貴、卻一去不復返的人。這些石柱上都刻著一排排北歐古文，文字平鋪直敘，不帶感情，卻隱含著對加入瓦蘭金衛隊的兒子或丈夫的無限懷念：

> 福克瑪爾以此石柱紀念他的兒子福克喬恩。
> 他在希臘喪生。
> 願神賜福他的精神與靈魂。

> 阿絲翠兒以此石柱紀念她的丈夫艾斯坦恩，他前去攻打耶路撒冷，命喪希臘。

> 以這些石柱紀念英嘉的兒子。
> 她繼承兒子們的遺物，傑達爾和他的兄弟繼承她的遺物。
> 她的兒子都死在希臘。

曼齊克特

一〇二五年，巴西爾二世駕崩時，羅馬又是歐洲版圖最大、最強盛的國家。只是，接下來那幾十年裡，由於國家停滯不前加上內部鬥爭不斷，經濟因通貨膨脹與貨幣貶值趨於疲弱。

君士坦丁十世是個目光短淺、顢頇無能的帝王，坐視塞爾柱這個新興突厥部族騷擾邊境，甚至削減軍備。皇家衛隊的軍團被外國傭兵取代。正規部隊遭到裁撤，前線要塞荒廢凋零。帝國在義大利所剩無幾的土地幾乎全被諾曼人占領。昏庸的君士坦丁十世臨死前還要求妻子歐多西亞（Eudocia）發誓決不改嫁，以確保他兒子能繼承大統。

歐多西亞變成攝政皇后，卻招架不了夫家親戚的惡毒陰謀，決定收回誓言，嫁給貴族將軍羅曼努斯（Romanus Diogenes）。

6　原注：拼寫為Skade或Skaði，古挪威冬之女神。

羅曼努斯據說長得一表人才，體格壯碩，有一雙明亮的淡色眼珠。歐多西亞向他求援時，他因為參與一樁反叛前皇帝的政變正在蹲苦牢。歐多西亞見到羅曼努斯時，淚眼婆娑。沒有人知道她的眼淚是因為難題得解，或是災難的預兆。他們說服主教毀棄歐多西亞親手為已故丈夫寫下的誓言，為他們證婚。羅曼努斯四世在一〇六八年一月一日登基。

新皇帝把全副心力轉向長久被忽略的軍隊，以及聲勢日益壯大、不時侵擾敘利亞與卡帕多奇亞駐防軍的塞爾柱突厥人。帝國軍隊的陣容比突厥人盛大得多，羅曼努斯決心要給敵人迎頭痛擊。一〇七一年夏天，他率領數量龐大的多種族部隊與傭兵穿越小亞細亞，去攻打突厥人和他們的蘇丹王。

塞爾柱突厥人的蘇丹雄獅亞斯蘭跟羅曼努斯一樣，也是體格壯碩的戰士。根據阿拉伯歷史學家記載，他身材異常高大，力大如牛。據說他的八字鬍留得太長，他奔馳在戰場時，必須把鬍子綁在腦後，免得飛進眼睛。亞斯蘭的朝廷裡有數學家、哲學家和詩人。波斯學者奧瑪．開儼（Omar Khayyam）[7] 在亞斯蘭的朝廷裡擔任天文學家，但他之所以名垂千古，是因為他留下的絕美詩句：

> 醒吧！黎明在黑夜中探頭，
> 拋出石彈將星辰驅走；
> 看哪！那東方獵人的光索，
> 已然套住蘇丹的塔樓。

亞斯蘭雖然在卡帕多奇亞大肆掠奪，但他其實對龐大的東羅馬帝國不感興趣。塞爾柱人剛改信遜尼派伊斯蘭教（Sunni Islam），準備對埃及法蒂瑪王朝（Fatamids）的什葉派（Shi'ite）發動聖戰。他在圍攻法蒂瑪王朝的堡壘阿勒坡時，得知羅馬大軍向他襲來，連忙撤退，趕回小亞細亞迎戰羅曼努斯。

兩軍在凡湖北側的曼齊克特紮營對壘，相隔兩公里餘。當天晚上，塞爾柱的突擊手不斷騷擾羅馬軍營，製造混亂與緊張，隔天早晨太陽升起後，羅馬人驚駭地發現，他們的奧茲（Uz）傭兵已經變節投奔敵營。

這時亞斯蘭仍然沒有勝算，他提議雙方締結和平條約，羅馬人一口拒絕。羅曼努斯帶來了超過十萬名步兵、重裝騎兵和大砲，包括一座足以拋出半噸重巨石擊碎城牆的投石機。塞爾柱部隊規模小得多。亞斯蘭穿著白色束腰上衣上戰場，象徵伊斯蘭裹屍布，突顯他不惜一死的決心。他要求部屬起誓，萬一他戰死沙場，就得擁戴他兒子。

塞爾柱軍隊在羅馬大軍前一字排開，形成一個大圓弧。當羅馬步兵慢慢朝中鋒挺進，塞爾柱的中央部隊往退後，邊撤退邊放箭，羅馬人漸漸被塞爾柱人包圍。塞爾柱士兵不斷擾亂羅馬側翼。等到天色漸黑，飽受挫折的羅曼努斯下令撤退。亞斯蘭把握良機發動全面攻擊，羅馬軍隊陣腳大亂。羅馬後衛指揮官安卓尼克斯・杜卡斯（Andronicus Ducas）心懷不軌，故意誤判撤退號令，告訴部隊皇帝死了，戰爭已經敗北，帶著兵馬逃離戰場。

到了天亮前，羅馬大軍潰敗。皇帝在貼身侍衛保護下，努力提振士氣，最後連坐騎都被砍倒。但他奮勇抵抗，直到受傷無法握劍，才不得不投降，跟死傷士兵一起躺在地上直到天亮。

隔天早上，他被人帶到亞斯蘭面前。亞斯蘭向多名羅馬戰俘求證，才敢相信眼前這個渾身髒污的人就是羅馬皇帝。他從王座上起身，命令羅曼努斯親吻他腳下的土地。羅曼努斯趴在地上嘴唇貼地時，亞斯蘭一腳踩在他頸子上。

這是一種象徵性的羞辱，等儀式結束，亞斯蘭連忙扶起羅曼努斯，擁抱他，說了一句充滿哲理的話：「這就是人生。」接下來那一星期，羅曼努斯成了塞爾柱軍營的貴賓，跟亞斯蘭一起散步，同桌用餐。

某天晚上，亞斯蘭問羅曼努斯：「如果我是**你的**俘虜，你會怎麼做？」

「我應該會折磨你再殺了你，帶著你的屍首在君士坦丁堡遊街。」羅曼

7 一〇四八～一一三二，十一世紀波斯天文學家、數學家兼詩人，最精通天文學。十九世紀英國詩人愛德華・費滋傑羅（Edward FitzGerald，一八〇九～一八八三）翻譯了《魯拜集》（*Rubáiyát of Omar Khayyám*），據說是奧瑪的四行詩集。Rubáiyát是波斯的四行詩，類似中國的絕句，第三句不押韻。

雄獅亞斯蘭腳踩羅曼努斯四世脖子

努斯答。

「我對你的懲罰更殘忍。」亞斯蘭說，「我要寬恕你，放你走。」

羅曼努斯樂得同意簽定條約，用一百五十萬枚金幣換取自由，還要把女兒嫁給亞斯蘭的兒子。亞斯蘭要羅曼努斯盡快趕回君士坦丁堡，以免帝位不保。羅曼努斯寫了一封信向元老院匯報戰爭結束就打道回府，沿途整頓他潰散的軍隊。

君士坦丁堡的朝廷吵鬧不休。叛逃指揮官安卓尼克斯的兄弟約翰．杜卡斯（John Ducas）趁亂宣布帝位懸缺。歐多西亞的兒子米海爾七世登基，歐多西亞被送進修道院，新朝廷拒絕承認跟亞斯蘭的約定。

約翰與安卓尼克斯派兵攔截羅曼努斯的軍隊，羅曼努斯戰敗。他同意退位遁入修道院，只要人身安全得保。後來約翰毀棄承諾，在一〇七二年六月二十九日派人挖出他的雙眼。

當時的歷史學家約翰．斯基里澤記載了羅曼努斯死亡前的遭遇，說他

「像具腐屍伏在廉價馱獸上，眼珠子被挖走，頭臉滿是蛆蟲，身上散發令人掩鼻的惡臭，痛苦萬分地撐了幾天，才嚥下最後一口氣」。

令人唏噓的是，接下來的事原本可以不必發生。只要羅曼努斯取回王位，遵守跟亞斯蘭的條約，塞爾柱人就會調頭攻打他們真正的目標：埃及的法蒂瑪王朝。

結果不然。突厥人為了報復羅馬人違約，從東北方大舉入侵小亞細亞，羅馬衰弱的邊防根本無力抵擋。

兩年後，米海爾七世為了拉攏塞爾柱人共同對抗在小亞細亞中部建國的諾曼傭軍，正式承認小亞細亞屬他們所有。小亞細亞就這麼落入塞爾柱人手中，帝國失去了供應糧食與人力的核心區域。接替亞斯蘭的蘇萊曼自稱「羅馬人的蘇丹」（Sultan of Rum）。

「羅馬」這個名稱已經被塞爾柱人據為己有。

第 7 章

星光照耀的金燦枝頭

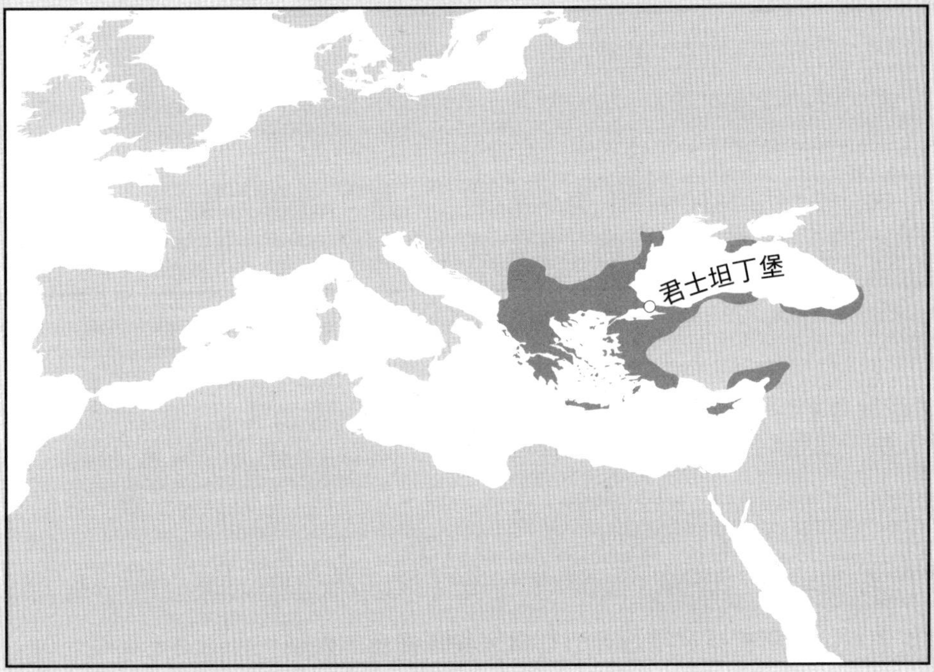

一〇二五年的東羅馬帝國，中世紀版圖最遼闊的時期

別動，我馬上回來

橢圓競技場原址已經變成伊斯坦堡市中心的公園，公園的輪廓相當於過去的賽車道。競技場的中央軸線還在，過去的古埃及與希臘石柱也是。

我跟喬從一名發送觀光遊輪宣傳單的慍怒男人面前走過。我們每天都在這裡碰見這人，看他意興闌珊地對觀光客喊：「博斯普魯斯遊輪！博斯普魯斯遊輪！」

有個老男人坐在競技場長椅上，身邊擺著擦鞋箱。我的靴子已經灰撲撲，可是身為觀光客，我不太習慣讓在地人幫我擦鞋。他卻對我說：「天啊！你的靴子太恐怖了！很不光彩！有損你的面子。」

喬笑著把我推向老人。兩分鐘後，我的靴子亮晶晶。我付錢給那人，他用滿意的眼神看著我，彷彿我這才有資格走入人群。

我們搭上伊斯坦堡嶄新的有軌電車，目的地是金角灣的艾米諾努區。走在人來人往的港區時，我們遙遙望見港口另一頭鉛筆似的加拉達高塔。那是十四世紀熱那亞人（Genoa）建造的，當時執政者將這個區域劃為他們的貿易特區。

我們決定搭另一班電車過橋去看看。車緩緩停住，車門滑開來。月台上的人都不想等乘客先下車，一窩蜂地擠上車。我打手勢要喬慢慢來，禮讓下車的乘客。我上了車，車門要關了，喬卻還卡在月台上。我隔著其他乘客伸出手，想用手臂阻止車門關閉。喬在月台上喊：「爸！」

電車啟動了。車門採自動控制，它不在乎我的手臂是不是卡在門縫裡，這就是為什麼所有乘客都急著擠上車。我盯著喬，大喊：「別動，我馬上回來！」我縮回手臂，電車呼嘯向前，我兒子的身影消失了。

車廂裡的我呼吸急促，一顆心七上八下。我答應金會好好照顧我們的兒子，如今我把他扔在伊斯坦堡的電車月台上，我們的手機都不通。

旁邊幾個乘客看見我的慌亂，好心用英語安慰我：「沒問題的，他會平安無事。等會兒你在卡拉科伊（Karaköy）下車，搭下一班車回去。」

這些人非常好心，但我還是六神無主，滿腦子胡思亂想。過去在國外旅遊時，我總是有辦法應付突發狀況，比如物品失竊或面對暴力。基本原則就是：冷靜，耐心，客氣，眼觀四面，耳聽八方，找機會脫困。出門前我也曾耳提面命提醒喬這些事。可是現在我嚇壞了，我怎麼會這麼不安？

差別在於，現在碰到危險的是我兒子，不是我。電車駛過加拉達橋，來到金角灣的另一頭，我的心情更焦躁了。我身旁的男人指著車門上的電子揭示板，友善地看著我：「下一站到了，你兒子不會有事的。」

電車停了，車門咻地打開，我謝過那男人，連忙擠下車。我跑過地下道，來到鐵軌的另一邊，然後心慌意亂地煎熬了十一分鐘，等下一班車。

可憐的孩子，希望他不會太害怕。萬一他不在月台上呢？我要怎麼跟土耳其警方解釋我把兒子丟在月台上？我算什麼爸爸？

我偶爾會假想失去孩子，卻都很快制止自己，以免生活蒙上陰影，沒辦法好好享受與他們相處的時光。此時此刻，我荒謬地覺得自己似乎就站在那個痛苦深淵的邊緣。

電車來了，帶著我過橋回到艾米諾努區。喬當然沒事。我讚許他能夠保持冷靜留在原地，卻覺得自己像個傻瓜，因為我喘得彷彿心臟病即將發作。

「兒子，下回我們搭電車時，就跟大家一樣擠上車，好嗎？」

「好。」

安娜與阿列克修斯

「我的生命是連串漫長的風暴與革命。」

——安娜．康妮娜

巴西爾二世死後那五十年，當政者的疏失造成軍隊大幅縮減、領土與國庫損失大半。一〇七八年，倒楣的米海爾七世被推翻，換另一個尼基弗魯斯上台。年事已高的尼基弗魯斯成天忙著打擊覬覦帝位的人，或把金銀財寶搬給他的親信。

一〇八一年四月，有個名叫阿列克修斯的貴族統帥發動政變奪得政權，國家前途似乎有了一線生機。阿列克修斯才二十五歲，聰明又狡詐，是繼希拉克略之後、東羅馬帝國最長袖善舞的政治人物。他接下一顆燙手山芋，怎樣走出困境，就看他的應變能力了。

我們之所以熟知阿列克修斯的作為，是因為他女兒安娜寫了《阿列克修斯傳》，記載她父親的一生與當時的大環境。安娜是人們所知歷史上第一位女歷史學家，在《阿列克修斯傳》裡，我們聽見她生動的語調，橫跨千年時光傳遞過來。她的立場稱不上公正客觀，但她以細膩的觀察留下第一手資料，充分彌補客觀性的不足。

一般認為《阿列克修斯傳》傳達的是女兒對父親的敬愛與崇拜，但書裡真正的主角其實是安娜本人。她一開始就要我們認真看待她歷史學家兼學者的身分：

> 我對文字並非一知半解，因為我學習過最高階的希臘文。我也不是寫文章的生手，我曾仔細研讀亞里斯多德和柏拉圖的作品，也博覽群書充實學識。（我不得不做此說明，不是為了吹噓我的天資與學習熱忱為我帶來了什麼，或宣揚上帝在我出生時賜予我多麼優異的天賦。）

安娜於一〇八三年十二月誕生在大皇宮紫色產房。她的父親非常寵愛她，曾經送給她一頂王冠，期待她有朝一日能成為女皇。弟弟的出生粉碎了她的帝王夢。

由於雙親的刻意栽培，安娜接受完備的教育，涉獵的領域涵蓋歷史、數學、天文學與哲學。十四歲時，她嫁給跟她同樣好學的優秀軍官小尼基弗魯斯（Nicephorus Bryennius the Younger）。婚後安娜負責管理君士坦丁堡一家大醫院和孤兒院，也教授醫學。她父親病入膏肓之際，安娜暗中安排她丈夫繼位，最後再由她接掌，可惜她弟弟約翰先馳得點，利用探視臨終父親的機會偷走父親的戒指，以此證明父親屬意由**他**接替王位。

安娜覺得自己的繼承權遭到剝奪，計劃在父親的葬禮上暗殺弟弟，孰料事跡敗露，被趕出朝廷。後來安娜的丈夫過世，她被送進修道院，開始撰寫《阿列克修斯傳》抒發心情。

安娜沒當上女皇，但《阿列克修斯傳》讓她流芳千古，聲名勝過她父親。我們透過她的觀察，看到阿列克修斯如何運用外交與權謀，帶領國家度過重重難關，也看到他如何意外引燃聖戰的導火線。

一〇八一年，阿列克修斯就任後的第一個挑戰，是諾曼人（Norman）進攻希臘，由令人聞風喪膽的羅伯特・基斯卡（Robert Guiscard）領軍。羅馬大軍節節敗退，但阿列克修斯利用外交手段與計謀暗中搞破壞：他說服日耳曼的亨利四世（Henry IV）出兵攻打諾曼人在義大利的領土，又買通南方心懷不滿的諾曼貴族舉事反叛。基斯卡在希臘的戰事即將告捷的重要關頭，發現背後的義大利堡壘搖搖欲墜，只得趕回去收拾善後。他花了兩年才把日耳曼人趕出義大利，並平息南方的動亂。之後他回頭攻打希臘，準備收取當年打下的江山，不料大軍爆發瘟疫，他也沒能倖免。

阿列克修斯・康南努斯

基斯卡的兒子博希蒙德（Bohemond）子承父業，接掌在希臘飽受瘟疫摧殘、士氣低靡的諾曼軍隊。精明的阿列克修斯以突襲策略時不時騷擾諾曼大軍，博希蒙德根本不是他的對手。阿列克修斯也重金收買博希蒙德的軍官，要他們叛逃。最後博希蒙德選擇放棄，簽下和平條約，交還希臘領土。

阿列克修斯的下一個挑戰就在離皇都不遠的色雷斯，那裡出現另一支草原游牧民族佩切涅格人，他們跟塞爾柱人合作，準備合力攻打君士坦丁堡。老謀深算的阿列克修斯花錢拉攏佩切涅格人的對手庫曼人（Cumans）。一〇九一年，阿列克修斯率軍跟庫曼族的四萬餘大軍一起在馬里查河（Maritsa River）河口攻擊佩切涅格人。大戰前夕，阿列克修斯召集士兵跟他一起晚禱，據安娜記載，他們在長矛尖端綁上小蠟燭，「以無數小小星光點亮夜空」。

隔天佩切涅格人遭到殲滅，隨行的家人也慘遭屠殺。阿列克修斯靠盟邦的力量殺得自信滿滿的敵人措手不及，就這樣打了一場又一場勝仗。

希臘和色雷斯暫時安穩，阿列克修斯於是把注意力轉到小亞細亞與敘利亞的失地。他發現塞爾柱朝廷發生內鬥，認為機不可失，開始尋找潛在盟友。一〇九五年三月，他派遣特使帶著信函去向教宗烏爾班二世求救，希望西羅馬協助對抗占領東方行省的穆斯林。烏爾班的反應遠遠超出阿列克修斯的想像，恐怕也不是他期待的。

軍刀與十字架

就在一〇九五年，歐洲出現流星雨、彗星與月食等天象。連法蘭西都能見到北極光，人們憂心忡忡：這樣的天體活動明顯有特殊涵義，究竟是什麼呢？

阿列克修斯寫給教宗的信正是那顆引發土石流的小石子。教宗似乎已經為穆斯林在東方鯨吞蠶食困擾許久，在他看來，這是宇宙失序的跡象，也是末日的前兆。烏爾班懷著基督徒的狂熱前往法蘭西的克勒蒙（Clermont），在十一月二十七日發表一場史上最聳動的演說，號召西歐忿忿不平、爭執不休的各族群團結起來採取行動。

烏爾班聳人聽聞（卻純屬虛構）的故事在克勒蒙大公會議投下震撼彈。他活靈活現地描述穆斯林在東方以何種殘暴手法對待無辜的基督徒，比如前往聖城的朝聖者被耶路撒冷的穆斯林領主搶劫殺害。他號召大家團結起來，以「武裝朝聖」，也就是十字架聖戰的方式，將穆斯林驅離東方，解放聖地，讓基督徒可以自由前往朝聖。他甚至對信徒拋出誘人的承諾：願意投入聖戰的人，罪行可以獲得寬恕，萬一壯烈犧牲，還能在天堂得到報酬。

教宗的演說喚醒了潛藏在西歐人民內心深處那股巨大能量，王公貴族、騎士平民齊聲宣誓要扛起十字架大旗，一路送到耶路撒冷。領袖們打開地圖，發現他們必須取道君士坦丁堡。

✳

八個月後，阿列克修斯收到消息，有一群古怪的外國人來到狄奧多西城牆外。這些人是第一波抵達君士坦丁堡的聖戰士。阿列克修斯在布拉契尼宮查看城外那些人，發現他們跟一般軍隊天差地別。

這是「庶民十字軍」，由隱士彼得（Peter the Hermit）率領。彼得是個充滿個人魅力的法國修士，身穿粗布法袍，脖子上掛著沉甸甸的十字架，騎著驢子來到城牆下。彼得背後是多達四萬名陣容散亂的乞丐與村夫，在彼得的言語激勵下，他們的宗教狂熱已經接近歇斯底里的地步。許多人拖家帶眷追隨彼得走過歐洲，在沿途的猶太人聚居地製造動亂，殘害無數生靈。這些庶民十字軍來到君士坦丁堡時，幾乎因為殺戮、疲倦、飢餓與疾病而瘋狂，只靠一個意念支撐，那就是英勇死在撒拉森長矛下，前往天國領取輝煌的獎賞。

城門外來了這麼一群飢饉狂徒，阿列克修斯深感震驚。他期待的是紀律嚴明的傭兵，不是眼神空洞、手無寸鐵的乞丐。他命人帶隱士彼得進宮商談，勸誡彼得帶這樣的烏合之眾去對抗塞爾柱突厥人，等於去送死。彼得不為所動。阿列克修斯可能沒多做爭辯，他聽說十字軍營區裡不時傳出搶劫強暴事件，他和大臣都認為這群人早走早好。

阿列克修斯安排船隻，送彼得和他的乞丐大軍到博斯普魯斯海峽對岸的小亞細亞，繼續往前走。果然不出阿列克修斯所料，庶民十字軍遭到訓練有素的塞爾柱部隊突襲，一敗塗地。不過，接下來還有更可畏的十字軍。

從歐洲出發的十字軍四支主力分別走不同路線，大約在一〇九六年十一月到一〇九七年四月這半年期間陸續抵達君士坦丁堡。這些軍隊不是烏合之眾，而是由法蘭西與日耳曼強大貴族帶領、軍紀嚴謹且配備齊全的部隊。其中一支由諾曼王博希蒙德領軍。

這回阿列克修斯做好萬全準備。他曾經跟博希蒙德交過手，也不相信十字軍堂而皇之的基督教理想。他認為，如果允許這些人武裝進入君士坦丁堡的繁華街道，可能會引起他們的貪念，將都城據為己有，搜刮城中財富。阿

隱士彼得帶領的庶民十字軍慘遭殺戮。一四七五年，薩巴斯提安·曼霍（Sébastien Mamerot）《遠渡重洋：十字軍始末》（*Passages d'outremer*）插圖細部

列克修斯表明他樂意提供糧食，但大軍必須留在城外。每次只容許幾個不帶武器的十字軍進城，進城後還得接受嚴密監視。

這些草根性十足的西歐國君來到君士坦丁堡，感受到的文化衝擊誰也無法預料。他們多半住在潮溼空洞的城堡裡，周邊盡是簡陋農舍，乍然來到大城，滿目滑亮絲綢、大理石雕像和雄偉建築，和煦的海風中摻雜了陣陣魚醬和大蒜香氣。君士坦丁堡的存在，彷彿是為了震懾這些人。

每一位帶領十字軍的親王都被迎進皇宮靜候數日，才被帶到華麗的金鑾殿。阿列克修斯面容肅穆地接見他們，要求他們起誓，如果戰爭得勝，會交還所有曾經屬於羅馬帝國的一切。一旦親王們依照要求宣誓，阿列克修斯就露出笑容，致贈對方豐厚禮品，擺出最奢華的宴席款待。

法蘭西的布洛涅親王鮑德溫（Baldwin of Boulogne）由他的武士陪同來到金鑾殿時，氣氛有點僵。阿列克修斯進殿時，有個武士拒絕起身，甚至狂妄地斜倚在皇帝寶座上，誇口他在戰場上從沒吃過敗仗。鮑德溫對那人大吼，要他滾下來。

每位親王都希望皇帝任命他為十字軍最高統帥，阿列克修斯居中煽風點火製造矛盾，還暗示他自己也可能會扛起十字架，為聖地而戰。

阿列克修斯特別留意博希蒙德的舉動，他認為博希蒙德是個自私自利的投機主義者。他要求博希蒙德宣誓，博希蒙德一口答應，令他起疑。對男性有獨到觀察力的安娜也近距離分析博希蒙德的外貌：

> 一言以蔽之，博希蒙德的相貌跟羅馬帝國的男人大不相同（因為他的外表十分突出，卻是惡名昭彰）……他個子格外高大，比最高的平常人都高出一腕尺（cubit）[1]。腰部精瘦，寬肩厚胸，胳膊健壯。整個人看上去不瘦也不胖，比例完美……
>
> 他全身的皮膚異常白皙，臉頰白中帶紅；髮色偏黃，卻沒有像

1　古代長度單位，指手肘到指尖的距離，大約公制四十五公分。

其他蠻族一樣垂落腰際，而是修剪到齊耳長度，看來他並不特別重視他的頭髮……他的湛藍眼眸顯得精神抖擻，有種高貴氣質，他的鼻子和鼻孔自在順暢地吸氣呼氣……這個男人身上散發出某種魅力，可惜被一股叫人毛骨悚然的特質掩蓋。[2]

一〇九七年五月，阿列克修斯如釋重負地送走最後一批十字軍。他一點都不相信這些人會遵守誓言交還帝國土地，但他盡力了。

身經百戰的武裝十字軍徹底擊敗塞爾柱人，包圍他們的首都尼西亞。到了半夜，城中百姓決定投降，但對象不是十字軍，而是伴隨前來的羅馬軍隊。等次日十字軍醒來，發現城牆上飄著羅馬旗幟，覺得遭到背叛，怒不可遏。

他們轉進安提阿。安提阿過去是帝國第三大城，十字軍百般艱辛地攻下這座城，不久後卻被另一支更強大的突厥部隊圍攻。他們向君士坦丁堡求援，阿列克修斯判斷十字軍大勢已去，按兵不動。這麼一來，十字軍覺得自己再也沒有遵守誓言的必要，奮力一搏擊退突厥。安提阿因此成為博希蒙德的領土，也是十字軍在東方建立的第一座都城。

✳

阿列克修斯在位的最後二十年，支持度開始下滑。他又在小亞細亞贏得一場戰爭後，開始受痛風和嚴重氣喘所苦，病痛「像個套索如影隨形，緊緊勒住他的脖子」。安娜一面守在病榻旁照顧臨終的父親，一面規劃自己的女皇之路。只是，一一一八年阿列克修斯駕崩後，王位落入她弟弟約翰手中。安娜只好在寂寥的修道院裡撰寫《阿列克修斯傳》，聊以抒心遣懷。她一直在修道院住到七十歲過世。

✳

粗俗的西方人把聖地和過去的帝國領土當成自己家，克服陌生環境的種種困難，在那些他們從《聖經》上讀到的城市建起小小的封建王國，比如耶路撒冷、安提阿和伊德沙，令阿列克修斯之後的皇帝咬牙切齒。

西歐人在聖地的功績讓他們成為家鄉的傳奇人物，法蘭西因此出現描述他們的「英雄香頌」（chansons de geste），然而，他們卻始終無法安心定居東方的新家，因為塞爾柱汗國就在家門外，他們知道總有一天那些蠻族會再大舉進犯。

祭司王約翰

在基督徒心目中，遙遠的東北方是世界的後山，是歌革與瑪各的地域，專門用來棄置上帝創造出來的一切破損骯髒物品。那些黑暗地域有時也稱為「諸國的子宮」（Womb of Nations），好像每隔一段時間就會分娩生出恐怖的騎射部隊，一路攻向狄奧多西城牆。數百年來，這些馬背上的民族以不同面貌出現，比如匈人、阿瓦爾人、佩切涅格人、保加爾人和塞爾柱人。

從另一個角度看來，突厥人會來到帝國大門外，只是歐亞大草原地理環境上的自然結果。歐亞大草原從蒙古一路延伸到現代的匈牙利。在中亞的游牧民族眼中，大草原並不是荒野，而是一條長長的翠綠大道，貫穿歐亞大陸，兩端各自坐落著世界上最富裕的兩座城：北京和君士坦丁堡。當這些馬背部族來到翠綠大道西端，自然而然被附近繁華富庶的羅馬帝國首都吸引。君士坦丁堡就像彩虹盡頭的黃金[3]。

因此，幾世紀以來羅馬人不得不全力擊退他們，或花錢打發。沒想到走了一批又來另一批，這些人習俗不同，由不一樣的可汗帶領。這些突厥部族多半時候都打著伊斯蘭大旗，有沒有可能哪一天東方也出現一支前所未聞的基督部族，可以跟羅馬人合力夾擊撒拉森人？

*

2　原注：摘自《阿列克修斯傳》第十三卷第十章。

3　典故出自愛爾蘭傳說，據說矮精靈（Leprechaun）喜歡收集黃金，把黃金藏在彩虹盡頭。

突厥人重新編組，進攻十字軍在敘利亞的王國時，聖地各十字軍城邦充斥希望、恐懼與謠言。當伊德沙遭到圍攻，君士坦丁堡只提供象徵性的協助，十字軍於是在一一四四年派特使向教宗求救。這位特使是伽巴拉（Jabala）的主教于格（Hugh）。于格經過漫長艱辛的旅程抵達義大利的羅馬，謁見教宗尤金三世（Eugenius III），用他的三寸不爛之舌說明聖地的情況有多麼危急。教宗很願意聽聽聖地的消息，于格忍不住轉述一則流傳在十字軍營區、振奮人心的傳聞。據說遙遠東方有個神祕的基督教征服者，他名叫祭司王約翰（Prester John）[4]，是個傳教士國王，財富無可計量，統治波斯以東的土地。

十字軍聽說，祭司王約翰曾經在伊克巴塔納（Ecbatana）跟穆斯林發生血戰，成功殲滅敵軍。他顯然有意繼續向前推進，到耶路撒冷助十字軍一臂之力，可惜他的軍隊無法渡過底格里斯河。總之，這批謎樣的援軍始終沒有出現。于格也把祭司王約翰的故事告訴了日耳曼歷史學家、佛萊辛主教奧托（Otto of Freising），奧托將這件事寫進他一一四五年出版的《編年史》（*Chronicon*）。

于格忙著在羅馬散布謠言的同時，十字軍持續受到塞爾柱人侵擾。祭司王約翰的軍隊雖然從未現身，但有關這個東方傳教士國王的傳聞也從未消失，他的財富與偉大只會隨著故事的流傳不斷增長。據說他的祖先是耶穌出生時在場的東方三博士之一，他的權杖是綠寶石雕刻而成。

＊

到了一一六五年，一封驚人信函寄到君士坦丁堡，收件人是阿列克修斯的孫子、當時的皇帝曼努埃爾．康南努斯（Manuel Comnenus）。信件開頭是熱忱的問候：

> 約翰，全能上帝與萬王之王、萬主之主耶穌基督的教士，於此向他的朋友君士坦丁堡的皇帝曼努埃爾致意！
>
> 寡人聽聞陛下對寡人敬愛有加，也了解寡人的非凡與偉大。

寫信的人自稱就是祭司王約翰。在這封奇特的信件中，他隨口吹噓自己統治的神奇國土，可說是「流淌著牛奶與蜂蜜」。

> 我的國土無遠弗居，橫跨耶穌門徒多馬（Apostle Thomas）長眠的印度，直到太陽從荒野升起之處，鄰近巴比倫廢墟的巴別塔……
>
> 我們的國家有各種珍禽異獸，比如大象、單峰駱駝、雙峰駱駝、鱷魚、變種柯力納倫（meta-collinarum）、卡梅天納（cametennus）、天塞弗提（tensevete）、野驢、紅白獅、白熊、白美露爾（merule）、蟋蟀、半獅半鷲、老虎、半人半蛇、土狼、野馬、野牛，還有野人、長角的人、獨眼人、腦袋前後都有眼睛的人、獨角獸、半人半羊、半人半山羊、侏儒、四十腕尺高的巨人、獨眼龍和類似的女人。這裡也有鳳凰，全天下的生物應有盡有。

這封信在君士坦丁堡造成轟動。詞曲家用其中某些字句做成歌曲。沒有人知道「天塞弗提」或「變種柯力納倫」是什麼，但一切聽起來是那麼地令人神往。人們對遙遠東方幾乎一無所知，或許那些生物確實存在。

古羅馬人早就聽慣了從遠東返回的水手或商人訴說的神奇故事。據說印度有狗頭人，也有臉長在胸膛上的無頭人，更有無嘴野人，靠嗅聞肉類、水果和花的氣味存活。

這封來自東方偉大基督教國度的信件引發一個問題：這些基督徒是什麼人？他們又是如何去到那裡？答案只有一個：他們一定是聶斯托留教派信徒。

聶斯托留派信徒六百多年前離開東羅馬帝國，他們的創始者是第五世紀

4　原注：Prester這個字由Presbyter變化而來，意思是教士。

的君士坦丁堡主教聶斯托留（Nestorius）。聶斯托留捲入了當時有關基督本質的晦澀辯論。他提出自己的解答：耶穌兼具人和神兩種截然不同的位格，這兩種位格在他身上並存，就像同一片大海裡的兩座島嶼。不幸的是，他的觀點被斥為異端邪說，他被教會解聘放逐。

當聶斯托留被人們淡忘，他的二合一觀念卻在帝國得到認同。擁護這個見解的人被對手扣上「聶斯托留教派」的異端帽子，遭到教會驅逐。後來聶斯托留教派信徒再也不想忍受教廷的迫害，遷往東方，去到羅馬人從未聽聞的地域。

第七世紀阿拉伯人占領羅馬土地，阻斷君士坦丁堡與中東行省之間的聯繫，聶斯托留教派漸漸銷聲匿跡。不過，偶爾總會有旅人或商賈來到君士坦丁堡，聊起定居在印度與波斯以東地區的神祕基督徒。

*

當然，祭司王約翰的信是偽作，只是中世紀的惡作劇。可是，作者說出了歐洲基督徒想聽的話。這封信被翻譯成數種語言，在歐洲廣為流傳。教宗亞歷山大三世（Pope Alexander III）實在太好奇，甚至寫信給祭司王約翰，稱呼他為「傑出尊貴的印度王」，指派好友兼教廷醫師菲利浦（Philip）去幫他送信。菲利浦搭威尼斯槳帆船從義大利出發，在巴勒斯坦附近某個港口下船。有人看見他進入沙漠前的最後身影，說是要去找一個「靠近巴別塔的國度」，從此失去音訊。

祭司王約翰的傳奇是典型的以訛傳訛案例：故事經過第二三四手傳播，變得越來越誇大。但這個故事本身有那麼一點真實性。聖地十字軍聽到的謠言多半是卡特萬戰役（Battle of Qatwan）的扭曲版本。在這場戰役中，蒙古大草原的可汗耶律大石（Yelü Dashi）[5] 的戰士大敗塞爾柱人。

耶律大石在卡特萬大獲全勝，成為中亞霸主。他的部眾尊稱他為「闊兒汗」（Gur-khan），意為「大汗」，這個頭銜在古敘利亞文可能會譯成「約翰南」（Yuhanan），讀音近似拉丁名字「約拿斯」（Johannes），也就是「約翰」。耶律大石不是基督徒，但他的許多百姓確實是聶斯托留教派的信徒，是五百年前受聶斯托留教派傳教士影響改信基督教的蒙古牧民後裔。

被流放的聶斯托留教派信徒先是在波斯建立教會，後來擴及阿拉伯與印度。到了第七世紀，聶斯托留教派傳到中國唐朝，納入佛教的觀念與儀典。

時至今日，中國古都西安依然留存一塊石碑，是西元七八一年建造的黑色石灰岩碑，宣揚聶斯托留教派如何來到中國。石碑上方刻有十字架，四周有祥龍盤繞，搭配一朵盛開的荷花。這塊碑名稱是「大秦景教流行中國碑」（「大秦」是古代中國對羅馬帝國的稱呼）。

中國的高昌古城有一片壁畫描繪第七世紀的聖枝主日（Palm Sunday）遊行，主持聖禮的是中國籍教士，其他三名教士手拿棕櫚葉。

聶斯托留教派在中國蓬勃發展，直到十四世紀明朝推翻蒙古族元朝，將

聶斯托留教派傳教士聖枝主日遊行，中國高昌

5 契丹人，西遼的開國君主。

所有外國勢力逐出中土才結束。中亞的蒙古族從此投向伊斯蘭教懷抱。

*

教宗亞歷山大三世終於相信他再也見不到好友菲利浦，也不再指望祭司王約翰回信。不過，基督教領袖依然期待跟東方的祭司王結盟。到了一二二一年，又傳聞某個「印度的大衛王」擊潰穆斯林，而他就是祭司王約翰的兒子或孫子。這似乎又是某個蒙古可汗被誤傳為基督教國王。這個「大衛」其實是成吉思汗，當時他剛把波斯人統治的花剌子模（Khwarezmian）打得落花流水。

蒙古人征服波斯人後，東方與歐洲之間的貿易路線重新打通，由於祭司王約翰的信，歐洲人想像中的神祕東方不再是隱藏在世界末端、駭人聽聞的蠻荒地域，而是充滿珍奇事物、光彩奪目的國度。許多人因此湧向絲路，包括尼可洛與馬費歐．波羅（Niccolò and Maffeo Polo）這類野心勃勃的好奇商人，他們正是馬可波羅（Marco Polo）的父親與叔叔。

若說祭司王約翰讓羅馬人相信遠東是個充滿驚奇與神怪生物的地域，中國人想像中的西方也不遑多讓。十世紀的史書《舊唐書》有一段關於君士坦丁堡的描述，竟是無比精準，當時的中國人稱羅馬為「拂菻」：

> 他們的首都以花崗岩建造而成，高聳參天。城裡百姓超過十萬戶，城的南方面向大海……皇宮裡有青金石柱、青銅地板、象牙門板，香木橫梁……
>
> 盛夏時節，百姓忍受不了酷熱，於是把清水往上引，流淌在陽台上，或以某種祕密機械噴灑在屋頂上。人們看不見水是怎麼來的，只聽屋頂傳來水聲，突然間水瀑就從四邊屋簷沖刷下來，帶動陣陣涼風。[6]

羅馬人和中國人隔著歐亞大陸相互窺探，對彼此懷著相同的錯誤認知。古羅馬人以為中國人的絲線是從某種樹葉耙梳出來的；而中國人認為羅馬人的棉花是梳理某種「水羊」而得。

中國古書《山海經》以圖文描繪居住在遙遠西方的怪異人種，斯拉夫人被描述成食人魔，火紅的頭髮和碗大的綠眼，眼中還能射出嫉妒的綠光。西北方某種類似匈人的游牧民族則是怪異的野人，他們的孩子出生時全身無骨，有時還會長出翅膀。另外，中國人跟君士坦丁堡的人一樣，也想像出某種臉孔長在胸膛、愛跳舞的野人，只不過，這些野人住在西方。

一四五三年，君士坦丁堡陷落，正巧是歐洲地理大發現時期，人們慢慢理解到，世界上根本沒有那種臉長在胸膛的無頭人。到了十九與二十世紀，地球上最後一個角落也畫進了世界地圖，新的科幻與奇幻文學作品出現，指引人們該往哪裡尋找奇幻生物。英國作家威爾斯（H.G. Wells）[7]筆下的怪物來自火星；法國作家凡爾納（Jules Verne）[8]想像冰島有個洞可以通往地

《山海經》裡的生物

6　這段文字出自《舊唐書》列傳第一百四十八，原文為：「都城疊石為之，尤絕高峻，凡有十萬餘戶，南臨大海……殿以瑟瑟為柱，黃金為地，象牙為門扇，香木為棟梁……至於盛暑之節，人厭囂熱，乃引水潛流，上遍於屋宇，機制巧密，人莫之知。觀者惟聞屋上泉鳴，俄見四檐飛溜，懸波如瀑，激氣成涼風，其巧妙如此。」

7　一八六六～一九四九，英國作家，他創作的科幻小說是二十世紀的主流，對後世科幻作品有深遠影響。

8　一八二八～一九〇五，法國小說家，是現代科幻小說家的先鋒，被譽為科幻小說之父。著有《海底兩萬里》（*Vingt mille lieues sous les mers*）等書。

底世界，裡面住著恐龍和巨人。二十世紀的人們還能幻想在外太空遇見古怪生物，如今我們了解星球之間的廣大距離，不得不放棄那個念頭。曾經有個太空人私下告訴我，他很希望美國太空總署的惠更斯號探測器（Huygens probe）[9] 能在泰坦（Titan）[10] 的冰層底下找到外太空魚類，可是探測器送回的畫面只有遍布礫石的褐色地表。鐵錚錚的科學證據逼得我們將想像力推得更遠。

君士坦丁堡的羅馬人不需要將他們幻想中的怪物推向天空或地底。在他們的認知中，只要搭船出海或騎上駱駝，朝遙遠的地平線前進就夠了。

飄浮的修女

生活在現代的我們如果想到聖人，腦海中應該會浮現平靜寬容的形象，但在中世紀的君士坦丁堡，聖人就像超級英雄，是天賦異稟的男女，能飛上天，能看穿別人心思，能拿火球扔魔鬼。城裡的修女院跟修士院一樣，也有他們自己的超能力聖人。其中最聳動的是克里索巴蘭頓教堂（Chrysobalanton）的聖伊琳妮。

> 西元八五五年，攝政皇后狄奧多拉宣布舉辦秀女選拔活動，為她剛滿十五歲的兒子米海爾尋找另一半。帝國各地的野心家族爭相把家中的適齡少女送進都城參加選拔，其中有個名叫伊琳妮的十歲女孩，帶著僕人與行李從卡帕多奇亞來到君士坦丁堡。
>
> 伊琳妮的「高尚品格與脫俗美貌」備受稱道，身上穿著父母為她精心準備的「華麗服飾」，可惜她遲了一步，未來皇后人選已經選定。雖然她還是個孩子，卻決定住進城裡克里索巴蘭頓教堂的修女院。
>
> 伊琳妮宣誓後，受到聖亞瑟尼斯（St Arsenios）[11] 著作的感召，學習他淨化靈魂的儀式。聖亞瑟尼斯的方法是雙手舉向東方，靜靜站一整個晚上，等到朝陽照射在他臉上，就放下雙手。

伊琳妮請求修女院院長允許她從事這個儀式，藉以淨化靈魂的所有弱點，更接近上帝。院長同意後，她劍及履及地執行，在自己房裡靜靜站著，將雙手舉向天空。她會連日連夜地操作。

伊琳妮的堅貞行誼傳遍全城，人們說她是天使，不是凡人。幾年後她長大成人，君士坦丁堡主教任命她為修女院院長。

某一天，她腦海突然冒出古怪念頭，想請求上帝賜予她天眼通，好讓她知道其他修女心裡藏著什麼祕密。她開始全心全意地禱告，甚至落淚哭泣，直到天使出現，成全她的心願。隔天她把修道院裡的修女一個個召到修道院內側某個房間，她告訴修女們她知道她們私底下說過或做過的事，要她們認罪並改過。

某天晚上，伊琳妮高舉雙手站在房裡，突然意識到房裡來了魔鬼。魔鬼想盡辦法阻止她修行，但伊琳妮毫不畏懼，一動也不動。接著，一隻最放肆的魔鬼開始嘲弄她。

「伊琳妮是木頭做的！」魔鬼冷笑道，「她兩腿都是木頭！」

伊琳妮沒說話，繼續保持不動。

「妳還要壓迫我們多久？」魔鬼叫道，「妳要燒我們多久？」

這時魔鬼伸出手來，抓起火把在伊琳妮身上點火。她還是不動。

有個修女聞到煙味驚醒過來，衝進伊琳妮房裡，匆匆撲滅火勢。

伊琳妮終於放下手臂，慢慢轉身問那個修女。

---

9 美國太空總署於二〇〇四年發射的土星探測器太空船。

10 土星最大的衛星。

11 西元三五〇年出生在羅馬貴族家庭，後來他將家產全部捐給窮人，自己過著苦行生活，以智慧與正直著稱。

「孩子，妳為什麼那麼做？」

伊琳妮說，她身體燃燒時，看見天使正要把花環戴在她頭上。

「可是，」她說，「因為妳的好意，天使帶著花環走了。我不喜歡造成我損失的好意。」

伊琳妮傷勢復原後繼續站立。她也禁食，只飲用少量開水，形容越來越枯槁。有一次她連續站了一個星期，等她想放下雙手，卻發現關節已經僵硬。其他修女趕來幫忙拉下她手臂，聽見關節碎裂聲。

某天晚上有個修女從房裡望向窗外，看見伊琳妮在教堂前院，整個人離地九十公分，雙手向天空攤開，專注地禱告。修女甚至看見柏樹向伊琳妮行禮，嘖嘖稱奇。

隔天，修道院的修女們都看見樹梢繫著紅絲巾。

伊琳妮的傳奇裡充斥這類故事。不過，如果你撇開其中的超自然現象，可能會覺得那充其量只是某個好管閒事的修女隔著牆洞偷窺其他修女的私生活。站立修行時不慎碰觸燭火，卻被改編成對抗魔鬼引誘的英勇行為。

君士坦丁堡只有少數地方能讓女性享有某種程度的獨立與權威，修女院便是其中之一，代價是永遠得保持警戒，對抗任何干擾修女獨居生活的外在誘因。伊琳妮也曾經出面處理類似事件：修道院的葡萄園有個名叫尼可拉斯的年輕工人愛上某個修女，夜夜輾轉難眠，飽受相思之苦。

伊琳妮認為這是魔鬼在幕後操弄，她命人將尼可拉斯綁在教堂柱子上，尼可拉斯怒不可遏，掙脫了繩索，攻擊一名教士，狠狠咬住教士。伊琳妮上前一步，喝令尼可拉斯不准動，尼可拉斯果然動彈不得。伊琳妮跪下來為他禱告，而後站起來命令魔鬼離開尼可拉斯。尼可拉斯得救了，邪念也消失了，重新回到葡萄園工作。即使他又冒出任何不潔念頭，想必不會輕易說出口。

姬蘿

在君士坦丁堡，性、懷孕與生育這些事都伴隨著源於過去異教信仰的神祕儀式。想懷孕的女人會喝以兔血、鵝油或松脂調製的液體。要避孕則是戴個裡面裝了貓肝的魔法護身符。

已婚夫妻如果遲遲不孕，就會焦慮地向守護這座城的聖母瑪利亞禱告，請祂作主。偏偏聖母瑪利亞本身沒有足夠的說服力，因為祂升格為人母的過程並沒有涉及污穢的性事。人們認為剛生產的婦人不潔淨，四十天不能參與聖禮，因為在這個染污階段，她很可能會把魔鬼或女巫引到嬰兒房，取走孩子的性命。這些魔鬼之中最恐怖的是魔女姬蘿（Gylo），她「渾身漆黑，頭髮蓬亂」，有一對翅膀，下半身是蛇。

姬蘿的傳說來自古代的巴比倫，據說她是未婚少女死後化成的厲鬼，基於惡意與嫉妒，喜歡奪取幼兒的性命。夜裡姬蘿會在城中飛行，也能潛入住宅，門窗都阻擋不了她。她會溜進屋子，找到嬰兒房，扼死熟睡中的嬰兒，因此人們會在新生兒的床鋪上方擺放護身符或聖像來驅趕她。

君士坦丁堡百姓對姬蘿的恐懼絲毫不假，膝下無子的老婦人如果言行舉止引人側目，就可能被抓進法院，罪名是遭姬蘿附身。如果判決確立，就必須接受驅魔的痛苦儀式，過程中主持儀式的神職人員仔細誦念姬蘿的十二個半名字[12]。萬一漏掉任何一個，姬蘿就可以躲在裡面，不受驅魔儀式影響。

*

在新手媽媽心目中，聖母瑪利亞是她們的最佳典範。聖像畫師虔敬地描繪祂和祂懷裡的新生兒，呈現各種面向的母子親情。在「善導之母」（Hodegetria）系列畫像中，我們看見畫中的母親要我們領會祂孩兒的完美德

12　原注：這十二個半名字是Gylo, Morrha, Byzo, Marmaro, Petasia, Pelagia, Bordona, Apleto, Chomodracaena, Anabardalaea, Psychoanaspastria, Paedopniktria and Strigla。

行：瑪利亞一隻手指著懷裡的小耶穌，兩眼直視我們，彷彿在說：「你們都該向我完美的兒子學習。」當祂以「仁慈之母」（Lady Eleousa）面貌呈現時，祂全心全意欣賞祂的孩子，臉頰貼著小耶穌，沉醉在幸福之中。偶爾她面容哀戚，彷彿預知十字架在等著祂的孩子。

接著我們看到「哺育聖母」（Galaktotrophousa）安詳地哺餵祂的孩子。

這些聖像風格鮮明、超塵脫俗。虔誠的東正教信徒用這些聖像為這個世界開啟一個小洞，讓天國的光芒照耀下來。但這些畫像裡的母與子又是那麼地有血有肉，溫暖了無數心靈。祂的手臂與長袍圈圍成祂懷中嬰兒的王座。

長子的長子

喬是我跟金的第一個孩子。那時我和金都已經三十多歲，結婚五年多，覺得是時候生孩子了。那年我們一起去法國、西班牙和摩洛哥旅行。我們在西班牙首都馬德里時，就察覺某些跡象。等我們到了摩洛哥的馬拉喀什（Marrakesh），金吃到辛辣食物竟會反胃，這很不尋常。我們回到雪梨的小公寓當天，她進洗手間驗孕，出來時咯咯笑。

我對當爸爸這件事有點憂心。我想要這個孩子，我們也都覺得這個時機恰恰好，聽到金懷孕的消息，我非常開心。只是，有個陌生人就要闖入我們的生活，而且會永遠跟我們在一起。在我的腦海裡，這孩子還只是個抽象概念，像個嬰兒外形的剪影，中間畫了個「X」。

我覺得整個過程中金未免太老神在在，當她肚子越來越大，她就越顯得容光煥發，接下來那七個月孕期一溜煙就過去了。

金凡事做最壞打算。當初我們決定生小孩時，她提醒我，就算有機會懷孕，也可能要等上幾年。如今她懷孕成功，她又要我做好心理準備，也許她沒辦法馬上湧出滿溢的母愛。孩子出生後那短短幾秒，變成我們未來幸福與否的關鍵。我們希望一眼就能愛上孩子，聽起來卻像巫術。

大約懷孕中期，有天早晨金醒來後告訴我，寶寶在夢中向她自我介紹。她夢見自己走進臥室，看見有個男孩在嬰兒床裡，身上穿著合身的藍色連身衣。孩子手扶嬰兒床欄杆站著，困惑地望著她，說他想知道自己是誰。金回答：「你是我兒子。」她抱起孩子，帶到鏡子前，兩人一起盯著鏡中影像。那孩子似乎很震驚，他告訴金他的名字叫喬，是個藝術家。

六月底某個星期六早晨，金從浴室出來，說她子宮開始收縮。婦產科醫護人員冷靜又有效率地幫金接生，像一群專業女祭司。我們的朋友莎莉一直陪著金，低聲為她加油打氣。產房裡每個女人都知道該扮演什麼角色。

雖然沒有人會明說，但孩子的爸在那裡好像有點多餘。我們上產前課程時，指導老師說我們可以體貼地幫產婦按摩肩膀，讓我們這些惴惴不安的新手爸爸覺得自己不可或缺。此時，當我認真盡責地按摩金的肩膀，才終於明白，當有個小人兒要從你身體裡擠出來，再多的按摩都減輕不了那種疼痛。這只是轉移注意力的高招，找點事給新手爸爸做，免得他礙手礙腳。

我還是很慶幸能進產房。我父親那一代的男人不時興進產房，所以錯過了。允許男人進產房實在是一大德政，讓我們見證女人創造生命的過程是多麼辛苦疲累。在產房裡，我們重新意識到自己的哺乳類本質。

到了隔天清晨，金才進入第二階段產程。助產士告訴我們，孩子再過一小時就會出生。我深吸一口氣，看看時鐘。金開始使力時，我感到腎上腺素流竄全身。我心想，再過不久，產房裡就會多出一個人。

一小時後，孩子出生了，金體力耗盡，卻欣喜若狂。我淚流滿面，心情是歡喜、放鬆與驚奇雜陳。我流著淚，低頭看那個古怪的小東西，一顆心整個融化了，我深深愛上了他。我勉強自己鎮定下來，順利完成剪臍帶的任務。助產士將孩子送到金懷裡，她眉開眼笑地喊一聲「喬」。

醫護人員讓我們一家三口獨處一小時。金已經將近三天沒睡，這時卻是輕鬆又開心地哺餵喬，我不禁敬佩得五體投地。晨光灑進房裡，照亮她髮絲，她就是「哺育聖母」。她說她很高興終於可以再吃牡蠣和羊乳酪。

我回家發送大批電子郵件，通知親友金生下健康的小男孩。我獨自待在公寓時，回想過去三天的點點滴滴，對自己在孩子出生那一刻迸發的情緒感到訝異。那股情緒是哪裡來的？長大後我就不曾哭得那麼激動。我打電話給兩個最近剛當爸爸的朋友，告訴他們我剛經歷了生命中最感動的一刻。

「那種感受讓你從此改變。」其中一個默默承認。

另一個說：「它讓你對愛有了全新看法。」

在那之前，我遇見的每個新手爸爸都油嘴滑舌地聊著生活的改變。他們會笑呵呵地要我做好心理準備迎接第二階段：晚上沒得睡，把屎把尿，不能再跟朋友瞎混。我倒覺得這些俏皮話只是煙幕彈，掩飾升格為人父後內心湧現的那股強大父愛。

幾天後，金和喬可以出院回家了，我打電話叫計程車來醫院接我們。司機是巴基斯坦人，穿著傳統的穆斯林服飾。他笑得合不攏嘴，很開心接送第一次回家的新生兒，一路以低於速限十公里的時速穿過雪梨市區。我們聊起父母經，他有三個小孩，都不到五歲。

「你們幫孩子起什麼名字？」

「他叫做喬。」金在後座回答，孩子就在她身邊的嬰兒提籃裡。

「是喬瑟夫的暱稱嗎？」

「是啊。」

「穆斯林也有這個名字，只不過我們叫尤瑟夫。」

他轉過頭來直視我，說道：「孩子是生命中最大的喜悅。」

一星期後，我收到叔叔布萊恩的來信，內容格外溫馨，他說我們幫孩子取名喬瑟夫，他覺得非常窩心。我猜他很高興我們沒幫孩子取名叫「甲乙丁」或「阿七」。

*

我們的女兒艾瑪在三年半後出生。

生艾瑪的過程比較順利，金沒有產痛，孩子漂亮極了，一出生就在媽媽懷裡熟睡。這次的畫面是「仁慈之母」。

我同樣感受到那股強烈的愛與柔情。

艾瑪有一雙深邃的黑眼珠。嬰兒時期的她比喬更平靜，更溫和，也許是因為當時我跟金心情比較平靜，多了點自信。艾瑪有一頭濃密黑髮，黑眼珠有著謎樣的眼神。

*

喬五歲、艾瑪兩歲時，我跟金帶他們參加家族聚會，我才有機會跟布萊恩叔叔聊天。我很喜歡他，已經很多年沒見到他了。他又重提舊事，說我們幫孩子取名喬，很令他感動。我問他為什麼，他挑起眉毛，說他以為我知道我們家族的傳統。

「自從一八四〇年代我們的祖先來到澳洲，」他說，「長子的長子一直都叫喬瑟夫。」

「可是我也是長子的長子，但我叫理查。」

「嗯，沒錯。你的曾祖父叫喬瑟夫，但他兒子喬沒有子嗣。然後你祖父喬治變成家族的長子。他的長子是你爸爸亞倫。我以為你知道這些事，所以幫孩子取名喬來恢復傳統。」

「我從沒聽說過。」

他從外套口袋拿出一張折角的手繪族譜，在桌上攤開來。他指著從英格蘭和愛爾蘭移民到澳洲的第一代祖先的名字，再往下指向他們的兩個孩子，是我們家族在澳洲出生的第一代。

他們的名字是喬瑟夫和艾瑪。

我們四目相對，耳裡彷彿聽見遙遠的輪船汽笛聲隔著一百六十年的時空傳送過來。這不過是巧合，可是過去和現在的名字相互呼應，讓我叔叔非常欣慰，因為他是個很虔誠的信徒。我也很開心。

安德洛尼庫斯之死

阿列克修斯的孫子曼努埃爾一世二十五歲即位，他身材高大，些微駝背，膚色黝黑，笑容可掬。君士坦丁堡百姓熱情擁戴他，但在帝國邊境，軍情卻不樂觀：諾曼人占領帝國在義大利的領土，計劃進攻希臘；塞爾柱人牢牢掌控小亞細亞大多數土地。

曼努埃爾運氣不賴，經濟蓬勃發展。君士坦丁堡完美的地理位置使她成為興盛的貿易中心，西方有威尼斯和熱那亞等新興勢力，南邊是埃及法蒂瑪王朝，東方則是十字軍建立的新國家。稅收豐厚，國庫充盈，曼努埃爾因此可以大手筆擴充陸海軍實力。

曼努埃爾得到朝中大臣的肯定，可惜他始終少了點皇帝的威儀，至少比他堂弟安德洛尼庫斯（Andronicus）差了一點。安德洛尼庫斯體格偉岸，連他的敵人都不得不承認他相貌堂堂。他身材極高，異常俊美，機智又迷人，且體力充沛，據說性欲可比「發情的公馬，接連不斷地跟母馬交配，叫人難以置信」。曼努埃爾很欣賞安德洛尼庫斯豪邁的男子氣概，特別寵信他，直到安德洛尼庫斯拐了他的姪女尤朵席雅（Eudoxia）當情婦。每回有人責備安德洛尼庫斯搞不倫，他就笑著說，那是因為他跟皇帝是同一個模子鑄造出來的：皇帝跟自己哥哥的女兒也有一腿。

失寵的安德洛尼庫斯被派往小亞細亞的西里西亞（Cilicia），一一五二年帶著尤朵席雅走馬赴任。某天晚上，尤朵席雅走進大帳警告安德洛尼庫斯，她家族的人在外面等他，準備刺殺他。尤朵席雅建議他把侍女叫進來，換上侍女服飾逃走。安德洛尼庫斯擔心穿女裝被逮到會顏面掃地，拿劍割開帳篷後側，跳過圍籬逃之夭夭。

安德洛尼庫斯的放蕩行徑得罪不少朝廷官員，那些人開始在曼努埃爾面前打小報告，指控他心懷不軌。曼努埃爾慢慢對安德洛尼庫斯起疑，將他召回君士坦丁堡，關進大皇宮的牢房裡。

安德洛尼庫斯偷偷挖開牢房地板的磚塊，看見底下是古代的地下通道。他又挖出更多磚塊，打開一個地洞，從洞口溜下去，再把磚塊移回原處。守衛幫他送晚餐時，震驚地發現牢裡沒有人，門窗也沒有破壞跡象。

曼努埃爾氣得把安德洛尼庫斯的妻子（當然不是尤朵席雅）抓來當人質，關進同一間牢房。安德洛尼庫斯從地洞回到牢房，帶她出去，抵著牢房牆壁站著跟她辦事，因此生下他們的兒子約翰。史書沒有記載他妻子的名字，也沒人知道她後來的際遇如何。

不久後安德洛尼庫斯就被逮到，戴上沉重的腳鐐。他在牢裡說動一個小男孩用蠟拷貝他的牢房鑰匙，送去給他哥哥打出來，放在酒瓶裡，跟當天的午餐一起送進牢裡。他又開溜了。

安德洛尼庫斯知道君士坦丁堡不宜久留，於是往北朝多瑙河的方向去，不料途中被一群奉命追捕他的弗拉赫（Vlach）士兵攔截。被押送回君士坦丁堡的過程中，安德洛尼庫斯告訴士兵他得了腸胃炎。士兵允許他蹲在路邊如廁，他帶著手杖走到一旁，找到離營帳稍遠的地方，背對士兵們蹲下來。他乘機把斗篷脫下來掛在手杖上，再把帽子戴在上頭，當時天色昏暗，看起來就像他蹲在那裡。他做好稻草人後，拔腿溜進樹林裡，繼續北上，抵達由他另一個堂親耶洛斯勒（Yaroslav）統治的加里西亞（Galicia），那位堂親熱烈歡迎他。曼努埃爾擔心安德洛尼庫斯會集結軍隊起事造反，覺得該跟這個任性堂弟和解了，在一一六八年將他召回君士坦丁堡。

兩人甜蜜期才短短一年，安德洛尼庫斯又惹惱了曼努埃爾。他不滿皇帝立他的匈牙利女婿為儲君，在都城裡逢人就埋怨，直說皇帝自從娶了金髮的諾曼公主後，跟那些西方來的外國人越走越近。

曼努埃爾火冒三丈，把安德洛尼庫斯逐出宮廷，命他回到西里西亞前線，八成希望他死在戰場上。安德洛尼庫斯回鍋後表現比第一次更糟，他對亞美尼亞親王梭洛斯（Thoros）發動毫無意義的戰爭，吃了大敗仗。

他從戰場上撤退時，回頭看見梭洛斯正要對他的部隊展開最後一波攻勢，他太擔心再度落敗，調轉馬匹衝過去。等他接近怔住了的梭洛斯，就奮力擲出長矛，擊中梭洛斯的鎧甲，將他從馬背上打下來，自己趁亂逃走。

那次之後，他厭倦了戰爭，脫下鎧甲，扔掉盾牌，騎著馬往南奔向安提阿親王雷蒙（Raymond of Antioh）的宮廷，據說他在那裡「縱情聲色、打扮得像花花公子，大搖大擺走在街上，身邊的貼身護衛背著銀弓」。他勾引了另一個美麗的諾曼公主菲莉帕（Philippa），也就是皇后瑪莉亞的妹妹。君士坦丁堡的曼努埃爾收到消息「驚呆了」，當初安德洛尼庫斯沒由來地攻擊亞美尼亞人，他氣還沒消，立即命人用鐵鍊將安德洛尼庫斯綁回京城。安德洛尼庫斯擔心自己的安危，拋下菲莉帕逃往南方，去到聖城，向十字軍建立的耶路撒冷王國國王阿爾瑪里克（Almaric）請求保護。

時年五十六歲的安德洛尼庫斯展開他一生中最轟動的戀情，對象是狄奧多拉・康妮娜（Theodora Comnena），她是曼努埃爾的姪女，也是耶路撒冷前國王鮑德溫三世的遺孀。曼努埃爾去函阿爾瑪里克，說安德洛尼庫斯是個叛徒，犯了不倫罪，要阿爾瑪里克挖掉安德洛尼庫斯雙眼。這封信輾轉送到狄奧多拉手上，狄奧多拉拿給安德洛尼庫斯看，兩人決定一起逃亡，離開耶路撒冷。

他們往東進入穆斯林地界，來到大馬士革蘇丹努爾丁（Nur ad-Din）治下，狄奧多拉在這裡生下兩個孩子。幾年後他們又啟程流浪，最後落腳黑海邊一座城堡。

某天安德洛尼庫斯外出，特拉布宗公國（Trebizond）的君王派兵包圍城堡，狄奧多拉和孩子們被監禁，送回君士坦丁堡。擔憂不已的安德洛尼庫斯同意以自己的命換取狄奧多拉母子的自由，在一一八〇年初回到君士坦丁堡。

曼努埃爾和安德洛尼庫斯已經睽違多年，曼努埃爾見到自己的堂親形容憔悴非常震驚。安德洛尼庫斯抬起頭，深情地望著皇帝，隨即脫去身上的斗篷，露出他將自己從脖子綁到腳踝的粗重鐵鍊，接著他撲倒在地，老淚縱橫地請求原諒。過去英俊挺拔的安德洛尼庫斯如今落得如此下場，曼努埃爾不禁心軟，命令侍從將他扶起。安德洛尼庫斯不肯起來，堅持要旁人拉著鐵鍊將他拖到王座前，用力撞上去，他說這是他罪有應得。皇帝命人照他的話做，從此原諒他，允許他帶著狄奧多拉回到黑海邊的城堡安度晚年。

那年稍晚，曼努埃爾的健康惡化，最終高燒不退而亡，他十歲的兒子阿列克修斯二世繼位，由皇后瑪莉亞攝政。朝中大臣原本就對西方勢力有所不滿，如今他們將矛頭轉向外國籍的瑪莉亞。

曼努埃爾在世時認可威尼斯、熱那亞與比薩（Pisa）這些新興城邦的財富與實力，給予他們相當優惠的貿易條件。在信奉東正教的君士坦丁堡百姓眼中，這些信奉天主教、腰纏萬貫的義大利人傲慢自負，信仰不虔誠，叫人深惡痛絕。

安德洛尼庫斯聽見首都瀰漫不滿情緒，號召一群追隨者攻進君士坦丁堡。朝廷派一支軍隊前去攔阻他，沒想到士兵們卻倒戈投向安德洛尼庫斯，連海軍統帥也叛變。君士坦丁堡城門大開，安德洛尼庫斯風光進城，百姓熱烈歡迎他，開心得幾近歇斯里底。

當天君士坦丁堡就發生慘劇。百姓對富裕外國人的長期隱忍一夕爆發，演變成街頭暴力。數千名拉丁裔天主教徒遭到殺害，連女人和小孩也沒能倖免。教宗的使節約翰也被殺，腦袋被斬下來綁在狗尾巴上，拖著在城裡到處去。

在這起暴亂中獲益的安德洛尼庫斯選擇袖手旁觀。有些人覺得他挺拔俊俏，討人喜歡，也有人認為他只是個魅力十足的惡棍，不以為意，沒人見識到他冷血的一面。如今掌控君士坦丁堡和羅馬帝國的人，其實是個心理變態。

瑪莉亞皇后和她兒子被抓到安德洛尼庫斯面前。小皇帝依然是合法帝王，被迫簽下他母親的處死令。瑪莉亞旋即被兩名宮廷侍衛絞死。接著安德洛尼庫斯逼阿列克修斯二世陪他走到查爾克宮門，在歡呼的群眾面前任命他為共帝。事後阿列克修斯就被帶下去用弓弦絞死，屍體扔進博斯普魯斯海峽。

阿列克修斯二世已經和法蘭西國王路易士（Louis）的女兒艾格妮絲（Agnes）訂婚，安德洛尼庫斯不顧兩人之間懸殊的年齡差距，硬是娶艾格妮絲為妻，那年他六十四歲，艾格妮絲才十一歲。當年他和前任妻子在大皇宮牢房外燕好生下的兒子約翰受封為助理皇帝。

曼努埃爾生前坐視貪官污吏不管，備受批評，如今安德洛尼庫斯雷厲風行地打擊貪污，杜絕浪費。他對違反者施加的刑罰越來越殘酷，也越來越頻繁。惹他心煩的隨從會被挖出眼珠，在橢圓競技場活活燒死，官員因此噤若寒蟬。安德洛尼庫斯不受任何道德觀拘束，「將他靈魂深處的冷酷特質發揮到淋漓盡致」。

成為一國之君後，安德洛尼庫斯更是盡情發洩他無與倫比的性欲。宮廷官員兼史學家尼西塔斯・科尼亞特（Nicetas Choniates）描述他出城的盛況：「後面跟著他的愛人，像公雞帶著一大群母雞……無所不用其極地勾引少女或娼妓，盡情享受交媾的樂趣。」據說這個時期的安德洛尼庫斯開始在生殖器上塗抹油膏增強性能力，他也吃鱷魚肉，認為有壯陽功效。

安德洛尼庫斯的偏執狂越來越嚴重，據說他企圖透過「水卜」（hydromancy）預測未來，也就是觀察盆子裡的水，找出各種徵兆。當他問：「安德洛尼庫斯之後的皇帝是誰？」水面浮現艾薩克（Isaac）的前兩個字母，他因此對他的堂弟艾薩克·安吉拉斯（Isaac Angelus）起疑。

安德洛尼庫斯派他的首席執行官史蒂芬·哈吉歐克里斯多佛里特（Stephen Hagiochristophorites）去逮捕艾薩克。哈吉歐克里斯多佛里特在城裡是個叫人又懼又恨的人物，他帶著兩名隨員到艾薩克家，在庭院將他圍住。艾薩克發現自己無路可逃，跳上馬，拔出長劍衝向對方。哈吉歐克里斯多佛里特大吃一驚，連忙將騾子調頭往外跑。他只逃到院子的拱門，就被艾薩克一劍劈下，腦袋裂成兩半。他的兩名隨從落荒而逃。

死裡逃生的艾薩克欣喜若狂，騎著馬奔向聖索菲亞大教堂，沾有鮮血的

史蒂芬·哈吉歐克里斯多佛里特之死。一四七五年，薩巴斯提安·曼霍《遠渡重洋：十字軍始末》插圖細部

長劍高高舉起，大聲叫嚷他殺了人們痛恨的哈吉歐克里斯多佛里特。他快步衝進大教堂，後面跟著幾百名群眾。他跑到佈道壇請求庇護，也請求神寬恕他的殺人罪行。不久後，教堂就聚集了上千人。到了隔天清晨，大教堂外來了更多人，卻沒有人來驅散或逮捕他們。另一批群眾集結在監獄，釋放了所有囚犯。群眾擁立艾薩克為帝，城裡人心思變，腥風血雨。

叛變發生時，安德洛尼庫斯人在郊外的別宮，接獲消息後立刻趕回大皇宮，命令屬下放箭射殺憤怒的群眾。他的士兵抗命不從，安德洛尼庫斯乾脆自己搶了把弓箭開始射擊，但他發現自己孤立無援，決定逃離現場。他脫下皇袍，頭戴女帽遮住臉孔，帶著他的小妻子和情婦跳上船。暴民攻進大皇宮，搜刮所有值錢物品，遭破壞的大皇宮再也無法恢復原狀。

安德洛尼庫斯的小船在博斯普魯斯海峽被攔截，他遭到逮捕，跟妻妾一起被扔上另一艘船，準備送回君士坦丁堡。他曾經逃過許多劫難，總能化險為夷，這回卻成了甕中鱉。他手腳被捆綁坐在船上，開始唱起歌來，自憐自艾地感嘆他不幸的人生。他的歌聲流露滿滿的情緒，甚至激動破音，連妻妾也跟著唱和，只可惜抓他的官兵不為所動。

安德洛尼庫斯戴著手銬腳鐐在新皇帝面前遊行，群眾呼他巴掌，拔掉他的鬍子和牙齒。不少婦人上前揮拳捶打他。他的右手掌被人用斧頭砍掉，而後關進牢裡。

兩天後，他又被人挖掉一隻眼睛，然後交給群眾。他「像一截沒有樹葉的枯萎老樹幹」被人們放在駱駝背上遊街。人們拿棍棒打他，往他頭上倒屎。他過去施加在百姓身上的酷刑，如今一一回到他身上。

但他一息尚存，又被帶往橢圓競技場，坐在駱駝駝峰上，慘不忍睹地模仿凱旋遊行。接著他被人拉下駱駝，雙腳綁在兩根柱子上。他承受這些磨難時，轉頭看著折磨他的人，哽咽地說：「天主垂憐，你們為什麼要凌虐已經折斷的蘆葦？」

兩名拉丁士兵拿著劍上前，將他劈成兩半，他將沒有手掌的右手臂舉到唇邊，就斷氣了，得年六十七歲。他是阿列克修斯所創的康南努斯王朝最後一任皇帝。他兒子在色雷斯被他自己的軍隊殺死。

*

如今在競技場原址的公園綠地上，我們很難想像當天暴民內心那份嗜血激情，事發地點距離聖索菲亞大教堂不過一百公尺。

在精神層面上，羅馬人追求的是「神化」，也就是天人合一。到達神化境界的原則是他們所謂的Taxis，一種神授規律，能讓世界充滿光明、和諧與神聖。明智而傑出的統治者應該要遵循這種規律。

Taxis的反面是Ataxia，也就是動亂與隨性。Ataxia只能存在帝國邊境外，那是一個充斥無謂暴力的紊亂世界。

安德洛尼庫斯卻是倒行逆施：當皇帝本人就是失序的根源，這其中又隱藏什麼真義呢？君士坦丁堡根基動搖，膽顫心驚，沒有能力應付即將到來、永難平復的劇變。

第 8 章
第四次十字軍東征

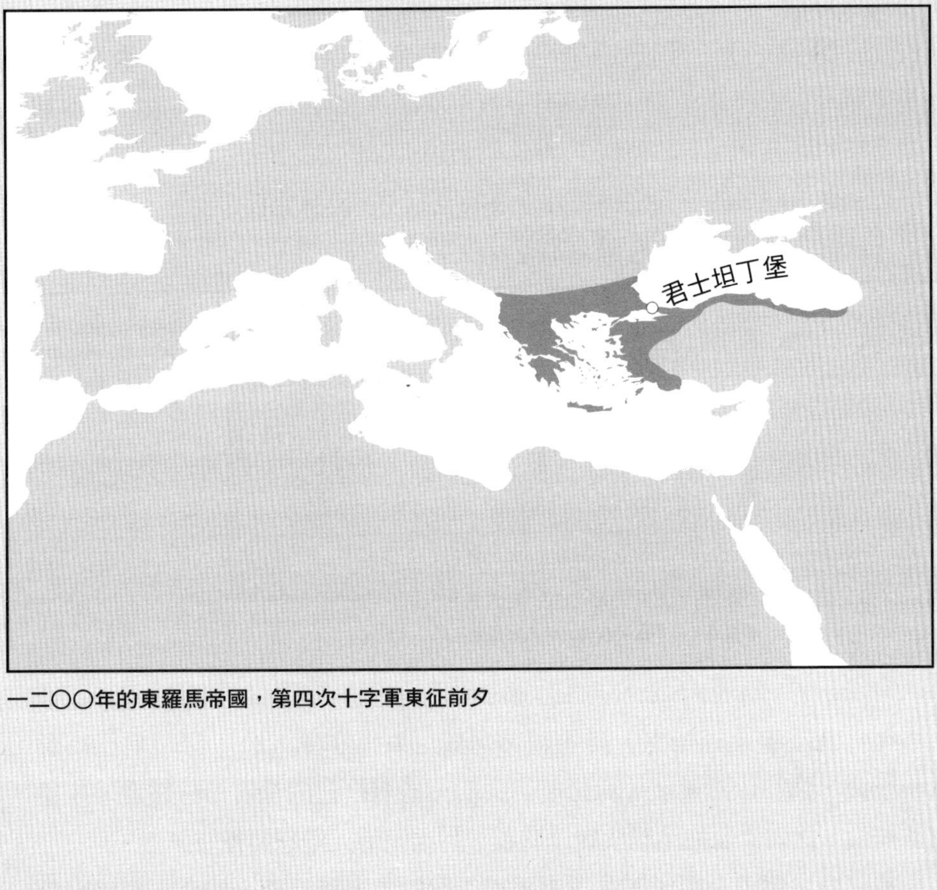

一二〇〇年的東羅馬帝國，第四次十字軍東征前夕

年邁的盲眼大公

「無庸置疑，這一切都是上帝的作為。」

——傑弗里·維爾阿杜安（Geoffrey de Villehardouin）

在聖索菲亞大教堂樓上迴廊某個角落，我看見最古怪、最不可能出現在這裡的東西。我喊喬過來看。石地板上嵌著一塊不起眼的石碑，上面刻著「亨里克斯·丹多羅」（Henricus Dandolo）。

我告訴喬，亨里克斯·丹多羅更為人知的名字是「恩里克·丹多羅」（Enrico Dandolo），他是威尼斯大公，也是中世紀晚期重大罪行的禍首。正是他率軍攻打君士坦丁堡，坐視君士坦丁堡橫遭破壞，從此走向敗亡。他為了威尼斯的區區利益，讓整個世界陷入無法無天的混亂中。

「他做這些事的時候已經是九十歲的老頭子，而且雙目失明。」

「那麼為什麼他會葬在聖索菲亞大教堂裡？」喬問。

恩里克·丹多羅紀念碑。伊斯坦堡聖索菲亞大教堂

一一九二年，恩里克·丹多羅當選威尼斯共和國大公，當時他已高齡八十五歲，腦筋依然靈敏，只是雙目失明。他對自己的全盲十分在意，想盡辦法掩飾，比如偷偷把頭髮放在湯碗裡，對在場的人抱怨湯裡有頭髮。

威尼斯在建國之初曾經渴求東羅馬帝國的恩寵與保護，如今，那個階段過去了。國家藉由貿易累積了財富與自信，商船往來穿梭地中海，由歐洲最強盛的海軍艦隊護航。君士坦丁堡的貴族瞧不起威尼斯的新貴階級，認為他們不過是一夕致富的商賈與水手。相對地，威尼斯人認為拜占庭人不切實際又軟弱傲慢，只會沉浸在漸趨暗淡的往日榮光裡。

丹多羅對君士坦丁堡並不陌生，幾十年前他曾經擔任特使，前往修復威尼斯與帝國的關係。當時的皇帝曼努埃爾不滿威尼斯日益坐大，決定取消他們的貿易特權，把某些威尼斯商人打入牢裡。丹多羅灰頭土臉地返回威尼斯，後來謠傳他的眼睛就是在君士坦丁堡失明，而且是皇帝命人下手。另一個謠言則說，他是在君士坦丁堡跟人街頭鬥毆被弄瞎。這些故事只是為了突顯丹多羅對君士坦丁堡懷恨在心，並不是真相。他的視力其實是回到威尼斯幾年後才喪失，主因是頭部受到撞擊。

威尼斯的政權掌握在一群緊密結合的上流社會商人與地主手中。大公是主要執政者，經由選舉產生，終身職。在威尼斯，夠格當領袖的候選人都精明幹練。反觀君士坦丁堡，百姓經常得碰運氣，不是世襲的皇子，就是暴虐的將領。

威尼斯人信奉天主教，以羅馬教宗為精神領袖。他們在教堂裡希望、也祈禱得到救贖，在商場上寧可採信明確的數字，不耽溺於空想。威尼斯商人首開風氣採用新方法來監控現金與商品進出，也就是如今我們所知的複式記賬法（double-entry bookkeeping）[1]。這種記賬法不涉及情感，驅走不切實際的期待與浮誇。

有了強盛海軍的加持，威尼斯的經濟實力如虎添翼。威尼斯軍艦配備了當代最先進的航海技術，由最老練的水手操控，穿梭在地中海域。威尼斯商船有足夠能力抵擋海盜或對手熱那亞商船的攻擊。

丹多羅執政第六年，有個特使帶著一份文件來到他的辦公室：教宗英諾

1　是以資產與權益平衡關係作為記賬基礎，對於每一筆經濟業務，都要以相等的金額在兩個或兩個以上相關聯的賬戶中進行登記，系統性地反映資金運動變化結果的一種記賬方法。

森三世（Innocent III）發起新一波聖戰，要將伊斯蘭勢力驅出耶路撒冷。

從第一批十字軍路過君士坦丁堡至今，聖城已數度易主。基督徒曾經收復耶路撒冷，又被薩拉丁（Saladin）[2] 奪走。第三次東征八年前結束，結果不盡如人意。十字軍諸國雖然拿下阿卡（Acre）與雅法（Jaffa），卻沒能奪回耶路撒冷這個十字軍情感與精神的中心。

穆罕默德的旗幟依然飄揚在基督教最神聖的城市上空，令教宗英諾森難以忍受。這個問題像鞋子裡的小石頭，不時刺痛他，惹他心煩。只是，西歐各國國君對再次出征顯得意興闌珊，英諾森只好退而求其次，把目標鎖定野心勃勃的新興城邦。這些人急於展現實力，也樂於在聖城占有一席之地。

參加過第三次東征的英格蘭國王獅心理查（Richard the Lionheart）[3] 逢人就說，如果將來還要出兵奪取聖城，最好取道埃及，因為埃及是撒拉森人的罩門。如果要發動第四次東征，會需要大量船隻把軍隊運到地中海對岸。威尼斯是歐洲的海上霸主，教宗號令一出，遲早會有人找上門來。

一二〇一年春，一艘槳帆船駛進威尼斯潟湖，船上有六名法蘭西騎士，帶頭的是香檳省總督維爾阿杜安。他們上岸後被帶往聖馬可廣場（Piazza San Marco），進入大公的宮殿。丹多羅熱忱接待他們，詢問他們的來意。法蘭西騎士們說，他們是法蘭西貴族的使節，他們的主上希望邀請威尼斯加入十字軍，合力對抗異教徒撒拉森人。

法蘭西郵票上的傑弗里．維爾阿杜安

丹多羅請騎士們說明具體計劃。騎士說，他們建議採納獅心理查的建議，從埃及進聖城，但他們需要威尼斯的船隻運送兵馬。丹多羅問他們能號召多少人投入聖戰，維爾阿杜安思索片刻後表示，他聽說法蘭西神父紐利的福克（Fulk of Neuilly）宣稱已經召集了二十萬大軍[4]。這個數字明顯誇大，最後騎士們保守估計會有三萬三千五百人，也算頗具規模。他們相信所有參與者會自行負擔旅途上的一應開支。

丹多羅請威尼斯大議會（Great Council of Venice）召開特別會議，交易敲定：威尼斯同意提供船隻，運送四千五百名騎士和馬匹、九千名護衛與兩萬名步兵，也提供飲用水、小麥、麵粉與葡萄酒。十字軍必須支付威尼斯高達八萬四千馬克（mark）[5]白銀。為了展現誠意，威尼斯額外贊助五十艘配備齊全的槳帆船，條件是將來征服的土地半數必須劃歸威尼斯。

大議會批准他的提議，只是，丹多羅要做這麼龐大的投資，還得得到百姓的支持。於是，六名騎士應邀出席在聖馬可教堂舉行的人民大會。維爾阿杜安站了起來，對威尼斯百姓發表一篇撼動人心的演說，現場鴉雀無聲：

> 我們奉法蘭西最高貴、權力最大的貴族們之命來到貴國！
>
> 他們請求你們的仁慈，請你們憐憫被突厥人奴役的耶路撒冷，也請你們看在上帝份上，為耶穌基督蒙受的恥辱復仇……他們會來請求你們，是因為他們知道你們是大海上最強盛的國家。我們的君王命令我們跪在你們面前，直到你們答應垂憐大海另一邊的聖城，才可以起身。

---

2 一一三七～一一九三，是當時埃及與敘利亞的伊斯蘭王國統治者，有穆斯林戰神之稱。

3 一一五七～一一九九，驍勇善戰，他在第三次東征時打敗薩拉丁，奪回古城阿卡，一戰成名。

4 原注：紐利的福克在法蘭西各地遊走，類似如今的巡迴佈道家，善用他聖潔莊嚴的外表宣說貧窮與清儉的美德，在此同時以東征名義收取大批財物，卻交不出募得的款項。法蘭西修士維提的詹姆斯（James of Vitry，法文Jacques de Vitry）哀傷地寫道，福克「基於貪婪或其他卑下動機，沒有交出那些錢……他的財富增加了，人們對他的敬畏與崇拜卻消失了」。福克因侵吞公款名譽掃地，幾年後帶著恥辱辭世。

5 中世紀重量單位，約等於半磅，即八盎斯。

接著，六名法蘭西騎士一字排開跪在大眾前面。這些尊貴的騎士如此謙卑地匍伏在地，令威尼斯民眾心情激動澎湃。盲眼大公感動落淚，群眾高呼：「贊成！贊成！」

這只是幌子，至少丹多羅心裡另有盤算。因為就在那個時候，他的官員正在開羅跟埃及人談交易，約定威尼斯人不入侵埃及領土。除非丹多羅腦袋嚴重錯亂，否則他應該沒有意願陪同十字軍進入埃及。他真正的目標過些時候才會揭曉。

法蘭西騎士並不知道那樁交易，他們跟威尼斯說定了，十字軍一年後在威尼斯集合，日期是一二〇二年的聖約翰日（St John's Day）。這段期間內，威尼斯的造船廠會推掉其他訂單，全力打造十字軍的新船隊。威尼斯為這次東征投入了一年的勞力、國庫的全部財富和她的航海實力。在這次艱鉅任務中，十字軍和威尼斯人會攜手並進，禍福與共。

十字符號

次年夏天，十字軍陸續抵達威尼斯，在里多島（Lido）紮營。搶得頭籌的是法蘭西北部與義大利的富裕貴族。法蘭西富豪法蘭德斯的鮑德溫（Baldwin of Flanders）早早就帶著他的騎士、弓箭手和石弩手來到。聖波勒的于各（Hugh of St Pol）也帶了騎士和步兵。布洛瓦的路易斯（Louis of Blois）十多歲時參加過第三次東征，這回他得到英格蘭王約翰贊助一千馬克。曾經為聖城而戰的維爾阿杜安也是十字軍領袖之一。

鮑德溫、于各與路易斯都是滿懷雄心壯志的法蘭西年輕人，他們都是多年知交，彼此關係密切，卻選擇一個外人來領導他們，那人名叫蒙費拉的博尼法斯（Boniface of Montferrat），是來自北義大利、家財萬貫的中年貴族，他的家族跟歐洲許多皇室都有姻親關係。博尼法斯的父親參加過第二次東征，他哥哥長劍威廉（William of the Long Sword）娶了耶路撒冷王國的女繼承人。他的城邦在蒙費拉，以騎士精神和吟遊詩歌著稱。

博尼法斯八月中旬來到威尼斯，發現里多島上的十字軍混亂失序。這一波十字軍東征號召到的人數，遠遠不及法蘭西騎士一年前的倉促承諾。來到威尼斯的軍隊，還不到奪回聖城所需規模的三分之一[6]。

丹多羅跟那些尷尬的十字軍領袖見面，問他們打算怎麼補償威尼斯人基於誠意打造的全新艦隊。十字軍掏出口袋裡的作戰基金，卻還短少三萬四千馬克白銀。丹多羅告訴他們，除非把欠款補足，否則威尼斯的船艦不會出海。

這下子大家都困住了。取消東征絕不可行，不但是奇恥大辱，金錢損失更是難以估計。他們同意東征，教宗因而赦免他們的罪，這下子教宗會怎麼說？他們國家的百姓又會怎麼說？

十字軍請丹多羅想個解決辦法。丹多羅這個老狐狸露出真面目，他說，十字軍的欠款可以暫緩支付，只是，不知道十字軍願不願意幫威尼斯一個小忙。

沿著亞得里亞海往南有個城市札拉（Zara）[7]，目前被匈牙利王占領。如果十字軍可以幫他收復札拉城……嗯，可能對彼此都有利。他知道札拉富裕繁榮，十字軍可以分得半數戰利品，也許就能清償欠他的債務。

十字軍領袖同意這個計劃，底下卻出現反對聲浪。有人說，繞道去攻打基督教城市不但天理難容，也違反他們當初攻打撒拉森人的神聖誓言。有些人拂袖而去，聲稱他們寧可自己想辦法去聖城。

在這片疑惑與混亂中，丹多羅大動作表態。他公開宣布，雖然他又老又盲，他要**親自**率領威尼斯艦隊出征。他爬上聖馬可教堂的佈道壇對百姓說：「我已經年老體衰，應該安養天年。」他嘆口氣，又說：「可是我發現除了我，沒有人能領導大家。如果你們同意，我願意扛起十字架來守護你們，指

6　原注：維爾阿杜安在他的書《第四次十字軍東征回憶錄與紀事》（*Memoirs or Chronicle of The Fourth Crusade and The Conquest of Constantinople*）裡記錄了這段尷尬過程，標題為：「出發前往威尼斯，某些人失約了。」確實如此，某些人沒有如期出現。

7　原注：即如今克羅埃西亞的札達爾（Zadar）。

引你們……如果你們同意，我就跟你們和那些朝聖者同生共死。」

說完，他小心翼翼走下講壇，跪在聖壇前。有人把一頂附十字架徽章的帽子戴在他花白的腦袋上。他這個舉動彷彿為威尼斯百姓打了一劑強心針，數千名威尼斯男人受到他的精神感召，願意加入十字軍。威尼斯在這次東征的參與度大幅提升，投注了全部艦隊和半數人力，可說是建國以來規模最大也最昂貴的行動。

當天晚上，十字軍慶祝雙方結盟，在長矛尖端綁上蠟燭，舉著搖曳燭火在威尼斯街頭遊行。十字軍克萊里的羅伯特（Robert de Clari）事後寫道：「那個夏夜裡，全體軍士似乎都迷醉了。」

札拉

一二〇二年十月，威尼斯艦隊啟航，船上滿載盾牌與旗幟，由丹多羅那艘特別的朱紅色軍艦領航。丹多羅站在甲板上，盯著別人看不見的景象，身邊的紅色布幕迎風飛揚。

艦隊沿著伊利里亞海岸南行，在札拉城外靠岸。士兵們擺好陣勢，架設投石機準備攻擊。不過，他們還沒行動，就收到來自羅馬的消息。教宗英諾森聽說他們要攻擊基督教城市，義正辭嚴地禁止。他說，不聽從的人將被逐出教會。十字軍不知如何是好，丹多羅氣憤地要求他們遵守諾言發動攻擊。

「**任何**人都不能阻擋我收復札拉！」他怒道。「不！連教宗也不行！」

這下子十字軍陷入道德兩難，被迫在背信與脫離教會之間做選擇。他們幾經思索，決定還是遵守跟威尼斯人的約定，就當是為了達成前往耶路撒冷這個更重大的目標。十字軍領袖群決定隱匿教宗的來信，免得引發更多異議。

丹多羅希望以外交途徑解決札拉的問題，避免流血戰爭。他們軍容盛大，總共超過一萬一千人，札拉人根本沒有勝算。札拉人提出和解條件：他們同意接受威尼斯統治，也願意交出財物，只要十字軍不傷害城裡的百姓。丹多羅正打算接受，沒想到有個反對派十字軍騎士蒙福特的賽門（Simon of

Montfort）出來攪局。賽門告訴札拉人威尼斯人只是在虛張聲勢，根本不會發生戰爭，因為法蘭西人絕不肯幫威尼斯人打仗。札拉人覺得投降一點好處都沒有，撤銷提議。十字軍發動攻擊，迅速攻陷札拉。

一二〇二年十一月二十四日，札拉投降，全城遭到洗劫。只是，十字軍搜刮到的財物還差他們欠的債一大截，這會兒他們不但目的沒達成，**還得**被逐出教會。軍營裡傳出怨言，威尼斯人與憤怒的十字軍爆發衝突。幾個騎士匆忙趕往羅馬請求教宗寬恕，說明整件事是必要之惡。可是丹多羅和威尼斯人固執己見，拒絕道歉，所以仍然處於脫離教會狀態，而他們甚至還沒踏上東征之途。

到這個時候，教宗或許已經領悟到，自己完全無法掌控他召集的這支軍隊。他接受法蘭西騎士的懺悔，免除了他們的罪。他還是念念不忘收回聖城，很希望騎士們履行早先的承諾。可惜還有另一個問題：那些冥頑不靈的威尼斯人已經被逐出教會，根據教會法規定，十字軍不可以跟他們合作。

教宗要求主教們想辦法解套，終於找到轉圜餘地：主教們說，只要雙方有親屬關係，教會法並不反對信眾與被逐出教會的人士結盟。這顯然是比較務實的做法，而十字軍與威尼斯人一同投入神聖任務，當然也算一家人。

只是，威尼斯堅持拿到錢才肯出航，十字軍卻籌不到錢，雙方互相憎惡怨恨，某天傍晚終於發生衝突，暴動延燒數小時，十字軍領袖才平息這場紛爭。十字軍陣營瀰漫著道德淪喪的消沉氛圍，這年冬天會有更多人掛冠求去。

冒牌皇帝

這時有個名叫阿列克修斯．安吉拉斯（Alexius Angelus）的年輕皇子找上十字軍陣營。他是前東羅馬皇帝艾薩克二世的兒子。當年就是艾薩克推翻安德洛尼庫斯，將他交給暴民。

可惜的是，艾薩克也是個昏君，後來被他哥哥以殘忍手法篡位。叫人一頭霧水的是，這個哥哥也叫阿列克修斯。這個阿列克修斯推翻弟弟以後，命人弄瞎他，再扔進牢裡。年輕的阿列克修斯（艾薩克的兒子）僥倖逃走。

阿列克修斯前往日耳曼投靠姊夫施瓦本的菲利浦（Philip of Swabia），對壞心眼伯父所做的一切憤憤不平。基於個人榮譽，他決心不惜代價奪回王位。

施瓦本的菲利浦發現大批軍隊枯坐札拉，不知何去何從，便寫了封信給沮喪的十字軍，拋給他們一個解決所有煩惱的救生圈，強調只要事情辦成，十字軍就會得到大筆財富：只要十字軍願意帶阿列克修斯回君士坦丁堡，讓他登上王位成為羅馬的合法皇帝，阿列克修斯就會給予他們巨額報酬，絕無虛言。阿列克修斯承諾會用君士坦丁堡的黃金幫十字軍償還積欠威尼斯的所有債務。不只如此，他還願意額外支付十字軍兩萬馬克白銀，再派出一萬名帝國士兵參與聖戰。為了化解教會疑慮，阿列克修斯答應將整個東正教體系回歸教宗轄下，結束東西基督教會長久以來的分裂狀態。

貪婪的十字軍正是一籌莫展，立刻信以為真。君士坦丁堡是世界上最富有的城市，據說擁有不計其數的財寶。沒錯，狄奧多西城牆確實令人卻步，但大家都知道年輕的阿列克修斯才是合法皇帝，君士坦丁堡的百姓想必會大開城門，擁他為帝。那封信讓他們相信，君士坦丁堡的百姓會熱烈歡迎他們這些救星。

這麼一來，十字軍得再度轉移目標，前往聖城的行動還得再緩一緩。丹多羅想必知道阿列克修斯沒有能力履行諾言，卻依然全力支持這個新計劃。十字軍輕而易舉就為自己進攻君士坦丁堡之舉找到道德依據：在他們的封建思想中，統治者的合法性不容挑戰，推翻合法君主的篡位行為罪大惡極，必須立即聲討。只是，如果師出此名，他們就得忽視或避談一個尷尬事實：被弄瞎的前皇帝艾薩克自己也是以武力取得政權的篡位者，跟他哥哥是一丘之貉。不過，這些事都被略過不提。十字軍領袖群一致認為，進攻君士坦丁堡不是罪行，而是正當行為，是一場為被推翻的羅馬皇帝伸張正義的戰爭。

當軍隊即將啟程前往君士坦丁堡的消息傳出，十字軍陣營更多人離去。蒙福特的賽門說出了許多人的心聲，他指責那些領導人：「我來這裡不是為了傷害基督教信徒。」部分心生動搖的人被收買，惱怒地保持沉默。教宗又寫來一封雷霆震怒的信，嚴禁十字軍攻打君士坦丁堡，可惜信來得太晚，艦隊已經出發了。

阿列克修斯在科孚島（Corfu）等候艦隊，受到丹多羅與博尼法斯的熱忱歡迎。十字軍在此停留三星期，做攻擊的準備。然而，就在關鍵時刻，整個計劃幾乎中斷。各級軍士心生不滿，半數士兵滿腦子疑惑：他們當初不是對上帝和教宗起誓要攻打撒拉森人？攻擊基督教城市不是一種罪行嗎？十字軍領袖群懇求反對者留下來，他們說，如果大家這時候離開，這次東征就宣告失敗了。經過請求、承諾，以及阿列克修斯公開宣誓會兌現他的諾言，那些猶疑不決的士兵這才慢慢地、百般不願地回心轉意。

等到一切準備就緒，艦隊從科孚島出發，夏季的暖風撐起他們的船帆。桅杆高聳的沉穩軍艦帶頭，後面是搭載士兵與馬匹的運輸船，再來是奴隸船與商船，運送這場快閃戰爭所需的補給品。艦隊往南行駛，繞過伯羅奔尼撒半島（Peloponnese）沿岸，進入達達尼爾海峽。

威尼斯槳帆船

震古爍今的城廓

一二〇三年六月，艦隊駛入馬爾馬拉海，十字軍終於親眼見到君士坦丁堡：她隱約浮現在夏季薄霧中，如夢似幻。他們這輩子還沒見過任何足以與她相比的事物。城裡人口有五十萬，是巴黎的二十倍以上。當艦隊緩緩駛過堤防，士兵們指著大皇宮壯觀的廊柱。當他們來到岬角，聖索菲亞大教堂的巨大穹頂躍然出現眼前。

君士坦丁堡的宏偉景象令他們呆若木雞。維爾阿杜安如此描繪他的十字軍同袍的反應：

> 他們看見圍繞君士坦丁堡的高聳城牆與堅固塔樓，那華麗的宮殿與參天的教堂……他們無法想像世界上竟有這麼富裕、這麼強大的地方……沒有哪個人看見眼前那一幕不感到心驚肉跳……因為開天闢地以來，從沒有過如此震古爍今的城廓。

只是，經過二十年的爭鬥、肅清與暴動，君士坦丁堡已經外強中乾。多年來由於政局動盪，羅馬軍隊連連吞下重大敗績。城中百姓意志消沉，只是在城牆裡苟且偷安。

來犯的十字軍在博斯普魯斯海峽亞洲岸的卡爾西頓附近紮營，不久就有個特使帶來皇帝口信。特使說，皇帝碰巧看見數以千計的人員和船隻來到他的領土，很希望了解這些人的意圖。如果他們打算像過去的十字軍一樣，和平地過境帝國，皇帝樂意提供食物及其他支援。

法蘭西騎士貝屈納的寇儂（Conon of Béthune）代表十字軍回應。他說，誰都知道城裡的皇帝是個篡位的暴君，十字軍跟這種人有什麼可談的。寇儂直言不諱：「去告訴你的皇上，如果他願意把皇位還給他姪子，也就是真命天子阿列克修斯·安吉拉斯，請求他姪子原諒，或許可以避免一場戰爭。如果城裡的皇帝不答應，就不必再多說廢話。」

十字軍興沖沖地要讓城裡的人知道，他們真正的皇帝就在城外等候。他們認為，百姓一旦見到阿列克修斯，就會起而推翻篡位者，完成一場不流血政變，到時他們就可以拿著黃金前往聖城。

隔天，十艘槳帆船橫渡博斯普魯斯海峽，護送阿列克修斯在堤防前露臉。甲板上的阿列克修斯意氣風發，堤防上趕來看熱鬧的民眾卻默不作聲，沒有歡呼喝采。

十字軍無比困惑，對岸上大喊：「你們不認得自己真正的皇帝主子嗎？」

圍觀群眾開始訕笑，嘲弄船上的西方人，還有人扔下一顆甘藍菜。沒有人認識阿列克修斯，也沒有人在乎他，十字軍想必如夢初醒，張口結舌。城裡的百姓不會起義。他們像傻瓜一樣跑來攻打全世界最堅固的城市，而且已經走得太遠，回不了頭。法蘭西人和威尼斯人迫切需要阿列克修斯輕率應允他們的金錢。十字軍領袖與威尼斯達成協議，他們必須設法攻進城裡，讓阿列克修斯登上皇位。

這些西方來的騎士、士兵與水手著手準備作戰。教士與主教聆聽他們的告解，鼓勵他們交代遺言。一艘艘船隻搭載手持長矛的騎士與披著鎧甲與彩色絲綢的馬匹，還有一隊隊弓箭手與石弩手。營地的戰鼓與軍號聲傳送到博斯普魯斯海峽另一頭。城裡的百姓好奇地爬上屋頂，遠眺對岸那些古怪的戰士。

岸上的翼獅

金角灣是進入君士坦丁堡港口的唯一通道，入口處有一條巨大鐵鍊阻擋外敵。鐵鍊從一邊的堤防延伸到另一邊的加拉達塔。一群十字軍在加拉達上岸，順利攻占高塔。在此同時，威尼斯船長命人把船划上鐵鍊，在鐵鍊上晃盪搖擺，就跟將近兩百年前的冷血哈拉爾一樣。帝國海軍已經多年未曾整頓，完全無力招架。威尼斯船艦順利進入金角灣，如入無人之境。

進犯的大軍兵分兩路。威尼斯人在軍艦上攻打堤防；比較習慣在陸地上作戰的十字軍則選擇挑戰巍峨的城牆。雙方從不同方向進攻君士坦丁堡的東北角，狄奧多西城牆在那裡銜接環繞布拉契尼宮的北側堤防。

為了攻打高聳的堤防，威尼斯人把木頭梯板接在桅杆上，搭建攻城塔。他們把船划近岸邊，用船上的投石機擊發石彈。在城牆上的碉堡領軍抵抗的是北歐衛隊，他們揮舞著雙刃斧，由弓箭手與石弩手掩護。

威尼斯槳帆船面對強大火力，不敢靠海岸太近，攻勢也漸漸趨緩。年邁的丹多羅出面激勵軍心，他身披戰袍站在船頭，大聲對槳手喊道，如果他們看重自己的生命，就得把船划向堤防。

他的指揮船加速前進，衝上堤防與大海之間的狹長海灘，有個人跳下船，將聖馬可的旗幟[8]插在沙灘溼地上。威尼斯人看見丹多羅站在沙灘上，代表聖馬可的翼獅旗幟在一旁翻揚，無不軍心大振。他們把自己的槳帆船推上岸，爬上梯板改造的攻城塔，進攻堤防上的守軍，成功掌控一段堤防。幾小時後，丹多羅得意地通知他的十字軍盟友，他已經攻下二十五座塔樓。

聖馬可的翼獅，威尼斯

此時，角落另一邊的十字軍聚集在布拉契尼宮城門前。城裡的皇帝選在此時騎馬出來耀武揚威。十字軍看見布拉契尼宮的青銅大門咿呀開啟，皇帝親自率領軍隊奔馳出來，無不繃緊神經，準備打一場硬仗。從宮門裡湧出的羅馬軍隊勢聲如此浩大，十字軍覺得「彷彿全世界的軍隊都集結在這裡」。維爾阿杜安估計羅馬皇帝擁有四十師大軍，而他們只有六個師。

兩軍向對方進逼。十字軍喃喃禱告，拔出長劍，做好必死決心。這時，布拉契尼宮外平原上的大軍突然停步，時間滴滴答答過去，雙方按兵不動，彼此打量。

然後，皇帝不知為何心生膽怯，竟下令調頭收兵進城。十字軍簡直不敢相信自己的好運。

到了薄暮時分，威尼斯人終於鑿開一段堤防，士兵攻進城裡，來到布拉契尼宮附近的城區，放火燒了幾棟木造建築。火勢迅速延燒，整條街陷入火海。將近八百年來，君士坦丁堡首度遭到敵軍入侵。

羅馬皇帝阿列克修斯三世顏面盡失，遭到軍隊指揮官鄙夷，只好設法開溜。他帶了一萬磅黃金、一大袋珠寶和他最寵愛的女兒倉皇逃生，棄妻子和其他子女不顧。他搭船駛入馬爾馬拉海時，一道橙紅火光照亮夜空，祝融吞噬了君士坦丁堡郊區住宅，帝國已經群龍無首。

朝中大臣立刻派人去找前皇帝艾薩克，把他從牢裡拉出來，送回王座上。曾經英勇砍殺安德洛尼庫斯隨從的艾薩克如今景況淒涼，不僅雙目失明，更因連月監禁，已經虛弱乏力。崩潰又困惑的艾薩克被人披上皇袍送上龍椅，想必覺得做了一場怪夢。

朝臣派人到十字軍陣營傳達消息，告訴阿列克修斯他父親已經重新登基。十字軍再度陷入尷尬處境。他們堂而皇之的「光榮」使命已經達成，那就是把合法皇帝送上帝國王座，而且他們必須承認艾薩克的合法性。可是他們真正的目標是帝國金庫，而當初答應酬謝他們的是阿列克修斯，而非他父親艾薩克。

包括維爾阿杜安在內的十字軍代表團出面跟盲眼艾薩克談判，他們走向布拉契尼宮時，宮廷北歐衛隊的維京武士手持戰斧站在街道兩旁。代表團在艾薩克的寢宮跟他會談。

「陛下，」維爾阿杜安率先發言，「您應該明白我們為您的兒子做了多少事。我們遵守跟他的約定，所以，除非您認可他答應我們的條件，否則我們不會送他回來。」

艾薩克問：「他答應你們什麼條件？」

8　聖馬可（St Mark）是耶穌門徒，他是威尼斯的守護聖者，遺骨葬在聖馬可教堂，他的代表動物翼獅也成為威尼斯的標誌。

「首先，貴國教會必須服從羅馬教宗的領導。第二，貴國要支付我們二十萬馬克白銀，外加我們軍隊一年的糧食。第三，貴國派一萬名士兵協助我們收復聖城。」

艾薩克耐心聽他說完，答道：「這些條件太難，我覺得我們不可能辦得到。不過，我們父子欠各位一大筆恩情，不管你們提出什麼文件，我都願意簽署。」

阿列克修斯終於進城，身心受創的艾薩克顫抖地跟兒子重逢，欣喜萬分。阿列克修斯受封為副帝，成為阿列克修斯四世。站在十字軍的角度來看，一切都照他們的計劃進行，現在就等著還清積欠威尼斯的債務，自己也撈到一大筆酬金。出發前往埃及攻打撒拉森人想必指日可待。

*

新皇帝有心支付二十萬馬克白銀，可惜國庫的黃金大多被前皇帝帶走了。他不得不加稅，從百姓身上榨出更多財富，卻是杯水車薪。他甚至熔掉珍貴聖像的外框，只為了弄到更多黃金白銀。即使如此，他也只籌到十萬馬克，其中五萬進了威尼斯人口袋，因為他們有權分配半數戰利品。十字軍還是沒辦法清償債務。丹多羅毫不寬貸，直說如果十字軍不還錢，威尼斯船隊就要揚帆而去，讓他們困在君士坦丁堡。

阿列克修斯四世想方設法壓榨百姓，導致民怨沸騰。摧毀聖像的做法更是激起眾怒。十字軍與憤懣的羅馬軍隊不時爆發衝突。城裡的百姓開始憎恨這些粗魯又貪婪的西方人。威尼斯人依然咄咄逼人地討債，阿列克修斯四世內外交逼。

丹多羅要求跟阿列克修斯四世對談。阿列克修斯從布拉契尼宮騎馬來到金角灣海岸，丹多羅搭船從對岸過來。丹多羅的口氣哀傷多於惱怒：「阿列克修斯，你到底在做什麼？別忘了你落難時是誰幫了你。助你坐上王位、戴上冠冕的是我們！你為什麼不遵守諾言付錢？」

「不。」阿列克修斯說，「我給的夠多了，一毛錢也不會再給。」

「你這個蠢蛋，我們能把你從糞坑裡拉出來，也能很快把你推回去。」

說完，丹多羅轉身上船。

阿列克修斯回到宮中，召集大臣徵求對策。有個名叫莫楚弗魯斯（Murtzuphlus，意為「濃眉」）的大臣毛髮特別濃密，一道濃眉橫貫前額。他告訴阿列克修斯，那些西方人叫人忍無可忍，全城百姓都討厭這些吸乾他們鮮血的人，要皇帝別再給西方人黃金。可惜阿列克修斯不但沒錢，連時間都不多了。當天晚上，莫楚弗魯斯就潛入他寢宮，以套索將他絞殺。

莫楚弗魯斯自立為王，成為阿列克修斯五世，是短短三個月內登基的第三個「阿列克修斯」。新皇帝明言帝國不會再交付可惡的外國人任何黃金，也要斷絕他們的糧食供應，也許這樣他們才會放棄離開。

十字軍聽說小阿列克修斯慘遭謀殺，震撼又憤慨。那些毫無誠信的羅馬人實在令人髮指，他們決定再次進攻君士坦丁堡。這回他們不再有道德上的顧慮，軍隊裡的拉丁神父宣稱，「合法」皇帝阿列克修斯遭到殺害，意味著羅馬人已經喪失領土權，東西教會之間的薄弱關係也徹底決裂，如今只好訴諸武力，逼迫城裡那些分裂教會的人乖乖服從教宗。有個教士甚至譴責羅馬人為「上帝的敵人」。

儘管十字軍說得唾沫四濺、義正辭嚴，攻打君士坦丁堡其實也是基於現實考量。他們既無法平安離開，又不能留下來，進退兩難的情況下，唯一的出路就是取道君士坦丁堡。

皇宮裡的莫楚弗魯斯聽說十字軍即將動武的消息，也積極展開各項防守措施。

這回十字軍與威尼斯人捨棄陸地上的城牆，全力攻擊西北邊堤防的弱點。威尼斯人將他們的船艦改造成水上城堡，在甲板上建起攻城塔，也在桅杆上架設梯板，把士兵送上羅馬城牆。

一二〇四年四月九日早晨，威尼斯槳帆船再次衝向金角灣沿岸堤防。

莫楚弗魯斯不同於小阿列克修斯，他決心抵抗到底。他親自監督堤防修復工程，以木造塔樓補強，架設投石機的平台也匆匆建成。十字軍的船隻向堤防進逼，不過，士兵們就算賣力爬上城牆，也都被飛箭和石彈打下來。到了下午，十字軍無奈收兵，垂頭喪氣地回到對岸。城牆上的羅馬士兵對撤退的敵船裸露臀部以示嘲弄。莫楚弗魯斯樂不可支。

多名騎士回到大營後直呼他們再也受不了了，還說這次敗仗是上帝對他們的審判，因為他們攻擊基督教城市。他們想要放棄，轉往聖城：大家難道不記得了嗎？聖城才是他們當初離開法蘭西的目的。可是丹多羅一意孤行，堅持要大家再試一次。威尼斯人氣餒地修復船隻，這回他們把槳帆船兩兩相連，攻城塔因此更加穩固。三天後，他們最後一次航向海堤。

戰火延燒整個早上。城牆上的羅馬士兵奮勇抵擋敵軍的攻勢。只是，他們似乎只喜歡遠遠投射石彈，不願意冒險跟對方近距離肉搏。這時有一群十字軍偷偷從堤防與海水間的狹窄海灘上岸，來到一處近期才以磚塊封死的地道。即使頭頂上方的守軍對他們射箭或倒滾燙瀝青，他們依然死命開挖。

參與東征的教士克萊里的阿魯姆（Aleume de Clari）終於擊破磚牆，露出城牆底下的地底軍械庫。他從磚塊破洞往下窺探，看見數十名羅馬士兵驚愕的臉龐，他不假思索地從窄洞往下跳。他弟弟羅伯特拉住他的腳踝，想拖他出來。阿魯姆使勁掙脫，跳進軍械庫裡。羅馬士兵提心吊膽地向他進逼，阿魯姆拔出大刀衝過去，羅馬士兵落荒而逃。

不久其他騎士也跳進軍械庫，快步跑上樓對付城牆上的士兵。城上的守軍見到全身鎧甲的騎士，四散逃逸，把塔樓拱手讓給十字軍。

此時港口颳起一陣強風，把兩艘威尼斯船艦吹到堤防盡頭。第一個沿著桅杆爬上羅馬城牆的威尼斯士兵被剁成肉塊。緊接著一名騎士順利爬上城牆，羅馬守軍以斧頭和長劍砍殺。騎士身上的鎧甲發揮功效，傷勢輕微，從地上爬起來，拔出佩劍，羅馬士兵同樣嚇得拔腿就跑。一塊梯板架在城牆上，十字軍衝過來占領塔樓。塔樓底下的城門被打開，兩萬多名十字軍湧入城裡。

莫楚弗魯斯一見到十字軍出現在街道上，立即衝出他設在城牆邊、戒備森嚴的營帳，飛奔回到安全的大皇宮。百姓們見到越來越多的十字軍進城，驚慌失措地收拾細軟逃出城外。等到夜幕低垂，莫楚弗魯斯已經徹底絕望，連忙搭上漁船逃跑，最後還是被逮到，從狄奧多西石柱往下扔，摔得粉身碎骨。

十字軍騎士掌控了布拉契尼宮附近區域，放火燒街，打算清出一道防線。不料火勢失控，整個區域頓時成了火海。維爾阿杜安估計，當晚「君士坦丁堡被大火吞噬的房屋總數，比法蘭西王國規模最大的三座城市的房屋都多」。

城裡其他百姓一覺醒來，發現自己又被皇帝拋棄了，另一波逃命潮湧向各個古老城門。十字軍則是披甲戴盔，準備展開艱苦的街頭惡戰。只是，當他們戒慎恐懼地走上梅塞大道，卻發現暢行無阻。一群教士走上前來，代表全城正式投降，陪同前來的北歐衛隊則要求加入十字軍。十字軍發出勝利歡呼：「這座城是我們的了！」

十字軍隱忍了兩年的挫折、貪欲與憤怒，這時全數發洩在惶惶不安的君士坦丁堡百姓身上。根據中世紀慣例，入侵者可以大肆劫掠三天。十字軍在街頭亂竄，衝進民宅，搶走任何看似有價值的物品，帶不走的就地毀損。威尼斯人對藝術品多了點鑑賞眼光，小心翼翼把其中的精品裝箱送回老家。

一群士兵闖進聖索菲亞大教堂，動手剝除聖壇上的黃金與寶石，他們被勝利的喜悅沖昏了頭，拿出聖餐酒喝得酩酊大醉，還對站上主教座椅跳舞唱豔曲的軍妓鼓掌叫好。

某些大型裝飾物過於沉重，很難徒手搬出去，他們於是把騾子和馱馬拉進教堂。其中一隻可憐的牲口因為地板太滑摔倒，當場慘遭割喉。教堂地板滿是動物糞便與鮮血，陣陣腥臭味跟檀香與玫瑰油的味道交融一氣。

而在城中其他地方，手無寸鐵的男人慘死劍下，女人被從家中搶走，修女在修道院中遭到強暴。聖像與珍貴典籍橫遭毀損。古老的青銅雕像被拆卸下來扔進熔爐，鑄成銅幣充做士兵的薪餉。帝王陵寢的貴重金屬也難倖免。

當十字軍沉浸在報復與財富的喜悅中，飽受驚嚇的百姓躲在家中畏縮顫抖，等待無可避免的敲門聲響起。

威尼斯人與全套盔甲

尼西塔斯．科尼亞特站在他緊鄰聖索菲亞大教堂的豪華莊園窗口，目睹底下街道的亂象。他是朝中大臣，經歷幾次改朝換代，這天他擔心的是他的子女和有孕在身的妻子。

在尼西塔斯眼中，那些穿著繡有十字架圖案長外衣的十字軍是一群騙子。不管這些人怎麼說，他們都不是基督徒。在他看來，其中最低劣的是那些騎士。這些扛起十字架的偽君子，口口聲聲說要和平通過基督教領土，冠冕堂皇地說除了收復聖城，什麼也不做。正是這些人帶著那群凶殘暴民來到他的城市。

其中一個很快會來敲他家大門。尼西塔斯帶著子女和妻子，連同幾個僕人和鄰居，偷偷溜到朋友家。那人是威尼斯酒商，答應協助他們，但他們還是不安全。尼西塔斯環顧朋友家，看見一套盔甲，朋友同意穿戴起來。不久有人來敲門，酒商全副武裝到門口應付來人，用對方的語言聲稱他已經先占有這棟房子，十字軍才失望地離開。

這招計謀一開始還挺管用，可是上門的十字軍人數越來越多，尼西塔斯擔心如果他們繼續留下，可能會被抓起來，女人會被帶走。威尼斯酒商想到另一個點子，他命人找來一些繩索，把尼西塔斯、他的家人、僕從和鄰居的手綁起來，當成他的俘虜帶出去。尼西塔斯把婦女安排在隊伍中央，並用泥土抹黑她們的臉，以免吸引十字軍。

一行人心驚肉跳地緩步西行，穿過擁擠的街道，向城牆與黃金城門而去，準備逃離他們飽受蹂躪的美麗家園。他們經過一座教堂時，尼西塔斯發現有個色瞇瞇的十字軍在打量他們。那人突然衝到隊伍中間，拉走一個年輕女孩。女孩的年邁父親在混亂中跌進馬路上的泥坑，在泥沼中沒命揮舞雙手，懇求尼西塔斯設法救他女兒。

尼西塔斯解開繩子跟蹤那個士兵。他看到一群十字軍騎士站在教堂附近，請求他們協助。幾名士兵被他打動，答應陪他去救人，一行人跟著擄人的士兵來到一間被洗劫過的民宅。

士兵把女孩推進屋裡，而後轉身站在門口，準備擊退追兵。尼西塔斯深吸一口氣，哀求身邊的十字軍遵守他們的神聖誓言：「不與有夫之婦、處子和聖潔的修女行淫。」

十字軍上前要求士兵交出女孩，士兵拒絕聽從。十字軍震怒，揚言將那人抓起來吊死，「要大家知道他不義又可恥」。士兵終於退讓，粗魯地把女孩扔出屋外。尼西塔斯把女孩送回到她父親身邊，老父親開心得淚流滿面。

尼西塔斯一行人驚魂不定地繼續向敞開的黃金城門移動。他們穿過大理石拱門，走上活動橋，來到城外的平原。尼西塔斯停下腳步，轉身看著沉默的城牆，依然完整無缺，依然氣勢驚人，卻對城牆裡的慘狀無動於衷。在他看來，這些城牆彷彿背叛了他們。他疲憊失望地跌坐在地。

尼西塔斯最後去到尼西亞，跟東羅馬帝國的流亡朝廷會合，再也沒有回到君士坦丁堡。

紅寶石蘋果

經過三天的劫掠，蒙費拉的博尼法斯邀集十字軍領袖將戰利品集中起來分配。他們將掠奪來的物品分別堆放在三座教堂裡，十字軍與威尼斯人開始清算債務，就地分贓。維爾阿杜安驚訝地望著堆積如山的金銀財寶，「多不勝數，沒有人知道究竟有多少。黃金白銀、器皿寶石、織錦刺繡、絲綢布匹、鮮豔或素雅的長袍和貂皮，人間最上等的物品都在這裡」。

無論君士坦丁堡的新皇帝是誰，都可以分得四分之一的戰利品，剩餘的四分之三由威尼斯人和十字軍對分。騎士們總算還清他們欠丹多羅的債務。相較於眼前的大批財寶，那筆曾經壓得他們喘不過氣的債務顯得微不足道。

最大的寶物是帝國本身，同樣要當成戰利品分割。只是，這些目光短淺的封建諸侯無法理解自己攻占的帝國有多麼複雜，徹底忽視她做為緩衝國、保護他們的國家免遭伊斯蘭狂潮席捲的戰略價值。曾經有歷史學家寫道，十字軍得到拜占庭帝國，「就像野蠻人搶到手錶，某個人拿走錶殼，另一個人拿走上面的寶石，解體的機芯則留給第三個人」。這回解體的機芯將會落到新皇帝手上。

帝國各地的領土被切割分配。精打細算的丹多羅如今可以宣稱，他統治東羅馬帝國八分之三的版圖。君士坦丁堡的東正教正式隸屬羅馬教廷，城裡的聖物流向西歐各地的教堂、民宅和公共廣場。十字軍騎士們坐擁殘破君士坦丁堡的龐大財物，把對教宗的誓言拋到腦後，收復聖城的目標也悄悄束諸高閣。最後，第四次十字軍東征不是聖戰，根本沒去到耶路撒冷。

接下來該決定誰是君士坦丁堡的下一任皇帝。博尼法斯躍躍欲試，但丹多羅再次從中作梗。威尼斯人團結一致，把票投給法蘭德斯的鮑德溫，因為丹多羅認為他比博尼法斯好說話。於是，西元一二〇四年五月十六日，鮑德溫在聖索菲亞大教堂接受加冕，接過一顆蘋果大小的紅寶石，成為首位拉丁裔東羅馬皇帝。

由於百姓大量逃出城外，君士坦丁堡人口銳減，只剩過去的十分之一。西方各國對君士坦丁堡的淪陷反應冷淡，沒有人急著移居帝國。法蘭西人沒辦法增加人口，加上城裡半數房舍毀於大火，大多數住宅區始終沒有重建。城裡開始植物蔓生，空地長出花草樹木，狄奧多西廣場與君士坦丁廣場的野草與腰等高。

君士坦丁堡的拉丁帝國注定走向滅亡，前後只維持五十七年。到了十三世紀，拜占庭舊勢力會重拾政權，可惜帝國元氣永遠無法恢復。當越來越多帝國土地落入奧圖曼突厥人手上，第四次東征的惡果才會浮現：十字軍不但沒能奪回耶路撒冷，反倒摧毀了世界最大的基督教城市，毀掉歐洲抵擋伊斯蘭的堡壘。

東正教對西方天主教長達數百年的怨念就此紮下根基。

四駿馬

威尼斯成了第四次東征的最大贏家。威尼斯軍隊毫不客氣地搜刮君士坦丁堡無所不在的古代雕像，包括著名的鎏金青銅馬匹「四駿馬」（Quadriga）。雄偉的四駿馬已經在橢圓競技場賽道起點聳立數百年，這四座雕像共同展現馬匹栩栩如生的肌理與動作，每一匹都扭頭抬前腿，等著奔向跑道。

四駿馬這組戰利品太珍貴，威尼斯人絕不肯錯過。他們將這四座雕像從競技場的台座上拉下來，穿過君士坦丁堡街頭，運往金角灣。馬匹的腦袋在港口被鋸下來，以利包裝運送。威尼斯人將身首異處的雕像送上船隻運回國，最後得意洋洋地將它們樹立在聖馬可教堂門廊。馬匹的身首重新接合，頸部多了遮掩割痕的項圈。四駿馬守護聖馬可大教堂五百年，之後被拆下來收進室內，避免酸雨危害。如今你在聖馬可教堂前看見的四駿馬是玻璃纖維複製品。

典藏在威尼斯聖馬可教堂博物館的四駿馬

安放在聖馬可大教堂角落的四帝（戴克里先、馬克西米安、蓋勒流斯和康士坦提厄斯）斑岩雕像，也是從君士坦丁堡偷來的寶物。教堂門口的大理石板與石柱，過去都是君士坦丁堡各處宮殿與公共場所的建材與飾物。

一旦了解威尼斯這段歷史，你對聖馬可教堂的觀感就會截然不同。這棟建築再也不是神聖靈感下的作品，而是堆滿掠奪物品的鵲巢，是可鄙偷竊行為的紀念碑。

*

丹多羅終於在一二〇五年與世長辭，就在洗劫君士坦丁堡的隔年。他留下遺言要安葬在已經轉為天主教堂的聖索菲亞大教堂。他的遺骨在教堂裡安穩地躺了兩百多年，直到君士坦丁堡被奧圖曼帝國攻陷，蘇丹的軍隊洗劫大教堂，他的墳墓也遭到破壞。那天我在大教堂東側迴廊看見的不起眼石碑，出自十九世紀義大利石匠手筆，以紀念丹多羅這號人物。

兒子，這就是為什麼這個君士坦丁堡有史以來最惡質的敵人，至今留名聖索菲亞大教堂的原因。

第 9 章

末代王朝

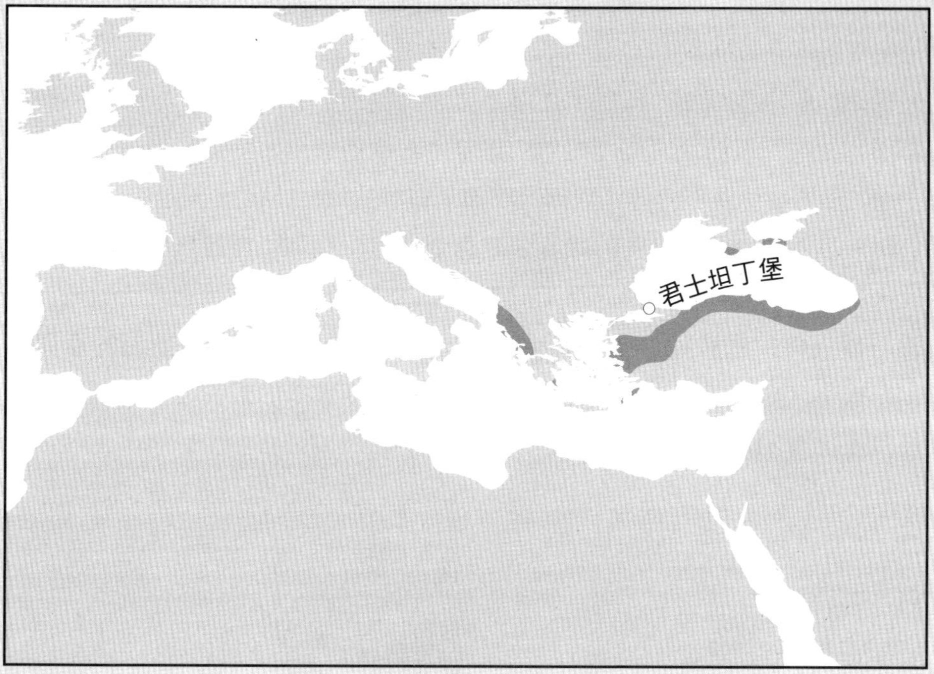

流亡的帝國，一二五〇年

黃金城門

計程車在伊斯坦堡高速公路上飛馳，速度之快令人咋舌。我全身緊繃，隨時準備保護喬，心裡胡思亂想著：萬一喬在車禍中受了傷，或更嚴重，我該如何自處。

司機話匣子打開來了，他想聊聊澳洲足球隊。

「我看過你們國家的表現，普普通通。」

喬覺得很有意思，不得不同意司機的見解。「那麼土耳其隊如何？」

司機扮個鬼臉，轉動攤平的手掌，比了個「馬馬虎虎」的手勢。我只希望他把雙手放在方向盤上。

我應該要求他減速，只是，在這條緊傍馬爾馬拉海的公路上，似乎每輛車都用同樣的速度前進。喬開始做白日夢，絲毫不受車速困擾。他望向車窗外，指著晨霧中一隊航向達達尼爾海峽的俄羅斯油輪。

伊斯坦堡不自由毋寧死的飆速公路有個好處，你總能準時抵達目的地。因此，我們在蘇丹艾哈邁德區搭上計程車十二分後，就來到我們的目的地：海邊一個規模比較接近安全島的小公園。這座小公園裡有一截斷裂的女兒牆，銜接中世紀塔樓。這就是君士坦丁堡狄奧多西城牆的最南端。城牆從這裡往內陸延伸，隨著地勢起伏直達金角灣，總長五．六公里。

馬爾馬拉海的狄奧多西城牆

我們這天的行程是徒步走完這座古代的磚石城牆，追隨它的遺跡穿過伊斯坦堡大小巷弄，從這邊海岸走到另一邊海岸。我們要觀看、觸摸這些城牆，感受它強大的力量，藉此穿越時光隧道回到過去。幽靈帝國的色澤與形體在這裡清晰顯現。

我跟喬背對馬爾馬拉海，背起背包出發。我們循著內城牆的輪廓來到一處貧民窟。這些城牆並不是伊斯坦堡的觀光景點，所以沿途區域並沒有經過整修美化，也沒有路標。對於這些古老城牆，伊斯坦堡務實地選擇視而不見，在周遭蓋房子，必要時打個洞讓馬路通過。

我們看見一些依內城牆而建的簡易小屋，用裝牛奶的板條箱和防水布搭建而成。對街的老舊木造房屋顯得破敗傾頹，搖搖欲墜。幾隻長了疥癬的流浪狗意興闌珊地爭搶一只塑膠袋。喬從沒見過貧民窟，擔心我們打擾這裡的住戶。不過貧民窟存在是個事實，沒什麼大不了。這裡環境不至於太髒亂，也沒使用毒品的跡象，沒有暴力陰影，大家各忙各的。

十九世紀法國文學家戈蒂埃（Théophile Gautier）一八五二年來到伊斯坦堡，寫下他徒步追尋城牆遺跡的過程，跟我們的經驗相去不遠：

> 我們大膽地闖進迷宮似的狹窄巷弄，都是純粹的土耳其風格。我們越往前走，景象就越蒼涼孤寂。路旁的野狗也越來越凶猛，怒氣騰騰地瞪著我們，或在我們腳後跟低吠。那些木造房屋灰撲撲的，破損不堪，崩塌中的窗框與地板變形走樣，像是坍塌的雞舍。

「爸，你看。」喬的手沿著牆壁往前撫摸。「是羅馬磚牆。」

他說得沒錯，這城牆有一排排花崗岩，其中穿插長條形的紅磚結構，就跟你在北非或約克夏見到的古城牆一樣。羅馬人的世界有著顯著的一致性，他們走到哪裡都用同樣的工法建造同樣的東西。

我跟喬沿著內城牆往前走，穿過一處石造拱門進入中世紀堡壘，裡面是空曠綠地，周遭有塔樓和城垛。我們付了土耳其里拉給門口那個大鬍子老人，就走進去了。園區沒有別的遊客，這座堡壘是羅馬人建的，後來奧圖曼人改建為耶迪庫勒堡（Yedikule），也就是七塔堡壘，如今已棄置不用。

我看到另一邊牆上有三道磚造拱門，旁邊散落幾顆碎石。這些拱門沒有標示，所以我沒有馬上認出它來。

「天哪，喬，這是君士坦丁堡的黃金城門。」

昔日的黃金城門，凱撒專用的勝利之門，君士坦丁堡輝煌莊嚴的入口，中間那個拱門專門留給皇帝加冕或大軍凱旋時使用，如今只剩下這片不起眼的磚牆。

一千年前，黃金城門表面鋪了拋光的白色大理石，沉甸甸的青銅大門貼有黃金薄板。拱門上方的石壁有金色題辭紀念狄奧多西這位「開創黃金盛世，以黃金打造城門的皇帝」。西元六二八年，希拉克略帶著真十字架從這裡進城，隊伍最前方是四頭波斯大象。

隨著版圖縮減，帝國縮小成一座防守堅固的城市，只好將黃金城門封死，改造成防禦工事。如今這座城門現況淒涼，令人唏噓：再也不會有大象從這裡通過。

我們靜靜在耶迪庫勒堡裡漫步。喬走進一座圓筒狀的石造塔樓，看見一張床墊和兩只空啤酒罐。

耶迪庫勒堡的黃金城門

耶迪庫勒堡內部

君士坦丁堡的復甦

殘破、孤立、遠離歷史古都，東羅馬帝國原該在一二〇四年滅亡。第五世紀羅馬城慘遭劫掠，預告西羅馬帝國的殞落，君士坦丁堡的淪陷，似乎也暗示著什麼。

但東方的羅馬帝國拒絕殞滅。雖然帝國的中央政權瓦解，流亡朝廷卻在尼西亞、伊庇魯斯（Epirus）和黑海沿岸的特拉比松日漸茁壯。流亡海外的拜占庭人重新聚集，點起蠟燭，等待可恨的十字軍政權被自身的顢頇無能壓垮。

而在君士坦丁堡，十字軍檢視自己攻占的這座城池，不知該如何治理。這些一生戎馬的軍人只統治過他們在法蘭西北部鄉野間的封建城邦，根本無力掌理面臨危機的外國大城。新來的統治者不信任帝國原有的官員（合情合理），將他們全數解職，朝廷裡因此欠缺具備行政經驗與熟諳典章制度的人才。十字軍也不了解航運與商業事務，只好交由朝中的威尼斯人全權處理。威尼斯人將貿易收入中飽私囊，國庫因此空虛。內政上左支右絀，錯綜複雜的帝國機器難以操控，偏偏保加爾人頻頻侵擾，內憂外患導致國勢日衰。

第一位十字軍皇帝鮑德溫在位僅一年，就被保加爾人俘虜殺害。兩年後，蒙費拉的博尼法斯也戰死沙場。鮑德溫二世是君士坦丁堡拉丁帝國在位最久的皇帝，可是，他眼看著帝國財富像水流入排水孔，日漸枯竭，也束手無策。他走投無路之際，把帝國最珍貴的聖物荊冕（Crown of Thorns，據說耶穌受刑時戴在頭上）典當給威尼斯商人，換取一萬三千一百三十四枚金幣[1]。鮑德溫二世用這筆錢買了一支軍隊，卻不懂得運用。他積欠威尼斯的債務越來越龐大，腦筋動到城裡最後一點值錢的東西，也就是大皇宮的鉛瓦。雨水直

---

1 原注：那名商人又把荊冕賣給法蘭西王，法蘭西王特別打造一座教堂來存放。如今荊冕典藏在巴黎的聖母院，每個月展覽一次。二〇一五年夏天，我選在荊冕展示日前往聖母院，想親眼目睹聖物，可惜現場大排長龍，估計有上萬名遊客等待入場，只好作罷。

接灌下來，這些依傍馬爾馬拉海的雅緻殿宇從此荒廢，變成陰森森的空殼。

囊空如洗的鮑德溫二世再次向威尼斯借款，這回卻得交出獨子菲利浦當人質，確保日後他會還錢。短短不到四十年，十字軍已經淪落到典當孩子籌錢。

此時，尼西亞的流亡朝廷正一點一滴收復小亞細亞和色雷斯的國土。等待即位的未來皇帝米海爾·帕拉羅古斯已經做好奪回都城的準備。他的軍隊規模不大，可是城裡的民心普遍傾向他。他打算展開漫長艱苦的戰鬥，沒想到君士坦丁堡卻輕易到手。

早先米海爾派他的將軍阿里克蘇斯·斯特提哥普路斯（Alexius Strategopulus）前往君士坦丁堡勘察敵軍實力。阿里克蘇斯帶兵路過城外村莊，停下來跟當地友善的農民聊天。農民表示，君士坦丁堡目前是座空城，大多數的拉丁駐軍和威尼斯艦隊都外出作戰了。

一二六一年七月二十四日晚上，阿里克蘇斯派人溜進城裡，爬上邊門殺死值勤的哨兵，打開城門，率眾衝進城，輕易攻占布拉契尼宮。

睡夢中的鮑德溫二世被打鬥聲驚醒，探頭望向窗外，震驚地發現米海爾的軍隊已經攻進皇宮。他無力反抗，顧不得皇冠與王位，拔腿奔向金角灣，搭上威尼斯船艦離開。君士坦丁堡王位再度懸缺。

三星期後，米海爾從金角灣徒步進城，舉手投足像個聖徒，不像皇帝。羅馬百姓歡欣雀躍迎接他，幾乎不敢相信這種好事。米海爾被帶往聖索菲亞大教堂，加冕為米海爾八世，羅馬人的皇帝。

奧圖曼人到來

米海爾八世是東羅馬帝國末代王朝帕拉羅古斯王朝的首任帝王，他開始收拾帝國殘局，讓她重新站起來。他命人修復狄奧多西城牆，整修聖索菲亞大教堂，也出資重建一座被十字軍燒毀的清真寺。

米海爾努力重振帝國疲弱的經濟，金角灣沿岸碼頭依舊吸引大批商船，卻對國庫毫無助益，因為威尼斯和熱那亞享有免稅優惠，帝國也沒有法令可以強迫他們繳稅。為了交換海軍支援，米海爾把加拉達附近區域劃給熱那亞人，熱那亞人因此在金角灣北岸建造防禦塔樓。

米海爾運氣不錯，塞爾柱突厥人分身乏術，沒有能力趁火打劫。自稱「羅馬人的蘇丹」的塞爾柱突厥人被蒙古大軍和成吉思汗攻得措手不及，一二四五年在科色達格（Köse Dagh）附近被蒙古軍擊潰，從此一蹶不振。

米海爾的兒子繼承大統，成為安德洛尼庫斯二世。他為了解決帝國財政問題，宣布解散只剩八十艘軍艦的帝國海軍，這麼一來，帝國就更仰賴威尼斯與熱那亞的保護。君士坦丁堡沒有像樣的陸海軍，明顯欠缺禦敵能力，繼任的皇帝只好利用賄賂與計謀製造敵人間的矛盾，藉此自保。

然而，世界局勢在改變。塞爾柱突厥人亡國之後，小亞細亞行省群雄並起，各自劃地為王。一群群名為喀齊（ghazis）的激進穆斯林戰士在鄉野間流竄。時日一久，他們自然而然投向突厥人唯一的王朝，也就是奧圖曼帝國。

奧圖曼突厥人最初是從中亞的梅爾夫來到小亞細亞，他們的建國英雄奧斯曼一世（Osman Bey）一二九九年宣布脫離塞爾柱突厥，創建全新帝國，帝國也以他命名。奧圖曼人就像第七世紀的阿拉伯人，是心明眼亮的戰士，正巧碰上權力真空時代，以伊斯蘭強大武力為後盾，摩拳擦掌準備橫掃千軍，稱霸世界。

奧圖曼在小亞細亞西北邊陲建立小小王國，方便近距離觀察羅馬人，看看偉大文明如何運作。他們的軍隊裡充滿積極的喀齊戰士，耐心十足地圍攻普魯薩七年之久，終於在一三二六年攻陷，改名布爾薩（Bursa），在此定都。占領布爾薩後，攻打小亞細亞其他城市就像探囊取物：一三三一年拿下尼西亞，一三三七年則是尼科米底亞，分別更名為伊茲尼克（Iznik）與伊茲米特（Izmit）。

奧圖曼帝國日益壯盛之際，君士坦丁堡卻是漸趨衰微。約翰五世在位那段漫長而悲慘的時期裡，帝國每況愈下。約翰五世（John V Palaeologus）就任時才八歲，接著他的指定攝政王約翰．坎塔庫澤努斯（John Cantacuzenus）和他母親薩芙伊的安娜（Anna of Savoy）爆發內戰。安娜需要黃金來招募軍隊，於是把皇冠上的珠寶典當給威尼斯，換得三萬三千枚金幣。那是那個時代的慣例。

西元一三四七年，有個外國史官來到君士坦丁堡參加皇室婚禮，觀察到皇宮裡的沒落景象：餐桌上沒有銀器，換成白鑞與陶土餐具；珠寶都是玻璃；黃金則是塗上金漆的皮革。

他寫道：「羅馬帝國古老的繁華與光輝已經淪落至此，徹底過去了，消逝無蹤。」

當黑死病再次來襲，奪走君士坦丁堡三分之一到一半人口，帝國的苦難再添一樁。瘟疫讓人們恐懼害怕，自我壓抑。稀疏的人口填不滿都城街廓，眾城之后人煙稀少，變成凌亂的郊區，被葡萄園與麥田分隔開來。

一三五〇年代，內戰再度爆發，這回是約翰五世和他的副帝坎塔庫澤努斯之間的戰爭。約翰五世向塞爾維亞人尋求援助，坎塔庫澤努斯則找來奧圖曼軍隊。奧圖曼大軍因此首度橫渡達達尼爾海峽，踏上歐洲大陸。一三五四年，色雷斯東南方的加里波利城牆在地震中坍塌，奧圖曼人乘機占領，聲稱這明顯是阿拉的旨意。到了一三六二年，他們又攻占色雷斯的古城阿德里安堡（Adrianople），重新命名為埃第尼，當時的蘇丹穆拉德一世（Murad I）以這裡為他的歐洲首都。至此，君士坦丁堡完全被奧圖曼帝國包圍。

約翰五世執政到後期，被迫親自出訪西歐各國，請求派兵協助他抵擋奧圖曼帝國的威脅。這是羅馬帝國皇帝有史以來第一次向外國求援。出訪期間，約翰五世看見匈牙利國王向他走來，傲慢地拒絕下馬，因此得罪潛在盟友。他這次出行一無所獲，返程時又因為債務問題滯留威尼斯，對羅馬皇帝的他而言，實是奇恥大辱。由於在西方找不到任何實質援助，約翰被迫成為奧圖曼的附庸國，向穆斯林蘇丹繳納歲貢，軍隊也任其調度。

約翰死後，帕拉羅古斯家族內鬨更趨嚴重。奧圖曼統治者已習慣羅馬現任皇帝或未來皇帝派來特使，以歲貢交換軍事協助攻打深惡痛絕的對手。皇室家族揮霍所剩無幾的家產，為搶奪王位大打出手，導致帝國持續衰弱。在世人眼中，羅馬「帝國」已經從一場悲劇淪為一個笑話，最後令人嗤之以鼻。

天體與十字架

「本人，大諾夫哥羅（Novgorod the Great）罪孽深重的史蒂芬（Stephen），與八名同伴來到君士坦丁堡瞻仰聖跡並親吻聖徒。」一三四九年來到君士坦丁堡的俄國朝聖者史蒂芬如此寫道。君士坦丁堡的規模與複雜程度令史蒂芬與他的同伴眼花撩亂。他提出的建言讀起來像旅遊評論網站TripAdvisor的貼文：「走進君士坦丁堡就像進入一座大森林，沒有導遊帶路，你很難悠遊其中。如果你怕花錢，或想節省開支，就別奢望見到或親吻到任何聖者。」

史蒂芬一行人走進廣大的奧古斯塔廣場，見到一根巨大石柱，「其高無比，壯觀美麗」，想必在遠處大海上就能看見。柱子頂端是查士丁尼大帝的巨大青銅雕像，約莫九到十二公尺高，是很久以前打造的，當時羅馬帝國勢力涵蓋義大利、埃及和聖城。查士丁尼的雕像頭戴羽毛頭飾，身披鎧甲，騎在馬上。史蒂芬注意到雕像的右手「英勇地伸向南方，朝著撒拉森的國度與耶路撒冷，彷彿要阻擋伊斯蘭狂潮。查士丁尼的左手抓著一顆圓球，上面有

查士丁尼雕像圖稿

個十字架，象徵上帝賜予權力統治全世界」。

穆斯林世界稱那顆圓球為「紅蘋果」（kizilelma）。在奧圖曼人眼中，那顆球成為勢在必得的目標，是代表世界霸權的獎賞。最後衍生出這樣的概念：占領君士坦丁堡，搶到紅蘋果，成為世界霸主。

當君士坦丁堡被奧圖曼帝國領土包圍，那顆球從查士丁尼的手中掉了下來，砸在底下的廣場上。這實在是不祥徵兆。羅馬人數度把紅蘋果送回查士丁尼手上，可是它一次次掉回地面，紅蘋果從此留在奧古斯塔廣場碎裂的地板上，象徵羅馬失落的威權，如今瓜熟蒂落，任人摘取。

一四三九年，有個名叫佩德羅·塔福爾（Pedro Tafur）的西班牙貴族前來覲見約翰八世，因為他自認是約翰八世的遠親。佩德羅在布拉契尼宮受到熱忱招待，也應邀參加幾場皇室狩獵活動。他在皇宮作客期間，得以就近觀察皇室成員的簡樸生活。由於財政困難，布拉契尼宮已經年久失修，許多宮闈不得不封閉，皇帝一家人擠在皇宮內側幾間擁擠但設備齊全的寢宮。

佩德羅在城裡到處走動，對百姓的窮酸樣感到震驚。他寫道：「他們衣著並不華麗，顯得哀傷又可憐，似乎日子過得相當辛苦。」

佩德羅碰巧目睹「偉大突厥」的軍隊經過狄奧多西城牆外。那是震撼心弦的一幕，卻也帶給他些許不安：

> 我以為他們（奧圖曼人）會就地紮營，圍攻君士坦丁堡。不過他們繼續朝黑海邁進……這也是我心所願，因為我們兵力薄弱，恐怕抵抗不了多久。目送這麼一大群兵馬遠去，既不危險也不費力，內心感到欣慰。但願我國軍隊就在近處，因為這裡既無船艦也無堡壘，除了挺身一戰，沒有任何保全之策。

*

我和喬沿著狄奧多西城牆往北走，途中看見一間建在城牆邊門裡的木作工坊。此時我們沉默地走著，黃金城門的廢墟引發一股鬱悶，一種徒勞的怪異感受。

希臘語描述的「憂鬱」（melancholia）——一種哀傷、提不起勁的沉重感——聽起似非常類似現代的憂鬱症。但那不是我在狄奧多西城牆時的心情。土耳其諾貝爾文學獎得主帕慕克（Pamuk）在他的回憶錄《伊斯坦堡》（*Istanbul*）裡用土耳其字Hüzün來形容類似心情，他對伊斯坦堡的孩提記憶充滿這種感受。他說，Hüzün並非個人體驗，而是一種共通情感，生活在擁有輝煌過去、如今徒留紀念碑與標誌的城市裡的人，經常會有那樣的情結。那是一份似有若無的感傷，溫和地提醒你，你生活在黑白年代裡，周遭世界卻是建於更偉大、更多彩多姿的時代。

時至今日，帕慕克童年時代那個暮氣沉沉的伊斯坦堡已經被鏟平，讓賢給二十一世紀朝氣蓬勃的土耳其大城。在這趟古城牆巡禮過程中，我們看見整片整片的破舊住宅被拆除。一處新近清理出來的空地正在興建連棟住宅，配備現代管線、空調和寬頻網路。我在想，新住戶遲早會要求政府拆除所有搖搖欲墜的舊城牆。

再往前到了雷吉姆門（Gate of the Rhegium）附近，我看見磚牆上有古

伊斯坦堡法提赫區

老石階。我爬上胸牆，也把喬拉上來。這上面沒有護欄，如果我們不小心絆倒，摔下去必死無疑。我們選定一段牢固的磚牆站穩腳步，放眼望向西邊。底下是外城的廢墟，更遠處有個高架道路坡道，然後是更多簡易屋舍。現代伊斯坦堡向外擴展的郊區往地平線延伸而去。

我們爬進一座塔樓，從窗口往外眺望，想像自己是羅馬哨兵，眼前城牆外一望無際的平原上布滿敵軍兵馬。我們回到地面繼續往前走，來到城牆被六線道快速道路攔腰截斷的地方。我們在快速道路的地下道看見一幅手繪壁畫，描繪穆罕默德二世和他的大軍。壁畫傳達的是突厥人的必勝信念，是我們到目前為止看見的第一幅類似作品。可是畫面裡沒有蘇丹的敵人羅馬人，奧圖曼帝國在這裡取得史上最重大的勝利，但他們戰勝了誰？

我跟喬走到聖羅曼努斯門附近的陡峭谷地時，冬天的太陽已經緩緩西下。這裡是狄奧多西城牆防禦力最脆弱的段落，外牆已經拆除，我們因此清楚看見最後一段內城牆雄偉地向金角灣綿亙而去。城牆上每隔一段距離就有一座方形或八角形塔樓，依然抬頭挺胸，依然提高警覺，像重返崗位的老兵。喬跳過一條小水溝，溝底的潺潺細水流過城牆底下。這是萊克斯河

喬在狄奧多西城牆聖羅曼努斯門附近

（Lycus River）嗎？我看見一座塔樓高處磚牆上刻了十字架，像個護身符般朝向西方。

穆拉德與穆罕默德

就在君士坦丁堡西方二百四十公里處，坐落著奧圖曼帝國的歐陸首都埃第尼。奧圖曼帝國統治下的埃第尼興盛繁榮，蘇丹下令建造壯麗的清真寺、噴水池、醫院與一座全新皇宮，適切地反映他們新增的財富與權勢。過去在大草原上放牧的奧圖曼突厥人得到整座帝國之後，民族性也隨之改變，變得更富裕，更安定，教育程度也提高。過去他們的統治者滿足於「埃米爾」（Emir）[2]這個稱號，如今換成了更大氣的「蘇丹」，也承襲了大國種種繁文縟節、衣冠禮樂，好讓天下百姓景仰臣服。

只是，他們的蘇丹王不免納悶，那座更富盛名的羅馬城市就在不遠處，被他的帝國領土包圍著，他為什麼要窩在埃第尼這座相形遜色的城市裡。更何況，那座城市的統治者不過爾爾，卻神氣活現地以偉大帝王後裔自居。

蘇丹穆拉德二世以先人打下的基礎為後盾，穩紮穩打地擴張帝國版圖。他精明能幹廣受愛戴，就連敵人也不得不佩服他。只是，他卻發現國內大小紛爭接二連三，不是軍事領袖叛變，就是有人謀奪王位，讓他無暇分心他顧。他發現其中不少動亂背後都有一隻來自君士坦丁堡的黑手，理由可想而知：羅馬人兵力不足，只好暗中使計牽制奧圖曼人。當穆拉德的對手前往君士坦丁堡尋求庇護，皇帝會張開雙臂歡迎他們，再轉身向蘇丹索討收留這些人的費用。

到了一四二一年，穆拉德終於受夠這些惹人嫌的基督徒，率領他叱吒風雲的大軍來到君士坦丁堡城外。這次圍攻歷時三個月。儘管穆拉德兵力遠勝羅馬，最後卻不得不撤兵，因為狡猾的羅馬人派穆拉德野心勃勃的弟弟穆斯

2　源於阿拉伯語，意為部族領袖或指揮官。

塔法（Mustafa）前往小亞細亞起事造反。穆拉德終止圍攻，揮軍攻打他弟弟，將他處死。

儘管兩國嫌隙不斷，在穆拉德主政期間，奧圖曼與羅馬之間總算維持和平。穆拉德的首席大臣哈利勒帕夏（Halil Pasha）私下收受羅馬人賄賂，始終反對全力攻擊君士坦丁堡，理由是此舉可能激起歐洲基督教國家大團結，對他們發動聖戰。因此，穆拉德只好接受現實，繼續容忍帝國版圖內這個惱人的基督教城市。

一四五一年，穆拉德病死在埃第尼，王位由他十九歲的兒子穆罕默德二世繼承。在歐洲各國印象中，穆罕默德不足為患，只是個辦事不牢的毛頭小子，輕率急躁，少不更事，駑鈍愚騃。他曾經兩度就任，但都因為哈利勒的掣肘留下爛攤子，勞煩他退休的老爸穆拉德出來收拾善後。

穆罕默德正式登上大位，君士坦丁堡宮廷裡的大臣莫不額手稱慶。不過，首席顧問喬治．斯弗朗茲（George Sphrantzes）卻沒那麼樂觀，他冷冷說道：「我聽到這個消息開心不起來。恰恰相反，我們應該如坐針氈。已故的蘇丹王年事已高，已經放棄征服我們的野心。這個剛上任的蘇丹年輕氣盛，從小就對基督教懷有敵意。」

穆罕默德二世是穆拉德的第三個兒子，從沒想過有朝一日會繼承大統。他小時候特別叛逆，不服管教，沒有哪個老師治得了他。穆拉德非常頭痛，最後找來留著一大把紅鬍子的艾哈邁德．古拉尼（Ahmed Gurani），並交給古拉尼一根棍子，授權他使用。

「你父親派我來教導你。」古拉尼向穆罕默德自我介紹時說，「如果你不聽我的話，我會修理你。」

穆罕默德哈哈大笑，古拉尼於是狠狠揍了他一頓，穆罕默德心生畏懼，從此乖乖學習。古拉尼教了穆罕默德一則知名預言，據說出自先知穆罕默德之口，聲稱羅馬人那座聞名都城最後將會落入穆斯林手中：「你必將征服君士坦丁堡。那會是多麼英明的君主，那又是多麼偉大的軍隊！」

穆罕默德原本不認為自己會成為統治者，可是，一四三七年他大哥艾哈邁德（Ahmed）突然暴斃，六年後他二哥阿拉丁．阿里（Alaeddin Ali）在睡夢中被勒死，他襁褓中的兒子也未能倖免。阿里是穆拉德最寵愛的兒子，他的死帶給穆拉德極大傷痛，從此鬱鬱寡歡。當時十一歲的穆罕默德因此成了王位繼承人。

某天穆罕默德去了鄰近愛琴海的馬尼薩（Manisa），突然有個特使送來密函。信的內容簡短，通知他穆拉德已經過世。他跳上白馬，大喊一聲「擁護我的人都跟來吧！」，就啟程趕往埃第尼。

一四五一年二月十八日，他正式即位，成為穆罕默德二世，他召集貴族大臣為他獻策，唯獨不見哈利勒的蹤跡。

「我的首席大臣為什麼疏遠我？」他問，「把哈利勒找來，叫他回到原先的職位。」

哈利勒被人找到，帶到穆罕默德二世面前，他跪在地上親吻穆罕默德二世的手。穆罕默德二世要他繼續擔任首席大臣。

穆罕默德二世已經學會從長計議。

穆罕默德二世活躍的腦袋裡，裝著各式各樣相互矛盾的衝動與念頭。他是個伊斯蘭聖戰士（jihadist），卻也寬宏大量地接納他的基督教與猶太教子民。他善變易怒，卻能訂定長遠目標，穩紮穩打地達成。他娶了五個妻子，卻也有幾名同性戀人。

在一幅晚年肖像畫中，穆罕默德二世顯得思慮周密，偏紅的鬍子，兩片紅潤薄唇，高凸的鷹鉤鼻。他的表情溫和，手中輕捏一朵小小玫瑰，湊到鼻尖嗅聞它的清香。這張畫像呈現穆罕默德二世性格的真實面：一個詩人君王，能欣賞事物的纖弱柔美。但在他即位之初，我們也見識到他另一個真實面：一不做二不休的冷酷。

穆罕默德二世有個年幼的同父異母弟弟艾哈邁德·賽勒比（Ahmed Çelebi），有一天他把賽勒比的母親召到大殿。趁她不在時派殺手到她的屋子，把小賽勒比溺死在澡盆裡。他還安排賽勒比的母親改嫁一名突厥貴族，送到偏遠行省。

穆罕默德二世謀殺親弟的行為，確立了奧圖曼帝國皇族兄弟相殘的遊戲規則變成一條明文法：「無論我哪個兒子坐上蘇丹大位，為求國家安定，他都得殺掉其他兄弟。」穆罕默德二世認為，處死同樣擁有皇位繼承權的兄弟有利無弊，有助於穩定政局，總比羅馬帝國王位遞嬗時那種動盪不安好得多。

穆罕默德二世坐穩江山後，終於再次把注意力轉向君士坦丁堡。在軍事顧問鼓舞下，他信心滿滿，既要扮演像亞歷山大大帝那樣的帝國創建者，也要擔任伊斯蘭的聖戰士，用吉哈德（jihad）[3] 的力量戰勝基督教文明。他決心拿下君士坦丁堡，東羅馬皇帝必須臣服於他，或交出性命。

末代皇帝

穆罕默德二世每天晚上忙碌往返於書房與床鋪間，研究他的狄奧多西城

穆罕默德二世

牆模型，他的獵物卻安穩地睡在城牆內布拉契尼宮的寢宮裡。

當時的羅馬皇帝君士坦丁十一世四十三歲，注定成為羅馬帝國的末代皇帝，奧古斯都以降帝系表上最後一個名字。他與在他之前的那幾個昏庸帝王截然不同，他有過人的勇氣與堅毅，支持他在即將到來的苦難中打持久戰。他贏得朝臣的崇敬與忠誠，百姓卻因為他為他們做出的種種艱難抉擇，對他心生怨懟。也算他時運不濟，在帝國即將滅頂時接掌大位。

一四〇五年，君士坦丁十一世於君士坦丁堡出生，父親是曼努埃爾二世（Manuel II Palaeologus），母親是海倫・德拉加絲（Helen Dragaš）。基於羅馬與奧圖曼共通的多元文化特質，穆罕默德二世和君士坦丁十一世的母親碰巧都是塞爾維亞人：君士坦丁的母親出身貴族，穆罕默德的母親曾是奴隸；君士坦丁有九名手足，他排行第八，跟穆罕默德一樣，成長過程中並未背負繼位的壓力。君士坦丁童年時期最要好的朋友是喬治・斯弗朗茲，後來變成他最倚重的大臣。

君士坦丁的第一段婚姻只維持一年，妻子死於產厄。十二年後他再婚，第二任妻子同樣難產而亡。他哥哥約翰即位後，派他前往伯羅奔尼撒的摩里亞（Morea）擔任總督。伯羅奔尼撒是帝國在君士坦丁堡外所剩無幾的轄區之一。

一四四八年某天，兩名來自君士坦丁堡的特使帶來壞消息：約翰駕崩了，他們來迎接君士坦丁回去繼位。君士坦丁哀傷又無奈地接受，認命地隨著特使返回都城。

新皇帝給自己的封號是「帕拉羅古斯王朝君士坦丁十一世，基督教羅馬人的真正皇帝與唯一君主」，但這只是官樣文章。羅馬人的「皇帝」如今只是奧圖曼突厥人的封臣，靠每年納貢換取和平。可嘆的真相是，要獲得穆罕默德二世首肯，君士坦丁才能登基繼位。

3　伊斯蘭教及穆斯林世界常用的宗教術語，出自阿拉伯語詞根「jahada」，即「做出一切努力」或「竭力奮爭」之意，字面的意思並非「神聖的戰爭」（Holy war），較準確的翻譯應該是「鬥爭、爭鬥」或「奮鬥、努力」。

君士坦丁披上皇袍和點綴黃金與寶石的長肩帶，穿上皇帝專屬的紫靴，卻不敢冒險在聖索菲亞大教堂舉辦盛大加冕典禮。此時的東正教信徒分裂成針鋒相對的兩派，其中一派跟君士坦丁堡主教一樣，主張基於政治現實考量跟天主教會合併；反對派則斥合併之議為荒唐無稽的異端邪說。有人提醒君士坦丁，加冕大典有可能引發暴動，因此他即位的合法性始終籠罩著一層陰影。

穆罕默德很清楚君士坦丁堡居於劣勢，君士坦丁當然也心知肚明，他知道暴風雨遲早會襲來。他跟過去的皇帝一樣，派特使到西方各國，希望激發他們的正義感，聯手對穆斯林突厥人採取軍事行動，轉移他們對君士坦丁堡的注意力。他向羅馬求助，可是東正教必須回歸教廷，教宗才肯伸出援手。

就在這時，主張東西合併的主教格列哥里（Gregory）再也受不了被斥為異端，棄職逃往羅馬，得到教宗庇護。君士坦丁兩面不是人：在百姓面前避談合併議題，在寫給教宗的信裡卻再三確認他的合併意願，內心則祈禱埃第尼的蘇丹王不會步步進逼。

一四五一年，穆罕默德二世即位，君士坦丁希望雙方建立友好關係，派了特使前往祝賀。穆罕默德熱忱接待來使，並且以阿拉、先知、天使和大天使之名發誓，奧圖曼突厥人會跟君士坦丁堡和羅馬皇帝和平共處。君士坦丁想必把穆罕默德的誓言當真了，不久後就犯了嚴重錯誤，破壞彼此的友好關係。

奧圖曼的奧爾罕王子（Prince Orhan）早先企圖篡位，逃到君士坦丁堡尋求庇護。過去穆拉德每年支付君士坦丁堡一筆收留費，負擔奧爾罕的一應開銷，讓他平安地留置君士坦丁堡。君士坦丁十一世打算藉此向奧圖曼人榨取更多財物，可惜他高估自己手上的王牌。他派大使去找哈利勒，提出惡意要求：收留費加倍，否則就要讓奧爾罕離開伊斯坦堡。

這種策略羅馬人已經玩了幾百年：運用欺詐或勒索等手段，讓敵人自相殘殺。可是拜占庭這隻小老鼠這回真把奧圖曼大獅子給激怒了，他們在奧圖曼宮廷裡的唯一盟友被搞得左右為難。哈利勒一直勸穆罕默德耐心包容羅馬人，但羅馬人提出的這個要求讓他的努力都白費了。他給大使的答覆充分顯示他的震怒：

> 你們這些愚蠢的希臘人，我受夠了你們這些老奸巨滑的招數，上一任蘇丹天性仁慈，願意跟你們為友。現在的蘇丹個性大不相同……我們兩國最近簽定的和平條約墨跡還沒乾透，你們就想用那些痴心妄想來嚇唬我們，真是一群大傻瓜。我們不是軟弱幼稚的小孩。如果你們自認可以採取什麼行動，就做吧。如果你們要讓奧爾罕在色雷斯自立為蘇丹，請便吧。如果你們要把匈牙利人引到多瑙河這邊來，就讓他們來吧。如果你們想收復失去已久的領土，就放手試試吧。但你們要弄清楚：這些事你們一件也辦不成，你們只會弄巧成拙，把手中僅剩的東西都給弄丟。

哈利勒別無選擇，只能向穆罕默德轉達羅馬人的「要求」。穆罕默德聽完面不改色，只說他過些時候再考慮這件事。君士坦丁這回白費心機，沒訛詐到更多錢，而羅馬在奧圖曼宮廷的唯一盟友因此失勢，敵人手中的牌越來越好。這封信也給了穆罕默德藉口收回他早先友好與善意的承諾。雙方決裂指日可待。

*

海鷗在空中盤旋。午後的陰影越拉越長，我們的古城牆漫步也接近尾聲。我們橫越馬路走進一道大門，發現自己來到穆斯林墓園。墓碑上覆蓋著附近建築工地飄來的塵土，顯得古老又陰森，叫人毛骨悚然。

我們在小巷弄裡迷了路，找了幾條街，來到紫衣貴族宮（Palace of the Porphyrogentius）廢墟。這是布拉契尼宮殿群裡最晚興建的一棟，如今只剩下厚實高聳的斷垣殘壁，以及拜占庭式的大理石拱窗。奇形怪狀的樹苗從磚牆縫隙冒出來，幾片金屬浪板遮擋了入口。

我們沿著陡峭馬路往下走，經過一所學校，窄小街道豁然開朗，廣闊的金角灣映入眼簾。我們花了將近一天的時間，從馬爾馬拉海沿著狄奧多西城牆走到這裡。如果敵軍兵馬多到可以在整座城牆外圍起又長又厚的人牆，城裡的人會是什麼感受？

割喉堡

一四五二年早春時節，一組組奧圖曼工人與工程師在博斯普魯斯海峽的歐洲岸打地基，準備興建一座新堡壘，工地位置距離君士坦丁堡只有十三公里。穆罕默德二世親自選定堡壘地點，也提出設計上的構想。博斯普魯斯海峽的亞洲岸已經有一座奧圖曼帝國堡壘，名為安那托利亞堡（Anatolian Fortress）。穆罕默德在海峽兩岸各擁有一座堡壘，左右夾擊掐緊狹窄航道，控制運輸航線。新堡壘同時也是將來進攻君士坦丁堡的前哨基地。

奧圖曼人在博斯普魯斯海峽大興土木，君士坦丁堡看得驚慌失措，皇帝派特使帶著措辭謙和的信函謁見穆罕默德，說明新堡壘的興建占用了羅馬帝國領土，違反雙方條約。

穆罕默德給特使的直率答覆反映了政治現實：

> 君士坦丁堡的領土只在城牆裡，護城河以外的地方不屬於她，也不歸她管轄。如果我要在海峽入口建城堡，她管不著。回去告訴你的皇帝：「現任蘇丹跟過去的蘇丹不同。過去的蘇丹辦不到的，他可以輕鬆又迅速地完成。他們不願意做的事，他樂意去完成。」

穆罕默德最後對特使撂下狠話：「下一個送這種信來的人別想活著回去。」

穆罕默德的意圖再明顯不過，君士坦丁心急如焚地向威尼斯求救。威尼斯人收到信後惶惶不安，擔心損及他們跟奧圖曼人之間的商業利益。只是，威尼斯的統治階層畢竟沒勇氣公然棄自己的基督徒手足於不顧，只能給予同情的回應，不做任何承諾。

新堡壘進展迅速，穆罕默德每天早晨騎馬出去視察工程。他派三名大臣分別負責督建三座主要塔樓，這麼一來，大臣為了博取他的歡心，便相互競爭。羅馬人站在聖索菲亞大教堂屋頂察看敵人動態，只能無助地看著遠處堡壘外牆逐漸升高。

鄰近地區的羅馬農夫無力阻止奧圖曼士兵掠奪他們的農作物，緊急向朝廷求助，希望派兵遏阻敵人可惡的偷竊行為。君士坦丁只能哀傷地拒絕，他知道穆罕默德是在引誘他不堪一擊的軍隊出城，好讓奧圖曼一舉殲滅。他主動表示願意提供工人糧食，只要奧圖曼兵馬不蹧蹋羅馬的農田。穆罕默德非但不予理會，甚至鼓勵工人放任他們的牲口到田地裡覓食。羅馬農民忍無可忍，無可避免地與突厥工人爆發衝突，穆罕默德派兵屠殺當地百姓。

君士坦丁於是下令關閉城門，城裡少數幾名突厥人因此遭到拘留。這些突厥人請君士坦丁放他們走，否則他們會遭穆罕默德以叛國罪名處決。君士坦丁於心不忍，便釋放他們。反正穆罕默德不會答應任何條件來換取這些人

魯梅利堡壘（Rumeli Hisar），即割喉堡

的性命，留著也無用。

君士坦丁終於不得不面對殘酷的事實，他寫了一封措辭強硬的信函給穆罕默德：

> 既然你喜愛戰爭勝過和平，而我不管用誓約或懇求都喚不回你，那就隨你便吧。我請求上帝的保護。如果祂決定把這座城市交到你手上，又有誰能反駁或阻止呢？如果祂能讓你選擇和平，我會欣然同意。
>
> 既然你違反我立誓遵守的協議，那麼約定就此終止。我從此關閉城門，盡一切力量為百姓奮戰到底。

穆罕默德接下信函，並且依照先前的威脅處死使節。他對君士坦丁的答覆坦白又直接：「投降，否則就準備作戰。」

*

新堡壘在一四五二年八月三十一日竣工，歷時僅短短四個月。堡壘位置選在海峽最狹窄的位置，因此又有「割喉堡」的稱號。這座堡壘至今還在原地，是博斯普魯斯海峽沿岸突兀的中世紀城堡，它的圓形石造塔樓和胸牆往外沿伸到海岸。

當時穆罕默德迷上大砲這種相當新穎的武器，很好奇能不能運用在戰場上。他下令在割喉堡附近海岸架設三座青銅大砲，這種寬口徑砲台可以將巨型石彈投射到海峽對岸，彈道也不高，足以擊碎路過的任何船隻。海峽亞洲岸也架設更多大砲，可以兩面夾擊海上船艦。穆罕默德指示堡壘指揮官，任何經過海峽的船隻都得停下來繳費。

那年十一月底，一艘威尼斯槳帆船從黑海駛來，要運送一批食物到君士坦丁堡。船隻駛入潮水湍急的博斯普魯斯海峽，不久就進入大砲射程。船長安東尼奧・里索（Antonio Rizzo）決定用最快的速度通過堡壘，希望奧圖曼士兵來不及開火。可惜突厥人保持警戒，隨時可以應付這樣的測試。海岸傳來大砲的轟隆巨響，一顆巨無霸石彈咻地滑過海面，命中里索的船身，粉碎木造船殼。解體的船隻沉入海底，里索和三十名水手搭上小船划向岸邊，被奧圖曼士兵逮捕，殘忍地處決。里索的身體被尖樁刺穿，屍體扔在街上任其腐爛。

經過這件事，再也沒有船隻膽敢挑戰割喉堡。穆罕默德宣布封鎖君士坦丁堡。

教宗尼古拉五世（Pope Nicholas V）聽說奧圖曼的新堡壘，無比驚愕。法蘭西、日耳曼與西班牙等國家慢慢醒悟到，君士坦丁堡如今岌岌可危，但這些國家的統治者有的太軟弱，有的忙於內亂，再不然就是距離太遙遠，根本不在乎。

第 10 章

異界之物

一四五三年，君士坦丁堡最後圍城時的拜占庭帝國

《動物誌》

蘇丹艾哈邁德的早晨：店主正在清掃門前路面，把明信片展售架拉出來。兩名地毯商坐在門前巷道的牛奶箱上，邊抽菸邊啜飲熱蘋果茶。我和喬走上一條窄小街道，往阿拉斯塔市集（Arasta Bazaar）前進。喬指著一棟公寓大樓前廊旁一間玩具屋。這間手繪小屋看起來像狗舍，裡面的住戶是隻神態倨傲的貓咪，毛色黑白相間，小小腦袋伸到屋外享受溫暖的冬陽。

伊斯坦堡到處都是貓，牠們無所不在的身影，似乎緩和了這座大城緊張繁忙的步調。我跟喬每天晚上都在旅館房間觀察對街地毯店。地毯店櫥窗裡有個紙箱，裡面住著一隻毛髮蓬鬆的白貓和牠的四隻小貓，小貓們在背後的地毯堆上跳躍奔跑。

我們走在街上時，喬會數一路遇見多少貓咪。他看見貓咪趴在石造窗台上，坐在古老階梯上，在電車站打呵欠，或在托普卡匹皇宮（Topkapi Palace）前追逐落葉。在伊斯坦堡，貓咪會無所顧忌地跳上你的餐桌，在餐點送到以前蜷縮在你的腿上小睡。

基於貓咪愛乾淨的天性，伊斯蘭傳統上對牠們多有偏愛。據說先知穆罕默德明令禁止虐貓或殺貓行為。傳說穆罕默德為了不吵醒睡在他衣袖上的貓，寧可割掉袖子抽身去禱告。

中世紀有個名叫達米里（Al-Damiri）的埃及學者編了一本名為《動物

誌》（*Book of Animals*）的書，這是一本內容精彩的百科全書，煞費苦心依字母順序羅列《古蘭經》裡提及的所有動物，每一種動物都搭配了相關的阿拉伯與波斯傳說。他寫道，貓這種動物的起源可追溯到諾亞方舟時代。當時方舟上的動物深受船上的老鼠所苦，上帝於是讓獅子打個噴嚏，世界上第一隻貓就這麼誕生了。

那天午餐時，幾隻貓咪纏著我跟喬不放。其中兩隻跟著我們的餐點一起來，喵嗚喵嗚地討東西吃。之後又來了三隻，五隻一起虎視眈眈地圍著喬，喬被這群厚顏的喵星人逗得樂呵呵。其中一隻煙灰色小貓脫隊轉到我身邊，一雙黑眼珠骨碌碌地轉動，可憐兮兮地哀叫著。我用笑聲明白告訴牠，小貓咪，肉丸沒你的份，然後轉頭吃飯。小傢伙竟然跳上來，伸出爪子拍我的手。

穆斯林對狗兒的態度就比較矛盾，他們認為狗不乾淨，「狗」這個字通常也用來羞辱人。但《古蘭經》裡也記載了忠犬護主的故事，而且，據說先知穆罕默德曾經表示，任何人如果取水為狗兒解渴，神會獎賞他，讓他上天堂。

羅馬教宗

在最後那幾個月裡，君士坦丁堡百姓普遍憎恨羅馬的拉丁教會。「羅馬教宗」（Rum Papa）是常見的狗名。在東正教強硬派分子眼中，拉丁教會十分可憎，象徵基督教的墮落，它的信徒比穆斯林更糟糕。

不過，在國家前途持續黯淡的一四五二年底，君士坦丁十一世依然不死心，希望教宗能夠說服西方各國君主，出兵拯救水深火熱的君士坦丁堡教友。君士坦丁不斷寫信到羅馬，提醒教宗尼古拉五世君士坦丁堡危在旦夕。但教宗已經沒有能力強迫或號召歐洲各國再次發動聖戰。尼古拉五世避談自己的無能為力，利用這次危機榨取些微政治利益。他告訴君士坦丁，除非東正教正式奉他為精神領袖，否則他愛莫能助。

過去幾百年來，東西教會形同陌路，就像一對怨偶，已經忘了當初兩人為什麼會在一起。東西教會大一統的表象在一〇五四年瓦解，當時一隊教宗使節團穿著全套禮袍，在大禮彌撒過程中闖入聖索菲亞大教堂，啪地把一封逐出教會的正式教諭扔在聖壇上，現場信徒目瞪口呆。這起逐出教會事件在城裡引發一波反天主教暴動。教區主教公開將教諭扔進火堆以示報復，並且將教宗使節逐出**他的**教會。儘管教廷的做法恐怕於法無據，卻造成了難以彌補的裂痕，東西教會從此勢如水火。隨著時間過去，羅馬始終認定，唯有東正教接受教廷領導，這道裂痕才能修補。

對君士坦丁十一世而言，向西方教會低頭既痛苦又沮喪，卻是必要的虛偽。他派使節前去消弭殘餘的歧異。事情略有進展，帝國有些主教也表達了相當程度的善意，可是教眾和修道院裡的修士依然憤憤不平。當年拉丁十字軍洗劫君士坦丁堡，許多虔誠的東正教信徒餘恨未消，何況東西教會在很多方面依然南轅北轍：比如「三位一體說」的本質、神職人員能不能結婚，乃至聖餐禮的麵包需不需要經過發酵。君士坦丁堡有太多人聲稱，不管皇帝和各區主教怎麼說，他們永遠不接受拉丁教會。

君士坦丁堡反對統一的主要人物是人氣頗高的修士吉納迪烏斯（Gennadius），儘管旁人強調統一是不幸卻不可避免的事，他依然不為所動。他說，臣服於教宗救不了君士坦丁堡，反而讓都城從此蒙上罵名。拉丁教會是異端，教宗是反基督，唯一的真教會竟然自我放棄，勢必惹惱上帝，進而啟動世界末日，屆時不光是君士坦丁堡，連整個世界都會毀滅。他說，當世界的命運和靈魂的不朽受到威脅，一個城市又算得了什麼？

許多東正教基督徒寧可臣服於穆斯林的統治，也不願接受天主教教宗領導。海軍統帥盧卡斯・諾塔拉斯（Lucas Notaras）將這份反抗寫成朗朗上口的口號：「寧選蘇丹的纏頭巾，不要教宗的無邊帽！」只是，到最後連他也被迫接受政治現實，勉強同意協助皇帝，在教廷叫人心寒的要求和城裡沸騰的民怨之間找出平衡點。

教宗尼古拉五世很清楚君士坦丁堡沒有多少退路，對於君士坦丁十一世的緊急呼救，他的回應既浮誇又冷血：

> 如果你和城裡的貴族與平民接受統一的條件，就會發現我們和我們神聖羅馬教會可敬的主教弟兄們都滿腔熱忱，想要守護你們的榮耀和你們的帝國。但如果你和你的百姓拒絕，無異逼迫我們為了你們的救贖與我們的榮譽採取必要行動。

尼古拉五世開出很高的條件：必須在聖索菲亞大教堂裡公開宣布雙方教會的統一，他才肯號召新一波十字軍來拯救君士坦丁堡。君士坦丁無可奈何地同意，教宗任命基輔樞機主教伊西鐸（Isidore）前往君士坦丁堡主持統一大典。伊西鐸帶來兩百名弓箭手為君士坦丁堡協防，外加一箱黃金做為修復城牆的費用。這些友好動作暫時拉升百姓對統一的支持度。

君士坦丁接待伊西鐸時，大臣杜卡斯（Ducas）冷眼旁觀，看出了蛛絲馬跡：

> 皇帝親切地迎接他們，表達適度尊重，之後雙方針對統一議題展開會談。他們發現皇帝傾向統一，教會的非神職成員也是。但大多數神職人員、修士和修道院院長、神父和修女持反對態度。我剛剛說大多數嗎？說到「修女」，我不得不做點修正，把話說清楚：這些人沒有任何一個同意，就連皇帝本身也只是假裝贊成。

一四五二年十二月十二日星期二這天，東西教會終於正式在聖索菲亞大教堂一項悲哀的儀式中合併。這場儀典採用天主教模式，而非東正教；用的是拉丁語，而非希臘語；麵包沒發酵。教宗與缺席的主教都受到推崇。君士坦丁坐在穹頂下的王座上，顯得落寞又消沉。

一群無所適從的反統一教眾聚集在普世君王修道院（Monastery of the Pantocrator）前，請求吉納迪烏斯告訴他們接下來該何去何從。吉納迪烏斯不肯走出房門，只草草寫了一張字條釘在房門上：「噢，痛苦的羅馬人，你為什麼放棄真理？你為什麼相信義大利人，而不相信神？你一旦失去信心，必將失去都城。」

人數居多的反統一信眾覺得遭到背叛，悲痛莫名。一群群修士漫無目的地遊蕩，痛苦啼哭。城裡的酒館間間爆滿，人們用酒精自我麻醉，端著酒碗踉踉蹌蹌走在街上，喃喃不休地詛咒信仰不堅定的統一派。

隔天早上，伊西鐸寫信向羅馬報喜：樞機主教欣喜地稟報教宗陛下，他的任務已經圓滿完成，東西教會已經正式「統一為天主教」。

這是虛假的勝利，東正教信徒從此避開聖索菲亞大教堂，彷彿那是異教神廟。查士丁尼這座偉大教堂九百年來迴盪著虔誠信眾的祝禱聲，如今卻變得空洞、陰暗、沉寂。

異教徒的盟友

在兩百四十公里外的埃第尼，穆罕默德二世聽說了君士坦丁堡宗教動亂的消息，大喜過望。他煩躁不安，焦慮執迷，每天晚上在皇宮裡夜不成眠，反覆構思他的攻城大計。他經常半夜起床，走到書桌旁寫下新想法。白天則描繪並記憶城牆與哨站，逢人就打聽君士坦丁堡的防禦部署。

雖然兩軍規模懸殊，穆罕默德覺得除非他帶著壓倒性數量的大軍到城牆外，搭配穩固的補給線，否則依然沒有勝算。他還需要大臣全面而積極的支持。他的新軍（Janissary）統帥希巴別廷（Shihabettin）和札格諾斯（Zaganos）都躍躍欲試，但哈利勒仍主張審慎以對，提防歐洲反撲。哈利勒的宿敵都在背後喊他「異教徒的盟友」。

某天深夜，哈利勒在睡夢中被兩名太監叫醒，通知他蘇丹立刻要見他。哈利勒擔心遭到不測，帶了黃金前往。他被帶到穆罕默德的寢宮，看見穆罕默德坐在床上。哈利勒把黃金放在穆罕默德腳邊。穆罕默德詫異地問他這是什麼意思。

「這是習俗。」哈利勒說，「當大臣在不尋常的時刻受到蘇丹召見，絕不能空手出現。」

「我不需要你的黃金。」穆罕默德斥責道，「我對你只有一個要求，幫我拿下君士坦丁堡。」穆罕默德指著身邊凌亂的被褥。「你看看我的床，我翻來覆去輾轉難眠。」他語帶暗示地表示他知道哈利勒收受羅馬人的賄賂，也提出警告。「哈利勒，別被黃金或白銀打動，我們要勇敢地跟羅馬人作戰，承阿拉意旨，我們會攻下君士坦丁堡。」

隔年一月，穆罕默德不願意再等，他召集群臣，聽取正反雙方意見後，宣布他要追尋內心的渴盼，要海陸並進圍攻君士坦丁堡，除非他攻破城門拿下凱撒大位，否則誓不罷休。

他告訴大臣們，他必須帶領規模龐大的軍隊，用最快的速度攻下君士坦丁堡，這麼一來，歐洲的基督教國家來不及反應，大軍也不至於因為戰事拖延而士氣低落或爆發傳染病。

血稅

軍隊裡有句老話說，菜鳥重視戰術，老手在意補給。穆罕默德二世雖然急於發兵，繁瑣的細節卻逼得他放慢步調，用鉅細靡遺的規畫安撫他躁動不安的心，準備對全世界防守最嚴密的城市發動海陸兩棲攻勢。全國各地的工人收集木材、鐵、麻、硫磺、錫和銅片，打造成船艦、盔甲、鎖子甲、弓箭、石弩和帳篷。穆罕默德動員全國軍團，取消所有休假。他號召百姓投入戰鬥，立刻收到廣大回響。大批志願軍從全國各地趕來，一來可以在戰場上揚名立萬，二來或許有機會分享那座羅馬城市傳說中的財寶。

穆罕默德二世大軍的中堅分子是新軍，這是職業軍人組成的精英軍團，有石弩手、步兵、工兵和工程師。新軍穿戴獨特的白色纏頭巾和藍色毛料外袍。他們搭配軍樂行軍，住在軍營裡；有別於志願軍，他們領有薪餉。新軍各階級職稱都是廚房術語。各連連長都叫「煲湯師」（çorbacı），軍服上總是掛著湯勺，象徵他在蘇丹面前的謙卑。其他職稱還有「主廚」、「烘焙師」、「糕餅師」。新軍各軍團會圍坐在煮香料飯的大鍋旁。當他們有所不滿，就把鍋子上下翻倒，拿湯匙大聲敲，發出嘈雜的哐啷聲，表明他們拒絕食用蘇丹的糧食。

某種程度上他們算是孤兒，除了軍中同袍之外，在世上無親無故。他們只熟悉軍團，也只在乎軍團。他們都來自帝國境內的基督教家庭，從小被帶離原生家庭，當做「血稅」（devişirme），這是蘇丹向基督教百姓課徵的特別稅。

這些小男孩會被送往穆斯林收容所，施行割禮，教養成穆斯林。他們每天接受軍事訓練，學習突厥、波斯與阿拉伯文化、語言、騎術、擲標槍、摔角與射箭，以軍中生活取代家庭。時間一久，他漸漸淡忘自己的童年、家人和原生家庭，「唯蘇丹的命令是從，認他為父，聽憑他差遣，以他馬首是瞻」。穆罕默德的第二大臣札格諾斯就是來自巴爾幹半島的基督教家庭。

嚴格的訓練與教化將這些孩子打造成遵守紀律、忠心不二的戰士，成年後就派往歐洲各地最專精的部隊就任。新軍的身分永遠是kapukulu，也就是「蘇丹的奴隸」，但蘇丹特別善待他們，看重他們。他們總是在戰場上扮演決定性角色。作戰時最先登場的通常是正規軍。新軍會保留實力，在關鍵時刻才展開凌厲攻勢。

威尼斯藝術家詹蒂萊・貝里尼（Gentile Bellini）繪製的十五世紀新軍

一四五三年春天，穆罕默德二世準備就緒，率領超過六萬名新軍、步兵與騎兵從埃第尼出發，前進君士坦丁堡，隨行的還有廚子、鐵匠、工匠，以及為大軍祈禱的神職人員。

這支浩浩蕩蕩的大軍中藏著穆罕默德二世的祕密武器：某種發射裝置。由於體積太大又太重，放在連串貨車上還得動用六十頭牛和兩百名人力才能拖得動。士兵們經過時好奇察看：那是大砲的青銅砲筒，體積之大絕無僅有。

巨砲

設計那門青銅投石砲的人名叫厄爾班（Urban），是個聰明過人的金屬技工，一直周遊歐洲各國，兜售他的技能。就在前一年，他去了君士坦丁堡，也見了皇帝。他表明可以協助帝國的工程師打造一體成型的超大青銅砲。君士坦丁十一世答應先付他一點訂金，可嘆的是，國庫幾乎已經空虛，根本沒有足夠的資金可以打造大砲，連厄爾本的薪水都付不起。後來厄爾班手頭拮据，三餐不繼，只好離開。

不久後，他去到埃第尼穆罕默德二世的皇宮，受到熱忱歡迎與招待。

穆罕默德二世召見厄爾班：「你能不能造一門足以擊破君士坦丁堡城牆的大砲？」

「陛下，只要您願意，我可以照您指定的尺寸造一門青銅大砲。我仔細研究過君士坦丁堡的城牆，我的大砲投出的石彈不但可以砸碎那些牆，就連巴比倫的城牆都擋不住。」

穆罕默德二世聞言大喜，厄爾班於是開始在突厥人的鑄造廠工作。他造出的第一門大砲運往博斯普魯斯海峽的新建堡壘，也就是割喉堡。正是這門大砲發射的石彈擊沉安東尼奧．里索的槳帆船。穆罕默德二世歡欣雀躍，命令厄爾班再造一門兩倍大的砲。

厄爾班回到鑄造廠，帶著工人在酷烈的危險環境中工作幾個星期，鑄造出巨無霸的大砲，身管長達八公尺餘，口徑之大足以容納成年人。

穆罕默德二世要求試射，這門後來名為「巨砲」（The Great Bombard）的大砲於是被運往皇宮外。朝廷對埃第尼的百姓發出警告，要他們「提高警覺，別讓砲聲和轟隆巨響嚇著。不知情的人可能會嚇得說不出話來，孕婦甚至會流產」。工作人員吊起一顆超過半噸重的黑石，填入偌大的身管。引信點燃了，引爆火藥，大砲發出叫人戰慄的轟隆聲，石彈成功發射，凌空飛越將近兩公里遠，才砰地落地，埋入鬆軟的泥土裡。

超級大砲的消息迅速傳到君士坦丁堡，徒增城裡的恐懼與失望氛圍，而這正是穆罕默德二世的目的。穆罕默德二世對試射結果大為滿意，下令鑄造更多大砲，不過體積都比巨砲小。人們紛紛用空前絕後一詞形容大砲的體積與威力，君士坦丁堡百姓稱它為「非凡大砲」。城裡的羅馬人不禁納悶，這回他們的傳奇城牆能不能抵擋得住這麼強大的新武器。

狄奧多西城牆是羅馬人的終極防護，為他們抵擋弓箭、石弩和拋石機等外來攻擊。中世紀科技進展緩慢，這種守城原則因此傳承了千年之久。中國人發明的火藥沿著絲路傳到歐洲以後，石造城牆的防護能力首度受到挑戰，巨砲一轟，勢必應聲倒塌。

熱那亞人

為了與羅馬的教會大一統，君士坦丁十一世付出了極高代價。整個過程明顯為他帶來莫大的痛苦與恥辱，但木已成舟，現在他和朝臣只盼望早日看見西方來的船艦與軍隊。可是威尼斯猶豫不決，沒興趣投入新一波聖戰。聖戰號召乏人回應，教宗尷尬之餘，自掏腰包派遣三艘滿載武器與糧食的熱那亞船隻前往君士坦丁堡。

君士坦丁堡的危機令義大利城邦熱那亞左右為難。熱那亞正如威尼斯，是個富裕的沿海共和國，擁有強大海軍。同為基督徒的他們對君士坦丁堡的困境深感同情，卻也希望走務實路線，在君士坦丁堡與奧圖曼帝國之間保持中立。

金角灣對岸的加拉達租借區屬熱那亞所有，情況因而變得更複雜。萬一君士坦丁堡滅亡，加拉達是不是也不保？如果熱那亞公開救援君士坦丁堡，最後君士坦丁堡還是守不住，會不會影響他們跟強大的奧圖曼帝國之間的貿易關係？

加拉達的總督還是向祖國求救，一四五三年一月，一名財力雄厚的傭兵喬瓦尼．朱斯蒂尼亞尼（Giovanni Giustiniani Longo）起而響應，自行招募大約七百名士兵，配備武器盔甲，出資安排兩艘大型槳帆船把他們從熱那亞送往君士坦丁堡。

朱斯蒂尼亞尼極富個人魅力，英勇果敢，有豐富的圍城戰經驗。軍隊抵達君士坦丁堡後，鬆了一大口氣的君士坦丁十一世竭誠歡迎他們，立即任命朱斯蒂尼亞尼為城牆中段指揮官，那是狄奧多西城牆防守最脆弱的位置。

威尼斯派駐君士坦丁堡的官吏米諾托（Minotto）也運用他在城裡的一切資源協助君士坦丁；曾經謀奪穆罕默德二世王位的奧圖曼王子奧爾罕同樣不遺餘力幫忙。其他士兵三五成群從歐洲各地趕來，但也就這樣了。君士坦丁十一世最信賴的大臣斯弗朗茲憤慨地說，教宗給他們的援助跟埃及的蘇丹差別不大。

三月下旬，君士坦丁十一世命斯弗朗茲清點城裡能上戰場的男丁人數，以及石弩、盾牌、大砲等兵器總量。斯弗朗茲默默進行，回報給皇帝的卻是壞消息：城裡男丁不到八千人，多數都沒有受過軍事訓練。這個數字遠低於君士坦丁的估計，他要求斯弗朗茲不要聲張調查結果。敵軍的人數超過他十倍有餘，他要怎麼帶領這麼少的軍民抵禦規模那麼龐大的敵人？

君士坦丁十一世部署嚴密的防衛措施，拉起出海口的大鐵鍊，封閉金角灣。十艘威力強大的軍艦——九艘來自義大利，一艘君士坦丁堡自有——排列在鐵鍊內側築起防守線，靜待穆罕默德二世的海軍到來。

船醫

君士坦丁堡風聲鶴戾，這時有個名叫尼科洛．巴爾巴羅（Niccolò Barbaro）的威尼斯人坐在書桌前，在日記裡寫道：「四月五日這天，天亮後一小時，蘇丹穆罕默德帶著大約十六萬大軍來到君士坦丁堡外，在距離城牆約四公里的地方紮營。」

巴爾巴羅是一名船醫，君士坦丁徵調他的商船協防，他因此無法脫身，滯留城內。他從四月初開始寫日記，記錄奧圖曼大軍向狄奧多西城牆步步進逼的過程，為這場災難留下可靠史料。

奧圖曼大軍在城牆外四百公尺處停步，沿著城牆向兩側散開，將整座城牆圍得密不透風。穆罕默德紅金相間的大帳就搭在城牆最脆弱的中段位置，介於聖羅曼努斯門與查瑞休斯門之間。他的小亞細亞軍隊在他右側紮營；歐洲軍隊在他左邊；戴白頭巾的新軍集結在他背後。

將三門大砲拉到前線，從牛車上搬下來，放置在定點上，過程吃力又緩慢。穆罕默德命令士兵利用這個時間清理城牆外的區域，準備發動大規模攻勢。一批批士兵快步奔向乾涸的護城河，想用石頭、木料和泥土將它填平。由於城牆上的守軍火力強大，工程進展十分有限。

坑道工兵著手在城牆下挖地道，但穆罕默德二世毫不在意，他的注意力集中在即將發射的新大砲上。巨砲就部署在部隊正中央穆罕默德的大帳前，方便他觀看石彈對城牆的破壞力。

四月十一日，穆罕默德下令開砲。紙煤引燃，地面震動，接連不斷的爆裂聲響徹狄奧多西城牆全線上空。巨砲把一顆半人高的黑色大理石投射出去，擊中城牆，剎時間磚塊與石片四射，附近城牆上的守軍無一倖免。

在城牆上的守軍眼中，那真是怵目驚心的一幕；然而，穆罕默德二世卻覺得進度不如預期。巨砲每次準備、填裝與發射需時三小時。發射後還得往砲口澆灌熱油讓它冷卻，以免砲筒破裂。城裡的守軍便利用這段時間架起木造柵欄，再用羊毛、樹枝與泥土填補城牆破洞，這些軟性材料能有效吸收石彈的衝擊。

這場轟炸歷時一星期，日以繼夜不停歇。一隊隊新軍向城牆進攻，被守軍射殺，他們的同袍奮不顧身前來收屍，看得城上的守軍無比震撼。巴爾巴羅寫道，那些新軍會冒死上前，「把同袍屍體扛在肩上，像扛一頭死豬，一點都不在乎自己離城牆有多近」。如果收屍的人自己也被石弩或火槍射殺，就會有更多人來帶**他們**回去。

到了四月中旬，穆罕默德下令攻打殘破的中段城牆，凌晨兩點鑼鼓號角齊鳴，一營重裝步兵開始越過護城河。城上守軍火力全開，重裝步兵縱火焚燒城門，朱斯蒂尼亞尼和他的熱那亞士兵及時撲滅火勢。奧圖曼士兵在標槍上安裝爪鈎，意圖破壞木柵欄，卻立刻被割斷。

黎明時分，穆罕默德下令停火。朱斯蒂尼亞尼和手下殺死無數敵軍，卻沒有任何死傷。穆罕默德陸路進擊毫無斬獲，決定從海路大舉進軍。

以四擋百

四月十二日下午一時左右，突厥人的艦隊駛抵馬爾馬拉海。堤防上的圍觀群眾看見一百四十五艘低平的槳帆船穩定地朝都城划來。艦隊在博斯普魯斯海峽亞洲岸停泊了山雨欲來的幾小時，而後繞過金角灣出海口，繼續北上，在往上游三公里處一個名為「雙柱」（Double Columns）的地方下錨，這地方就是如今伊斯坦堡內城近郊的貝希克塔斯（Beşiktaş）。奧圖曼士兵高聲呼喝敲鑼打鼓，三公里外的城中百姓都能聽見那震天的喧囂聲。

義大利船隻提高戒備排列在大鐵鍊前，靜待無可避免的攻擊。到了四月十八日，在陸地上碰壁的穆罕默德二世召來艦隊統帥巴爾塔奧盧（Baltaoğlu），命他用優勢軍力攻向鐵鍊，摧毀義大利大船，占領金角灣。拿下金角灣，等於切斷君士坦丁堡重要的糧食來源，君士坦丁一定會把軍隊調往北側堤防，進一步削弱他城牆上的微薄兵力。

奧圖曼軍艦航向雙柱，井然有序地拐彎駛入金角灣，衝向鐵鍊前的船隻，一路發射弓箭與火球。但義大利船艦擁有高度上的優勢，他們高聳的甲板形成高台，方便船上身經百戰的海軍向突厥船艦射擊弓箭、石彈與標槍。反擊火力之強大，把過度自信的突厥人嚇了一跳。一艘義大利軍艦擲出以繩索繫在桅杆上的破船球。那顆石球來回擺盪，飛速砸向突厥船隻，粉碎他們的船殼，突厥水手不堪重力衝擊，摔入博斯普魯斯海峽，被海潮吞噬。

城牆上的羅馬人高聲歡呼狂嘯，穆罕默德怒不可遏，卻也只能無助地在岸上觀看。突厥船艦繼續向義大利大帆船發動一波波攻擊。四小時後，突厥下令撤退，巴爾塔奧盧帶著敗陣的艦隊垂頭喪氣返回雙柱。

兩天後，被圍困的君士坦丁堡又看到一線生機，馬爾馬拉海出現三艘熱那亞大帆船。這些正是教宗派來的船隻，滿載武器與糧食，除了這三艘外，還有一艘載運穀物的帝國運輸船也適時趕到。城中百姓得知四艘救援船來到，歡聲雷動。

穆罕默德也看到了那四艘船，決心不讓它們平安進入金角灣。他給巴爾塔奧盧的命令簡單扼要：「把那四艘船搶過來，必要時將它們擊沉……否則別活著回來。」

那天下午，堤防上的百姓看見一百多艘突厥槳帆船不懷好意地駛向那四艘商船。商船與敵船的數量極端懸殊，卻有高度、體積與動力上的優勢。強勁的南風灌滿它們的船帆，將他們快速送往金角灣。不過，當它們即將繞過岬角，風卻止息了。船帆無力地下垂，船身隨著海流漂浮，朝加拉達海岸的穆罕默德大軍而去。

巴爾塔奧盧乘機行動，命令他自己的指揮艦全速划過去，船頭猛力衝撞那艘運輸船的船尾。失去動力的義大利大帆船困在海上動彈不得，眼睜睜看著突厥船隻包圍過來。心急的突厥士兵伸手抓住大船，企圖爬上去。不過，當他們爬向甲板，熱那亞水手掄起斧頭猛砍，斬掉許多手臂與腦袋。義大利的石弩手在桅杆守望台上發射弩箭，甲板上的士兵則向突厥槳帆船傾倒大桶大桶的水。沉甸甸的破船球照樣從義大利船桅杆高處拋向突厥船。

這場戰爭纏鬥三小時，鮮血染紅了海水，死者與傷者在海面上載浮載沉。最後，在殺戮、「詛咒、叫罵、威脅與哀嚎」聲中，奮戰不懈的突厥船漸漸占上風。在岸上觀看的穆罕默德心急如焚，騎著馬奔進海裡，歇斯底里地對士兵吼出命令。

這時，南風終於增強，守軍的運勢再次轉好，大帆鼓脹起來，四艘船衝過敵軍陣線，安全地駛入金角灣。城牆上歡聲雷動。穆罕默德不可置信地乾瞪眼，對他的水手尖叫咒罵，氣得撕破自己身上的衣服。他的艦隊又一次輸得灰頭土臉，他默默騎著馬離開。

隔天，穆罕默德召見巴爾塔奧盧。巴爾塔奧盧受傷的眼睛血跡未乾，還得承受穆罕默德的怒氣與失望。

「你真是又蠢又懦弱，」他口出惡言，「我讓你指揮龐大的艦隊，怎麼會輸給少得可憐的幾艘商船？」

巴爾塔奧盧默不作聲。

穆罕默德從椅子上站起來，聲稱要用自己的劍砍掉巴爾塔奧盧的腦袋。巴爾塔奧盧的部屬衝上前去制止，懇求穆罕默德大發慈悲。巴爾塔奧盧指著自己眼睛的傷勢，表明自己已經盡力，沒有辱沒軍人的榮譽。穆罕默德心軟了，只將巴爾塔奧盧撤職，財產充公，並在部下面前受處一百鞭。

陸行船

穆罕默德的海軍遭遇兩次挫敗，非但沒能恫嚇城裡的百姓，反倒讓守軍信心大增，覺得自己或許能順利度過這次圍攻。

穆罕默德發現，關鍵在於那條鐵鍊，只要他有辦法把船送進鐵鍊另一邊的金角灣，君士坦丁就得把兵力調過來防守北側堤防。他騎著馬從博斯普魯斯海峽岸邊去到基地後面的山坡，仔細探勘加拉達堡壘後方的地形，又騎著馬下山，來到金角灣北岸。回到雙柱後，他把大臣找來，向他們提出一個激進策略。這個神來一筆將會助他搶得戰爭主控權：他說，既然奈何不了鐵鍊，就繞過去。

大批工人奉命在雙柱後方清出一條通道，鋪上塗了油脂的樹幹做為滾輪，從博斯普魯斯海峽往山上延伸，再往下連接到金角灣海邊的清泉谷（Valley of the Springs），遠遠繞過大鐵鍊。

軌道短短兩三天就鋪設完成，四月二十二日星期日這天，一組奧圖曼水手踏入博斯普魯斯海峽，把一艘小型槳帆船引上加裝輪子的支架，由大批牛隻把支架拖上岸，工人和水手拉著繩索和滑輪從旁協助。槳帆船咿咿呀呀地被拉上塗過油脂的滾輪，一路慢慢推上山頂，再小心翼翼滑下山坡，直達清泉谷，而後嘩啦一聲進入金角灣海域。穆罕默德總算把他的第一艘船弄進鐵鍊裡。

緊接著是第二艘，然後第三艘。一組奧圖曼水手看見「船在岸上行走，而不是在海面上移動」這幕怪異景象無比振奮，紛紛爬上船，戲耍似的坐在自己的位置上。船帆撐了起來，划手就定位，聽到一聲令下，開始在空中划槳，笑鬧聲與歡呼聲不絕於耳。羅馬士兵不知所措地在堤防上觀看。

守軍發現金角灣已經不再是他們的避風港。那天日落時，金角灣內已經多出六十七艘奧圖曼船艦。穆罕默德下令在岸上部署幾門大砲掩護那些船。

如今，君士坦丁十一世只能期待威尼斯會派艦隊來突破敵軍的封鎖。威尼斯派駐在城裡的官員米諾托三個月前就向母國求援，卻遲遲不見艦隊蹤影。五月三日午夜前，一艘威尼斯船隻偽裝成突厥船溜出金角灣，二十天後帶回令人心碎的消息：他們搜尋了達達尼爾海峽和愛琴海，沒看見威尼斯艦隊的蹤跡。船員們明知道回去就得跟君士坦丁堡共存亡，還是選擇返回報訊，皇帝涕泗縱橫地感謝每一位船員的奉獻。

*

我和喬決定循著穆罕默德二世的陸行船走過的路線上山，那裡現在屬於伊斯坦堡的貝伊奧盧區（Beyoğlu）。從地圖上看來，這趟路應該輕鬆愉快，實際走起來卻挺累人，像漫長的陡峭卵石街道，讓人汗流浹背。

我們在博斯普魯斯海峽岸邊的電車站下車，此處正是昔日的雙柱所在。我們艱難地爬上非常陡峭的斜坡，朝塔克辛廣場的方向前進。短短五分鐘，我就剝掉外套，氣喘吁吁。

「爸，看樣子你老了。」喬笑著說。

「閉嘴，我才中年！」

「奧圖曼士兵也爬上這片山坡，而且扛著船上去。你覺得你扛得動船嗎？」

「我不是叫你閉嘴嗎？」

「我能不能喝冷飲？」

「不行。」我喘著氣拒絕。

「你說你沒抽過菸，你真的沒抽過嗎？」

我們頭頂上有扇窗子，有個老婦人在窗裡聽見我們的對談，探出頭來打手勢要我給她一根菸。

我和金有點苦惱，因為在我們兩個孩子心目中，生命這段偉大旅程沒有所謂的「中年」這一站。他們把我們歸類在他們的祖父母那輩，那就是「老」。他們看過我和金二十多歲新婚時期的照片，只覺得很好玩，因為我們已經不像當年那麼輕盈靈活，朝氣蓬勃。彷彿某天一個不留神，蠢得把青春留在公車上。

喬也在長大。十四歲的他正快速脫離孩童期，變成青少年。我跟大多數父親一樣，既驕傲又感傷地從旁觀察著。我知道進入青春期後的他會失去某些特質。他標準的十四歲體格開始抽高，變得出奇瘦削。他窩在沙發上看電視時，看起來就像一堆被丟棄的雞翅。他的腳太大，幾乎跟我的一樣大。他一月錄製電話語音留言時，還是唱詩班少年的清亮嗓音，到了十二月已經變成粗嘎的男中音。我已經沒辦法像他小時候那樣抱他，現在我們的擁抱有點尷尬，像兄弟或朋友。

我們來到山頂上，找到塔克辛廣場。這裡一切平靜，一星期前的反政府抗議活動沒有留下任何蛛絲馬跡。我眺望天際線尋找加拉達塔，可惜我們離海岸太遠，看不見。

「喬，」我喘吁吁地說，「我們搭計程車回蘇丹艾哈邁德如何？」

「沒問題，爸。」喬咧著嘴笑。「如果你需要的話。」

地道與攻城塔

穆罕默德二世的士兵在陸地與大海上作戰時，他的坑道工兵從大營基地往下開挖。他們在土牆掩護下，挖出一條從基地通往聖羅曼努斯門的地道。這些工兵都是經驗豐富的日耳曼採銀礦工，他們以火炬照明，每挖一段距離，就架起木結構支撐地道。他們奉命挖地道到城牆底下，再放火燒掉坑道裡的木架，讓上面的城牆垮下來。

到了五月十六日，工兵已經挖出八百公尺長的地道，來到外牆城的地底。不過，羅馬哨兵聽見腳底下傳來挖掘聲與隱約的說話聲，察覺了他們的行動。

哨兵立即通報君士坦丁十一世和海軍統帥諾塔拉斯，皇帝從朱斯蒂尼亞尼的傭兵之中找到蘇格蘭籍軍事工程師約翰・葛蘭特（John Grant），命他帶領士兵挖掘一條通往奧圖曼坑道的地道。士兵們挖通地道後，放火燒了地道裡的木架，坑道應聲坍塌，奧圖曼工兵慘遭活埋。此後，守軍在城牆邊放置大桶大桶的水，只要水面出現波紋，代表底下有人正在挖掘。

五月十九日早晨，守軍醒來時看見震撼又驚悚的畫面。短短一夜之間，蘇丹的工人已經在護城河邊搭出一座巨無霸攻城塔，離外城牆只有十公尺。這座攻城塔可謂木造台架之中的摩天大樓，高度超越高聳的城牆。守軍怎麼也想不通，敵人怎麼可能在短時間內不動聲色地造出一座塔，偷偷搬移到定點上。皇帝和大臣收到消息，親自趕到城牆上察看那個龐然大物。令他們驚訝的是，突厥人還在攻城塔後側塔建了一條設想周到的廊道，以獸皮覆頂，一路延伸到大營，士兵可以安全地奔走於大營與攻城塔之間。

這座攻城塔是以粗壯梁木架設，外面圍著駱駝皮，保護裡面的士兵不受弩彈攻擊。木塔的下半截填充泥土，吸納大砲的衝擊力。突厥士兵在攻城塔裡挖土，用來填平護城河，方便他們的士兵和其他攻城塔移動到城牆邊。面對敵人的挖掘工作，守軍似乎束手無策，只能眼睜睜看著那座巨塔來到城牆邊。船醫巴爾巴羅寫道，突厥人「從攻城塔裡向城牆內射出無數飛箭，似乎只是想表達他們的亢奮情緒。反觀我們的士兵，卻是哀傷又害怕」。

那天晚上，守軍放手一搏，準備了一桶桶火藥，點燃引信，滾向攻城塔。空氣凝結了片刻，緊接著是接二連三的爆炸聲，突厥士兵、木條與泥土頓時滿天飛舞。攻城塔的木架起火燃燒，徹底崩塌。城牆上的守軍再用滾燙瀝青澆灌受傷的突厥兵，突厥只好再次撤退。

隨著五月進入尾聲，攻守雙方都疲憊又頹喪。朱斯蒂尼亞尼和他在城牆上的守軍日復一日重複同樣的例行公事：白天擊退敵人，夜晚修補破碎的磚牆。部分百姓棄守崗位，回去跟家人團聚。士兵開始公然詛咒皇帝。

穆罕默德二世遵循伊斯蘭教規，派特使進城提出停戰協議。君士坦丁十一世接見特使，聽聽他傳達什麼口信。「投降吧。」特使說，「免得將來淪為奴隸。」

君士坦丁十一世希望讓穆罕默德二世覺得攻城難度太高、代價太高。他告訴特使：「我願意納貢，但絕不投降。我們寧死也要守住這座城。」

君士坦丁十一世不能投降，穆罕默德二世不肯撤退。雙方陣營裡的神職人員一面翻查各自的經書尋找預言，一面夜觀天象，看看上帝究竟贊同或反對他們的作為。異象很快就會出現。

內城牆塔樓外的景觀

黑雨如注

五月二十二日晚上，天空升起一輪奇特的月亮，這天晚上原該是滿月，卻發生半月蝕，君士坦丁堡內因此漆黑又慌亂。更不祥的是，月蝕把月亮變成一枚新月，像伊斯蘭的標誌，也就是蘇丹大軍旌旗上的符號。城裡的教士鬱悶地想起一則預言：等滿月出現預兆，君士坦丁堡就會陷落。

那天晚上突厥人大肆慶祝，君士坦丁堡內卻是士氣低迷。皇帝為了給軍民打氣，宣布隔天要請出城裡最珍貴的聖像「善導之母」上街遊行。

「善導之母」描繪聖母瑪利亞溫柔地抱著耶穌寶寶，是君士坦丁堡力量最強大的聖像，據說擁有各種神奇法力。神職人員經常用棉花輕拍聖像，吸取聖像滲出的神聖油脂。不過，這幅畫像珍貴之處在於，它的創作者是撰寫《路加福音》的聖路加本人。人們合理推斷，如果這幅畫確實是聖路加親手繪製，那麼畫中的嬰兒肯定是根據襁褓期的耶穌寫生而來。

隔天近午時分，「善導之母」遊行隊伍肅穆地從修道院出發。身披黑袍的教士領著一群神職人員往前走，一路低沉而洪亮地誦念禱辭。遊行隊伍高舉聖像走在街頭，好讓百姓都能目睹聖母面容。突然間，聖像滑了下來，啪地一聲正面朝下落在地上。旁觀者衝上前去協助，可是，不管眾人多麼使力，似乎都扶不起來。

最後總算舉起聖像，驚嚇過度的教士步履蹣跚地往前走。到了正午時分，君士坦丁堡突然下起大雷雨，有個俄國人記錄了當時的情景：「風勢突然增強，在城市上空呼嘯盤旋。緊接著，水牛眼珠似的黑色大雨滴從天空落下。」暴雨迅速淹沒街道，遊行隊伍慘遭雨點與冰雹襲擊，失魂落魄地四散走避。虔誠的東正教信徒慌忙逃回自家，深信末日已經來到。

隔天早晨，君士坦丁堡百姓一覺醒來又面對另一場驚嚇。他們望向窗外，發現城裡濃霧蔽天，這個季節從沒出現過這樣的大霧。這場濃霧籠罩全城整整一天。或許反統派修士吉納迪烏斯當初說得沒錯：他們向拉丁教會低頭，迫使上帝放棄君士坦丁堡。因為「神躲藏在雲層裡，時現時隱」。[1]

變幻莫測的天象似乎在當天夜裡達到極至。日暮時分，人們抬頭仰望天空，看見聖索菲亞大教堂建築物上層散發著超自然紅光。光線從大教堂窗子往上照射紅銅穹頂，升上教堂最頂端，然後就……消失了。街上有人哭喊：「連光線也逃進天國了！」

城牆外大帳裡的穆罕默德二世也看見那道光，納悶著那代表什麼意思。他找來占星師，占星師馬上告訴他，那道光對他是大吉之兆：象徵伊斯蘭的光不久後就會降臨城內。

那天晚上，突厥大營後方的郊野出現更多詭異光線。城牆上的守軍祈盼那光線代表援軍到來，可惜希望落空。

這些異常天象的始作俑者可能位在世界的另一端：一萬五千公里外的東方。就在圍城前一年（一四五二年）某個時間，太平洋萬那杜群島（Vanuatu Archipelago）的庫瓦火山島（Kuwae）火山爆發，噴發威力相當於一百萬顆廣島原子彈，把體積高達四十立方公里的礫石與灰塵送進天空。

這次火山爆發規模在人類史上數一數二，散播的大氣沙塵影響了全球氣候，中國與歐洲的農作物生長都受到損害。一四五三年那些詭異光線如果不是聖艾爾摩之火（St Elmo's Fire）[2]，就是視覺幻象，是「大氣高處的濃密火山灰造成的鮮紅霞光」的反射。

羅馬人沒有這些科學知識。

異常天候、濃霧、鬼魅般的閃電、聖母撲倒在地的恐怖景象，連連打擊已經意志消沉的城中百姓，徹底摧毀他們對宗教的信心。無論天堂或人間，君士坦丁堡的百姓好像都孤立無援。

儘管壓力重重，皇帝依然立場堅定。他的好友斯弗朗茲帶著一群官員來見他，請他離開，以免在接下來的災難中送命。情緒緊繃又疲累的君士坦丁聆聽他們的請求，激動得暈了過去。他清醒後宣誓要留下來跟他的百姓同生共死。

陷落前兩天

五月二十七日，城牆中段被大砲轟炸了一整天，守軍幾乎沒時間修復，古老的外城牆部分區段開始崩塌。

1　這句話出自希臘史學家克里托渥洛斯（Michael Kritovoulos，一四一〇～一四七〇）編寫的《征服者穆罕默德》（*History of Mehmed the Conqueror*）。

2　古代水手航海時觀察到的現象，經常發生在雷雨天候中，諸如桅杆等尖銳物品末端會出現藍白色閃光。名稱取自水手的守護聖徒聖艾爾摩。

圍城行動慢慢接近尾聲，穆罕默德二世召集軍官，要他們準備祭出最後一擊。兩天內大軍就要從海陸同步全面進攻，要以一波波人海戰術攻打嚴重毀損的城牆中段。他說，強力攻勢一定能衝破對方防線，屆時就能順利進城。不管結局是死亡或勝利，圍城就快結束了。

當天晚上，一整排奧圖曼大營燃起熊熊篝火，穆罕默德的士兵圍著火焰叫嚷歡唱，喧鬧聲傳進城裡。城裡各處教堂裡的祈禱聲迴蕩在夜空中，輕聲呼喚：「求主憐憫，求主憐憫。」

前一天

這天早上奧圖曼士兵用泥土、石塊和樹枝填平乾枯的護城河。砲兵隊將大砲拉到定點，幾百架長梯也搬到前線。

黃昏時下起雨來，穆罕默德騎上他的白馬，沿著狄奧多西城牆來回跑一趟，檢視士兵的工作情形。大臣告訴他，以聖戰精神激勵士兵只怕成效有限，因此他以城裡的金銀財寶引誘他們。

「那就是古羅馬帝國富饒的都城，」他指著背後的城牆對士兵們說，「一座聚集所有好運榮耀的城市……站在世界頂端。現在我把這座城市交給你們，讓你們去搜刮掠奪。多不勝數的財寶、男人、女人、孩子，一切裝飾與物品，都是任由你們享受的盛宴。」

穆罕默德提醒士兵，只要他們攻進城去，就可以依照慣例搜刮三天。

「你找到的財物都屬於你，」他說，「不過別忘了，建築物是**我的**。」

但君士坦丁堡傳說中的財富早已經耗盡，兩個半世紀前被偷走了，運送到遙遠的威尼斯和法蘭西。只不過，穆罕默德的士兵不知道這些，因此，儘管疲累至極，他們還是打起精神忙碌起來。

城牆上的守軍又餓又煩又累，這些人包括當地百姓、熱那亞弓箭手、威尼斯海軍和一群突厥人。那些突厥人是意圖篡奪穆罕默德王位的突厥王子奧爾罕和他的部下，他們別無選擇，只能竭力守城。他們對眼前的災禍沒有不切實際的幻想，很清楚幾小時後便是最後決戰。

教堂鐘聲傳遍城裡每個角落。君士坦丁十一世把將領和大臣召到布拉契尼宮，對他們發表一場慷慨激昂的演說。他一一讚揚每個團體，包括熱那亞人、威尼斯人和自己的軍隊，請求他們放下彼此的歧異，誓死守護他們的上帝、家人和皇帝。

君士坦丁和穆罕默德都對戰爭結果沒有把握。最後突擊肯定慘烈驚悚，但他們兩人都心知肚明，城上的守軍或許能夠抵擋奧圖曼的攻勢。對他們倆而言，這是生死關鍵：如果攻城失敗，穆罕默德就必須結束圍攻返回埃第尼，接下來他幾乎確定會被暗殺。君士坦丁也知道，幾小時後，他如果不是壯烈成仁，就是成為拯救君士坦丁堡的皇帝，留芳萬古，只要城牆上的士兵能再支撐一個晚上。

夕陽西下，城裡的陰影拉長，人們自動自發從屋子裡走出來，前往聖索

塔樓內部

菲亞大教堂做晚禱。已經沉寂將近五個月的大教堂再度點亮金黃色燈火。東正教與天主教主教放下過去的仇恨，一起唱誦禱詞。君士坦丁遲些才到，從帝王之門（Imperial Gate）進入教堂前廳。他激動得全身顫抖，接下聖禮，雙膝跪地，祈求上帝寬恕他的罪。而後他站起來，畢恭畢敬向在場每個人欠身行禮，才大步走出教堂。等他離開後，群眾中傳出一聲痛苦哀號。

前一晚

當夜幕降臨戰慄的都城，城牆上的守軍看見奧圖曼大營亮起數千堆篝火，營帳因此顯得陰森恐怖。緊接著，一陣驚悚的聲響爆向夜空，嘶吼聲、鑼鼓聲與大砲聲交錯其間。

午夜時分，奧圖曼營地靜得叫人惶惶不安。

五月二十九日，凌晨一點三十分：第一波

午夜過後一個半小時，穆罕默德下達指令，奧圖曼陣營頓時喧騰鼓譟。大砲開始轟炸，沉甸甸的大理石彈在空中呼嘯，撞上傷痕累累的城牆與塔樓。城裡的教堂鐘聲齊鳴，宣告最後決戰已經展開。婦人摸黑飛奔到城牆邊，帶著大石頭充做石彈，或帶水給士兵解渴。

奧圖曼大軍發出驚天一吼，立即向長達五．五公里的城牆全面進攻，守軍已嫌薄弱的兵力只好進一步分散。攻擊主力集中在最脆弱的城牆中段，也就是聖羅曼努斯門。

城牆上的守軍往城外的暗處望去，看見敵軍的身影迅速湧來，偶爾顯現在大砲火光中。這批是穆罕默德的非正規部隊，是他的突擊隊，由帝國境內的斯拉夫基督徒、日耳曼人和希臘人組成。基於中世紀從屬規則，他們必須為蘇丹效命。他們扛著長梯和從家鄉帶來的各式武器向前衝刺，以驚人的數量與聲勢衝向城牆，因為蘇丹的憲兵部隊在後面驅策，以皮鞭和鐵棍懲罰腳步遲疑的人。

非正規部隊後方還有穆罕默德的新軍，隨時準備揮動手中彎刀，砍下叛逃者腦袋。城垛高處的守軍以弓箭、石塊與石彈反擊，打倒數百名非正規部隊。城牆中段指揮官朱斯蒂尼亞尼的部下很訝異敵人這麼輕易就被打倒，卻也為慘重的死傷感到驚駭。

第一波幸運躲過飛箭石彈的非正規軍來到外牆邊，把長梯插進鬆軟的泥土裡，開始往上爬。外城牆原有的磚造結構已經毀損，守軍以木材、藤蔓和裝滿泥土的大桶修補，爬在梯子上的非正規軍因此多了些抓握處。

守軍以毛瑟槍與火槍射擊敵軍，朝他們扔大石頭，或直接推倒梯子，梯子上的人因此摔倒在地。非正規軍摔落地面時，奧圖曼大軍的龐大規模這時反倒礙事，因為士兵摔成一團，手忙腳亂掙扎著起身。他們發現前方暗處屍體越堆越高，往前衝是死路一條，後退同樣也難逃新軍的彎刀，感到痛苦無奈，高聲吶喊。這時君士坦丁出現在城牆上，激勵士兵繼續奮戰。非正規軍依然前仆後繼湧過來，迅速變成倒臥在地的殘破屍首。

經過兩個半小時的大屠殺，穆罕默德下令非正規軍撤退。他們雖然沒能攻下任何一段城牆，卻已經達成他們的殘酷任務，也就是在主力登場前消耗守軍體力。

凌晨四時：第二波

穆罕默德的非正規軍撤退，朱斯蒂尼亞尼的士兵急忙從城牆上下來修復受損的圍欄。他們才開始工作，就聽見遠方黑暗中傳來金屬哐噹聲，夾雜數千人往前推進的沉重腳步聲：小亞細亞部隊來勢洶洶。這些人是穆罕默德的穆斯林部隊，全副武裝，體格健壯，紀律也遠勝非正規軍。

小亞細亞部隊在萊克斯河谷就定位，轉身面對城牆。這時另一波號角與鑼鼓齊響，外加「真主至大！」的呼聲，部隊開始向城牆進攻，修補護欄的守軍連忙奔上城牆防守。

同樣地，城牆上的石彈與小型火砲輕易就擊倒敵軍，守軍還往底下的對手扔石頭、倒熱油。小亞細亞部隊暫時撤退，又再次進攻。城牆邊的屍堆持續升高，穆罕默德騎著馬在軍隊後方來回奔馳，在戰鬥的喧囂聲中高喊激勵話語。

一門奧圖曼大砲發射石彈，擊中修補的圍欄。礫石紛飛，外城牆破了個大洞。數百名小亞細亞士兵快步衝進城牆裡，卻發現無路可走，在內外城牆之間擠成一團。守軍從四面八方向受困的敵軍射擊，直到他們全軍覆沒。

黎明前最後一小時，重挫的小亞細亞軍隊收兵。經過數小時戰鬥，穆罕默德旗下兩支軍隊折損大半，而他還在牆外。城牆上的守軍儘管精疲力竭，卻精神振奮。穆罕默德手上只剩一張王牌，那就是他最重要的兵團，令人聞風喪膽的新軍。

凌晨五時：第三波

穆罕默德立刻下令進擊，不給守軍時間喘息或修補城牆。戴著潔白頭巾的新軍以整齊劃一的步伐向前邁進，用爪鉤拆除圍欄上的木條與桶子，叫人不寒而慄。

城裡的教堂鐘聲再次示警。教士與婦孺同樣抱著沉重石塊送上城垛，或向敵軍扔磚塊。朱斯蒂尼亞尼拿標槍和斧頭揮砍爬上來的新軍。君士坦丁再次來到城牆上，帶著大臣來回奔走。據說他一度抽出佩劍，砍殺幾個爬在圍欄上的敵軍。

巴爾巴羅寫道，新軍戰鬥的模樣像「獅子」，在吶喊和震天鑼鼓聲助陣下向前衝刺，那聲音彷彿是「異界之物」。大砲聲震耳欲聾，「空氣似乎被撕裂了」。當晨星漸漸消失，預告破曉的到來，新軍攻勢開始減弱。君士坦丁意識到雙方戰力的變化，大聲向士兵喊話。在那迷亂的一瞬間，守軍似乎成功挽救了都城的命運。

就在那時，一個小疏忽讓都城的防守出現漏洞。布拉契尼宮外圍的城牆有個出入口，叫科克波塔門（kerkoporta），亦即競技場門。負責防守門上城牆的是熱那亞的波奇亞迪（Bocchiardi）兄弟，他們不太可能聽說過將近八百年前的預言，當時的《偽聖默道啟示錄》聲稱，君士坦丁堡會在這個城門敗給穆斯林：拜占庭的百姓，你們大難臨頭，因為以實瑪利突襲你們。以實瑪利的每一匹馬都會奔進城來，最早來到的人會在城外紮營，衝破競技場門。

這對兄弟經常利用競技場門溜出去突襲奧圖曼側翼，可是在這個危急存亡的夜晚，有人忘了閂門，一群突厥士兵將門推開，衝進城裡，大約五十人進入內外牆之間，循著階梯爬上城牆。守軍看見奧圖曼士兵衝進來，轉身向階梯上的敵人開火。入侵者受困，遭到殲滅，但有一名突厥士兵趁亂跑上塔樓，扯下帝國軍旗和威尼斯的聖馬可之獅旗幟，換上奧圖曼軍旗。城牆上的第一面伊斯蘭新月旗在熹微的晨光中迎風飄揚。

第二個重大打擊出現在防守線中段，緊張疲憊至極的指揮官朱斯蒂尼亞尼不幸中彈，有人說他被弩彈擊中，也有人說是火槍的鉛彈，眾說紛紜，總之，劇痛終於擊垮了他。

朱斯蒂尼亞尼血流如注，部下衝上前去營救，他要他們抬他回船上。有個熱那亞士兵連忙去找皇帝，索討內城牆城門的鑰匙。君士坦丁明白事情的嚴重性，十分驚恐，哀求朱斯蒂尼亞尼不要離去。朱斯蒂尼亞尼虛弱地承諾，等他處理好傷口，就會回到崗位，皇帝只好哀傷地交出鑰匙。朱斯蒂尼亞尼的貼身侍衛扛著他進城，其他熱那亞士兵看見將領受傷離去，拔腿奔向敞開的城門，跟著其他同袍回到在金角灣的船隻。城牆上只剩下君士坦丁和人單勢薄的羅馬軍隊孤軍奮戰。

君士坦丁命令守軍散開，填補義大利軍隊留下的空缺。在底下觀察戰局的穆罕默德嗅出異狀，察覺守軍的人數減少。

「將士們！」他興奮地狂吼，「我們成功了！再加把勁，這座城是我們的了！」

另一波新軍向前衝刺。穆罕默德宣布要重賞第一個衝破圍欄的人，有個叫哈珊（Hasan）的魁梧戰士決心拿下賞賜，拚了命爬上圍欄，一手舉軍旗，一手拿盾牌護住頭部。他爬到最高處，推開手足無措的守軍，站在圍欄上使勁揮舞伊斯蘭軍旗。

新軍看見軍旗在城牆上飄揚，士氣大振，一鼓作氣向前衝，突破羅馬人多處防線。一群羅馬士兵突然驚醒，拿大石頭砸哈珊，再用劍與矛殺死他。

可惜防線已經衝破，數十名、數百名新軍攻進內外牆之間的狹窄空間。一群羅馬士兵被逼向內城牆旁的溝渠，慘遭屠殺。更多新軍衝上內城牆的城垛，看見新月旗飄揚在競技場門上方。

奧圖曼士兵發出勝利的歡呼聲：「這城是我們的了！這城是我們的了！」

君士坦丁來回奔走，急切地想喚回逃走的士兵，可是慌亂的羅馬士兵見到敵軍大舉來襲，爭相往外逃，你推我擠卡在城門動彈不得，其他人因此困在殺戮區。號角聲響起，歡呼聲與尖叫聲震天價響，君士坦丁眼看著都城淪陷，決心死在城牆上，不肯逃走。

君士坦丁最後的命運無人知曉，只留下許多相互矛盾的二手消息。有人說他脫下皇袍，拔起長劍衝進亂軍中，從此失去蹤影。另一種說法比較不那麼英勇，說他和部下一起被新軍砍殺，對方誤認他是一般士兵。不管如何，他漫長的苦難結束了。

羅馬帝國最後一任皇帝溘然長逝。

山下的國王

在很久以前的英格蘭北部，有個年輕牧羊人住在羅馬人修築的哈德良長城附近，也在那裡牧羊。有一天他發現少了一頭羊，在山區尋找時踩到一叢蕨類植物，摔進隱藏的山洞裡。

年輕人循著陰暗地道來到一個大房間，裡面被古怪的金黃色光線照得亮晃晃。他震驚地看見十二名身穿鎖子甲的武士，神情肅穆地站在一具靈柩旁。有個頭戴王冠、手握晶亮寶劍的男人躺在靈柩上，雙目緊閉，長長的鬍子垂落在山洞地面。靈柩的木條上刻著古老傳說：永恆之王亞瑟躺臥在此。

牧羊人克服恐懼，詢問武士他們是誰，在那裡做什麼。

「我們在守護永恆之王。」他們答，「他是不列顛的亞瑟王，很多年前在戰爭中被打倒。」

「如果他已經死了，又怎麼會是永恆之王？」

「他沒死。」他們說，「只是睡著。」

「他什麼時候會醒來？」

「他會在不列顛最黑暗的時刻醒過來。那時他又會拿起永恆之劍，打敗不列顛的敵人。」

牧羊人走出山洞時，發現自己鬍子白了，背也彎了，變成了老人。

亞瑟王的故事只是眾多「山中國王」的傳說之一。這類故事多半情節雷同：英勇的領袖在戰場上被敵人打倒，死亡那一刻被送到地底下某個神祕處所，在那裡沉睡，等著再度出面拯救百姓。查理曼大帝據說在薩爾斯堡（Salzburg）附近某處地底休養；神聖羅馬帝國的紅鬍子腓特烈（Frederick Barbarossa）據說在屈夫霍伊澤山（Kyffhäuser Mountains）底下沉睡。這些傳奇故事可以安慰失去領袖的人們，或緬懷消逝的黃金時代。

無可避免地，君士坦丁的悲慘命運也激發了類似傳奇，就像攀附地窖的野薔薇。流亡的君士坦丁堡羅馬人之間盛傳，君士坦丁死的時候，有個仁慈的天使把注定敗亡的君士坦丁變成大理石，封存在金角灣海底某個隱密墳墓裡。

他至今不省人事地躺在那裡，等待接受召喚重返榮光，再次登上古老王座，重建百姓失去的城池。

第 11 章
永恆的化境

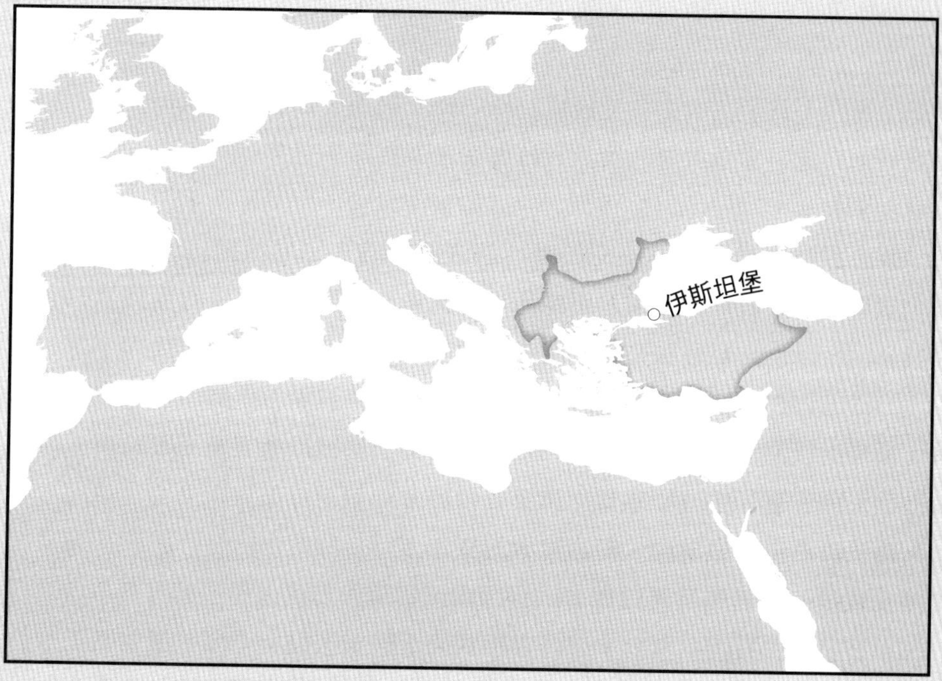

一四五三年五月三十日的奧圖曼帝國

上午八時

數千名奧圖曼士兵從城牆破洞湧入，他們的同袍站在城牆上叫囂鼓吹，欣喜若狂。

一如兩百五十年前的十字軍，他們步步驚心地走過郊區外圍街道，直到確定無人攔阻。壓抑了幾星期的挫折感瞬間爆發，化為一股撼動全城的暴力。過去幾星期來百姓仗著城牆的保護，盡情奚落咒罵奧圖曼士兵，如今他們驚恐地發現，敵人已經來到家門口，準備展開貪婪的掠奪與無情的報復。

每棟房子都被洗劫一空，黃金珠寶繡帷掛毯無一倖免。反抗的男女率先成為劍下亡魂，接著是沒有用處的老人和小孩。許多老人家被人扯著花白頭髮拖出家門，當街割喉喪命。修道院裡的修女被擄，慘遭強暴或販賣為奴。奧圖曼士兵為爭奪最美麗的女人大打出手。某些婦人選擇投井自盡，以免落入敵人手中。

撕心裂肺的驚恐尖叫不絕於耳。防守堤防的人聽見城裡古怪的嘈雜聲響，飛奔回家查看，發現家人不是死了，就是被綁架。奧圖曼的奧爾罕王子喬裝成說希臘語的本地人，想溜出港口，卻被突厥士兵認出來，遭到斬首。

巴爾巴羅在自己的船上目睹這場赤裸裸的驚悚畫面：「鮮血在城市裡流淌，像暴雨後河溝泛濫。突厥人和基督徒的屍體都被扔進達達尼爾海峽，像大批瓜果順著運河漂向大海。」

他及時逃出暴力漩渦。經過幾天的焦急等待，他的大帆船終於順利通過奧圖曼艦隊，溜進馬爾馬拉海，啟程回國。佛羅倫斯商人特塔迪（Giacomo Tetaldi）脫掉衣服跳進大海，游向一艘威尼斯船，被拉上甲板，讓他鬆了一大口氣。這時的奧圖曼海軍一點也不在乎義大利帆船的去留，因為水手們急著上岸搶奪戰利品。

奧圖曼士兵從城市外圍往內搜刮的過程中，梅塞大道傳出此起彼落的號哭聲，哀嘆城市陷落了。剛睡醒的人外出查看騷動原因，卻在奧圖曼士兵的刀鋒下送命。驚惶的百姓抱著孩子衝出家門，跑向港口，只盼能搭船逃離。可惜當初皇帝的部下為了強迫百姓留下來戰鬥，封鎖了堤防出入口。

不少家庭還記得末日預言，逃到聖索菲亞大教堂避難。據說當末日來到，基督還沒再臨，惡魔的部族會湧進城裡，但他們會被上帝的天使擋在大教堂外，天使用烈焰之劍砍殺那些異教徒。數以千計倉皇失措的百姓抓住渺茫生機，不到一小時，大教堂每個角落都擠滿了人，門也上了門。當晨曦從上方窗子灑下來，教士開始吟誦晨禱詞，男女老少都跟著誦念，在這燭光幽微、煙氣繚繞的大教堂裡進行最後一次、也最急迫的禱告。誰也不知道究竟有多少人真心相信上帝的復仇天使會來解救他們。

最先抵達大教堂的入侵者是一群新軍。他們沒命地跑，只因深信大教堂裡藏著不為人知的珍寶。他們衝進庭院，穿過外廳，掄起斧頭劈砍厚重大門，每一擊都觸發教堂裡信徒的驚聲尖叫。木門裂開、破碎、倒下，新軍衝了進去，摩拳擦掌準備搜刮所有找得到的貴重物品。

教堂裡死傷極微，因為到這時士兵們的嗜血激情已經被務實的搜刮取代。聖餐杯、燭台和皇帝座椅迅速被搶走。士兵們劈開聖壇屏風，拔走上面的貴重金屬。

接下來搶奪的值錢物品就是教堂裡的信徒。同樣地，蘇丹的士兵為爭奪美女拳腳相向。老弱族群都遭到砍殺，其他人就扣留起來充當奴隸或人質。有些俘虜被帶回城外的奧圖曼大營，其他人則被綁到金角灣，準備搭船送往開羅的奴隸市場。

短短不到一小時，大教堂裡能帶走或拆卸的貴重物品一件不剩。一群新軍找到丹多羅的墳墓，挖開來尋寶，可惜沒找到貴重物品，於是把遺骨扔到街上餵狗。

正午

征服者穆罕默德沒有立即跟隨他的軍隊進城。他在城外等候，直到確認君士坦丁已死。正午時分，他跨上他的白駒，帶著大批隨員從查瑞休斯門踏上君士坦丁堡血跡斑斑的街道。

穆罕默德心情肅穆，勝利似乎讓他謙卑。他帶著群臣走上梅塞大道，看著滿城屍體與垂死之人。許多屋子的窗戶掛著奧圖曼旗幟，宣示這棟屋子和裡面的財物已有所屬。穆罕默德來到君士坦丁廣場，亦即這座都城的創建者君士坦丁的巨像曾漠然倒塌之處。梅塞大道盡頭處，大教堂的雄偉建築映入眼簾。穆罕默德跳下坐騎，在大教堂前恭敬地行禮，抓起一把泥土灑在自己的頭巾上，表達在上帝面前的謙遜。

進入教堂後，他看見有個士兵正在挖掘大理石地板，憤怒地以劍身拍打那人。

「拿走財物和俘虜就該知足了！」他對倉促走避的士兵吼道，「建築物是我的！」

穆罕默德抬頭仰望教堂穹頂，而後轉身向後，指示他的伊瑪目走上佈道壇，宣達穆斯林信條：「阿拉是唯一真神，穆罕默德是祂的先知！」

穆罕默德二世走出殘破的教堂，橫越奧古斯塔廣場去到大皇宮廢墟。大皇宮已經廢棄多年，如今滿目荒涼。穆罕默德漫步在破敗的殿舍之間，吟誦某個波斯詩人的憂鬱詩句：

> 蜘蛛在帝王的宮殿織起帷幔，
> 貓頭鷹在阿菲羅西亞（Afrasiab）[1] 塔樓咕咕叫更。

就這樣，羅馬帝國自此灰飛煙滅。

海軍統帥與大臣

海軍統帥諾塔拉斯被軟禁在自己家裡。不久後穆罕默德就來見他，把這場大屠殺的道德責任推到他和君士坦丁身上，因為他們拒絕投降。

「陛下，」諾塔拉斯說，「我或皇帝都沒有能力勸城裡的百姓投降。何況，貴國有人一直寫信要我們堅持下去，我們為什麼要放棄？」

穆罕默德立刻知道諾塔拉斯指的是哈利勒。

三天後，哈利勒被打入大牢，以叛國罪名處死。他的財產沒收充公，誰也不許為他哀悼。

穆罕默德一度考慮招納諾塔拉斯，讓他治理君士坦丁堡，又覺不妥，將他連同家人一併處死。

穆罕默德暫時回到埃第尼舒適的皇宮，著手規劃重建君士坦丁堡。他離開君士坦丁堡時，君士坦丁堡的基督徒已全部消失，如果不是變成奴隸，就是流亡異鄉。整整半年裡，這座曾經輝煌的大都變成空城，闃無人聲。拜占庭史家杜卡斯（Ducas）記錄了這股叫人毛骨悚然的蒼涼：「都城杳無人煙，了無生氣，赤裸靜寂，蕪雜又凌亂。」

而後穆罕默德派工人前來修復。城牆重新補實，聖索菲亞大教堂轉為清真寺，更名聖索菲亞清真寺（Ayasofya），教堂四個角落建起四座宣禮塔，更添教堂的恢宏氣勢。教堂裡的鑲嵌畫與壁畫大多被白漆覆蓋。

君士坦丁堡改名為伊斯坦堡。新名稱的由來不得而知，或許只是「君士坦丁堡」的近似發音，也可能是希臘語「進城」（eis ten polin）的突厥發音，通常用來回答「上哪去？」這個問題。

如果這座城市要在奧圖曼統治下復甦繁榮，就得保持過去那種多元文化氛圍。穆罕默德指派反統修士擔任城裡的東正教主教，也任命了一名猶太教大祭司。新帝國向熱那亞商人招手，歡迎他們回到加拉達租借區。巴爾幹和小亞細亞的穆斯林與基督徒奉命遷入伊斯坦堡，充實大城裡的人口。穆罕默德的基督徒奴隸都安置在布拉契尼宮附近的芬內爾（Fener），那裡至今還住著少數東正教「羅馬人」。

過去的貿易路線重新開放，伊斯坦堡慢慢找回財富與自信。穆罕默德成立了一所大學，邀請阿拉伯科學家、建築師和藝術家過來定居工作。數十座高聳的宣禮塔插天而起，改變了城市的天際線。根據一四七八年的普查結果，伊斯坦堡人口只有八萬。到了十五世紀末，這座城市再度成為歐洲最大城。

1　為現今烏茲別克古城撒馬爾罕（Samarqand）的舊城。

俄國人與奧圖曼人

在伊斯坦堡的最後一天，我和喬搭電車前往圓頂大市集（Grand Bazaar）採買小紀念品。空氣中充滿叫賣聲和香料與研磨咖啡的味道。我們看到數不清的商店販售號稱有避邪作用的惡魔眼（evil eyes）首飾，比如項鍊、戒指與手鐲，這是羅馬時代流傳至今的風俗。一隻老貓蜷縮在我腳邊，牠走路時罹患關節炎的後腳會不自主地抽搐。牠的毛皮光澤亮麗，可是當我輕拍牠的身體，卻發現毛皮底下瘦骨嶙峋。

我在一家商店櫥窗看到一組西洋棋，棋盤是大理石材質。那是我見過最美麗的西洋棋，所以我買了下來。手繪的棋子分別是東正教俄國人和奧圖曼突厥人。俄國的城堡是深紅色的迷你克里姆林宮（Kremlin）；突厥的城堡則是乳白焦糖色相間的軍帳。

市集外下起寒冷的細雨，我跟喬找了家咖啡館坐下來等雨停。我點了土耳其咖啡，喬喝一小杯蘋果茶。我忍不住拿出西洋棋，仔細欣賞它的做工。我擺好棋盤，喬喜歡奧圖曼棋子，所以我扮演俄國人。我贏了頭兩盤，到了第三盤我犯了幾個愚蠢的失誤，被喬將了一軍。他用探詢的眼光看著我，懷疑我故意輸棋，但我沒有，我下棋從不作假。幾年前我應喬的要求買了戰國風雲桌遊（Risk），我贏了最初幾局，接著喬開始占上風，之後再也沒輸過。一開始他趾高氣昂，跟媽媽和朋友炫耀，等他越玩越精通，就變得更大方，會指點我哪一步走錯了。

雨勢變大了，逛街的人紛紛躲進迪旺尤魯街（Divanyolu Street）的名牌精品店避雨。喬俯身在棋盤上方，視線來回移動，在計算他可以採取的下一步。他的蘋果汁快涼了。

我望向窗外，看見前方不遠處有根像是工廠煙囪的東西，外觀醜陋，豎立在石磚堆壘起的粗糙底座上。我查了市區街道圖，發現自己想錯了。

「你看見那座塔了嗎？」我興奮地問喬。

「嗯。」喬好像很樂意暫時休戰。

「土耳其人稱它為『火吻柱』（Burnt Column），不過你知道那**其實**是什麼嗎？」

他只是耐著性子看著我，到這時他已經習慣我說話賣關子。

「喬，那是君士坦丁紀念柱。」

這根石柱歷史和這座城一樣久遠，它揭幕的那天，正是一千七百年前君士坦丁的新都城啟用的日子。若說君士坦丁堡有個出生地，那麼必定是這裡，就在這根火吻柱的底部。如今它只剩焦黑的殘跡，就像森林大火後的樹幹。

但它依然聳立，依然屹立不搖。

熙來攘往的消費者和觀光客無視它動也不動、幽靈似的身影，彷彿它是個無家可歸的遊民。

火吻柱，伊斯坦堡

喬瞄了一眼石柱，回頭看著我。

「如果我們有辦法鑽進石柱基座底下，」我突然心情激動，「**或許**可以找到羅馬帝國有史以來最珍貴的法寶……一個具有神祕法力的東西，很適合拍成印第安納・瓊斯（Indiana Jones）[2] 電影。」

「哦？那是什麼？」

「是一個叫帕拉蒂姆（Palladium）的木雕神像。」

帕拉蒂姆

帕拉蒂姆是希臘女神帕拉絲（Pallas）的木雕像，高一公尺。根據希臘神話，這尊雕像是哀傷的雅典娜雕刻的，因為祂失手殺死祂的養母帕拉絲，懊悔無比。宙斯拿起神像扔到人間，送給特洛伊城（Troy）百姓當禮物。

特洛伊人格外崇拜帕拉蒂姆，深信只要這尊小神像留在特洛伊，就能保全這座城市。有天晚上，特洛伊戰爭如火如荼之際，兩名希臘士兵溜進城裡偷走帕拉蒂姆，特洛伊城因此頓失依靠。直到這時，希臘人才有辦法用知名的木馬屠城計攻進城裡。

特洛伊城失守後不久，據說帕拉蒂姆被偷偷送往蓬勃發展的羅馬城，在灶神廟（Temple of Vesta）安奉了數百年。帕拉蒂姆同樣在羅馬城發揮祂的神奇法力，保護羅馬城不受侵擾，盡情向全世界擴張版圖。祂帶給羅馬無比自信，讓羅馬人相信自己的非凡命運。君士坦丁計劃將首都遷往東方時，也希望為君士坦丁堡注入那樣的優越特質。

西元三二八年十一月四日星期一，君士坦丁大帝帶領遊行隊伍穿越新羅馬街道，來到一座以他為名的橢圓形廣場。拜占庭改造工程在倉促中趕上皇帝指定的完工日，城市處處可見施工品質低劣所造成的裂縫與缺陷。不過，在這個舉辦盛大典禮的空間裡，一切都令皇帝心滿意足：全新的君士坦丁廣場看起來燦爛奪目，大理石地板配上雅緻的列柱和美麗的古典雕像。

廣場上最引人注目的是一座高聳參天的石柱，豎立在石柱頂端的是（還能有誰？）君士坦丁的巨像。打造這尊巨像可不是小工程。工人一時找不到合適的石柱，只好臨時變通，先建出一座高大的石塔，外面用切割出弧度的斑岩包覆，斑岩的紫色紋路正好代表皇室的威權。石柱頂端的君士坦丁巨像儘管壯觀耀眼，卻也是急就章拼湊而成。工人沒時間打造全新雕像，只好從別處找來尺寸合適的現成阿波羅神像，切掉腦袋，換上新雕刻的君士坦丁頭像，頭戴一圈光輪似的金黃色金屬尖刺，在午後斜陽下閃閃發亮。

君士坦丁以異教與基督教儀式正式宣布君士坦丁堡為羅馬帝國新首都。當時站在君士坦丁身邊的是羅馬大祭司普里提克塔斯（Praetextus），他奉皇帝之命帶來了帕拉蒂姆。皇帝選定吉時，命人將帕拉蒂姆埋在君士坦丁石柱底部，以防失竊。當時一起埋進去的還有珍貴的基督教聖物，比如裝在十二只籃子裡的五餅二魚奇蹟碎屑[3]和諾亞造方舟使用的斧頭，都壓在石柱底下保存。

紀念碑基座的虔誠銘文將羅馬的威望與基督徒的神聯結在一起：「噢，基督，世界的統治者與主人，此刻我將這座順服的城池與羅馬的王權與威望交給祢。」

君士坦丁巨像在原地挺立數百年，雕像在上方，帕拉蒂姆埋在基座底下，像個污穢不潔的異教祕密。然而，當東羅馬帝國踏上漫長的下坡路，巨像也同步朽敗。

西元一一〇六年，巨像在一場風暴中倒塌，砸在底下的廣場上。當時的皇帝曼努埃爾或許有點介意巨像隱含的異教餘韻，以簡單神聖的十字架取代雕像。

一二〇四年，狂暴的十字軍拆走了固定石柱外圈斑岩的青銅板。奧圖曼大軍進城後，穆罕默德命人取下十字架，石柱維持原狀。一七七九年，一場大火將石柱燒得焦黑。

---

2 八〇年代美國《法櫃奇兵》系列電影主角名字。

3 《聖經．馬可福音》第六章第八至十三節記載，耶穌用五塊大麥餅和兩條魚餵飽五千人，餘下的碎屑裝滿十二只籃子。

或許那尊木造雕像至今還在伊斯坦堡市區的心臟地帶，埋在火吻柱的石造基座下。

第三羅馬

穆罕默德的夢想跟羅馬皇帝沒什麼兩樣，都是統一天下，將全世界納入同一個王權、同一種信仰。他給自己Fetih頭銜，亦即「征服者」。帝國遷都伊斯坦堡後，朝廷官員也揚棄過去身為游牧民族戰士時那種一切講究簡單、平等的習慣。隨著穆罕默德年事漸高，他從瘦削的戰士變成身材臃腫、珠光寶氣的獨裁君主，跟百姓的距離越來越遙遠。他越來越依賴龐大的官僚體

晚年的征服者穆罕默德，詹蒂萊．貝里尼繪

系，而這個體系免不了沿襲羅馬帝國長久以來的行政風格。

一四八〇年，穆罕默德請威尼斯畫家詹蒂萊．貝里尼（Gentile Bellini）為他繪製一幅肖像，在這幅畫像裡，穆罕默德嘴唇皺縮，兩眼空洞，目光渙散，儼然像個得到所求卻依然不快樂的人。

穆罕默德又給自己新的封號：「羅馬人的凱撒」，不久後還會有更多人給自己冠上諸如「凱撒」或「沙皇」[4]這類頭銜。

君士坦丁堡陷落時，君士坦丁十一世的姪女柔伊．帕拉羅古斯（Zoe Palaeologus）還是個孩子。她的家人帶她前往科孚，輾轉抵達羅馬，在那裡得到教宗的保護。柔伊被教育成天主教徒，名字也拉丁化，變成蘇菲亞（Sophia）。

一四七二年，教宗保祿二世為了增加他對俄國東正教的影響力，安排蘇菲亞下嫁莫斯科大公伊凡三世（Ivan III）。婚禮在聖彼得大教堂舉行，由俄國大使代位迎娶公主。

隔天蘇菲亞便踏上漫長旅程，前往莫斯科與新婚夫婿團聚。她帶著大批隨從北上，經過如今的義大利和德國到達呂貝克港（Lübeck），再搭船橫越波羅的海，抵達塔林（Tallinn），從那裡改走陸路到諾夫哥羅，終於在第一場冬雪前來到莫斯科。

伊凡熱忱歡迎蘇菲亞的到來，安排了幾座宮殿與花園給她居住，蘇菲亞很快就在俄國展開新生活。教宗的企圖碰了壁，蘇菲亞揚棄天主教，重回東正教懷抱。如同其他遠嫁異鄉的拜占庭公主，她為新皇宮帶來一番新氣象。她為伊凡的宮廷引進繁複的羅馬儀式，也鼓勵伊凡以羅馬皇位繼承人自居。其中不無道理：伊凡如今是世界上權力最大的東正教統治者，又娶了羅馬末代皇帝的姪女。

日後有位東正教修士致函蘇菲亞的兒子瓦西里二世（Vasilli II），信的開頭天花亂墜：「兩個羅馬崩落了，第三個卓然挺立。未來不會有第四個，沒

4　指蘇維埃帝國的皇帝，英文是Tzar，源自拉丁語的Caesar，亦即凱撒。

人能取代陛下的基督教沙皇國度。」伊凡之後的皇帝因此冠上俄國沙皇的頭銜，成為第三個羅馬。

想像的不朽都城

羅馬帝國悠久的歷史，就以穆罕默德在大皇宮吟誦的那兩句波斯悼辭畫上句點。醫生或許會宣稱，羅馬帝國這個病人捱過漫長的人生路與痛苦的衰退後，死得壯烈悽慘。可是失去軀殼的拜占庭魂魄依然徘徊在塵世中。她變成了幽靈帝國，持續發揮影響力，像隱藏在潛意識裡的驅力。

在君士坦丁堡最後動盪的一百年間，即使統治者帶著帝國一步步走向敗亡，這座都城依然英勇地創造出思想文化上的復甦，像垂死星辰綻放出最後一抹光芒。當外在世界的恐怖令人不敢揣想，東正教教會轉而向內探索，深入神祕主義領域。神職人員採用一種名為「靜修」（hesychasm）的密集禱告儀軌，hesychasm這個字來自希臘語，意思是「保持靜止」。「靜修」類似佛教的靜坐，需要調息，也要反覆誦念經文。他們念誦的是耶穌禱詞（Jesus Prayer）「主耶穌基督憐憫我這個罪人」，幫助靜修士屏除外在世界的雜音與混亂。當靜修士達到絕對的寂靜，他的心靈就會向上帝的非受造之光敞開。在這種時刻，靜修士可能會充滿狂喜。不過，教會奉勸靜修士，不要為了追求那份狂喜而靜修。無可否認地，這是一種強而有力的天人合一境界，在最私人的狀態下與神性合而為一。

在最後那危急的一世紀裡，散居城市各角落的學者也往另一個方向邁進，遠離神祕主義，在亞里斯多德的著作與其他希臘古典作品啟發下，重新走回理性的道路。這些學者儘管為古代的異教徒智慧著迷，深信理性思考可以帶來開悟，卻仍是虔誠的基督徒。過去人們用hellene這個詞稱呼信奉異教神祇的古希臘人，區隔自己羅馬基督徒的身分。到了帝國滅亡前幾十年，君士坦丁堡越來越多學者願意承認自己的古希臘淵源[5]。

古希臘著作一直留存在君士坦丁堡，從未被遺忘，即使是這個城市奮勇抵抗波斯人和先知的部隊時的黑暗時代也一樣。古典文化的火炬持續在君士坦丁堡燃燒，它的雕像妝點著城市的公共場所，它的文稿妥善保存在修道院與大學裡。

第九世紀帝國漸漸復甦，古典文化也曾再現風華。當時在君士坦丁堡接受高等教育，就得學習古希臘文，閱讀古代史學家、詩人和哲學家的作品。在《阿列克修斯傳》中，安娜公主提及古希臘吟遊詩人荷馬（Homer）時，直接稱他「詩人」，設定她的讀者都跟她一樣熟悉荷馬的作品。

東正教學者努力在古典知識與信仰之間求取平衡。在他們心目中，基督教思想比異教智慧更珍貴，只是，古典文籍裡的優美辭藻與真知灼見始終令他們難以忘懷。要將基督教信仰與異教智慧劃歸不同領域並不困難：異教智慧被視為「外在學習」，是真實世界的知識，譬如幾何學、數學與歷史，異教信仰無礙於這些學科的發展。基督教智慧則是「內在學習」，專門用來思索永恆的議題。思想這個內在殿堂不容異教邏輯侵犯。有關神的各種面向，只能從經書裡獲知，經文沒有記載的事物都神祕深奧，超出人類的理解範圍。

當帝國走向最後的衰亡，一場有關靜修主義的嚴重爭執撼動了教會。一三三七年，有個名叫巴爾拉姆（Barlaam）的天文學家兼數學家公開嘲弄靜修士，說他們是一群「觀臍士」（omphalopsychoi），因為他們冥想時把念頭集中在肚臍眼。靜修士聲稱人可以直接接觸上帝，巴爾拉姆斥為無稽，他說人只能運用上帝賜與的思維能力推演出上帝。

巴爾拉姆的論點受到來自阿索斯山（Mount Athos）的神學家貴格利·帕拉瑪斯（Gregory Palamas）嚴厲抨擊，帕拉瑪斯認為巴爾拉姆想法顛倒錯亂。他說，想以理性這種原始又拙劣的工具理解上帝的非受造之光，簡直荒謬愚蠢，就像蜘蛛意圖用牠的網子捕捉太陽。他強調，人只能透過禱告或冥

5　原來具有貶抑意味的hellene，在十四世紀中葉後開始逐漸被拜占庭帝國人民用作認同的根據。主要原因之一是，他們與羅馬為首的教會及西方國家在打交道時備受屈辱，逐漸願意認清及接受自己文化及宗教的真正傳統其實是希臘、而非羅馬的。

想去體驗上帝，絕對無法「理解」祂。

教會一面倒支持帕拉瑪斯，理性主義者巴爾拉姆被斥為異端。巴爾拉姆明白自己在君士坦丁堡已經沒有容身之地，便轉往義大利投靠那不勒斯國王智者羅貝爾（Robert the Wise），當時古典智慧風潮在那不勒斯方興未艾。

這時期義大利與拜占庭學者已經開始彼此試探交流，歐洲人重新注意到荷馬、柏拉圖、亞里斯多德、伊斯奇勒斯（Aeschylus）[6]、沙弗克力斯（Sophocles）[7]、希羅多德（Herodotus）[8]和修昔底德（Thucydides）[9]等人的作品，他們發現世上唯一存有這些寶貴希臘文稿的地方是君士坦丁堡。另一方面，拜占庭人意識到帝國的根基漸漸動搖，而東正教也慢慢在拒絕「外在的智慧」。學者們猜想，在佛羅倫斯、威尼斯和羅馬偏好古典文學、朝氣蓬勃的宮廷裡，或許有更美好的人生等著他們。

巴爾拉姆在義大利改信天主教，結交了三個啟動義大利文藝復興的重要人物，他們是佩魯賈的保羅（Paul of Perugia）[10]、薄伽丘（Giovanni Boccaccio）[11]與詩人佩脫拉克（Francesco Petrarch）[12]，他們三人都渴望學習巴爾拉姆熟諳的古希臘作品。

一四五三年君士坦丁堡失守，另一批具影響力的學者打包離去，行囊裡塞滿古典文稿。這些學養豐富的東方人進入義大利各國宮廷，教導他們求知若渴的東道主希臘古文，也協助將古典名著翻譯成拉丁文或義大利文等本地語言。到了一四八七年，威尼斯的拜占庭人口據說多達四千人，當地樞機主教因此戲稱威尼斯「幾乎是另一個拜占庭」。

拜占庭流亡學者雖然沒有直接帶動義大利文藝復興，但他們與義大利學者合作，等於為文藝復興的搖曳火焰添加燃料，並撥弄成熊熊大火。

君士坦丁堡的滅亡在許多方面改變了世界，而且都是當時難以預料的。奧圖曼控制了君士坦丁堡，干擾了西歐與亞洲之間的香料貿易。突厥人雖然願意接納基督教商人，西方人卻覺得陸路危機四伏、困難重重，葡萄牙航海家因此開始探索前往印度與中國的新航線。

一四八六年，葡萄牙航海家狄亞士（Bartholomew Diaz）的船沿著西非海岸南行，繞過好望角（Cape of Good Hope），成為史上第一艘駛入印度洋的歐洲大帆船。一四九七年，葡萄牙探險家達伽馬（Vasco de Gama）一路從里斯本航行到印度加爾各答，徹底避開奧圖曼帝國。

君士坦丁堡陷落後三十三年，熱那亞探險家哥倫布（Cristoforo Colombo）求見西班牙國王，希望取得金援，尋找通往日本與中國的新航線。這回他打算往西走，探索大西洋的未知海域。就這樣，君士坦丁堡的殞落觸發了歐洲的航海大發現時代，歐洲人也因此征服了美洲。

東羅馬帝國滅亡後數百年之間，始終沒有得到應有的重視。啟蒙時代的狂熱學者對中世紀神權國度的塵封歷史不感興趣。吉朋鄙夷「拜占庭帝國」，認為她是個積弱不振的迷信國度，不配使用「羅馬」這個稱號。這種敵意延續到十九世紀，以致有個歷史學家目空一切地否定拜占庭長達十一個世紀的文明。這位史學家在一本叫《從奧古斯都到查理曼時代的歐洲道德史》（*A History of European Morals from Augustus to Charlemagne*）[13] 的書裡寫道：

> 史家一致公認，〔拜占庭帝國〕是文明最低劣、最可鄙的展現。世上沒有哪個文明是如此貧瘠，欠缺任何堪稱偉大的形式與元素；也沒有任何文明能以「惡毒」這個詞語貼切形容……帝國歷史單調乏味，通篇都是教士、閹人與女性的詭計，以及下毒、串謀與

6　西元前五二五～四五六，古希臘悲劇作家，有「悲劇之父」之稱。

7　約西元前四九六～四〇五，古希臘劇作家，亦是古希臘悲劇代表作家。

8　約西元前四八四～四二五，古希臘作家，他的著作《歷史》是西方文學史上第一部完整保存下來的散文集，奠定西方文學基礎。

9　約西元前四六〇～三九五，古希臘歷史學家與思想家。

10　生平不詳，是智者羅貝爾的圖書館長，對外國書籍有深入研究。

11　一三一三～一三七五，義大利文藝復興運動代表，他的《十日談》是近代第一部寫實主義作品。

12　一三〇四～一三七四，義大利人文主義學者，被譽為人文主義之父。

13　作者是愛爾蘭歷史學家威廉．雷其（William Edward Hartpole Lecky，一八三八～一九〇三）。

毫無例外的不知感恩。

二十世紀歐洲人重新對拜占庭感興趣，但歷史學家知道他們挑戰的是數百年來的西方偏見。

愛爾蘭詩人葉慈（William Butler Yeats）[14] 對拜占庭的神祕世界所知甚詳，夢想著有朝一日能造訪君士坦丁堡這個幽靈帝國。他的兩首優美詩作〈拜占庭〉（Byzantium）與〈航向拜占庭〉（Sailing to Byzantium）擺脫西歐偏見，邀請英語世界以全新視角看待這個帝國。葉慈寫〈航向拜占庭〉時已經六十八歲，覺得自己像「披在竹棍上的破舊外套」。他夢想中的拜占庭似乎可以帶他進入一個不朽世界，那裡有著晶瑩閃亮的鑲嵌畫，以及機械鳥和昏昏欲睡的帝王。

於是我揚帆出海，來到
拜占庭的神聖都城。
喔，聖哲站在上帝的火焰前，
正如金黃色鑲嵌壁畫所描繪。
他們從火裡出來，旋轉如線軸，
為我的靈魂謳歌詠嘆。
吞噬我的心吧，它為欲求所苦
又繫縛於垂死軀殼，
已然迷失自我。請帶我
進入永恆巧手安排的化境。

葉慈是愛爾蘭人，居住在不列顛帝國邊境之外，或許更能撇開古羅馬的窮兵黷武，欣賞君士坦丁堡這座遙遠都城的光彩。他在英國廣播公司聊起這首詩時提醒聽眾：「當愛爾蘭人以泥金彩繪《凱爾經》（*Book of Kells*）[15]，或打造愛爾蘭國家博物館裡鑲嵌寶石的牧杖，拜占庭已經是歐洲文明的中心，也是宗教理論的發源地。」

二〇〇四年，紐約大都會博物館推出一檔熱門展覽，主題是「拜占庭：信仰與力量，一二六一至一五五七年」，展出來自東羅馬帝國最後數百年間的文物，包括鍍金聖像、壁畫、絲綢、手稿、首飾盒與護身符等。在紐約這個資主本義至上的大城裡，拜占庭藝術散發的沉靜神聖特質，帶給觀者幾許迷亂與不安。

展覽手冊的序言，是來自伊斯坦堡普世牧首巴爾多祿茂一世（Bartholomew I）的祝福。他指出，拜占庭帝國末期的藝術品普遍散發出一股「鮮明的哀傷」。這篇序言以一段禱辭終結，希望人們「能跳脫狹隘的消費主義觀點，在更高的價值觀與理念中找到信仰」。

「希望渺茫。」《紐約客》雜誌（*New Yorker*）評論家寫道，「我離開時心裡發毛，彷彿被人當頭棒喝。」

巴爾多祿茂一世目前住在伊斯坦堡芬內爾區一棟複合建築裡。土耳其政府不接受他普世牧首的頭銜，只承認他是定居這個區域的少數民族希臘人的精神領袖。那些希臘人就是所謂的「羅馬人」，過去是這個區域的主要人口，近年來土耳其政府遊移在現代化與伊斯蘭教義之間，越來越多希臘人選擇另謀發展。奧圖曼帝國時期的多種族文化已經漸漸淡化。每年都有更多家庭選擇離開，伊斯坦堡的「羅馬」人口已經幾乎絕跡。

*

我和喬在機場排隊等候檢查行李，周遭都是背光廣告面板，有科技公司和宣傳「創新解決方案」服務的金融機構。從一九九〇年代網路普及來，「創新」一直是個流行語。在西方世界裡，它是積極正向的詞彙，代表創意、新穎與除舊布新。在拜占庭人眼中，「創新」卻是無用之物，是一種難

14　一八六五～一九三九，愛爾蘭詩人，也是二十世紀重要文學家。

15　是第九世紀愛爾蘭西部凱爾特修士繪製的泥金裝飾手抄經書，搭配華麗的裝飾文字，內容是《新約聖經》的四部福音書。此書是愛爾蘭國寶，目前典藏在都柏林三一學院。

堪，像是為古色古香的大宅邸增建的現代廉價建築。對他們而言，創新是永恆與完美的敵人。在八九世紀支持與禁絕聖像的紛爭中，雙方都指控對方為宗教帶來可恥的創新。他們始終如一地敵視創新，直到突厥人拖著巨砲來到城牆外。

二〇一五年八月

我和喬去伊斯坦堡遊旅是一年半前的事了。喬現在已經十六歲，身材瘦削，長得跟我一樣高。他有一把吉他，喜歡皮克西斯樂團（Pixies）、鼓擊樂團（Strokes）和超脫樂團（Nirvana），愛吃日本拉麵和中國烤鴨，喜歡YouTube上的喜劇演員。他不吸食毒品，因為那很瞎。他在學中文，大家都說他發音很標準。他還是想當建築師。

這個月我必須離開澳洲的家人，到冰島製作一系列廣播節目，返程途中在巴黎停留兩天。我一個人，有點孤單，因此漫無目標地在街上亂逛，想往哪裡走，就往哪裡走。在這個溫暖的夏夜裡，我發現自己來到尚博韋街（Rue Jean de Beauvais）一間不起眼的東正教教堂門口。當時是星期四晚上，我猜教堂已經關門，或者空無一人。等我推開門，卻是光線、音樂與煙氣撲面襲來。我看見教堂裡有二三十個信徒，多半跪在從聖壇延伸到近門處的長地毯上。女人披著頭巾，男人頭朝聖壇趴臥。如果不是周邊有太多基督教畫像，很容易誤以為這裡是清真寺。我覺得自己闖入某種神祕社團的儀式。

我駐足教堂後側默默觀看，盡量避免造成干擾。我發現男女信徒各據一方，而我在女士那邊，於是躡手躡腳移到男士那邊。反正也沒人注意我，信眾都全神貫注在做禮拜。

儀式由三名被沉重禮袍壓得背部佝僂的年邁教士主持，兩名穿便服的領唱人站在聖壇旁，跟他們一起以低沉圓潤的嗓音唱誦。禮拜儀式從頭到尾都充滿樂聲，領唱人的歌聲穩定地配合東方音階跌宕起伏。一名領唱人穿著慢跑裝，顯得不耐煩，像是為了哄媽媽開心而來。另一個穿著乾淨的白襯衫，顯得更虔誠投入。

神授規律與神化在這裡並存。我進教堂時腿腳痠痛，心情煩躁，十分鐘後變得平和安詳，思緒開始遊走。我的視線順著地板往前推移，看到了，那個裝飾地毯的標誌：皇冠和底下的雙頭鷹。一隻爪子抓著劍，另一隻抓著地球儀。經過這麼多年，即使在這裡，幽靈帝國依然在自我宣示，強調她對法蘭西這個後起之秀的支配權。那隻代表東西帝國大一統的雙頭鷹，依然等著在世界帝國的首都君士坦丁堡重生。

致謝辭

在此感謝我的太太金和女兒艾瑪，因為她們耐心包容她們外務繁忙的丈夫和父親；感謝Kári Gíslason，有時他比我更清楚這本書該往哪個方向走；也要謝謝美國廣播公司（ABC）宗教與倫理入口網站編輯、學識無比淵博的Scott Stephens，他就早期基督教歷史與神學提供許多寶貴見解；感謝Pam O'Brien和Elizabeth Troyeur的明智建言和溫馨鼓勵；感謝Brigitta Doyle、Lachlan McLaine、江鳳玲（Foong Ling Kong）和ABC Books與HarperCollins的工作人員提供編輯上的協助與熱心參與；感謝最傑出的Liz Gilbert，她知道如何寫出一本大家都想讀的書；還有賽門・溫契斯特（Simon Winchester），他強烈的好奇心驅使他走遍地表與地底所有奇特美妙的地點，寫出許多精彩書籍，感謝他的鼓勵；感謝昆士蘭國家圖書館，沒想到他們藏有許多踏破鐵鞋無覓處的拜占庭史料。深深感謝我兒子喬，他躺在沙發上聽我逐字逐句讀這本書，隨時提出我最需要的回饋。

參考書目

古代與中古時期來源

Accounts of Medieval Constantinople, The Patria, trans. Albrecht Berger, Dumbarton Oaks Medieval Library, 2013

Al-Tabari, *The History of Al-Tabari Vol. 30: The 'Abbasid Caliphate in Equilibrium,* trans. C.E. Bosworth, State University of New York Press, 1989

Ambrose, *The Death of Theodosius,* trans. Roy J. Deferrari, Fathers of the Church, 1953

Ammianus, Marcellinus, *The Later Roman Empire,* trans. Walter Hamilton, Penguin, 2004

Anonymus Valesianus, penelope.uchicago.edu/Thayer/E/Roman/Texts/Excerpta_Valesiana/2*

Barbaro, Nicolo, *Diary of the Siege of Constantinople*

Choniates, Nicetas, *O City of Byzantium: Annals of Niketas Choniates,* trans. Harry J. Magoulias, Wayne State University Press, 1984

Comnena, Anna, *The Alexiad*, trans. Elizabeth A. Dawes, Fordham University Medieval Sourcebook, legacy.fordham.edu/Halsall/basis/AnnaComnena-Alexiad.asp

Constantine Porphyrogenitus, *De Administrando Imperio,* trans. R.J.H. Jenkins, Dumbarton Oaks, 1967

Constas, Nicholas, *Proclus of Constantinople and the Cult of the Virgin in Late Antiquity*, Brill, 2003

De Clari, Robert, *The Capture of Constantinople*, Fordham University Medieval Sourcebook, legacy.fordham.edu/halsall/source/clari1.asp

De Villehardouin, Geoffroi, *Memoirs, or Chronicle of the Fourth Crusade,* trans. Frank Marzials, J.M. Dent 1908

The Enactments of Justinian: The Digest, or Pandects, www.constitution.org/sps/sps02_j2-01.htm

Eusebius of Caesarea, *The History of the Church*, trans. Arthur Cushman McGiffert, Acheron Press, 2012

Eusebius of Caesarea, *Life of Constantine*, trans. Ernest Cushing Richardson,

Heraklion Press, 2014
Eusebius of Caesarea *Martyrs of Palestine,* people.ucalgary.ca/~vandersp/Courses/texts/eusebius/eusempaf.html
The Greek Alexander Romance, trans. Richard Stoneman, Penguin Classics, 1991
Evagrius Scholasticus, *Ecclesiastical History (AD431–594),* trans. by E. Walford, 1846, www.tertullian.org/fathers/evagrius_4_book4.htm
Gyllius, Petrus, *The Antiquities of Constantinople,* 1729, trans. John Ball, from digitised copy of original 1729 translation, hdl.handle.net/2027/njp.32101075990547
Harrison Frederic, *Byzantine History in the Early Middle Ages,* Macmillian, 1900
The Holy Bible, English Standard Version, EPUB edition
Jerome, *The Letters of St Jerome,* Christian Classics Ethereal Library, www.ccel.org/ccel/schaff/npnf206.v.CXXVII.html
John of Ephesus, *Pseudo-Dionysius of Tel-Maḥrē: Chronicle of Zuqnin, Part III,* trans. Witold Witakowski, Liverpool University Press, 1996
John of Sedra, *The Letter of John of Sedra,* trans. Dr. Abdul-Massih Saadi, published in *Karmo Magazine,* Mar Aphram Institute, Vol. 1 No. 2, 1999, www.chaldeansonline.org/Banipal/English/karmo2.html
Jordanes, *The Origins and Deeds of the Goths,* trans: Charles C. Mierow, people.ucalgary.ca/~vandersp/Courses/texts/jordgeti.html
Justinian, *The Enactments of Justinian, The Code, First Preface,* trans. S.P. Scott, 1932., droitromain.upmf-grenoble.fr/Anglica/codjust_pre1_Scott.htm
The Koran, trans. N.J. Dawood, Penguin, 1974
Kritovoulos, *History of Mehmed the Conqueror,* trans. Charles T. Riggs, 1970, www.promacedonia.org/en/kmc/index.htm
Lactantius, *On the Manner in which the Persecutors Died,* www.newadvent.org/fathers/0705.htm
Leo the Deacon, *Historiae Libri X,* ed. C. B. Hase, 1828, www.paulstephenson.info/trans/leo3.html
Liber Pontificalis, archive.org/details/bookofpopesliber00loom
Life of Saint Irene Abbess of Chrysobalanton: A Critical Edition with Introduction, Notes and Indices, trans. Jan Olof Rosenqvist, Acta University Upsaliensis, Studia Byzantina Upsaliensis, Almqvist & Wiksall, 1986, 3–113, legacy.fordham.edu/halsall/basis/irene-chrysobalanton.asp

Liutprand of Cremona, *Report of his Mission to Constantinople,* Medieval Sourcebook, Fordham University, legacy.fordham.edu/Halsall/source/liudprand1.asp

Mango, Cyril, *The Art of the Byzantine Empire 312–1453: Sources and Documents,* University of Toronto Press, 1986

Medieval Tales from Byzantium, trans. Alice-Mary Talbot & Scott Fitzgerald Johnson, Dumbarton Oaks Medieval Library, 2012

Nestor-Iskander, *The Fall of Constantinople,* wps.pearsoncustom.com/wps/media/objects/2427/2486120/chap_assets/documents/doc9_4.html

Nikephoros, *Nikephoros, Patriarch of Constantinople, Short History,* trans. Cyril Mango, Dumbarton Oaks Texts, 1990

Novels of Justinian, www.uwyo.edu/lawlib/justinian-novels

Otto of Freisling, *Chronicon*, ed. G.H. Pertz, Hanover, Hahn, 1867, VII, 33, (pp. 334–35), translated by James Brundage, *The Crusades: A Documentary History,* Marquette University Press, 1962: *The Legend of Prester John*, Fordham University, Medieval Sourcebook, legacy.fordham.edu/halsall/source/otto-prester.asp

Pliny the Elder, *Natural History,* trans. H. Rackham, Loeb Classical Library, 1938

Procopius, *The Secret History/The Wars of Justinian,* Halcyon Classics eBook, 2009

The Buildings, Loeb Classical Library, 1940

Prudentius, *The Reply to Symmachus,* trans. H.J. Thompson, Loeb Classical Library, 1955

Psellus, Michael, *Fourteen Byzantine Rulers,* trans. E.R.A. Sewter, Penguin, 1966

Psellus, Michael, *Historia Syntomos*, trans. W. De Gruyter, Milan Savić, 1998

Pseudo-Methodius, *Apocalypse*, An Alexandrian World Chronicle, trans. Benjamin Garstad, Dumbarton Oaks Medieval Library, 2012

Russian Primary Chronicles, pages.uoregon.edu/kimball/chronicle.htm

Sebeos, *The History of Sebeos,* trans. Robert Bedrosian, 1985, rbedrosian.com/seb1.htm

Skylitzes, John, *A Synopsis of Byzantine History, 811–1057,* trans. John Wortley, Cambridge University Press, 2010

Sphrantzes, George, *The Siege of Constantinople, 1453, According to George Sphrantzes*

Strabo, *The Geography of Strabo*, trans. Horace Leonard Jones, 1917, penelope.

uchicago.edu/Thayer/E/Roman/Texts/Strabo/home.html
Sturluson, Snorri, *Heimskringla*, trans. Samuel Laing, John. C. Nimmo, 1889, www.wisdomlib.org/scandinavia/book/heimskringla/d/doc5732.html
Tafur, Pero, *Pero Tafur: Travels and Adventures (1435–1439)*, trans. Malcolm Letts, Harper & Brothers, 1926
Theophanes, *The Chronicle of Theophanes*, trans. Harry Turtledove, University of Pennsylvania Press, 1982
Theophylact Simocatta, *The History of Theophylact Simocatta*, trans. Michael and Mary Whitby, Oxford University Press, 1986
Three Byzantine Saints: Contemporary Biographies of St Daniel the Stylite, St Theodore of Sykeon and St John the Almsgiver, trans. Elizabeth Dawes, Blackwell, 1948, legacy.fordham.edu/halsall/basis/dan-stylite.asp
Thietmar of Merseberg, *Ottonian Germany: The Chronicon of Thietmar of Merseburg*, trans. David A. Warner, Manchester University Press, 2001
Vitalis, Orderic, *The Ecclesiastical History of Orderic Vitalis,* trans. Thomas Forrester 1853, https://archive.org/details/ecclesiasticalhi03orde

現代來源

Alexander, Paul Julius, *The Byzantine Apocalyptic Tradition,* University of California Press, 1985
Alexander, Paul Julius, 'The Medieval Legend of the Last Roman Emperor and Its Messianic Origin', *Journal of the Warburg and Courtauld Institutes*, Vol. 41, (1978), pp. 1–15, Warburg Institute
Angold, Michael, *The Byzantine Empire, 1025–1204,* Longman, 1997
Armstrong, Karen, *A Short History of Islam*, Modern Library, 2002
Babinger, Franz, *Mehmed the Conqueror and His Time*, Princeton University Press, 1992
Baring-Gould, Sabine, *Curious Myths of the Middle Ages,* Dover Publications, 2005
Brown, Peter, *The World of Late Antiquity,* Folio Society, 2014
Bury, J.B., *A History of the Later Roman Empire: From the Death of Theodosius I to the Death of Justinian Vols. I, II*, Dover Publications 2011
Bury, J.B., *A History of the Later Roman Empire: From the Fall of Irene to the Accession of Basil I,* Dover Publications, 2011
Campo, Juan Eduardo, *Encyclopedia of Islam,* Infobase Publishing, 2009

Cavallo, Guglielmo (ed)., *The Byzantines,* University of Chicago Press, 1997
Connor, Carolyn L., *Women of Byzantium,* Yale University Press, 2004
Crowley, Roger, *Constantinople, the Last Great Siege, 1453,* Faber & Faber, 2005
Curtis, Robert I., 'In Defense of Garum', *The Classical Journal,* Vol. 78, No. 3 (Feb–Mar, 1983), pp. 232–240
Davies, Norman, *Europe: a History,* Pimlico 1998
De Rachewilts, Igor, *Papal Envoys to the Great Khans,* Stanford University Press, 1971
Drake, H.A., *Constantine and the Bishops: The Politics of Intolerance,* Johns Hopkins University Press, 2002
Durant, Will, *The Complete Story of Civilization: Our Oriental Heritage,* Simon & Shuster, 1942
Evans, Helen C. (ed.) *Byzantium: Faith and Power (1261–1557),* Metropolitan Museum of Art, New York, 2004
Evans, Helen C. & Wixom, William D. (eds.), *The Glory of Byzantium: Art and Culture of the Middle Byzantine Era AD 843–1261,* Metropolitan Museum of Art, New York, 1997
Filkins, Dexter, 'The Deep State', *The New Yorker,* Dec. 12, 2012
Fleming, K.E., 'Constantinople: From Christianity to Islam', *The Classical World,* Vol. 97, No. 1 (Autumn, 2003), pp. 69–78, Johns Hopkins University Press
Frankopan, Peter, *The Silk Roads: A New History of the World,* Bloomsbury 2015
Garland, Lynda, *Byzantine Empresses: Women and Power in Byzantium, AD 527–1204,* Routledge, 2011
Gautier, Théophile, *Constantinople,* trans. Robert Howe Gould, Holt, 1875
Geanakoplos, Deno John, *Byzantium: Church, Society, and Civilization Seen Through Contemporary Eyes,* University of Chicago Press, 1984
Geanakoplos, Deno John, *Constantinople and the West,* University of Wisconsin Press, 1989
Gibbon, Edward, *The History of the Decline & Fall of the Roman Empire,* HMDS Press eBook 2015
Gleeson-White, Jane, *Double Entry: How the Merchants of Venice Shaped the Modern World,* Allen & Unwin, 2012
Goldsworthy, Adrian, *The Fall of the West: The Death of the Roman Superpower,* Phoenix, 2009

Grant, Michael, *The Emperor Constantine,* Weidenfeld & Nicholson, 1993
Harris, Jonathan, *The End of Byzantium,* Yale University Press, 2010
Harris, Jonathan, *Byzantines in Renaissance Italy,* Online Reference Book for Medieval Studies, the-orb.arlima.net/encyclop/late/laterbyz/harris-ren.html
Heather, Peter, *The Fall of the Roman Empire: A New History of Rome and the Barbarians,* Oxford University Press, 2006
Heck, Alfons, *The Burden of Hitler's Legacy,* Primer Publishers, 1998
Herrin, Judith, *Byzantium: The Surprising Life of a Medieval Empire,* Penguin, 2007
Herrin, Judith, *We Are All the Children of Byzantium,* 18th Annual Runciman Lecture, 2009, oodegr.co/english/istorika/romi/children_of_byzantium.htm
Hichens, Robert, *The Near East: Dalmatia, Greece and Constantinople,* Hodder & Stoughton, 1913
Holland, Tom, *In the Shadow of the Sword,* Hachette, 2012
Holland, Tom, *Millennium,* Hachette, 2011
Huizinga, Johan, *The Waning of the Middle Ages,* Dover, 1999
Hunt, Patrick, *Byzantine Silk: Smuggling and Espionage in the 6th Century CE,* Stanford University, 2011, altmarius.ning.com/profiles/blogs/byzantine-silk-smuggling-and-espionage-in-the-6th-century-ce
James, Liz (ed.), *A Companion to Byzantium,* John Wiley & Sons, 2010
Kaegi, Walter, *Heraclius Emperor of Byzantium,* Cambridge University Press, 2003
Kaldellis, Anthony, *The Byzantine Republic: People and Power in the New Rome,* Harvard University Press, 2015
Kaldellis, Anthony, *Hellenism in Byzantium,* Cambridge University Press, 2008
Kaya, Serdar, 'The Rise and Decline of the Turkish "Deep State": The Ergenekon Case', *Insight Turkey,* vol. 11 / No. 4 / 2009 pp. 99–113
Lidov, Alexei, *The Flying Hodegetria the Miraculous Icon as Bearer of Sacred Space,* 2004, archiv.ub.uni-heidelberg.de/artdok/3674/1/Lidov_The_flying_Hodegetria_2004.pdf
MacCulloch, Diarmaid, *A History of Christianity,* Allen Lane, 2009
Majeska, George P., *Russian Travelers to Constantinople in the Fourteenth and Fifteenth Centuries,* Dumbarton Oaks Research Library and Collection, 1984
Mango, Cyril, et al, *The Oxford History of Byzantium,* Oxford University Press, 2002
Marlowe, Elizabeth, 'Framing the Sun: The Arch of Constantine and the Roman

Cityscape', *The Art Bulletin*, Vol. 88, No. 2, 2006, pp. 223–242
Muthesius, Anna, 'Silk in the Medieval World', *The Cambridge History of Western Textiles*, Vol. I, ed. T.D. Jenkins, Cambridge University Press, 2003
Nicol, Donald M., *The Immortal Emperor: The Life and Legend of Constantine Palaiologos, Last Emperor of the Romans*, Cambridge University Press, 2002
Norwich, John Julius, *A History of Venice*, Viking, 1983
Norwich, John Julius, *Byzantium Vol I: The Early Centuries*, Viking, 1989
Norwich, John Julius, *Byzantium Vol II: The Apogee*, Viking, 1992
Norwich, John Julius, *Byzantium Vol III: The Decline and Fall*, Viking, 1995
Odahl, Charles Matson, *Constantine and the Christian Empire*, Routledge, 2004
Oman, Charles William Chadwick, *The Byzantine Empire*, G.P. Putnam, 1892
Pazdernik, Charles, ' "Our Most Pious Consort Given Us by God": Dissident Reactions to the Partnership of Justinian and Theodora, AD 525–548', *Classical Antiquity* 13.2 (1994): 256–281
Pamuk, Orhan, *Istanbul: Memories of a City*, Faber & Faber 2005
Pevny, Olenka Z. (ed.), *Perceptions of Byzantium and its Neighbours (843–1261)*, Metropolitan Museum of Art, New York, 2000
Philippides, Marios & Hanak, Walter, *The Siege and the Fall of Constantinople in 1453: Historiography, Topography, and Military Studies*, Ashgate, 2011
Phillips, Jonathon, *The Fourth Crusade and the Sack of Constantinople*, Jonathan Cape, 2004
Ramirez, Janina, *The Private Lives of the Saints. Power, Passion and Politics in Anglo-Saxon England*, W.H. Allen, 2015
Rosen, William, *Justinian's Flea: Plague Empire and the Birth of Europe*, Pimlico 2008
Runciman, Steven, *The Fall of Constantinople 1453*, Cambridge University Press, 1990
Runciman, Steven, *History of the Crusades, Vol III*, Cambridge University Press, 1987
Runciman, Steven, *The Last Byzantine Renaissance*, Cambridge University Press, 1968
Schjeldahl, Peter, 'Striking Gold', *The New Yorker*, May 17, 2004
Sherrard, Philip, *Constantinople: Iconography of a Sacred City*, Oxford University Press, 1965

Silverberg, Robert, *The Realm of Prester John,* Ohio University Press, 1996
Silverberg, Robert, *The Crusades,* Borgo Press, 2010
Sizgorich, Thomas, *Violence and Belief in Late Antiquity,* University of Pennsylvania Press, 2009
Soulis, George C., 'The Gypsies in the Byzantine Empire and the Balkans in the Late Middle Ages', *Dumbarton Oaks Papers,* Vol. 15 (1961), pp. 141+143–165
Southern, Richard William, *The Making of the Middle Ages,* Yale University Press, 1953
Spier, Jeffrey, 'Medieval Byzantine Magical Amulets and Their Tradition', *Journal of the Warburg and Courtauld Institutes,* Vol. 56, 1993
Stephenson, Paul, *Constantine: Unconquered Emperor, Christian Victor,* Quercus, 2009
Tabet, Jonathon, 'Turkey and the Deep State', *Veche Magazine,* 4 Feb, 2009, University College London, arabsandrussians.blogspot.com.au/2012/01/turkey-and-deep-state.html
Treadgold, Warren, *A History of the Byzantine State and Society,* Stanford University Press 1997
Tyerman, Christopher, *God's War,* Penguin 2007
Vasiliev, Alexander A., *History of the Byzantine Empire, 324–1453,* University of Wisconsin Press, 1958
Wells, Colin, *Sailing from Byzantium: How a Lost Empire Shaped the World,* Random House, 2007
White, Cynthia, *The Emergence of Christianity: Classical Traditions in Contemporary Perspective,* Fortress Press, 2010
Woods, David, 'On the Death of the Empress Fausta', *Greece and Rome,* 2nd Ser., Vol. 45, No. 1, Cambridge University Press, 1998
Yeats, W.B., *The Major Works,* Oxford University Press, 2001
Young, Monica, 'A Universe from Nothing', *Radcliffe Magazine,* 2013, www.radcliffe.harvard.edu/news/radcliffe-magazine/universe-nothing

圖片來源

地圖：John Frith, Flat Earth Mapping
雙頭鷹圖騰 public domain; XV Richard Fidler; 1 public domain/Fausto Zonaro; 7 Richard Fidler; 9 public domain/Wikimedia Commons; 11 public domain/Wikimedia Commons; 15 public domain; 22 Richard Fidler; 24 Creative Commons/Nino Barbieri; 30 Creative Commons; 32 Richard Fidler; 32 Richard Fidler; 42 Creative Commons/Mark A Wilson; 52 public domain; 53 public domain/Wikimedia Commons; 69 Creative Commons/Petar Milošević; 82 Creative Commons/Petar Milošević; 85 public domain/Wikimedia Commons; 87 Richard Fidler; 88 Creative Commons/Andrew Gould; 91 Creative Commons; 100 public domain/National Institute of Allergy and Infectious Diseases; 111 Creative Commons/Matthias Süßen; 114 Richard Fidler; 120 Creative Commons/World Imaging; 131 Collins; 140 Richard Fidler; 143 Richard Fidler; 153 public domain; 155 public domain/Wikimedia Commons; 165 public domain/Wikimedia Commons; 168 Creative Commons/Ruthven; 175 public domain/Wikimedia Commons; 182 Antoine Helbert; 187 Classical Numistatic Group; 191 public domain; 197 public domain; 206 public domain/Wikimedia Commons; 214 public domain/Wikimedia Commons/Bibliothèque nationale de France; 221 public domain/Wikimedia Commons; 224 public domain/Wikimedia Commons/Bibliothèque nationale de France; 231 Creative Commons/Gryffindor; 233 public domain; 246 public domain/Bibliothèque nationale de France; 250 Richard Fidler; 252 public domain; 259 public domain; 262 Creative Commons/Nino Barbieri; 271 Creative Commons/Tteske; 274 Richard Fidler; 276 Richard Fidler; 276 Richard Fidler; 281 public domain; 283 Richard Fidler; 284 Richard Fidler; 288 public domain/Wikimedia Commons; 293 Creative Commons/Dennis Jarvis; 298 Richard Fidler; 304 public domain/Wikimedia Commons; 315 Richard Fidler; 319 Richard Fidler; 333 Creative Commons/Vladimir Menkov; 336 public domain

國家圖書館出版品預行編目（CIP）資料

幽靈帝國拜占庭：從羅馬到伊斯坦堡，一窺文明的衝擊、帝國的陷落、基督教的興起、詭譎的權勢之爭……/ 理查．費德勒（Richard Fidler）著；陳錦慧譯 -- 初版. -- 臺北市： 商周出版：家庭傳媒城邦分公司發行，2018.07
面； 公分. --（漫遊歷史；21）
譯自：Ghost Empire: A Journey to the Legendary Constantinople
ISBN 978-986-477-499-9(平裝)

1.歷史 2.旅遊 3.土耳其伊斯坦堡

735.1711 107010245

漫遊歷史 21

幽靈帝國拜占庭：從羅馬到伊斯坦堡，一窺文明的衝擊、帝國的陷落、基督教的興起、詭譎的權勢之爭……

作　　者／ 理查．費德勒（Richard Fidler）
譯　　者／ 陳錦慧
企畫選書／ 羅珮芳
責任編輯／ 羅珮芳

版　　權／ 黃淑敏、吳亭儀、邱珮芸
行銷業務／ 周佑潔、黃崇華、張媖茜
總 編 輯／ 黃靖卉
總 經 理／ 彭之琬
事業群總經理／黃淑貞
發 行 人／ 何飛鵬
法律顧問／ 元禾法律事務所 王子文律師
出　　版／ 商周出版
台北市104民生東路二段141號9樓
電話：（02）25007008 傳真：（02）25007759
E-mail：bwp.service@cite.com.tw
發　　行／ 英屬蓋曼群島商家庭傳媒股份有限公司城邦分公司
台北市中山區民生東路二段141號2樓
書虫客服服務專線：02-25007718；25007719
服務時間：週一至週五上午09:30-12:00；下午13:30-17:00
24小時傳真專線：02-25001990；25001991
畫撥帳號：19863813；戶名：書虫股份有限公司
讀者服務信箱：service@readingclub.com.tw
城邦讀書花園：www.cite.com.tw
香港發行所／ 城邦（香港）出版集團
香港灣仔駱克道193號東超商業中心1F E-mail: hkcite@biznetvigator.com
電話：（852）25086231 傳真：（852）25789337
馬新發行所／ 城邦（馬新）出版集團【Cite（M）Sdn Bhd】
41, Jalan Radin Anum, Bandar Baru Sri Petaling,
57000 Kuala Lumpur, Malaysia.
電話：（603）90578822 傳真：（603）90576622
Email: cite@cite.com.my

封面設計／ 日央設計
版面設計／ 陳健美
印　　刷／ 韋懋實業有限公司
經　　銷／ 聯合發行股份有限公司
地址：新北市231新店區寶橋路235巷6弄6號2樓
電話：（02）2917-8022 傳真：（02）2911-0053

■2018年7月31日初版
■2021年5月4日初版3.5刷

Printed in Taiwan

定價490元